Interkulturelle Kompetenz

Münchener Beiträge zur Interkulturellen Kommunikation

herausgegeben vom
Institut für Volkskunde / Europäische Ethnologie
Institut für Interkulturelle Kommunikation
Institut für Ethnologie
der Ludwig-Maximilians-Universität München

Band 30

Herausgegeben von

Alois Moosmüller
Klaus Roth

Alois Moosmüller (Hrsg.)

Interkulturelle Kompetenz

Kritische Perspektiven

Waxmann 2020
Münster • New York

Bibliografische Informationen der Deutschen Nationalbibliothek
Die Deutsche Nationalbibliothek verzeichnet diese Publikation in
der Deutschen Nationalbibliografie; detaillierte bibliografische
Daten sind im Internet über http://dnb.dnb.de abrufbar.

Münchener Beiträge zur Interkulturellen Kommunikation, Band 30
ISSN 1430-8770
Print-ISBN 978-3-8309-4245-0
E-Book-ISBN 978-3-8309-9245-5

© Waxmann Verlag GmbH, 2020
Steinfurter Straße 555, 48159 Münster

www.waxmann.com
info@waxmann.com

Umschlaggestaltung: Anne Breitenbach, Münster
unter Verwendung des Reihenlogos von Alexandra Dohse, München
Satz: Tomislav Helebrant

Gedruckt auf alterungsbeständigem Papier,
säurefrei gemäß ISO 9706

Printed in Germany

Alle Rechte vorbehalten. Nachdruck, auch auszugsweise, verboten.
Kein Teil dieses Werkes darf ohne schriftliche Genehmigung des
Verlages in irgendeiner Form reproduziert oder unter Verwendung
elektronischer Systeme verarbeitet, vervielfältigt oder verbreitet werden.

Inhalt

Alois Moosmüller
Interkulturelle Kompetenz: kritische Perspektiven. Einführung — 7

Diskurse und Kontexte

Alois Moosmüller
Interkulturelle Kompetenz: Konzepte, Diskurse, Kritik — 17

Stefan Strohschneider
Interkulturelle Kompetenz aus Sicht der psychologischen
Handlungstheorie — 43

Jürgen Henze
Horizonte der interkulturellen Kompetenzdiskussion — 57

Andreas Groß
Interkulturalität als „Vermittlungsproblem".
Konzeptionelle Anmerkungen zur Interkulturalitätsdebatte
aus der Weiterbildungsperspektive — 99

Ivett Guntersdorfer
Der Referenzrahmen *Competences for Democratic Cultures* –
eine Interpretation der interkulturellen Kompetenz in der europäischen
Bildungspolitik — 125

Kritik und kritische Einwände

Heidrun Friese
Leerstellen der Interkulturellen Kommunikation.
Für eine kritische Perspektive — 141

Michael Schönhuth
Kompetenzlosigkeitskompetenz statt interkultureller Kompetenz?
Ein ethnologisch inspirierter Debattenbeitrag — 169

Jasmin Mahadevan
Interkulturelle Kompetenz: Genealogie statt *native categories* und
naiver Realismus — 187

Jan-Christoph Marschelke
Wider die Schizophrenie. Neue Perspektiven auf das „alte" Problem
des Nationalen in der Interkulturellen Kommunikation   203

Dominic Busch
Die verleugnete Verwandtschaft traditioneller und kritischer Forschung
um Interkulturalität – aufgedeckt durch den *moral turn*?   229

Irina Mchitarjan
Eine Analyse der neueren Kritik am Kulturbegriff
in der Erziehungswissenschaft   247

Forschung und Anwendung

Volker Hinnenkamp
Interkulturelle Kompetenz und soziolinguistisches Wissen   267

Katharina von Helmolt
Interkulturelle Kompetenz aus Sicht der Gesprächsforschung   285

Kirsten Nazarkiewicz
Zwischen Problemanzeige und Lösung: das Dilemma
der interkulturellen Kompetenz   301

Jutta Berninghausen
Grenzen der Toleranz. Was bedeutet interkulturelle Kompetenz
in einer Zuwanderungsgesellschaft?   321

Miriam Morgan
Interkulturelle Kompetenz: ein Konzept für die frühe Kindheit?   333

Gundula Gwenn Hiller
Kultursensible Beratungskompetenz im Hochschulkontext   349

Christoph Vatter
Interkulturelle Kompetenz und Fremdsprachenunterricht:
von der Konstruktion kultureller Differenz zur Verantwortung
in der Migrationsgesellschaft?   365

Autorinnen und Autoren   383

Interkulturelle Kompetenz: kritische Perspektiven

Einführung

Alois Moosmüller

Der Begriff interkulturelle Kompetenz, der im deutschen Sprachraum erst mit den 1990er Jahren in Gebrauch kam, als in öffentlichen Diskursen zunehmend von „Globalisierung" und „multikultureller Gesellschaft" die Rede war, ist schnell alltäglich geworden. Heute scheint es kaum noch Bereiche des privaten, öffentlichen und beruflichen Lebens zu geben, in dem die Fähigkeit, interkulturell kompetent zu kommunizieren, keine wichtige Rolle spielt. Ob in der Nachbarschaft oder auf dem Spielplatz, im Krankenhaus oder in der Schule, auf dem Amt oder in der Bürgerarbeit, im Meeting oder im Projektteam, auf Geschäfts- oder Urlaubsreise, ob für Privatiers, Angestellte, Studierende, Firmenentsandte, Wissenschaftler oder sonst international mobile Personen – über interkulturelle Kompetenz zu verfügen scheint selbstverständlich zu sein. Trotz oder gerade wegen dieser Allgegenwart und scheinbaren Selbstverständlichkeit ist der Begriff „interkulturelle Kompetenz" in wissenschaftlichen Diskursen umstritten und Versuche, zu einer allgemein anerkannten Begriffsbestimmung zu kommen, scheiterten bislang; das Konstrukt bleibt vage und widersprüchlich (Martin, Nakayama 2013; Moosmüller, Schönhuth 2009; Straub 2007). Zwischen der hohen und weiter zunehmenden gesellschaftlichen Relevanz und der wissenschaftlichen Güte dieses Konstrukts klafft eine große Lücke.

Mit dem Bedarf an interkultureller Kompetenz entstand auch die neue Profession der interkulturellen Trainer und Berater. Sie bieten eine breite Palette von Bildungs- und Weiterbildungsmaßnahmen an. Ihr inhaltliches und methodisches Wissen kommt vor allem aus dem Fundus der „Interkulturellen Kommunikation", dem sich in Deutschland zu Beginn der 1990er Jahre neu herausbildenden wissenschaftlichen Fach beziehungsweise Fachgebiet, das sich in vielen Aspekten an dem in den USA in den 1950er Jahren aus der Kulturanthropologie und der pragmatischen Linguistik entstandenen und dann ab den 1970er Jahren in den Kommunikations- und Sprechwissenschaften verorteten Fach „Intercultural Communication" orientiert. (Ruben 1989, Spitzberg 1989). Zunächst waren es vor allem die multinationalen Unternehmen, in denen die Idee, dass besondere Anstrengungen unternommen werden müssten, um die Mitarbeiterschaft „fit zu machen" für die Bewältigung der Herausforderungen im internationalen Geschäft und im multikulturellen Arbeitsalltag, auf besonders fruchtbaren Boden fiel (Nestvogel 2004, Schugk 2014). Auch in Bezug auf die „Probleme der internationalen Kommunikation", entstanden früh Ansätze, interkulturelle Kompetenz in den Fremdsprachenunterricht zu integrieren (Byram 1997, Müller 1993). Auch in den angewandten Sozialwissenschaften wurde das Thema interkulturelle Kompetenz wichtig, untersucht wurden insbesondere der Bedarf im Hinblick auf die soziale Praxis in Einrichtungen der sozialen Arbeit und der Verwaltung (Hinz-Rommel 1994). Interkulturelle Kompetenz wurde als Voraussetzung gesehen, um die Politik der „interkulturellen Öffnung" öffentlicher Institutionen gestalten und den Abbau fremdenfeindlicher, rassistischer Strukturen voranbringen zu können (Anderson 2000). Auch in den Themenbereichen Pädagogik (Auernheimer 2002), Gesundheit und Pflege (Domenig 2007), Entwicklungszusammenarbeit (Nguyen 2016), Tourismus (Weidemann 2007), Internationalisierung der Hochschulen (Schumann 2012) sowie Migration und Integration (Correll u. a. 2017, Robert Bosch Stiftung 2016), wird interkulturelle Kompetenz als zentral wichtig angesehen.

Die Auseinandersetzung mit interkultureller Kompetenz findet in verschiedenen Wissenschaften statt, vor allem in Linguistik und Fremdsprachenlernen (Byram 1997, Stahlberg 2016), Ethnologie und Kulturwissenschaften (Moosmüller 2007), Pädagogik (Auernheimer 2002; Henze, Nguyen 2007), Kommunikationswissenschaften (Averbeck-Lietz 2013) sowie Psychologie und Wirtschaftswissenschaften (Schugk 2014; A. Thomas 2003, 2008), wobei jedoch relativ wenig interdisziplinärer Austausch stattfindet. Die Konzeptualisierungen von interkultureller Kompetenz sind vielfältig, sie basieren auf unterschiedlichen theoretischen Modellen und betonen unterschiedliche Charakteristika. Manche heben besonders die Fähigkeit hervor, Ambiguität zu tolerieren und sich unterschiedlicher kultureller Deutungsmuster bedienen zu können (Butcher 2011), bei anderen wird die Komplexität des Konstrukts interkulturelle Kompetenz betont und differenzierte Auflistungen von Merkmalen interkultureller Kompetenz zusammengestellt, etwa im Hinblick auf „personale Faktoren" wie Kontaktfreudigkeit, Offenheit, Ethnorelativismus, Rollenflexibilität und Veränderungsbereitschaft (Bolten 2012; Hatzer, Layes 2003). Vielfach wird die Bedeutung situativer Faktoren hervorgehoben, indem etwa in strukturierte und unstrukturierte Situationen differenziert wird, in Situationen der Vertrautheit und Anonymität, der Über- und Unterforderung bei bestimmten Handlungsanforderungen et cetera (Spitzberg, Changnon 2009; Stahl 1998). Bei den einen werden psychologische Dispositionen, bei anderen eher Umfang und Güte kulturspezifischen Wissens als Kern interkultureller Kompetenz gesehen (Ruben 1989, A. Thomas 2006).

Nach wie vor offen ist die Frage, ob interkulturelle Kompetenz überhaupt als ein eigenständiger Kompetenzbereich gesehen werden kann oder besser als ein Set sozialer und berufsfeldspezifischer Kompetenzen, das in interkulturellen Situationen und Kontexten realisiert werden muss (Bennett 2015; Wiseman, Koester 1993). Offen ist weiterhin auch die Frage, ob und inwieweit die in jüngerer Zeit entstandenen Konzepte und Ansätze wie „cultural intelligence" (D. Thomas 2008), „plurikulturelle Kompetenz" (Gogolin 2006), „transcultural competence" (Glover, Friedman 2015), „transnational competence" (Koehn, Rosenau 2010), „global competence" (Schreiber 2008) oder „global citizenship competence" (Lee, Williams 2017), das Konzept interkulturelle Kompetenz ersetzen oder ergänzen können oder ob es sich lediglich um neue Labels für den alten Inhalt handelt.

Als problematisch müssen Ansätze gelten, die interkulturelle Kompetenz in einen Zusammenhang mit „Integration" und „Leitkultur" stellen, da Kultur dabei in einen Wesenszusammenhang mit nationalen Ideologien gebracht wird. Ebenso ist Skepsis angebracht gegenüber Ansätzen, in denen interkulturelle Kompetenz im Zusammenhang mit Konzepten der Selbststeuerung beziehungsweise des „Selbstmanagements" („Selbst-Wirksamkeit", „Selbstregulierungskompetenz", *self-monitoring* und *self-evaluation*" etc.) diskutiert werden, was insbesondere im Kontext multinationaler Unternehmen der Fall ist, weil damit die Gefahr wächst, dass systemische und organisationale Verantwortung, insbesondere auch im Hinblick auf die interkulturellen Herausforderungen, verstärkt auf individuelle Akteure abgewälzt wird und damit die Tendenz einer einseitigen, reduktionistischen Psychologisierung des Konzepts interkulturelle Kompetenz verstärkt wird (Moosmüller 2017).

Weitgehend konsensfähig unter Interkulturalisten – Praktikern wie Theoretikern – scheint die Definition interkultureller Kompetenz als „die Fähigkeit, erfolgreich und angemessen mit Interkulturalität umzugehen" zu sein (Deardorff 2009). Allerdings ist diese Definition kritisch zu sehen, da sie zwar nach Ausgewogenheit klingt – „erfolgreich" ist interkulturelles Handeln, wenn die eigenen Interessen und Ziele realisiert werden können und „angemessen" ist interkulturelles Handeln, wenn die Gefühle, Erwartungen und Gewohnheiten des Gegenübers nicht verletzt werden –, in Wirklichkeit aber ebenso Ungleichgewicht schaffen und der einseitigen Interessendurchsetzung dienen können. Der Anspruch „angemessen" zu kommunizieren, also dem Gegenüber respektvoll und verständnisvoll zu begegnen, dient dann nur dem strategischen Ziel, den eigenen Handlungserfolg zu steigern (Ferri 2018, Holliday 2011).

Wenn die instrumentalistische Perspektive auf interkulturelle Kompetenz dominiert, wird Interkulturalität vor allem als Problem gesehen, das es – mittels interkultureller Trainings- und Beratungsmaßnahmen – zu überwinden gilt. Dabei wird aber die Tatsache aus dem Blick verloren, dass Interkulturalität vor allem auch eine Ressource darstellt für subjektive und gesellschaftliche Verbesserung, für die Ermöglichung und Förderung einer „humanistischen

Globalisierung" und die Entwicklung eines kosmopolitischen Bewusstseins (Appiah 2007). Generell kritisiert wird eine ausschließliche Nutzen- und Erfolgsorientierung der Forschungs- und Praxisansätze in interkultureller Kommunikation sowie die Nichtbeachtung struktureller Machtungleichheit (Moosmüller, Schönhuth 2009; Nakayama u. a. 2013; Nestvogel 2004; Straub u. a. 2007).

Die in diesem Band versammelten Texte setzen sich aus unterschiedlichen (Fach-)Perspektiven mit interkultureller Kompetenz auseinander. Der Titel „Kritische Perspektiven" ist dabei in einem weiten Sinne zu verstehen, als grundlegende Reflexion aktueller Diskurse, Modelle und Ideen, wie sie in dem breiten Diskursfeld interkulturelle Kommunikation verhandelt werden. Es wird nicht der Versuch unternommen, die heterogenen Verstehens- und Begriffsvarianten zum Thema interkulturelle Kompetenz zu konsolidieren, sondern es werden unter Einbeziehung verschiedener Fachperspektiven – Ethnologie, Linguistik, Pädagogik, Psychologie und Didaktik – die grundlegenden Fragen diskutiert, die sich mit dem Thema interkulturelle Kompetenz stellen: Wo steht die Debatte heute, welche gravierenden konzeptuellen Unklarheiten bestehen und was wird vor welchem Hintergrund kritisiert.

Die Spannbreite der in diesem Band versammelten Texte ist sehr groß, sie reichen von der grundlegenden Kritik an dem Konstrukt Interkultureller Kommunikation und dem verwendeten Kulturbegriff bis zur kritischen Auseinandersetzung mit der Kritik am klassischen Kulturkonzept der Interkulturellen Kommunikation, von der Auseinandersetzung mit Tendenzen und Entwicklungslinien des wissenschaftlichen Feldes der Interkulturellen Kommunikation bis zur Auseinandersetzung mit Fragen der Methodologie und Theoriebildung in spezifischen Handlungsszenarien. Das Anliegen dieses Bandes besteht darin, unterschiedlichen Perspektiven, in denen sich nicht zuletzt auch die verschiedenen fachlichen Perspektiven widerspiegeln, Raum zu geben, um den Lesenden einen breiten Einblick in gegenwärtige Diskurse zu bieten, die sich mit dem Konzept interkulturelle Kompetenz auseinandersetzen. Dabei werden die unterschiedlichen theoretischen und praxisorientierten Verortungen und Rahmungen des Themas interkulturelle Kompetenz ebenso diskutiert wie die Gewichtungen und Spezialisierungen, die in der Auseinandersetzung mit interkultureller Kompetenz, Interkulturalität und dem Konzept „Kultur" vorgenommen werden.

Literatur

Anderson, Philip 2000: Interkulturelle Kompetenz und die Öffnung der sozialen Dienste: Eine Studie des Sozialreferates der Landeshauptstadt München. Landeshauptstadt München, Sozialreferat.
Appiah, A. Kwame 2007: Der Kosmopolit. Philosophie des Weltbürgertums. München.
Auernheimer, Georg (Hg.) 2002: Interkulturelle Kompetenz und pädagogische Professionalität. Leverkusen.
Averbeck-Lietz, Stefanie 2013: Pathways of Intercultural Communication Research. How Different Research Communities of Communication Scholars Deal with the Topic of Intercultural Communication. In: Communications 38, 3: 289–313.
Bennett, Janet M. 2015: The SAGE Encyclopedia of Intercultural Competence. 2 Bde. Los Angeles u. a.
Bolten, Jürgen 2012: Interkulturelle Kompetenz. Landeszentrale für politische Bildung Thüringen. URL: http://www.ikkompetenz.thueringen.de/downloads/1210bolten_ik_kompetenz_vorversion_5aufl.pdf.
Butcher, Melissa 2011: Managing Cultural Change. Reclaiming Synchronicity in a Mobile World. Farnham.
Byram, Michael 1997: Teaching and Assessing Intercultural Communicative Competence. Clevedon.
Correll, Lena, K. Kassner, J. Lepperhoff 2017: Integration von geflüchteten Familien. Evangelischen Hochschule Berlin. URL: https://www.bmfsfj.de/blob/76048/8a736e1d03188d9b19c055d2e8a7c162/handlungsleitfaden-elternbegleiter-fluechtlinge-data.pdf.
Deardorff, Darla K. (ed.) 2009: The Sage Handbook of Intercultural Competence. Thousand Oakes.
Dinges, Norman G., Kathleen D. Baldwin 1996: Intercultural Competence. A Research Perspective. In: Dan Landis, Rabi Bhagat (eds.): Handbook of Intercultural Training. 2nd Edition. Thousand Oakes, 106–123.
Domenig, Dagmar 2007: Transkulturelle Kompetenz: Lehrbuch für Pflege-, Gesundheits- und Sozialberufe. Bern u. a.
Ferri, Giuliana 2018: Intercultural Communication. Critical Approaches and Future Challenges. London.
Glover, Jerry, Harris L. Friedman 2015: Transcultural Competence. Navigating Cultural Differences in the Global Community. Washington DC.
Gogolin, Ingrid 2006: Mehrsprachigkeit und plurikulturelle Kompetenz. In: Hans Nicklas, B. Müller, H. Kordes (Hg.) 2006: Interkulturell denken und handeln. Theoretische Grundlagen und gesellschaftliche Praxis. Frankfurt, 181–188.

Gudykunst, William B. 1997: Cultural Variability in Communication. In: Communication Research 24, 4: 327–348.
Hatzer, Barbara, Gabriel Layes 2003: Interkulturelle Handlungskompetenz. In: Alexander Thomas u. a. (Hg.): Handbuch interkulturelle Kommunikation und Kooperation, Bd. 2. Göttingen, 138–150.
Henze, Jürgen, Ursula Nguyen 2007: Interkulturelle Kommunikation aus kulturwissenschaftlicher Sicht. In: A. Moosmüller (Hg.): Interkulturelle Kommunikation. Konturen einer wissenschaftlichen Disziplin. Münster u. a., 97–117.
Hinz-Rommel, Wolfgang 1994: Interkulturelle Kompetenz. Ein neues Anforderungsprofil für die soziale Arbeit. Münster, New York.
Holliday, Adrian 2011. Intercultural Communication and Ideology. London u. a.
Koehn, Peter H., James N. Rosenau 2010: Transnational Competence: Empowering Professional Curricula for Horizon-Rising Challenges. Boulder u. a.
Lee, Amy, Rhiannon D. Williams (eds.) 2017: Engaging Dissonance: Developing Mindful Global Citizenship in Higher Education. Bingley, UK.
Maletzke, Gerhard 1996: Interkulturelle Kommunikation. Opladen.
Martin, Judith N., Thomas K. Nakayama 2013: Intercultural Communication and Dialectics Revisited. In: Thomas K. Nakayama, R. T. Halualani (eds.): The Handbook of Critical Intercultural Communication. Chichester, UK, 59–83.
Moosmüller, Alois 2007: Interkulturelle Kommunikation aus ethnologischer Sicht. In: A. Moosmüller (Hg.): Interkulturelle Kommunikation. Konturen einer wissenschaftlichen Disziplin. Münster u. a., 13–49.
Moosmüller, Alois 2017: Intercultural Challenges in Multinational Corporations. In: Xiaodong Dai, Guo-Ming Chen (eds.): Conflict Management and Intercultural Communication. The Art of Intercultural Harmony. London, New York, 295–310.
Moosmüller, Alois, Michael Schönhuth 2009: Intercultural Competence in German Discourse. In: Darla. K. Deardorff (ed.): The Sage Handbook of Intercultural Competence. Thousand Oakes, 209–232.
Müller, Bernd-Dietrich 1993: Interkulturelle Kompetenz. Annäherung an einen Begriff. In: Jahrbuch Deutsch als Fremdsprache 19: 63–76.
Nakayama, Thomas K., Rona Tamiko Halualani (eds.) 2013: The Handbook of Critical Intercultural Communication. Chichester, UK.
Nestvogel, Renate 2004: Interkulturelle Kompetenzen in der beruflichen Alltagspraxis und die Aushandlung von Macht. In: Yasemin Karakasoglu, J. Lüddecke (Hg.): Migrationsforschung und Interkulturelle Pädagogik. Münster u. a., 349–362.

Nguyen, Lisa Kathrin 2016: Interkulturelle Aspekte der Entwicklungszusammenarbeit. Eine ethnographische Studie zu deutschen Organisationen in Peru und Bolivien. Münster u. a.

Robert Bosch Stiftung 2016: Was wir über Flüchtlinge (nicht) wissen. Der wissenschaftliche Erkenntnisstand zur Lebenssituation von Flüchtlingen in Deutschland. Eine Expertise im Auftrag der Robert Bosch Stiftung und des SVR-Forschungsbereichs. URL: http://www.bosch-stiftung.de/content/language1/downloads/RBS_SVR_Expertise_Lebenssituation_Fluechtlinge.pdf.

Ruben, Brent. D. 1989: The Study of Cross-Cultural Competence: Traditions and Contemporary Issues. In: International Journal of Intercultural Relations 13: 229–240.

Schreiber, Elmar 2008: Global Competence for the Future: Employability – Mobility – Quality. Collaboration and Current Developments. Bremen, Boston.

Schugk, Michael 2014: Interkulturelle Kommunikation in der Wirtschaft: Grundlagen und interkulturelle Kompetenz für Marketing und Vertrieb. München.

Schumann, Adelheid (Hg.) 2012: Interkulturelle Kommunikation in der Hochschule. Zur Integration internationaler Studierender und Förderung Interkultureller Kompetenz. Bielefeld.

Spitzberg, Brian H. 1989: Issues in the Developement of a Theory of Interpersonal Competence in the Intercultural Context. In: International Journal of Intercultural Relations 13: 241–268.

Spitzberg, Brian H., Gabrielle Changnon 2009: Conceptualizing Intercultural Competence. In: Darla K. Deardorff (ed.): The Sage Handbook of Intercultural Competence. Thousand Oakes, 2–52.

Stahl, Günther 1998: Internationaler Einsatz von Führungskräften. München, Wien.

Stahlberg, Nadine 2016. Rekonstruktionen interkultureller Kompetenz. Ein Beitrag zur Theoriebildung. Frankfurt am Main u. a.

Straub, Jürgen 2007: Kultur. In: Jürgen Straub, A. Weidemann, D. Weidemann (Hg.): Handbuch interkulturelle Kompetenz. Grundbegriffe – Theorien – Anwendungsfelder. Stuttgart, 7–24.

Straub, Jürgen, A. Weidemann, D. Weidemann (Hg.) 2007: Handbuch interkulturelle Kompetenz. Grundbegriffe – Theorien – Anwendungsfelder. Stuttgart.

Thomas, Alexander 2003: Interkulturelle Kompetenz: Grundlagen, Probleme und Konzepte. In: Erwägen Wissen Ethik 14: 137–150.

Thomas, Alexander 2006: Interkulturelle Handlungskompetenz – Schlüsselkompetenz für die moderne Arbeitswelt. In: Arbeit 2, 15: 114–125.

Thomas, Alexander 2008: Psychologie interkultureller Kompetenz. In: Hamid Reza Yousefi, K. Fischer, R. Lüthe, P. Gerdsen (Hg.): Wege zur Wissenschaft. Eine interkulturelle Perspektive. Grundlagen, Differenzen, Interdisziplinäre Dimensionen. Nordhausen, 139–159.

Thomas, David C. u. a. 2008: Cultural Intelligence. Domain and Assessment. In: International Journal of Cross Cultural Management 8, 2: 123–143.

Weidemann, Arne 2007: Tourismus. In: Jürgen Straub u. a. (Hg.): Handbuch interkulturelle Kompetenz. Grundbegriffe – Theorien – Anwendungsfelder. Stuttgart, 613–627.

Wiseman, Richard, Jolene Koester (eds.) 1993: Intercultural Communication Competence. Newbury Park u. a.

Diskurse und Kontexte

Interkulturelle Kompetenz: Kontexte, Diskurse, Kritik

Alois Moosmüller

Dieser Beitrag soll zum einen die Unübersichtlichkeit reduzieren, die das Thema interkulturelle Kompetenz unvermeidbar mit sich bringt, und zum anderen die Kritik am Konstrukt interkulturelle Kompetenz, die auf unterschiedlichen Ebenen und mit unterschiedlicher Begründung erfolgt, auf die wesentlichen Punkte fokussieren und kommentieren. Gelingen soll das, indem nicht nach Merkmalen und Kriterien des Konstrukts interkulturelle Kompetenz gesucht wird, sondern indem eine kontextuelle und diskursive Verortung des Konstrukts vorgenommen wird. Zum ersten wird gefragt, welcher Zielgruppe interkulturelle Kompetenz zugutekommen soll: Minderheitsangehörigen beziehungsweise Migranten oder Angehörigen der Mehrheitsgesellschaft? Zweitens wird unterschieden zwischen nationalen und internationalen Handlungskontexten, in denen interkulturelle Kompetenz gebraucht wird. Drittens wird diskutiert, ob interkulturelle Kompetenz der Funktionalität (Steigerung von Handlungserfolg) oder der Bildung (interkulturelles Lernen) dienen soll. Viertens wird das Konstrukt interkulturelle Kompetenz im postkolonialen Diskurs verortet und fünftens wird überlegt, wie interkulturelle Kompetenz im Kontext gegenwärtiger und zukünftiger Entwicklungen konzeptualisiert werden kann.

I. Interkulturelle Kompetenz für Minderheits- oder Mehrheitsangehörige

Das Konzept interkulturelle Kompetenz bildete sich zu Beginn der 1950er Jahre in den USA heraus, als Edward T. Hall am Foreign Service Institute interkulturelle Trainingsprogramme für Personen entwickelte, die von öffentlichen Institutionen und Organisationen als Berater, Experten und Führungskräfte ins Ausland entsandt wurden. Die Trainings sollten Wissen und Fähigkeiten vermitteln, damit die Aufgaben im Ausland in wünschenswerter Weise erledigt und die Herausforderungen in der fremden Kultur besser bewältigt werden konnten. Die Trainingsteilnehmer sollten befähigt werden, sich mit ungewohnten, fremden Alltagswirklichkeiten zu arrangieren und über sprachliche und kulturelle Grenzen hinweg kommunikationsfähig zu sein. Dazu war vor allem wichtig, die Fähigkeiten zu fördern, sich an eine fremde Kultur anzupassen, wozu es notwendig war, sich Wissen über die fremde Kultur anzueignen und den eigenen kulturellen Bias zu reflektieren (Anderson 1994, Church 1982, Rogers u. a. 2002).

Die Aufgabe in diesem „klassischen interkulturellen Szenario" bestand also darin, Minderheitsangehörigen – hier amerikanischen temporären Migranten – die Anpassung an die jeweilige Mehrheitsgesellschaft und -kultur zu erleichtern beziehungsweise zu ermöglichen. In diesem Szenario spielten Fragen der Akkulturation, das heißt der wechselseitigen Veränderung von Kultur, keine Rolle. Die Anwesenheit amerikanischer temporärer Migranten in Japan oder Deutschland oder auf den Truk Inseln führte nicht zur Veränderung der lokalen Kulturen, also der Kultur der Mehrheit, sondern ausschließlich zur Veränderung der subjektiven Kulturen der temporären Migranten, die zwar als Repräsentanten einer fremden, dominanten, weit entfernten Macht gesehen wurden, die sich aber selbst als Angehörige einer kleinen Minderheit sahen, die sich – exponiert in einer fremden Gesellschaft – anpassen und ihr Leben neu organisieren mussten (Goodenough 1981, Okazaki-Luff 1991).

Dieses „klassische interkulturelle Szenario" ist keineswegs überholt, sondern besteht – in den wesentlichen Parametern unverändert – bis heute fort. Auch heute gehen Wissenschaftler, Studierende, Diplomaten, Fach- und Führungskräfte, Arbeitsuchende, Pensionäre et cetera im Auftrag öffentlicher und privater Organisationen oder aus Eigeninitiative für Monate oder Jahre ins Ausland. Sie sind (temporäre) Migranten in anderen Ländern, sie leben als Minderheit in einer Mehrheitsgesellschaft und sind gefordert, sich an eine Mehrheitskultur anzupassen. Interkulturelle Kompetenz dient in diesem Kontext insbesondere dazu, Migranten die Anpassung an die lokalen Verhältnisse zu vereinfachen. Vielen temporären Migranten wird erst durch das Leben im Ausland und durch die Alltagserfahrungen in der Außenseiter- beziehungsweise Minderheitenrolle bewusst, dass auch sie kulturell geprägt sind (denn im klassischen interkulturellen Szenario gelten Angehörige von Mehrheitsgesellschaften als kulturblind) und Minderheitsstatus haben. Dadurch wird kulturelle Sensibilisierung erzeugt und das Bedürfnis geschaffen, sich an lokale Gegebenheiten anzupassen. Viele temporäre Migranten haben das Gefühl, durch die interkulturellen Erfahrungen persönlich zu wachsen, Perspektiven zu erweitern, Unsicherheiten und Unklarheiten besser auszuhalten, weniger ethnozentrisch zu sein, gelassener und selbstsicherer agieren zu können – mit anderen Worten: interkulturell kompetenter zu sein (Matsumoto u. a. 2004).

Im Unterschied zum klassischen interkulturellen Szenario, in dem der Fokus auf Minderheitsangehörige gerichtet ist, geht es im „multikulturellen Szenario" um Angehörige der Mehrheitsgesellschaft. Hier kehren sich die Parameter interkultureller Kompetenzentwicklung um, denn es geht bei der Entwicklung interkultureller Kompetenz nicht in erster Linie um Migranten, sondern um Angehörige der Mehrheitsgesellschaft, die in der Rolle als Experten, Berater oder Fach- und Führungskräfte in Sozial- und Pflegediensten, im Lehr-, Verwaltungs-, Gesundheitsbereich, in Ämtern, Behörden, Organisationen und Unternehmen mit Migranten beziehungsweise mit Minderheitsangehörigen zu tun haben. Während im klassischen Szenario die temporären Migranten als Minderheitsangehörige den Druck spüren, sich an die Mehrheitsgesellschaft anzupassen, wodurch die Motivation, sich interkulturelle Kompetenz anzueignen, sicherlich verstärkt wird, fehlt im multikulturellen Szenario ein solcher für Mehrheitsangehörige spürbarer Anpassungsdruck. Die Personen, die professionell oder auf freiwilliger Basis im Sozial-, Gesundheits- und Lehrbereich, in Verwaltung, Ämtern und Organisationen mit Migranten arbeiten, sind zwar herausgefordert, mit ungewohnten und befremdlichen sozialen Konstellationen und Handlungsweisen fertigzuwerden, dennoch entsteht dadurch nicht unbedingt der Anreiz, die eigene Kultur zu reflektieren. Vielmehr sehen sie eher die Notwendigkeit, dass sich die Migranten an die Mehrheitsgesellschaft anpassen und sich entsprechend ändern müssen. Wie kann es vor diesem Hintergrund gelingen, dass sich Angehörige der Mehrheitsgesellschaft interkulturelle Kompetenz aneignen können?

Im klassischen Szenario ist das Wissen über die Kultur der Mehrheitsgesellschaft ein unverzichtbarer Bestandteil interkultureller Kompetenz. Wenn zum Beispiel Mitarbeitende eines deutschen multinationalen Unternehmen für ein paar Jahre nach Japan entsendet werden, dann ist es notwendig, dass sie sich mit Gesellschaft, Geschichte und Kultur Japans beschäftigen, sich mit Gepflogenheiten und Gewohnheiten im Geschäftsleben auseinandersetzen wie auch mit den sozialen Konventionen und Gewohnheiten im Alltagsleben. Sie müssen die Standards japanischer Kultur kennen und nachvollziehen können, wie Situationen und Handlungen aus japanischer Perspektive gesehen und bewertet werden. Für Migranten ist es von existentieller Bedeutung, dass sie sich Wissen über wichtige Aspekte der Mehrheitskultur aneignen. Dies ist ein notwendiger Bestandteil interkultureller Kompetenz. Ganz anders stellt sich dagegen die Frage nach der Relevanz kulturspezifischer Kenntnisse im multikulturellen Szenario. Hier ist die Aneignung von Wissen über die Herkunftskulturen der Migranten eher kontraproduktiv, denn Migranten sind nicht einfach Repräsentanten „ihrer Kultur", vielmehr wird ihnen dies in der Mehrheitsgesellschaft zugeschrieben beziehungsweise die Identität mit einer distinkten „Herkunftskultur" wird von den Migranten konstruiert, um die Verweigerung sozialer Anerkennung in der Mehrheitsgesellschaft zu kompensieren und sich gegen die schädlichen Auswirkungen von Ignoranz, Abwertung, Diskriminierung und Rassismus zu schützen. Diese Konstrukte ethnischer und nationaler Identität haben oft wenig mit tatsächlich existierenden Kulturen in den Herkunftsländern der Migranten zu tun, aber sehr viel mit migrantischer Mobilität, den Erfahrungen im Residenzland, den diasporischen oder transnationalen Netzwerken und den daraus entstehenden Gemengelagen und Dynamiken in der Migrationsgesellschaft. Die Kultur von Minderheitsgruppen, sei es als Fremd- oder Selbstkonstrukt, sind essentialisierte Zerrbilder, die dazu dienen, auszugrenzen oder sich zu separieren, herabzuwürdigen oder sich dagegen zu immunisieren, zu romantisieren oder sich eine starke Identität zuzulegen – in jedem Fall aber stellen solche Konstrukte nicht die Herkunftskultur von Migranten dar (Portes, Rumbaut 2001; Shweder et al. 2002).

Interkulturelle Kompetenz muss je nach Zielgruppe – Minderheits- oder Mehrheitsangehörige – unterschiedlich konzeptualisiert werden. Ein wesentlicher Aspekt der interkulturellen Kompetenz von Minderheitsangehörigen im klassischen interkulturellen Szenario ist daher nach wie vor das Wissen über die „Kultur des Residenzlandes", das heißt Wissen über die Hintergründe und Rahmenbedingungen der Gesamtgesellschaft, über die Alltagskultur sowie die sozialen Konventionen und Kommunikationsstile. Dieses Wissen hilft Migranten, ihre interkulturellen Erfahrungen sinnvoll zu verarbeiten und sich in der neuen Lebenssituation im Residenzland zu arrangieren. Ihr Status als Minderheit und die permanente Infragestellung ihrer Normalitätshorizonte begünstigt die Entwicklung des zentralen Aspekts interkultureller Kompetenz: der Kulturreflexivität. Die Entwicklung von Kulturreflexivität geschieht nicht von selbst, sondern bedarf der Unterstützung durch interkulturelle Beratungs- und Trainingsmaßnahmen. Dies gilt umso mehr im multikulturellen Szenario, wenn interkulturelle Kompetenz bei Angehörigen der Mehrheitsgesellschaft entwickelt werden soll. Ohne den subjektiv gefühlten Anpassungsdruck an die Mehrheitsgesellschaft beziehungsweise an die mehrheitlich gelebte Kultur, ergibt sich kein drängendes Motiv, den eigenen kulturellen Bias kritisch zu reflektieren, andere Perspektiven einzunehmen, den Horizont zu erweitern und sich persönlich zu verändern. Ohne die Erfahrung, in eine andere Kultur eingetaucht zu sein beziehungsweise ohne die Kontrasterlebnisse aufgrund der Exponiertheit in einer anderen Kultur, ist es schwer, eine kulturreflexive Haltung zu entwickeln. Die „Kultur der Migranten" kann nicht als interkulturelles Lernen beförderende Kontrastfolie fungieren, da die Thematisierung dieser Zuschreibungen und Identitätskonstrukte missverständlich betrieben wird und mehr schadet als nützt. Die Entwicklung interkultureller Kompetenz ist wesentlich herausfordernder als für temporäre Migranten im klassischen interkulturellen Szenario, in dem im Prinzip die bisherigen Konzeptualisierungen interkultureller Kompetenz weiterhin gelten. Im multikulturellen Szenario müssen Wege gefunden werden, wie ohne die Kontrastierung mit „Migrantenkulturen" der eigene Ethnozentrismus, die eigene Normalität, die eigene Alltagskultur, hinterfragt werden kann.

Interkulturelle Kompetenz: Kontexte, Diskurse, Kritik 21

II. Interkulturelle Kompetenz im internationalen und im nationalen Kontext

In diesem Kapitel werden zwei Kontexte unterschieden, in denen interkulturelle Kompetenz helfen soll, mit den Herausforderungen von Interkulturalität umzugehen, nämlich zum einen die Migrationsgesellschaft beziehungsweise die multikulturelle Gesellschaft, wie sie durch nationale Grenzziehung definiert ist (z. B. das Einwanderungsland Deutschland) und zum anderen Handlungsfelder, Organisationen beziehungsweise Netzwerke, die durch das Überschreiten nationaler Grenzen gekennzeichnet sind. Für den zweiten Kontext sollen hier multinationale Unternehmen als prototypisch betrachtet werden. Die beiden Kontexte überlappen sich empirisch vielfältig, sollen hier aber analytisch beziehungsweise idealtypisch anhand von drei Fragen unterschieden werden: Gehören die Akteure derselben oder unterschiedlichen Nationen an? Rechnen sich die Akteure einer kulturellen Gruppe zu? In welchem Maß kann das Handeln der Menschen gesteuert und kontrolliert werden?

In der multikulturellen Gesellschaft leben Menschen, die sich nach ihrer Herkunft beziehungsweise nach ihrer nationalen, ethnischen oder religiösen Identität unterscheiden, beziehungsweise denen solche Differenzmerkmale zugeschrieben werden. Im Hinblick auf die Frage der Zugehörigkeit zu einer Nation treten diese Unterscheidungen jedoch in den Hintergrund, da hier davon ausgegangen wird, dass alle Menschen, die innerhalb der Grenzen eines Staates leben, derselben Nation zugehören, unbenommen ihrer Herkunft oder formellen Staatsbürgerschaft, da sie im selben gesellschaftlichen System unmittelbar oder mittelbar aufeinander bezogen sind, da sie dieselbe institutionelle und technische Infrastruktur nutzen und da sie gehalten sind, sich an denselben Normen und Regeln zu orientieren beziehungsweise dieselben Gesetze zu befolgen. Diese gemeinsamen Rahmenbedingungen erzeugen Verbindungen und ein gewisses Maß an Gemeinsamkeiten zwischen den Menschen, die innerhalb derselben Landesgrenzen leben. Diese in der aktuellen Lebenssituation erzeugten Verbindungen und Gemeinsamkeiten werden hier als der wesentliche Aspekt von „nationaler Zugehörigkeit" gesehen. Gegenüber einer so verstandenen aktuellen nationalen Zugehörigkeit spielen vergangene Zugehörigkeiten (wie sie in der formalen Staatsbürgerschaft festgeschrieben sind) eine untergeordnete Rolle. Dieses Verständnis unterscheidet sich grundlegend von der in populären Diskursen vertretenen Auffassung, wonach die formale Staatsbürgerschaft beziehungsweise die frühere nationale Zugehörigkeit von Migranten eine dominante Rolle spielt. Einwanderer unterscheiden sich insofern nicht von den „Einheimischen". Außer der Zugehörigkeit zur selben Nation und den damit verbundenen lockeren Gemeinsamkeiten und Verbindungen, bestehen zwischen den Menschen, einerlei ob einheimisch oder zugewandert, jedoch keine Verbindlichkeiten, was sich etwa darin zeigt, dass sie im Grunde immer die Möglichkeit haben, den Problemen und Konflikten auszuweichen, die zwischen ihnen entstehen können. Bestünde zwischen ihnen ein verbindliches Verhältnis, könnten sie nicht einfach ausweichen, sondern wären verpflichtet, sich um Lösungen zu bemühen.

Ganz anders ist dagegen die Situation bei den Menschen, die derselben weltweit tätigen Organisation, etwa einem multinationalen Unternehmen, angehören: An den weltweit zerstreuten Standorten des Unternehmens arbeiten Menschen, die unterschiedlichen Nationen zugehören, zwischen denen aber vielfältige Verbindlichkeiten existieren, denn alle Mitarbeitenden verfolgen dieselben Ziele (z. B. Marktführer zu werden, Topqualität zu produzieren oder energieneutral zu produzieren), alle sind an dieselben Prozess- und Verfahrensweisen gebunden, stimmen ihr Handeln in derselben hierarchischen Struktur ab, müssen sich an dieselben Standards und Verfahrensanweisungen halten, dieselben Kontroll- und Problemlösungsstrategien anwenden et cetera. Sie sind Akteure in einem interdependenten System und in einem umfassenden Sinn auf eine funktionierende, effektive und sinnvolle Kommunikation mit allen Mitarbeitenden und Stakeholdern des Unternehmens angewiesen. Sie können auftretenden Konflikten und Problemen nicht aus dem Weg gehen, sie müssen sich arrangieren und Lösungen finden, sie müssen auch dann miteinander kommunizieren und kooperieren, wenn ihnen dazu jegliche Motivation fehlt. Das Unternehmen hat die Möglichkeiten und die Macht diese Prozesse zu steuern und zu kontrollieren.

Das multinationale Unternehmen stellt einen transnationalen Kommunikationsraum dar, indem standardisierte Verfahrensweisen und einheitliche Kommunikationsregeln angestrebt werden. Zugleich machen sich aber im Alltagshandeln unterschiedliche Gewohnheiten, Handlungsroutinen und implizite Kommunikationsregeln geltend. Die Herausforderung für ein multinationales Unternehmen besteht darin, zwei gegensätzliche Kräfte in ein produktives Miteinander zu bringen. Auf der einen Seite besteht die Notwendigkeit, eine möglichst weitgehende Standardisierung unternehmerischer Strukturen und Prozesse durchzusetzen und auf der anderen Seite wird dies durch Partikularitäten erschwert, die auf Grund unterschiedlicher Rahmenbedingungen, Praxen, Gewohnheiten und Normalitätsvorstellungen an den weltweiten Standorten existieren. Es dominiert die Erwartung, dass im transnationalen Kommunikationsraum dieselben Regeln und Standards befolgt werden. Die auf Grund existierender Partikularitäten auftretenden Störungen gelten als zu vermeidende Unzulänglichkeiten. Das führt zur Entwicklung einer allgemeinen Haltung, die gemeinsames, universell gültiges, explizites Wissen und ein kosmopolitisches Bewusstsein betont, implizites Wissen über partikulare, kulturell differente Wissensbestände aber ignoriert. Dennoch gibt es in vielen Unternehmen auch die Einstellung, dass ein methodischer und gesteuerter Umgang mit kul-

Interkulturelle Kompetenz: Kontexte, Diskurse, Kritik

turell differenten Wissensbeständen beziehungsweise Interkulturalität Vorteile bietet. In jedem Fall verfügt die Organisation über viele Möglichkeiten, den Umgang mit Interkulturalität zu steuern und die Mitarbeitenden zu entsprechenden Maßnahmen zu verpflichten.

Ganz anders verhält es sich dagegen im Kontext der Migrationsgesellschaft. Wenn es zwischen den Menschen zu Kommunikationsstörungen und Problemen kommt, kann ausgewichen werden, es gibt keine allgemeine Verpflichtung, die Störungen zu beheben und die Probleme zu lösen und auch keine Möglichkeit, dies zu erzwingen. Denn anders als im transnationalen Kommunikationsraum eines global tätigen Unternehmens, existieren in der multikulturellen Gesellschaft keine gemeinsamen Ziele und Verbindlichkeiten und keine Rahmenbedingungen, die eine allseitige, effektive Kooperation forcieren könnten. Damit existieren aber auch keine selbstverständlichen Möglichkeiten, Interkulturalität beziehungsweise interkulturelle Probleme zu managen und auch nicht die Möglichkeit, das Potential kultureller Vielfalt zu nutzen. Vielmehr besteht die Gefahr, dass die Thematisierung kultureller Differenz die Probleme lediglich verschärfen würde. Während im multinationalen Unternehmen Interkulturalität relativ gelassen und mit überschaubarem Risiko thematisiert werden kann und die Akteure ein generelles Interesse an der Minimierung kultureller Differenz haben, ist im multikulturellen Kontext das Risiko sehr hoch, dass mit der Thematisierung kultureller Differenz und kultureller Identitäten der ohnehin vorhandene gesellschaftliche Zündstoff weiter verschärft wird und statt eines gelassenen, lösungsorientierten Umgangs mit Interkulturalität, gesellschaftlichen Segregations- und Separationsprozessen Vorschub geleistet wird.

Im multikulturellen Kontext spielt der intentionale Bezug zu kulturellen Themen eine wesentliche Rolle, es dominiert die Tendenz, kulturelle Identitäten zu konstruieren und überzubetonen. Im internationalen Kontext besteht dagegen ein vorwiegend nicht intentionaler (unbewusster) Bezug zu kulturellen Themen, es dominiert die Tendenz, kulturelle Differenz zu ignorieren und kleinzureden. In der transnationalen Zusammenarbeit spielen weniger nationale oder kulturelle Zugehörigkeiten eine Rolle als vielmehr die Identifikation mit professionellen Rollen und Positionen, Aufgaben und Funktionen. Kulturelle Differenz tritt nicht offen in Erscheinung, sondern existiert eingebunden in subjektive Formen alltäglichen Handelns, bleibt gewissermaßen hinter den Alltagspraxen und Routinen verborgen. Dass sich die (unreflektierte) subjektive Kultur im transnationalen Kommunikationsraum limitierend auswirkt, wird von den Angehörigen eines multinationalen Unternehmens ausgeblendet oder ignoriert. Viele sehen sich als Kosmopoliten, die es gewohnt sind, mit unterschiedlichsten Menschen zu verkehren, sich sicher auf dem internationalen Parkett bewegen können und die daher keine Nachhilfe in interkultureller

Kompetenz benötigen. Dass diese Selbsteinschätzung empirisch nicht haltbar ist, haben verschiedene Studien gezeigt (Beaverstock 2002, 2005; Fourcade 2006; Moore 2005; Moosmüller 1997; Vertovec 2002; Zuhl 2009). Das Sichtbarmachen kultureller Limitierungen und die Explizierung impliziter kultureller Differenz ist daher ein wichtiger Aspekt interkultureller Kompetenz in diesem Handlungskontext – nicht dagegen im Kontext multikultureller Gesellschaft, in dem es um kollektive Repräsentationen und Zuschreibungen geht (und weniger um die subjektiven mentalen Strukturen einzelner Akteure), in dem kulturelle Differenz betont, stilisiert und verzerrt wird, in dem „Traditionen" erfunden und Gründe für kulturelle Andersheit konstruiert werden.

Interkulturelle Kompetenz muss je nach Kontext unterschiedlich konzeptualisiert werden. Im Kontext der Migrationsgesellschaft gilt es, kulturelle Differenz zu dekonstruieren, weil eines der gravierenden Probleme multikultureller Gesellschaften darin besteht, dass die von Minderheiten selbst konstruierte oder von Angehörigen der Mehrheitsgesellschaft ihnen zugeschriebene „kulturelle Identität" dazu benutzt wird, harte Ab- und Ausgrenzungen zu schaffen. Interkulturell kompetentes Handeln bedeutet hier vor allem die Fähigkeit, kritisch mit Begriffen wie „Kultur", „Multikulturalität", „kulturelle Identität" umzugehen und zu versuchen, jenseits der tendenziell spaltenden Kulturbegrifflichkeiten, die Gemeinsamkeiten zu betonen, die zwischen den unterschiedlichen gesellschaftlichen Subgruppen existieren (Cantle 2012, Werbner 2005). Im Kontext der multinationalen Organisation müssen dagegen Modi gefunden werden, die kulturellen Ursachen von Kommunikationsproblemen zu thematisieren beziehungsweise bearbeitbar zu machen. Es muss nachvollziehbar gemacht werden, wie sich kulturelle Differenz, die unterschiedlichen Wissensbestände und Praxen auswirken und was getan werden kann, um Reibungsverluste zu vermeiden. Dazu gilt es, kulturelle Differenz zu thematisieren, weil ein gravierendes Problem multinationaler Organisationen darin besteht, dass kulturelle Unterschiede und Besonderheiten zu wenig gesehen und zu wenig respektiert werden.

III. Ziel Interkultureller Kompetenz: Bildung oder Zweckdienlichkeit

Je nachdem, ob Interkulturalität als Problem gesehen wird, dass es zu lösen gilt oder als Lernanlass, der persönliche und gesellschaftliche Veränderung und Entwicklung ermöglicht, wird interkulturelle Kompetenz aus einem zweckorientierten (utilitaristischen) oder aus einem bildungsorientierten Blickwinkel konzeptualisiert. Zum einen geht es darum, die Kommunikation effektiver zu machen, das heißt Missverständnisse zu minimieren und das gegenseitige Verstehen zu optimieren, Geschwindigkeit und Genauigkeit der Kommunika-

Interkulturelle Kompetenz: Kontexte, Diskurse, Kritik 25

tion zu erhöhen und den beteiligten Akteuren eine möglichst stressfreie Kommunikation zu ermöglichen, dazu soll kulturelle Differenz reduziert und idealerweise aufgelöst werden. Zum anderen geht es darum, Interkulturalität als Bildungsimpuls zu nutzen. Die Erfahrung des Fremden, Ungewohnten liefert den Anlass zur Reflexion des Eigenen, zur Infragestellung der fraglos gegebenen Alltagswelt, der Erweiterung der eigenen limitierten Perspektiven und Verstehensweisen, Gewohnheiten und Normalitätsvorstellungen. Im Zeitalter der Globalität und der sich umfassend ändernden gesellschaftlichen Verhältnisse durch Migration ist ein konstruktiver Umgang mit Interkulturalität und kultureller Diversität unabdingbare Voraussetzung dafür, die Menschen und die Gesellschaft als Ganzes zu mehr Humanität und mehr kosmopolitischem Handeln zu befähigen (Rüsen 2009).

Schließen sich die skizzierten Ziele von interkultureller Kompetenz gegenseitig aus oder sind sie miteinander vereinbar beziehungsweise stehen in einem Komplementaritätsverhältnis? Anders gefragt: ist es möglich, Interkulturalität zu minimieren und zugleich als Lernanlass zu nutzen? Joachim Matthes (1999) hat die Diskurse zu interkultureller Kompetenz einer fundamentalen Kritik unterzogen. Danach sei der „instrumentalistische Zugriff" auf interkulturelle Themen ein Problem der europäischen Perspektive. Die jahrhundertealte Tradition der Übersetzung des Fremden ins Eigene habe europäische Gesellschaften gegen das Fremde immunisiert, zentrisches Denken und Überlegenheitsdünkel geschaffen. Statt um „Selbstaufklärung, Selbstprüfung, Selbstkorrektur" gehe es nur um instrumentelle Ziele, was sich besonders deutlich im interkulturellen Training zeige, wo Tipps und Tricks verbreitet würden, um das kulturell fremde Gegenüber besser überzeugen, beeinflussen, manipulieren zu können. Interkulturalität müsse stattdessen als Lernanlass genommen werden, um sich und die Gesellschaft weiter zu entwickeln, etwa gemäß Jack Mezirows (2000) Ansatz des transformativen Lernens, bei dem es um die Veränderung der eigenen, für selbstverständlich gehaltenen Einstellungen und Maßstäbe, der „habits of mind", geht. Transformatives Lernen zielt darauf ab, durch die kritische Reflexion der eigenen Einstellungen und Maßstäbe „autonomes Denken" zu lernen. Dabei müssten Widerstände überwunden werden, die der eigenen kulturellen Prägung zuzuschreiben seien, denn Kultur beschneide unsere Fähigkeit zur Autonomie: „Kultureller Kanon, sozioökonomische Strukturen, Ideologien und Überzeugungen über uns selbst sowie die Praxen, die davon unterstützt werden, fördern Konformität und behindern Entwicklung im Sinn von verantwortungsvoller agency" (Mezirow 2000: 8, Übers. A. M.). Interkulturalität liefert den wesentlichen Anstoß für transformative Lernprozesse, für die befreiende Selbstreflexion und die Veränderung der Umweltbeziehungen. Mit der utilitaristischen Haltung und limitierenden Sicht der interkulturellen Kommunikation auf Interkulturalität werde diese

Chance jedoch verspielt. Dem entgegenzuwirken, sieht Matthes als Aufgabe einer kritischen und humanistisch orientierten interkulturellen Kommunikation – funktionalistische beziehungsweise utilitaristische Orientierung und Bildungsorientierung sind so gesehen unvereinbar.

Der schwedische Ethnologe Tommy Dahlén (1997) hat die „Kultur der Interkulturalisten" in den USA ethnographisch erforscht. Er analysierte, wie sich die Professionalisierung von interkultureller Kommunikation vollzog und welche Prozesse zur Legitimierung dieser neuen Profession beitrugen. Sein Interesse galt dabei vor allem den (praktisch wie auch akademisch tätigen) Interkulturalisten, der Society for Intercultural Education, Training, and Research (SIETAR) und den in diesem Netzwerk gängigen Konzeptualisierungen von Kultur und Interkulturalität. In den 1950er und 1960er Jahren, als *peace corps volunteers* in die „dritte Welt" geschickt wurden und die großen amerikanischen Konzerne ihre Geschäfte global ausdehnten, sei es den Interkulturalisten noch darum gegangen, die Welt zu verbessern. Aber diese uneigennützig humanen Motive seien bald durch professionelle, beziehungsweise instrumentalistische Motive ersetzt worden. Das wichtigste Ziel habe fortan darin bestanden, „die Mentalität der anderen" zu verstehen, um bessere Geschäfte machen zu können. Die dafür nötigen Kulturkonzepte habe sich die Interkulturelle Kommunikation bei den Kulturanthropologen geborgt, allerdings ohne den Paradigmenwechsel nachzuvollziehen, der seit den 1980er Jahren in der Kulturanthropologie stattgefunden hatte. Vielmehr hätten die Interkulturalisten an den alten Konzepten – Wertetheorien, Ansätze der *culture and personality school,* Kulturrelativismus und Kulturdifferenz sowie dem *closed community concept* – festgehalten. Nach wie vor würden Werte als Grundbausteine jeder Kultur und als maßgebliche Einflussgröße auf Wahrnehmung, Einstellung, Haltung und Verhalten individueller Akteure gesehen. Interkulturalisten würden überall kulturelle Differenz sehen (wo Ethnologen vor allem Exotisierung und Othering sehen), sie seien stets dabei, ihre eigenen interkulturellen Erfahrungen zu einträglichen Kulturdifferenzerzählungen *(critical incidents)* zu verarbeiten, um damit ihre interkulturellen Trainings- und Beratungstätigkeiten, die Dahléns Doktorvater Ulf Hannerz (1992: 251) als „culture-shock prevention industry" bezeichnete, zu bestreiten.

Die Abhängigkeit vom Markt bedinge einen „unfreien Fluss von Wissen" (Hannerz 1992: 116 ff.), was der wesentliche Grund sei, warum Interkulturalisten ein so limitiertes und überholtes Kulturverständnis pflegten. Die von Interkulturalisten für zentral gehaltenen Beiträge von E. T. Hall und Geert Hofstede seien mit der selbstreflexiven, hermeneutischen Grundhaltung der Ethnologie nicht vereinbar. Kultur werde von Interkulturalisten zum einen als ein signifikanter, identifizierbarer Faktor gesehen, der Konflikte und Missverständnisse in der interkulturellen Interaktion verursache, zum zweiten als isoliert von ökonomischen, politischen und sozialen Kontexten, womit Machtungleichheiten systematisch ausgeblendet blieben und zum dritten werde Kultur als geschlossenes, kohärentes System konzeptualisiert, mit allgemein geteilten, in der Kindheit gelernten Werten, die von Generation zu Generation weitergegeben werden und Wahrnehmung, Einstellung und Verhalten prägen. Damit die Interkulturalisten die Bedürfnisse des Markts bedienen können, bräuchten sie dieses Konzept von Kultur, denn ihr Maßstab sei nicht an Wissenschaftlichkeit und Wahrheitssuche orientiert, sondern an Markttauglichkeit und Profit.

Das Geschäftsmodell interkulturelle Kommunikation lege nahe, überall interkulturelle Probleme zu identifizieren, die zu lösen dann Interkulturalisten notwendig seien. Eine trennscharfe Unterscheidung von wertneutraler Wahrheitssuche und funktionalem Verwertungsinteresse, von bildungsorientierter und utilitaristischer Wissensgenerierung und -anwendung, wie sie von Matthes und Dahlén vorgenommen werden, ist gemäß den Erkenntnissen von Wissenssoziologie und Science and Technology Studies ohnehin nicht möglich.[1] Denkbar ist vielmehr, dass sich Bildungsorientierung und utilitaristische Marktorientierung nicht prinzipiell ausschließen, insbesondere dann, wenn der Nutzen von interkultureller Kompetenz nicht auf den Wirtschaftsbereich begrenzt gesehen wird, sondern wenn die sich ändernden Bedingungen in kulturell diversen Gesellschaften einbezogen werden. Denn dann rücken interkulturelle Alltagsprobleme wie Vorurteile und Stereotype, Diskriminierung und Rassismus, Ausgrenzung und Nationalismus und die vielfältigen Herausforderungen migrantischer und postmigrantischer Gesellschaften in den Fokus – diese Probleme zu minimieren kann sowohl zweckdienlich (auch im Sinne von Markttauglichkeit) wie auch bildungsorientiert sein. In der Perspektive, die Leeds-Hurwitz (2013: 4–6) bei der Konzeptualisierung von interkultureller Kompetenz einnimmt, spielt die ganze Breite des Felds eine Rolle, wobei nicht unterschieden wird zwischen Bildungs- beziehungsweise Wissensorientierung und Anwendungsorientierung:

„The increasing diversity of cultures, which is fluid, dynamic and transformative, implies specific competences and capacities for individuals and societies to learn, re-learn, and unlearn so as to meet personal fulfilment and social harmony. [...] Intercultural competences

---

[1] Siehe Hess 2007. Nach Latour und Woolgar (1979) wollen Wissenschaftler mit ihrer Arbeit vor allem Anerkennung akkumulieren; sie erzeugen die Glaubwürdigkeit ihrer Arbeit durch Aktivitäten im „Cycle of Credibility", einem Netzwerk gegenseitiger Abhängigkeit, die durch den Kreislauf von Geldern, Daten, Argumenten, Prestige und Publikationen erzeugt wird. Siehe auch Knorr Cetina, 2012.

aim at freeing people from their own logic and cultural idioms in order to engage with others and listen to their ideas, which may involve belonging to one or more cultural systems, particularly if they are not valued or recognized in a given socio-political context. Acquiring intercultural competences is a thrilling challenge since no one is, naturally, called upon to understand the values of others. This challenge is a unique opportunity in the history of humankind."

Dabei werden drei Aufgabenfelder interkultureller Kompetenz umrissen: Zum einen gelte es, die in der interkulturellen Kommunikation und Mediation etablierten „erfolgreichen Konzepte, Modelle und Methoden" anzuwenden, zum zweiten sei es notwendig, in reflektierter und elaborierter Art und Weise kulturelle Differenz zu minimieren, Vorurteile zu bekämpfen und sozialen Zusammenhalt zu fördern und drittens müssten die Fertigkeiten, Kompetenzen und Institutionen identifiziert werden, die eine möglichst breite Anwendung ermöglichen und die an Multiplikatoren weitervermittelt werden können.

Eine ganz ähnliche Darstellung findet sich in der SAGE Encyclopedia of Intercultural Competence. Auch hier umfasst interkulturelle Kompetenz Nutzen- und Bildungsorientierung gleichermaßen. Unter Bezugnahme auf die Arbeiten von Gudykunst wird als wichtiges Ziel hervorgehoben, interkulturelles Kommunizieren effektiv zu gestalten, indem die im interkulturellen Miteinander erzeugte Angst und Unsicherheit bewältigt beziehungsweise Mittel und Wege gefunden werden müssten, die Angst vor Fremdheit sowie die Neigung zu Stereotypisierung und Vorurteilsbildung zu reduzieren (Bennett 2015).

IV. Interkulturelle Kompetenz und Macht (Machtungleichheit)

Der Naturwissenschaftler und Ethnologe Franz Boas gilt als Begründer der amerikanischen Kulturanthropologie. Seine Kulturtheorie stellte eine fundamentale Kritik am soziokulturellen Evolutionismus und der damit zusammenhängenden Legitimierung kolonialistischer Ermächtigung und rassistischer Menschenverachtung dar. Mit dem Beginn des 20. Jahrhunderts stieg die anthropologische Kulturtheorie zur Leittheorie in den amerikanischen Kultur- und Sozialwissenschaften auf. Die relativistische Perspektive auf die globale kulturelle Vielfalt eröffnete den Wissenschaften wie auch Teilen der Öffentlichkeit ein völlig neues Verständnis menschlicher Sozialorganisation in individuellen und kollektiven Lebenswelten (Petermann 2004: 643–733). Seit den 1980er Jahren nimmt die Kritik an der anthropologischen Kulturtheorie deutlich zu und fällt je nach Diskurskontext recht unterschiedlich aus. „Culture theory is not so much wrong as it is bad", schreibt der Kulturanthropologe James

Boggs (2004: 191) in seiner grundlegenden Auseinandersetzung mit der Kritik an anthropologischen Kulturtheorien, insbesondere der Boas'schen Ansätze. Schon seit langem werde die Kulturtheorie von rechts wie von links bekämpft. „Von rechts", weil die Kulturtheorie den universalistischen Anspruch der „liberalistischen Theorie" sozialer Ordnungen – die einem ontologischen Individualismus verhaftet sei, der die Basis der kapitalistischen Gesellschaft darstelle – widerlegt und sie auf den Status einer kulturgebundenen Theorie zurückschneidet, die nur relative Gültigkeit für sich beanspruchen kann. Wegen dieses dezentrierenden Effekts werde der anthropologischen Kulturtheorie vorgehalten, ein Produkt der deutschen Romantik zu sein, das sich postmodern kostümiert habe und einen Feldzug gegen Rationalität, Wahrheitsfindung und Wissenschaft führe.

„Von links" werde kritisiert, dass in den Diskursen um Kulturdifferenz Machtungleichheit ausgeklammert werde. Der Begriff Kultur werde dazu missbraucht, die „tatsächlichen Ursachen" gesellschaftlicher Probleme – Machtdifferenz beziehungsweise sozioökonomische Ungleichheit – zu kaschieren und statt auf die Themen zu fokussieren, die menschengemacht und damit veränderbar sind, wird die Aufmerksamkeit ausschließlich auf die essentialisierten kulturellen Themen gerichtet. Mit den Narrativen kulturelle Differenz und kulturelle Identität werde letztlich eine Haltung der Anpassung an gegebene gesellschaftliche Zustände und der Duldsamkeit gegenüber bestehenden Problemen geschaffen. Wenn interkulturelle Kompetenz vor allem dazu befähigen soll, kulturelle Andersheit zu respektieren und andere Perspektiven einzunehmen, kulturelle Grenzen zu überwinden und zwischen Unterschieden zu vermitteln sowie sich um gegenseitige Akzeptanz, Verständnis und ein harmonisches Miteinander zu bemühen – was sehr progressiv und humanorientiert klinge – dann habe das zur Folge, dass Haltungen und Einstellungen erzeugt würden (wenn auch oft naiv und unbeabsichtigt), die die Kritik gegenüber sozialen und ökonomischen Ungleichheiten verhinderten (Boggs 2004).

Auch das Argument der Vertreter des Multikulturalismus, sie würden Minderheiten darin unterstützen, ihr Recht auf Anerkennung der eigenen kulturellen Identität in der Mehrheitsgesellschaft durchzusetzen, kann diese grundlegende Kritik nicht widerlegen. Stuart Hall (2000) legt die perfide Wirksamkeit hegemonialer Machtausübung mittels der Narrative Kultur und Identität offen. Die Betonung einer eigenen, distinkten, ethnischen Identität von Minderheitenakteuren, die von den interkulturell kompetenten Multikulturalismus-Protagonisten gefördert werde, sei für die Minderheitenakteure mit erheblichen sozialen Risiken verbunden. Deren Selbstethnisierung bedeute nämlich im Grunde, dass sie das Streben nach Gleichberechtigung in der Gesellschaft aufgeben, sich also gewissermaßen selbst entmachteten. Kollektive ethnische Identität funktioniere als eine Art emotionales Schutzschild für Minderheitsangehörige und helfe, die negativen, durch Diskriminierungserfahrungen hervorgerufenen Gefühle mittels eines Wir-sind-anders-Bewusstseins – was in der Selbstwahrnehmung der Minderheitenakteure zugleich ein Wir-sind-besser-Bewusstsein sei – abzuwehren. Um diesen Effekt erzielen zu können, müsse eine kollektive ethnische Identität „gepflegt" werden, das heißt die entsprechenden Idealisierungen, Historisierungen und Essentialisierungen vorgenommen werden. Und eben damit und ohne dies zu bemerken, entmachteten sich die Minderheiten selbst: Die „ethnischen Gruppen", denen die im römischen Reich gebräuchliche Bedeutung des Begriffs „Ethnie" – „Völker am Rande des Imperiums" – noch immer anhafte, würden mit ihrer Selbstethnisierung genau das tun, was die dominanten Gruppen in der Gesellschaft von ihnen erwarteten, nämlich sich als andersartige Kulturen zu deklarieren und auch weiterhin als nette, bunte Grüppchen die hinteren Ränge der Gesellschaft zu bevölkern.

Die Kritik, Interkulturelle Kommunikation ignoriere das Thema Machtdifferenz, trifft grundsätzlich zu, muss aber etwas differenzierter gesehen werden. Gemäß Condon und Yousef (1975) habe sich das Profil der neuen Disziplin Interkulturelle Kommunikation in den 1970er Jahren an amerikanischen Universitäten in Abgrenzung von dem etablierten Fach International Relations herausgebildet. In International Relations würden internationale Beziehungen ausschließlich unter dem Aspekt der Funktionalität und des Machtgewinns gesehen, während es der Interkulturellen Kommunikation vor allem um „Menschlichkeit" und „aufrichtiges Miteinander" gehe, was voraussetze, dass sich Menschen aus verschiedenen Ländern und Kulturen auf Augenhöhe begegneten. Die in der Abgrenzung vom „machiavellistischen Geist der International Relations" vorgenommene Profilierung des Fachs Interkulturelle Kommunikation habe dazu geführt, dass die Werte Menschlichkeit und Gleichberechtigung den Kern der Identität des Faches Interkulturelle Kommunikation ausmachten. Von zentraler Bedeutung für das universitäre Fach Interkulturelle Kommunikation waren damit von Anfang an die Idee des „herrschaftsfreien Diskurses"[2] und die Verpflichtung, sich für ein gutes und gerechtes gemeinsames Leben über kulturelle Grenzen hinweg einzusetzen.

Dyadische Kommunikationssituationen – der zentrale Gegenstand der klassischen Interkulturellen Kommunikation – werden dabei im Grunde als „ideale Kommunikationssituationen" in Habermas' Sinne konzeptualisiert, in denen die Akteure mit gleichen Machtressourcen ausgestattet sind und auf Augenhöhe interagieren. Es ist wohl davon auszugehen, dass das Konstrukt der ide-

---

[2] Die Annahme, dass alle Menschen als gleiche, freie und zu einem vernünftigen Miteinander fähige Subjekte zu betrachten sind, ist den Autoren wichtig, auch wenn sie sich nicht explizit auf Habermas' Theorie beziehen.

Interkulturelle Kompetenz: Kontexte, Diskurse, Kritik 31

alen Kommunikationssituation notwendig ist, wenn die kulturellen Ursachen von Kommunikationsproblemen identifiziert werden sollen. Im Kontext der globalen Wirtschaftskooperation beziehungsweise des internationalen Managements – etwa bei Verhandlungssituationen, Kooperationsprojekten, Firmenzusammenschlüssen, Auslandspersonaltransfers et cetera – macht es durchaus Sinn, anzunehmen, dass sich die Beteiligten als prinzipiell freie, gleiche und vernünftige Akteure begegnen, die durchaus in der Lage sind, die Modalitäten und Normen des Austauschs und der Kooperation im gemeinsamen transnationalen Kommunikationsraum auszuhandeln, denn nur dann kann es gelingen, (implizite) kulturelle Unterschiede als Ursachen auftretender Kommunikationsprobleme zu thematisieren.

Jona Jäger (2019) untersucht in seiner Dissertation[3] die Fremdheitserfahrungen von jungen Menschen aus dem globalen Süden (die im Schnitt 24 Jahre alt sind und meist über einen Hochschulabschluss verfügen), die in deutschen Sozialeinrichtungen für ein Jahr Freiwilligendienst leisten. Er vergleicht deren Erfahrungen mit den Erfahrungen von jungen Deutschen (die im Schnitt 20 Jahre alt sind und meist Abitur haben), die ihren Freiwilligendienst in Ländern des globalen Südens machen. Dabei zeigen sich deutliche Unterschiede. Die meisten deutschen Freiwilligen gehen proaktiv mit der neuen Situation um, sie stellen viele Fragen und machen Verbesserungsvorschläge, sie vertreten ihre Meinung und äußern Kritik. Sie haben das Gefühl, am Standort und an der Dienststelle willkommen und anerkannt zu sein, sie lernen viele neue Freunde kennen, finden das soziale Klima angenehm und sie fühlen sich kompetent und selbstwirksam. Die meisten Freiwilligen aus Ländern des globalen Südens treten eher abwartend auf, passen sich an die herrschenden Bedingungen an, halten sich mit eigener Meinung und Kritik zurück. Sie fühlen sich dankbar für die Möglichkeit, in Deutschland viele neue Dinge kennenzulernen, beklagen allerdings auch, im Job zu wenig Anleitung und Rückmeldung zu bekommen, insgesamt zu wenig Unterstützung zu bekommen („zu wenig an die Hand genommen werden"), zu wenig eingebunden zu werden, zu wenig soziale Kontakte mit Deutschen zu haben und nicht gut mit dem direkten Kommunikationsstil in ihrem Umfeld zurechtzukommen.

Eine plausible Erklärung der skizzierten Unterschiede lässt sich mit postkolonialer Theoriebildung erzielen. Danach sind die unterschiedlichen Haltungen und Verhaltensweisen der Freiwilligen, der Habitus der Überlegenheit

---

[3] Die empirische Studie Jägers basiert auf Interviews mit den Freiwilligen und Vertretern der Dienststellen sowie auf den Kenntnissen, die er sich in jahrelanger Seminar- und Beratungstätigkeit mit Freiwilligen und Mitarbeitenden der Dienststellen erarbeitet hat.

und Souveränität bei den deutschen Freiwilligen, beziehungsweise der Unterwürfigkeit und Abhängigkeit bei den Freiwilligen aus dem globalen Süden, eine Folge der Machtungleichheit zwischen globalem Norden und Süden beziehungsweise der strukturellen Unterwerfung des globalen Südens durch die hegemoniale Macht des globalen Nordens. Immanuel Wallerstein (2006) führt aus, wie die Attitüde universeller Geltung und Überlegenheit seit der europäischen Eroberung der Welt eingeübt und bis heute ungebrochen wirksam sei. Frantz Fanon (1980) hat die verheerenden psychischen Folgen kolonialer Unterdrückung – die erlernte Selbstmissachtung und Selbstentwertung der kolonisierten Subjekte – beschrieben. Gayatri Chakravorty Spivak (2007) führt aus, wie sich entsprechend dem gramscianischem Verständnis einer ökonomisch begründeten, zivilgesellschaftlichen Hegemonie, das Narrativ von subalternen gegenüber souveränen Individuen etablieren konnte. Es ist offensichtlich, dass das, was die Freiwilligen erleben und tun im Kontext dieser historischen Machtkonstellation zu sehen ist oder, um es in Bourdieus (1989: 14) Worten zu beschreiben: „Wenn also ein Franzose mit einem Algerier spricht, so sind das letzten Endes nicht zwei Leute, die miteinander reden, sondern es ist Frankreich, das mit Algerien spricht, es sind zwei Geschichten, die miteinander sprechen, es ist die ganze Kolonisation, die ganze Geschichte eines zugleich ökonomischen, kulturellen Herrschaftsverhältnisses."

Eine ebenso plausible Erklärung der Unterschiede kann aber auch mit Theorien der Interkulturellen Kommunikation vorgenommen werden. Danach ist davon auszugehen, dass die Freiwilligen aus dem globalen Süden vorwiegend in kollektivistischen, *high context* und polychronen Kulturen sozialisiert wurden. Sie haben sich einen Habitus angeeignet, der eher durch soziales Harmoniestreben, indirekte Kommunikation, situative Anpassung und Flexibilität gekennzeichnet ist. Die Freiwilligen aus Deutschland wurden in einer vorwiegend individualistischen, *low context* und monochronen Kultur sozialisiert und haben sich einen Habitus angeeignet, der eher durch Selbstbehauptung, einen direkten Kommunikationsstil, vorausschauendes Planen und proaktives Handeln gekennzeichnet ist.

Die Erklärungen aus einer Machtdifferenzperspektive und aus einer Kulturdifferenzperspektive sind gleichermaßen plausibel, beide sind notwendig, um dem empirischen Sachverhalt gerecht zu werden. Im Prozess der Analyse beziehungsweise Interpretation des Sachverhalts – und dieser Punkt ist hier besonders hervorzuheben – schließen sich beide Erklärungen aber gegenseitig aus. Angenommen wird, dass Kultur und Macht beziehungsweise Kulturdifferenz und Machtdifferenz zwei interdependente und zugleich autonome Domänen sind. Das heißt zum einen spielen Macht und Kultur eine gleichermaßen wichtige Rolle bei der Konstitution sozialer Phänomene als empirische Tatsachen (dass die Domäne Kultur historisch beziehungsweise entwicklungslogisch

Interkulturelle Kompetenz: Kontexte, Diskurse, Kritik

der Domäne Macht nachgeordnet ist, ist für die Argumentation unwichtig und soll hier ausgeblendet bleiben), das heißt sie sind empirisch untrennbar miteinander verwoben. Zum anderen sind Macht und Kultur bei der Analyse beziehungsweise Interpretation sozialer Phänomene als eigenständige Kategorien beziehungsweise Theorie- und Interpretationskonstrukte zu sehen, das heißt, die beiden Konstrukte können nicht gleichzeitig eingesetzt werden, sondern nur ohne, indem der jeweiligen Fachdiskurslogik (zu der Konzepte und Theorien, Heuristiken und Methoden ebenso gehören wie Fachtraditionen und *cycles of credibility*) gefolgt wird, also entweder der Logik von Machttheorien oder der Logik der Interkulturellen Kommunikation.

Für eine möglichst umfangreiche und genaue Analyse beziehungsweise Interpretation von sozialen Handlungen ist es notwendig, sowohl einen machtkritischen als auch einen kulturdifferenztheoretischen Zugang zu wählen. Da sich beide Zugänge aber ausschließen – wofür die vielen fundamentalkritischen Einwände gegen die Theorien der Interkulturellen Kommunikation ein augenscheinlicher Beleg sind – gilt es zu überlegen, wie das Verhältnis der unterschiedlichen Zugänge gestaltet werden soll. Denkbar wäre, die beiden Zugänge in einem Komplementaritätsverhältnis zu sehen, wie es von Georges Devereux (1978) vorgeschlagen wird. Devereux' Begriff von Komplementarität beruht auf der Heisenberg'schen Unbestimmtheitsrelation, wonach derselbe Sachverhalt (Licht) unterschiedlich erklärt werden kann (als Welle oder Korpuskel). Um die Ursachen eines sozialen Phänomens zu erklären – Devereux wählt als Beispiel den Terrorakt eines Einzeltäters – müssten sowohl soziologische als auch psychologische Theorien herangezogen werden (Soziologen wie Psychologen seien selbstredend der Auffassung, mit den eigenen Theorien alles erklären zu können), allerdings nicht in einem interdisziplinären, sondern in einem pluridisziplinären beziehungsweise komplementären Sinn. Denn Interdisziplinarität würde bedeuten, dass die soziologischen und psychologischen Theorien um die beste Erklärung konkurrieren würden und somit die Gefahr bestünde, dass die Theorien weniger der Erklärung des empirischen Sachverhalts als vielmehr der Selbstlegitimation dienen würden. Wenn das Verhältnis zwischen Soziologie und Psychologie dagegen als Komplementaritätsverhältnis gesehen wird, könne jede Disziplin das eigene Erklärungspotential vollständig nutzen. Das wiederum sei aber nur möglich, wenn während der Analyse beziehungsweise Interpretation die Ansätze der jeweils anderen Disziplin unberücksichtigt blieben.[4]

---

[4] Ganz ähnlich argumentiert Peter Zima (2004) bei seinem Entwurf einer „dialogischen Theorie". Er favorisiert Pluridisziplinarität gegenüber Interdisziplinarität, weil nur dann die analytische Schärfe und das Erklärungspotential einer sozial-

Die Diskussion machtkritischer und kulturdifferenztheoretischer Ansätze wird häufig unter dem Zeichen der Ausschließlichkeit geführt, das heißt mit einem oft ideologisch anmutenden Anspruch nach Deutungshoheit. Die Kritik, die an den Ansätzen der Interkulturellen Kommunikation im Allgemeinen und dem Konzept interkulturelle Kompetenz im Besonderen geübt wird, ist zu pauschal. Es sollte weniger um Ideologie und Alleinvertretungsansprüche gehen, sondern darum, den verschiedenen heuristischen und methodischen Zugängen, die sich aus unterschiedlichen Diskurszusammenhängen ergeben, die Entfaltung ihres Erklärungspotentials ermöglichen, wofür der Komplementaritätsansatz eine Grundlage darstellen kann. Es liegt an der Interkulturellen Kommunikation, ihre spezifischen Theorien und Herangehensweisen so zu vertreten, dass die Notwendigkeit ersichtlich wird, bei der Erklärung und Interpretation interkultureller Phänomene auch eine Kulturdifferenzperspektive einzunehmen.

V. Die Zukunft interkultureller Kompetenz

Gesellschaften sind kulturell vielfältig und in der Regel existieren relativ klare Mehrheits- und Minderheitsverhältnisse. Eine Mehrheit der Gesellschaft versteht sich als „einheimisch" und eine Minderheit gilt als „zugewandert". Die Angehörigen der „Mehrheitsgesellschaft" sehen in der Regel keinen Anlass, den eigenen Status als dominante gesellschaftliche Gruppe zu hinterfragen, denn sie bewegen sich in einer kulturellen und gesellschaftlichen Sphäre, in der das Unhinterfragte, Selbstverständliche dominiert – wohingegen für die Angehörigen von Minderheiten im Grunde alles fraglich ist. Ob es um kulturelle Identität geht oder um zugeschriebene nationale, ethnische und religiöse Zugehörigkeit oder um Position, Status und Anerkennung, nichts ist selbstverständlich und Fragen der Legitimität tauchen immer wieder auf und nicht zuletzt wird dadurch das Bedürfnis erzeugt oder verstärkt, den eigenen kulturellen Besonderheiten mehr Bedeutung beizumessen. Aber mit dieser grundlegenden Fragwürdigkeit besteht auch ein selbstverständliches Motiv und Potential, interkulturell zu lernen. Bei Mehrheitsangehörigen fehlt dagegen diese Art „natürlicher" Motivation, interkulturell zu lernen, sie müssen dazu erst in eine

---

oder kulturwissenschaftlichen Disziplin (deren Theorien im Grunde immer ideologisch seien, weil sie gruppenspezifische Interessen artikulierten) ganz zum Tragen komme.

Interkulturelle Kompetenz: Kontexte, Diskurse, Kritik 35

Minderheitsposition wechseln, was im „klassischen interkulturellen Szenario" einen längeren Auslandsaufenthalt erfordert.[5]

Die Idee, dass die Selbsterfahrung als Minderheitsangehöriger eine wesentliche Voraussetzung für (inter-)kulturelles Lernen darstellt, ist sicherlich nichts Neues, es gibt sie spätestens seit Herodots Berichten von seinen Reisen zu fernen Völkern, aber in den USA war diese Idee grundlegend für die neu entstehende Kulturanthropologie ab den 1920er Jahren und der in den 1950er Jahren entstehenden Interkulturellen Kommunikation. Der klassische interkulturelle Lernraum der frühen Interkulturellen Kommunikation, der kulturelle Sensibilisierung und Relativierung sowie den Aufbau interkulturelle Kompetenz ermöglichen sollte, bestand im Kern aus der Erfahrung, als Person mit Minderheitsstatus für eine längere Zeit in einer Mehrheitsgesellschaft zu leben, da erst mit dieser existentiellen Erfahrung interkulturelles Lernen Sinn machte (King 2020). Mit dem Verständnis von Kultur als „silent language" und „hidden dimension" versuchte Hall eine Verbindung herzustellen zu den tieferen Schichten der individuellen Persönlichkeit. Wie er in seiner eigenen Psychoanalyse herausfand, der er sich sieben Jahre bei der Analytikerin Winifred Whitmen unterzog, waren es gerade die schwer zugänglichen, unbewussten Anteile seiner Persönlichkeit, denen seine besondere Aufmerksamkeit galt. Kulturelle Sensibilisierung, das heißt die Reflexion der eigenen Kultur, ist seiner Meinung nach nicht einfach zu erzielen, vielmehr sei es eine anspruchsvolle, Angst auslösende, Widerstände erzeugende Auseinandersetzung mit der eigenen Persönlichkeit und der Kultur, in die die eigene Persönlichkeit eingebettet ist (Hall 1992: 253–261). Aus der Verbindung von psychoanalytischer Selbsterfahrung und seinen Erfahrungen als Minderheitsangehöriger beziehungsweise als „professioneller Fremder" (Agar 1980) entstand die Konzeption der neuen Wissenschaft Interkulturelle Kommunikation. Zwar hat sich seit Halls Zeiten viel verändert, aber in einer Hinsicht sind die gesellschaftlichen Rahmenbedingungen damals wie heute durchaus ähnlich: In den kulturell vielfältigen Gesellschaften dominiert immer eine klare Mehrheit – das ändert sich jedoch gerade.

---

5 Dem liegt die Idee zugrunde, dass Angehörige der Mehrheitsgesellschaft aufgrund ihres universalistischen Bias davon ausgehen, dass Menschen überall auf der Welt ähnlich fühlen, denken und handeln wie sie, weshalb es notwendig ist, am eigenen Leib zu erfahren, dass das nicht zutrifft, sondern dass Menschen kulturell geprägt sind. Diese Idee, die vor dem Hintergrund der US-amerikanischen Gesellschaft der 1950er Jahre gesehen werden muss, ist bis heute in der Interkulturellen Kommunikation grundlegend. Hier ist allerdings zu fragen, ob diese universalistische Einstellung nicht ein US-amerikanisches Spezifikum ist und daher nicht einfach auf andere historische und gesellschaftliche Verhältnisse übertragen werden sollte.

In Zukunft wird eine klare Unterscheidung in Mehrheit und Minderheit wohl keine Selbstverständlichkeit mehr sein, ein Prozess, der schon begonnen hat. Der Journalist Michael Rasch (2019) schreibt dazu in der Neuen Züricher Zeitung im Juli 2019: „In deutschen Großstädten geht inzwischen die Mehrheitsgesellschaft ihrem Ende entgegen – das bedeutet, dass Deutsche ohne Migrationshintergrund (nach Definition des Statistischen Bundesamts) nicht mehr die absolute Mehrheit (> 50 Prozent) sind, sondern neben Deutschen mit Migrationshintergrund und Ausländern lediglich noch die größte Gruppe darstellen. In Frankfurt am Main gibt es die Mehrheitsgesellschaft bereits nicht mehr. Dasselbe gelte für kleinere Städte wie Offenbach (nur noch 37 Prozent Deutsche ohne Migrationshintergrund), Heilbronn, Sindelfingen und Pforzheim, erklärt der Migrationsexperte Jens Schneider, der an der Universität Osnabrück forscht. In zahlreichen anderen deutschen Städten werde bald das Gleiche passieren. Anfang 2018 lebten in Frankfurt laut dem statistischen Jahrbuch der Stadt 46,9 Prozent Deutsche ohne Migrationshintergrund. Deutsche mit Migrationshintergrund kamen auf 23,6 Prozent und Ausländer auf 29,5 Prozent, zusammen also 53,1 Prozent. Der Anteil der Deutschen ohne Migrationshintergrund ist in den letzten Jahren kontinuierlich gesunken. Die Schwelle von 50 Prozent wurde erstmals im Jahr 2015 mit 48,8 Prozent unterschritten".

Die demographische Entwicklung in diesen Städten, wie in vielen Städten und Regionen europaweit, führt (langfristig) zur Abschaffung des für selbstverständlich gehaltenen absoluten Mehrheitsstatus und zu einer tendenziellen Gleichstellung der verschiedenen gesellschaftlichen Gruppen. In „superdiversen Gesellschaften" – Gesellschaften, in denen es keine selbstverständliche Mehrheit mehr gibt und damit keine gesellschaftliche Gruppe, die völlig selbstverständlich ihre Definitionsmacht ausübt, werden sich auch die grundlegenden Parameter interkultureller Kommunikation ändern.[6]

---

[6] Für Stephen Vertovec (2007: 18), der den Begriff „Superdiversität" eingeführt hat, ist vor allem die Wechselwirkung dieser Aspekte wichtig: „migration, labour market and legal status trajectories, gender and age patterns, differential responses to migrants by the resident population". Vertovec' Anregung wurde in vielen empirischen Arbeiten aufgegriffen. Für Dirk Geldorf (2016) bedeutet Superdiversität „a greater complexity in the composition of local populations and an equally greater complexity and ambiguity in the interaction between the different elements of those populations" (35). Susanne Wessendorf (2013) untersucht das Alltagsleben der Bewohner des Londoner Stadtteils Hackney, den sie als den diversesten Stadtteil hinsichtlich der Vielfalt ethnischer Minderheiten, Migrationsgeschichten, Religionen sowie sozialer und ökonomischer Hintergründe bezeichnet. Sie beschreibt den Alltag als „commonplace diversity and unpanicked multiculturalism" (19). „Hackney residents of all kinds of backgrounds often have very little idea about other resi-

Was bedeutet in superdiversen Gesellschaften interkulturelles Lernen und interkulturelle Kompetenz? Das Anliegen der klassischen Interkulturellen Kommunikation, durch Reflexion der Erfahrung des Wechsels in eine Minderheitssituation interkulturelle Kompetenz zu befördern, wird in superdiversen Gesellschaften wohl obsolet werden. Das heißt, die Methoden der Kompetenzentwicklung werden sich ändern, aber nicht der Inhalt des Konzepts interkulturelle Kompetenz. Anzunehmen ist vielmehr, dass interkulturelle Kompetenz mehr denn je gebraucht wird, um den Herausforderungen der gegenwärtigen gesellschaftlichen Veränderungen begegnen zu können: Von der Zunahme antiglobaler und diversitätsfeindlicher Tendenzen, dem Erstarken nationaler Egoismen, retribalisierender Tendenzen und des Wunschs nach Rückzug in ein „Retrotopia" (Bauman 2017), der wachsenden Dringlichkeit der Klima- und Umweltveränderungen bis zu den nicht absehbaren Folgen der Covid-19-Pandemie – wie auch immer sich diese Szenarien entwickeln werden, ohne interkulturelle Kompetenz sind die Herausforderungen wohl nicht zu bewältigen. Denn unabhängig von den gesellschaftlichen Entwicklungen wird sich eine Grundtatsache menschlicher Existenz nicht ändern: Die Prägung durch spezifische soziokulturelle Milieus und damit die unvermeidliche Limitierung der kommunikativen Fähigkeiten und Möglichkeiten. Zudem ist absehbar, dass für die Bewältigung der zukünftigen Herausforderungen eine sinnvolle, den unterschiedlichen Akteuren gerecht werdende Kooperation über kulturelle Grenzen hinweg – gemeint sind Grenzen, wie etwa zwischen soziokulturellen Milieus und *communities of practice*, zwischen Sprachgemeinschaften und ethnischen Gruppen oder zwischen politischen und symbolischen Figurationen, die die Limitierung menschlichen Handelns bewirken – von zentraler Bedeutung sein wird. Außerdem zeichnet sich ab, dass die normativen Aspekte von interkultureller Kompetenz stärker in den Vordergrund treten werden, insofern die dem interkulturellen Handeln zugrunde liegenden Werte und Ziele demokratisch, human und diversitätstolerant sein müssen, was umso wichtiger ist, je weniger es von vornherein festgelegte Macht- oder Mehrheitsverhältnisse gibt, je diffuser sich die globale Situation gestaltet und je mehr rechtspopulistische Be-

---

dents' cultural backgrounds. They are perfectly comfortable with muddling through the neighbourhood in day-to-day life and somehow communicating with various types of people, but many of them know little about other people's ways of life" (17–18). In ihrer Studie über Minoritäten in den superdiversen Städten London und Toronto sieht Fran Meisner (2016) ebenso die alltägliche Normalität des Sich-Arrangierens mit Diversität im Vordergrund; sie beschreibt die Gleichzeitigkeit und Gleichgültigkeit diasporischer, grenzerzeugender Tendenzen innerhalb der Minderheitsgruppen und grenzüberschreitender beziehungsweise -auflösender Alltagsinteraktionen; für sie ist *superdiversity* ein „post-multicultural term".

wegungen an Bedeutung gewinnen. Die Bereitschaft und die Fähigkeit, auch sehr unterschiedliche Perspektiven nachvollziehen zu können, Respekt gegenüber unterschiedlichen Haltungen und Einstellungen zu üben und kulturelle Differenz zu moderieren, setzen voraus, auf Augenhöhe dialogfähig zu sein. Das wiederum könnte dazu führen, dass das Bemühen, andere Perspektiven und Hintergründe zu verstehen, eingeschränkt werden muss, da dieses Bemühen immer die Gefahr beinhaltet, Asymmetrien zu schaffen und zu Machtausübung missbraucht zu werden. Das würde bedeuten, dass nicht immer über alles diskutiert und nicht jedes Thema durchdrungen und analysiert werden kann. Gebraucht wird dann die Fähigkeit, interkulturelles Verstehen kontext- und situationsabhängig zu dosieren und dabei auf die (selbstverständliche) Erklärungs- und Interpretationshoheit zu verzichten. Dieser postkoloniale Aspekt interkultureller Kompetenz dürfte in der Zukunft an Bedeutung gewinnen.

In superdiversen Gesellschaften wird vermutlich auch die im zweiten Kapitel vorgenommene Unterscheidung in die Handlungskontexte multikulturelle Gesellschaft und globale Organisationen irrelevant, da beide Kontexte superdivers sind. Ob in lokalen oder globalen Handlungskontexten, der Austausch mit Menschen, die in anderen soziokulturellen Milieus sozialisiert wurden und anders kommunizieren, ist normaler Alltag. Die Herausforderung in lokalen wie in globalen Kontexten besteht darin, dafür zu sorgen, dass im Umgang mit kultureller Vielfalt und kultureller Differenz die dabei entstehende Angst und Unsicherheit nicht das erträgliche und kontrollierbare Maß übersteigt. In superdiversen Gesellschaften und Gemeinschaften müssen auf lokaler und globaler Ebene Modi des Zusammenlebens und Kooperierens gefunden werden, die den unterschiedlichen Lebenslagen und Lebensentwürfen, Bedürfnissen und Interessen, Identitätskonstruktionen und -zuschreibungen, Interpretations- und Sichtweisen, Perspektiven und Verstehensweisen den Raum gewähren und die Anerkennung zugestehen, die ein gleichberechtigtes Miteinander ermöglichen. Und es muss gelingen, gemeinsame Regeln und Normen zu schaffen, die gegenseitig verpflichtendes und verantwortliches Handeln ermöglichen und garantieren.

Im OECD (2018) Framework „Preparing Our Youth for an Inclusive and Sustainable Worlds" werden solche Anforderungen an interkulturelle Kompetenz im Hinblick auf die schulische Ausbildung formuliert:

> „Twenty-first century students live in an interconnected, diverse and rapidly changing world. Emerging economic, digital, cultural, demographic and environmental forces are shaping young people's lives around the planet, increasing their intercultural encounters on a daily basis. This complex environment presents an opportunity and a challenge. Young people today must not only learn to participate in a more

interconnected world but also appreciate and benefit from cultural differences. Developing a global and intercultural outlook is a process – a lifelong process – that education can shape (...) global competence is a multidimensional capacity. Globally competent individuals can examine local, global and intercultural issues, understand and appreciate different perspectives and world views, interact successfully and respectfully with others, and take responsible action toward sustainability and collective well-being" (4).

In den superdiversen glokalen Gesellschaften wird interkulturelle Kompetenz beziehungsweise globale Kompetenz dringend gebraucht und die Herausforderung besteht darin, vor dem Hintergrund der sich verändernden Kontexte und Diskurse Mittel und Wege zu finden, wie interkulturelle beziehungsweise globale Kompetenz generiert und angeeignet werden kann.

Literatur

Agar, Michael 1980: The Professional Stranger. An Informal Introduction to Ethnography. New York u. a.
Anderson, Linda E. 1994: A New Look at an Old Construct: Cross-Cultural Adaptation. In: International Journal of Intercultural Relations 18, 3: 293–328.
Bauman, Zygmunt 2017: Retrotopia. Frankfurt.
Beaverstock, J. V. 2002: Transnational Elites in Global Cities: British Expatriates in Singapore's Financial District. In: Geoforum 33, 4: 525–538.
Beaverstock, Jon V. 2005: Transnational Elites in the City. British Highly-Skilled Inter-Company Transferees in New York City's Financial District. In: Journal of Ethnic and Migration Studies 31, 2: 245–268.
Bennett, Janet 2015: Introduction. In: Janet Bennett (ed.): The SAGE Encyclopedia of Intercultural Competence. Vol. 1 and 2. Thousand Oaks, xxiii–xxvii.
Boggs, James P. 2004: The Culture Concept as Theory, in Context. In: Current Anthropology 45, 2: 187–209.
Bourdieu, Pierre 1989: Satz und Gegensatz. Über die Verantwortung des Intellektuellen. Berlin.
Cantle, Ted 2012: Interculturalism. The New Era of Cohesion and Diversity. New York.
Church, Austin T. 1982: Sojourner Adjustment. In: Psychological Bulletin 91, 3: 540–572.

Condon, John, Fathi Yousef 1975: An Introduction to Intercultural Communication. New York, London.
Dahlén, Tommy 1997: Among the Interculturalists. An Emergent Profession and ist Packaging of Knowledge. Stockholm.
Devereux, Georges 1978: Ethnopsychoanalyse. Frankfurt am Main.
Fanon, Frantz 1980: Schwarze Haut, weiße Masken. Frankfurt am Main (frz. Orig. 1952).
Fourcade, Marion 2006: The Construction of a Global Profession: The Transnationalization of Economics. In: American Journal of Sociology 112, 1: 145–194.
Geldorf, Dirk 2016: Superdiversity in the Heart of Europe. How Migration Changes Our Society. Leuven, Den Haag.
Goodenough, Ward H. 1981: Culture, Language, and Society (2nd ed.). Menlo Park, CA.
Hall, Edward T. 1992: An Anthropology of Everyday Life. An Autobiography. New York.
Hall, Stuart 2000: Conclusion: The Multi-Cultural Question. In: Barnor Hesse (ed.): Un/Settled Multiculturalisms: Diasporas, Entanglements, "Transruptions". London, New York, 209–241.
Hannerz Ulf 1992: Cultural Complexity: Studies in the Social Organization of Meaning. New York.
Hess, David J. 1995: Science and Technology in a Multicultural World. The Cultural Politics of Facts and Artifacts. New York.
Hess, David J. 2007: Alternative Pathways in Science and Industry. Activism, Innovation, and the Environment in an Era of Globalization. Cambridge, London.
Jäger, Jona 2019: Fremdheitserfahrungen von Incoming Freiwilligen. Macht und Differenz im interkulturellen Diskurs. Dissertation LMU München.
King, Charles 2020: Schule der Rebellen. Wie ein Kreis verwegener Anthropologen Race, Sex und Gender erfand. München (am. Orig. 2019).
Knorr Cetina, Karin 2012 [1991]. Die Fabrikation von Erkenntnis. Zur Anthropologie der Naturwissenschaft. Frankfurt am Main.
Latour, Bruno, Steve Woolgar 1986 [1979]: Laboratory Life. The Contruction of Scientific Facts. Princeton, New Jersey.
Leeds-Hurwitz, Wendy 2013: Intercultural Competences. Conceptual and Operational Framework. In: UNESCO Digital Library. URL: https://en.unesco.org/interculturaldialogue/resources/132 (20.4.2020).
Matsumoto, David, J. LeRoux, R. Bernhard, H. Gray 2004: Unraveling the Psychological Correlates of Intercultural Adjustment Potential. In: International Journal of Intercultural Relations 28, 3–4: 281–309.

Matthes, Joachim 1999: Interkulturelle Kompetenz. Ein Konzept, sein Kontext und sein Potential. In: Deutsche Zeitschrift für Philosophie 47, 3: 411–426.
Meisner, Fran 2016: Socialising with Diversity. Relational Diversity through a Superdiversity Lens. London.
Mezirow, Jack 2000: Learning to Think Like an Adult. Core Concepts of Transformation Theory. In: Jack Mezirow & Associates (eds.): Learning as Transformation. Critical Perspectives on a Theory in Progress. San Francisco, 3–33.
Moore, Fiona 2005: Transnational Business Cultures. Life and Work in a Multinational Corporation. Aldershot.
Moosmüller, Alois 1997. Kulturen in Interaktion: Deutsche und US-amerikanische Firmenentsandte in Japan. Münster.
OECD 2018: Framework „Preparing Our Youth for an Inclusive and Sustainable Worlds". URL: https://www.oecd.org/pisa/Handbook-PISA-2018-Global-Competence.pdf (25.3.2020).
Okazaki-Luff, Kazuko 1991: On the Adjustment of Japanese Sojourners: Beliefs, Contentions, and Empirical Findings. In: International Journal of Intercultural Relations 15: 85–102.
Petermann, Werner 2004: Die Geschichte der Ethnologie. Wuppertal.
Portes, Alejandro, Rubén G. Rumbaut 2001: Legacies. The Story of the Immigrant Second Generation. Berkeley u. a.
Rasch, Michael 2019: In deutschen Städten sieht die Mehrheitsgesellschaft ihrem Ende entgegen. In: NZZ vom 9.7.2019. URL: https://www.nzz.ch/international/in-deutschen-staedten-geht-die-mehrheitsgesellschaft-zu-ende-ld.1492568 (28.3.2020).
Rogers, Everett M., W. B. Hart, Y. Miike 2002: Edward T. Hall and the Origins of the Field of Intercultural Communication. In: Keio Communication Review 24: 3–26.
Rüsen, Jörn 2009: Introduction. Humanism in the Era of Globalization: Ideas on a New Cultural Orientation. In: Jörn Rüsen, Henner Laass (Hg.): Humanism in Intercultural Perspective: Experiences and Expectations. Bielefeld, 11–20.
Shweder, Richard A., Martha Minow, Hazel Rose Markus (eds.) 2002: Engaging Cultural Differences: The Multicultural Challenge in Liberal Democracies. New York.
Spivak, Gayatri Chakravorty 2007: Can the Subaltern speak? Postkolonialität und subalterne Artikulation. Wien.
Vertovec, Stephen 2002: Transnational Networks and Skilled Labour Migration. Working Paper Transnational Communities. University of Oxford. URL: http://www.transcomm.ox.ac.uk/working%20papers/WPTC-02-02%20Vertovec.pdf (4.3.2020).

Vertovec, Stephen 2007: Super-Diversity and its Implications. In: Ethnic and Racial Studies 30, 6: 1024–1054.
Wallerstein, Immanuel 2006: European Universalism. The Rhetoric of Power. New York, London.
Werbner, Pnina 2005: The Translocation of Culture: „Community Cohesion" and the Force of Multiculturalism in History. In: The Sociological Review 53, 4: 745–768.
Wessendorf, Susanne 2013: „Being Open, but Sometimes Closed". Living Together in a Super-Diverse London Neighborhood. Working Paper 13–11, Max-Planck-Institut zur Erforschung multireligiöser und multiethnischer Gesellschaften. URL: https://www.mmg.mpg.de/workingpapers (15. 4. 2020).
Zima, Peter 2004: Was ist Theorie? Tübingen, Basel.
Zuhl, Teresa 2009: Ethnic Identity in a Globalized World. Germans in Richmond since 1970. Hamburg.

Interkulturelle Kompetenz aus Sicht der psychologischen Handlungstheorie

Stefan Strohschneider

Trotz all der begrifflichen Unschärfen, die den Begriff „interkulturelle Kompetenz" umwabern (und die hier nicht weiter kritisiert werden sollen), ist es doch unstrittig, dass situationsadäquates, den besonderen Herausforderungen kultureller Verschiedenheit gerecht werdendes Handeln ein wesentliches Element interkultureller Kompetenz darstellt. Was aber ist mit „Handeln" gemeint? Auch für diesen Begriff existiert keine unumstrittene Definition; in verschiedenen Disziplinen haben sich Handlungstheorien mit unterschiedlicher Brennweite und je eigenem Geltungsanspruch entwickelt (s. dazu immer noch Lenk 1977-1984). In diesem Beitrag steht eine psychologische Handlungstheorie im Vordergrund, die Handeln – und selbstverständlich auch interkulturelles Handeln – aus einer strikt individuumsbezogenen Perspektive zu erklären versucht. In den folgenden Abschnitten werden zunächst die Grundzüge dieser Handlungstheorie diskutiert. In einem zweiten Schritte werden einige Befunde gesichtet, die speziell für die Chancen und Herausforderungen, die für das Handeln in offenen und neuartigen Situationen relevant sind. Anschließend werden einige Überlegungen zur Entwicklung von Handlungskompetenzen vorgestellt, was schließlich in der These mündet, dass die Annahme einer speziellen „interkulturellen" Handlungskompetenz nur schwer zu begründen ist.

Grundlagen der psychologischen Handlungstheorie

Die eine psychologische Handlungstheorie gibt es nicht. Vielmehr gibt es ein Bündel von Ansätzen, die sich im Laufe der zweiten Hälfte des 20. Jahrhunderts vor unterschiedlichem Hintergrund (sowjetische Tätigkeitspsychologie, Kybernetik, Feldtheorie, kognitive Psychologie) als Gegensatz zum damals dominierenden Behaviorismus entwickelt haben. Ihnen allen ist gemein, dass sie den Menschen als intentionales Wesen betrachten, das beständig seine eigenen Ziele und Bedürfnisse mit seinem Wissen und Können sowie den Möglichkeiten und Begrenzungen der (wahrgenommenen) sozialen und physikalischen Umwelt in Übereinstimmung bringen muss. Die Grundidee ist also die der „Regulation", die Vorstellung eines kontinuierlichen Anpassungs- und Austauschprozesses (im Gegensatz eben zur behavioristischen Idee von der Reiz-

Reaktionsmaschine). Vor diesem Hintergrund wird jedes Handeln durch zwei basale Axiome beschrieben:
(1) Handeln ist ein hierarchisch-sequentieller Prozess. Jede Handlung besteht aus einer Abfolge elementarer Handlungsschritte – das ist die Sequenz, die sich von außen beobachten lässt. Jeder dieser Handlungsschritte ist aber Teil eines strukturierten Planes, der die Abfolge der Handlungselemente beschreibt und seinerseits jeweils Teil eines übergeordneten Planes ist, der schließlich die gesamte Handlungsintention beschreibt. Je abstrakter diese Teilpläne sind, umso offener sind sie in der Regel. Abbildung 1 zeigt die hierarchisch-sequentielle Struktur eines Handlungsplanes.

Was nun genau als „Handlung" betrachtet wird, hängt diesem Modell zufolge vom Auflösungsgrad der Analyse ab. Jede abgeschlossene operative Einheit mit einem klaren Start- und Zielpunkt kann „Handlung" sein – sei es das korrekte Ansetzen eines Spatens beim Einstich, sei es das ganze Winterfest-Machen des Gartens. Für Handlungstheoretiker ganz selbstverständlich ist die Annahme, dass auch kognitive Prozesse wie etwa ein Wissensabruf aus dem Gedächtnis, ein logischer Schluss, eine rationale Entscheidung, nach diesem Muster beschrieben werden können.

(2) Handlungen werden auf unterschiedlichen Ebenen reguliert: Nun verlaufen viele, selbst alltägliche Handlungen keineswegs als glatter, störungsfreier Prozess ab. Handlungen können misslingen, sich wandelnde äußere Bedingungen die Zielerreichung verhindern, aktuelle Geschehnisse Unterbrechungen erfordern. Es sind also ständige regulatorische Prozesse notwendig, die Ausführungsfehler korrigieren, Varianten entwerfen und erproben oder ganz neue Pläne konstruieren. Man nimmt daher an, dass die Prozesssteuerung auf unterschiedlichen Ebenen erfolgt. Nach dem Modell der sogenannten „Rasmussen-Leiter" (Rasmussen 1983, 1988) gibt es vier, wiederum hierarchisch angeordnete Regulationsebenen:
1. Die Ebene der Automatismen: Automatismen sind hoch überlernte sensomotorische Koordinationen, die vor allem muskuläre Aktivitäten kontrollieren und die ohne jede bewusste Aufmerksamkeitszuwendung funktionieren. Beispiele sind die Artikulation beim Sprechen, das Musizieren oder Fahrradfahren ebenso wie viele Alltagshandlungen der Reinlichkeit und sozialen Interaktion. Einmal erworbene Automatismen sind nur schwer wieder zu verändern.
2. Die Ebene der Fertigkeiten *(skills)* oder Routinen: Diese Ebene ist der der Automatismen übergeordnet. Auch auf der Ebene der Fertigkeiten geht es um gut gelernte Handlungsprozesse, die aber ständige operative Entscheidungen („mache ich das so oder so?", „was kommt als nächstes?") erfordern, weshalb eine bewusste Aufmerksamkeitszuwendung notwendig ist. Auf dieser Ebene werden viele manuelle Aktivitäten (z. B. handwerkliche

Die Sicht der psychologischen Handlungstheorie 45

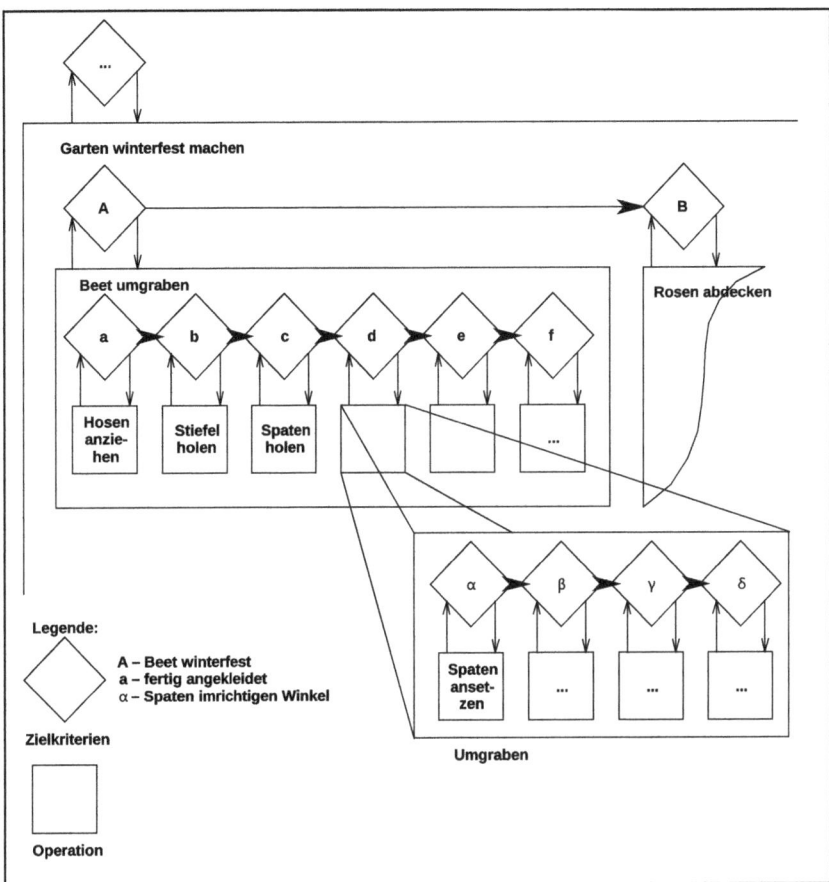

Abb. 1: Hierarchisch-sequentielle Darstellung eines Handlungsplanes (aus: von der Weth, Strohschneider 2001: 19)

oder hauswirtschaftliche Tätigkeiten) und geistige Leistungen (sich etwas merken, etwas zählen) reguliert. Wie das Beispiel des Autofahrens zeigt, können Fertigkeiten durch langjährige (!) Übung zu Automatismen werden: Während der Anfänger dem Fahren seine volle Aufmerksamkeit zuwenden muss, kann der Erfahrene auf seinen Hausstrecken mühelos nebenher philosophische Debatten führen.
3. Die regelbasierte Ebene: Die meisten nichtroutinisierten Handlungen werden auf der dritten Ebene reguliert. Regeln kann man sich ganz gut in der

Form von „wenn das und das ... dann das und das (und dann das, und dann das ...)"-prozeduralen Anweisungen vorstellen, als Rezepte oder Handlungsanleitungen. Der Alltag jedes Menschen kennt viele Beispiele dafür, sie reichen vom Gesellschaftsspiel über das (ambitioniertere) Kochen bis zur Einarbeitung in eine neue Computeranwendung. Regelbasiertes Handeln allerdings ist kognitiv deutlich anstrengender als das der ersten beiden Ebenen. Man muss verschiedene Informationen simultan verarbeiten, man muss zwischen verschiedenen möglicherweise anwendbaren Regeln entscheiden und man muss oft genug Zeitplanung betreiben. Regelbasiertes Handeln erfordert also Aufmerksamkeit und Unterbrechungen können zu Handlungsfehlern führen. Trotzdem befindet sich der regelbasiert Handelnde noch in einem Zustand relativer Sicherheit – befolgte Regeln zeitigen erwartbare Ergebnisse. Das Bedürfnis nach Regeln ist daher groß. Bevor sich Menschen zum Beispiel in für sie neue soziale Räume begeben, versuchen sie herauszufinden, welche Regeln die Interaktion leiten (und sind dann so mit der Einhaltung der Regeln beschäftigt, dass sie die inhaltliche Seite gar nicht mehr mitkriegen).
4. Die Ebene des Denkens und Problemlösens: Diese vierte Regulationsebene kommt ins Spiel, wenn dem Handelnden weder Regeln, noch Routinen oder Fertigkeiten zur Verfügung stehen, um ein Ziel zu erreichen. In diesem Fall müssen Handlungspläne neu entwickelt werden, was Nachdenken im engeren Sinne erfordert. Denken wird üblicherweise definiert als die Überwindung einer Barriere, die die Umwandlung eines (unerwünschten) Ausgangs- in einen (erwünschten) Zielzustand verhindert (Dörner 1979). Dies geschieht mittels kognitiver Prozesse, die auf bestehenden Wissensbeständen operieren und diese so erweitern oder umwandeln, dass ein möglicherweise zielführender Handlungsplan entwickelt werden kann. Der Begriff „Problemlösen" kann noch weiter gefasst werden, er umfasst unter anderem auch Prozesse der Zielbildung, der strategischen Festlegung der Vorgehensweise und der Planmodifikation im Prozess des Handelns. Denken ist selbstverständlich anstrengend und anforderungsreich. Denken erfordert vor allem begriffliche Systeme als Basis und die Beherrschung von Denkmethoden (wie z. B. Vorwärts- und Rückwärtsplanen, „Ausfällen des Gemeinsamen" oder kontrafaktisches Denken) – was die meisten Menschen, ohne darin jemals formal geschult worden zu sein, tun.

Jeder konkrete Handlungsprozess erfordert durch eine spezifische Kombination von Regulationsprozessen auf diesen vier Ebenen, wobei das – empirisch gut belegte – Prinzip wichtig ist, dass die einfacheren Regulationsebenen unbedingt bevorzugt werden (Goschke 2007). Man kann das als Prinzip des römischen Brunnens oder, technisch gesprochen, als Kaskadenschaltung bezeichnen: Die jeweils aufwändigere Regulationsebene wird erst dann genutzt, wenn das Handlungsziel auf der einfacheren nicht erreicht wird.

Die hiermit kursorisch umrissene psychologische Handlungstheorie ist schon immer durch einen ausgeprägten Anwendungscharakter gekennzeichnet. Dieser bezieht sich zum einen – mit einem dezidiert emanzipatorischen Anspruch – auf die Regulation von Arbeitstätigkeiten (Oesterreich, Leitner, Resch 2000; Volpert 1982, 1990; Hacker 1973; Frese, Zapf 1994), wobei vor allem die „unteren" Regulationsebenen im Vordergrund stehen. Die andere Richtung fokussiert die Interaktion von regelbasiertem und problemlösendem Handeln und damit den menschlichen Umgang mit Unbestimmtheit und Komplexität (Dörner 1983; Dörner, Funke 2017). Da nun unmittelbar einleuchtet, dass interkulturelle Situationen in der Regel Situationen der Verletzung von Normalitätserwartungen sind, werde ich im Folgenden auf diese zweite Anwendungsrichtung näher eingehen.

Zur Handlungsregulation in Unbestimmtheit und Komplexität

Auch wenn Unbestimmtheit und Komplexität letzten Endes immer nur subjektiv zu bestimmen sind, hat sich zu dieser Thematik doch eine sehr reichhaltige, mit Methoden einer verhaltenswissenschaftlich orientierten Feldforschung operierenden Forschungsrichtung etabliert. Der indische Managementforscher Subramaniam Ramnarayan (1996) hat das Erkenntnisinteresse vor Jahren als „Coping with SCUDs" („situations of complexity, uncertainty and dynamicity") bezeichnet,[1] im deutschsprachigen Raum spricht man von „komplexem Problemlösen" (Dörner 2004), in der angelsächsischen Welt vom „naturalistic decision making" (Klein 2008). Es geht dabei immer um das Handeln in Situationen, die durch spezifische Merkmale gekennzeichnet sind:
- Komplexität: Das Handlungsfeld ist durch eine Vielzahl von Einflussfaktoren gekennzeichnet, die sich in so erheblichem Maße gegenseitig beeinflussen („Vernetztheit"), dass jede Entscheidung oft unkalkulierbare Neben- und Fernwirkungen erzeugt.
- Dynamik: Das Handlungsfeld ist nicht statisch, sondern unterliegt teils autonomen, teils von anderen Akteuren initiierten Veränderungsprozessen, so dass häufige Neu- und Umplanungen notwendig sind und das Gefühl ständigen Zeitdrucks kaum zu vermeiden ist.

---

[1] Dieser Begriff hat eine ironische Komponente, weil „Scud" eine sowjetische Kurzstreckenrakete bezeichnete, um deren Bedrohungspotential es seinerzeit erhebliche internationale Diskussionen gab.

– Unbestimmtheit: Es ist praktisch unmöglich, sämtliche relevanten Faktoren und ihre Interaktionen analytisch zu erfassen (Nichtwissen). Häufig ist zudem der aktuelle Zustand wichtiger Größen schlichtweg unbekannt und auch nicht in Erfahrung zu bringen (Intransparenz). Sichere Entscheidungen sind damit unmöglich.

Typische „SCUDs", die auch in der Forschung im Zentrum stehen, sind Unternehmensführung und die Gestaltung organisationalen Wandels, Politik, Umweltthemen sowie Entwurf und Betrieb größerer soziotechnischer Systeme (wie z. B. in der chemischen Industrie, in der zivilen Luft- und Seefahrt oder auch im Katastrophenmanagement).

In den bisherigen Ausführungen wurde das eigentliche Thema dieses Beitrags, die interkulturelle Kompetenz, kaum explizit angesprochen. Der Zusammenhang zwischen Handlungstheorie und interkultureller Kompetenz ergibt sich jedoch aus der Betrachtung einiger zentraler Befunde der entsprechenden Literatur. Diese Studien weisen darauf hin, dass Menschen (zumindest unter einer normativen Perspektive) im Allgemeinen nicht besonders gut sind, wenn es um das Handeln in Situationen großer Unbestimmtheit geht. Immer wieder lassen sich ganz typische Phänomene beobachten, die im Sinne eines konstruktiven Problemmanagements als dysfunktional bezeichnet werden müssen (die folgenden Ausführungen basieren auf Dörner 2004, einen systematischen Überblick bietet Meck 2013). Solche Phänomene sind unter anderem:

– Methodismus: Man bemerkt (oder konstruiert aktiv) oberflächliche Ähnlichkeiten zwischen einer neuen Handlungsanforderung und bereits bekannten Situationen, für die man Regeln oder sogar Routinen kennt. Also wendet man die bekannten Methoden an – sollten sie nicht das gewünschte Ergebnis zeitigen, dann werden sie in zunehmend stärkerem Ausmaß einfach wiederholt. Je größer der Handlungsdruck, desto ausgeprägter die „taktische Verarmung" und der Verlust an innovativen Einfällen (Heimann 2008; Hofinger, Zinke 2014).

– Thematisches Vagabundieren: Hinter diesem schönen Begriff verbirgt sich ein Handlungsmuster, das darin besteht, dass man, wenn man beim Verfolgen einer bestimmten Handlungsabsicht auf unerwartete Schwierigkeiten stößt, eine andere, hoffentlich leichter zu erledigende Handlung anfängt, sie gegebenenfalls ebenso schnell wieder aufgibt, sich etwas Drittem zuwendet – und so weiter. Man vagabundiert durch seine verschiedenen Absichten, ist ständig aktiv, wirbelt viel „operativen Staub" auf und bringt doch nichts zu Ende. Dieses Phänomen ist aus dem Alltag bekannt, problematisch wird es dort, wo durch diese Form des Nichthandelns wichtige Entscheidungen unterbleiben.

– Horizontale und vertikale Flucht: Eine andere Möglichkeit, sich nicht bewältigbaren Unbestimmtheiten zu entziehen, besteht in der Flucht. In der Hand-

Die Sicht der psychologischen Handlungstheorie 49

lungstheorie unterscheidet man zwischen horizontaler und vertikaler Flucht. Bei der horizontalen Flucht beschäftigt man sich mit Randbereichen seines eigentlichen Themas, in denen man sich trotz aller Schwierigkeiten im Großen dennoch das Gefühl von Wirksamkeit verschaffen kann. Die liebevolle Arbeit am Literaturverzeichnis, die penibel optimierte Excel-Tabelle, das detailliert ausgearbeitete Corporate-Design-Schema können alle horizontale Fluchten sein – wenn es nämlich eigentlich um etwas anderes, bedeutsameres ginge. Vertikale Flucht ist demgegenüber das geistige „Abheben", die Beschäftigung mit wunderbaren Visionen, das Erbauen von Wolkenkuckucksheimen, die Projektemacherei. Auch dabei vermeidet man die Auseinandersetzung mit (und das Scheitern an) den Widerständen des Alltags und verschafft sich selbst das großartige Gefühl, Wesentliches zu leisten.
– Dogmatisierung und Zentralreduktion: Diese beiden Begriffe bezeichnen typische kognitive Formen der Unbestimmtheitsreduktion. Dogmatisierung meint die Neigung zur Verabsolutierung der eigenen Situationsinterpretation. Angesichts zunehmender Handlungsunsicherheit wird die eigene Sichtweise immer grimmiger verteidigt, Differenzierungen fallen weg, die Wahrnehmung von Zwischentönen unterbleibt, Schwarz-Weiß-Denken dominiert. Der eigenen Anschauung widersprechende Informationen werden umgedeutet oder aktiv geleugnet (Schulz-Hardt 1997). Im Extremfall kommt es zur „Zentralreduktion" – alle Hindernisse, alle Schwierigkeiten werden auf eine einzige Ursache zurückgeführt. Ist diese erst beseitigt, so die Annahme, werden sich auch alle anderen Probleme auflösen und das Handeln kann endlich in den Normalmodus zurückkehren. Die Ideologiegeschichte ist voller Beispiele für derartige Zentralreduktionen und auch in der Gegenwart lassen sie sich, etwa als Reaktion auf die als überwältigend erlebten Unbestimmtheiten von Globalisierung und Migration, in bunter Fülle beobachten.
Da die Konsequenzen dieser und anderer dysfunktionaler Handlungsmuster sowohl auf der individuellen als auch auf der sozialen Ebene ziemlich gravierend sein können, kommt der Ursachensuche erhebliche Bedeutung zu. Relativ schnell wurde klar, dass das Auftreten von Methodismus, Zentralreduktion oder vertikaler Flucht weder das Resultat von Dummheit (operationalisiert als Testintelligenz) ist, noch das Ergebnis von böser Absicht oder einem wie immer gearteten Mangel an Wissen (Strohschneider 2003, 2013). Auch Persönlichkeitseigenschaften oder Werte spielen dabei keine wesentliche Rolle.

Als wesentliche Determinante des handelnden Umgangs mit hoch unbestimmten Situationen erweist sich vielmehr die Ausprägung des subjektiven Kompetenzempfindens, oder, umgangssprachlich, eines generalisierten Selbstvertrauens (Dörner, Schaub 1994; Strohschneider 2001). Damit ist im ganz allgemeinen Sinne die Ausprägung des Gefühls gemeint, inwieweit man sich in seiner Lebenswelt einigermaßen zielgerichtet handelnd, einigermaßen erfolgreich bewegen kann. Durch die Notwendigkeit, in einer unbestimmten, komplexen und dynamischen Situation handeln zu müssen, zu erleben, wie Automatismen und Routinen versagen, wie geplante Handlungen ins Leere laufen, wie einem Ziele zwischen den Händen zerbröseln, wie man Kontrolle verliert, wird dieses subjektive Kompetenzempfinden beeinträchtigt. Dabei kann es sich um eine leichte Irritation handeln, um eine schon deutlichere Verwirrung oder sogar um völlige Hilflosigkeit.[2] Zumindest der letztgenannte Fall ist für das „System Mensch" tatsächlich bedrohlich und es findet daher eine Art Umschalten des Bezugssystems der Rationalität statt. Was von außen als zunehmend irrationales Handeln erscheint, folgt tatsächlich einer Rationalität, die auf die Sicherung, den Schutz, des eigenen Kompetenzempfindens zielt. Neben die sachliche Auseinandersetzung mit einer komplexen Handlungsanforderung treten zunehmend Handlungen, die selbstschutzorientiert sind und manchmal, in extremen Fällen, bleibt die Sachlichkeit völlig auf der Strecke. Die oben beschriebenen „Handlungsfehler" sind deshalb eigentlich gar keine Fehler, sondern Symptome eines bedrohten Kompetenzempfindens.

Kann man den Umgang mit Unbestimmtheit lernen?

Angesichts der oft gravierenden Konsequenzen eines misslingenden Umgangs mit Unbestimmtheit erhält die Frage der Trainierbarkeit des Umgangs mit SCUDs natürlich eine enorme Bedeutung. Auf dem Gebiet der Unternehmensführung werden etwa Strategien der Komplexitätsbewältigung als „fünfte Disziplin" der Managementlehre propagiert und trainiert (Senge 2011). Der Schwerpunkt liegt dabei vor allem auf Strategien der Informationsverarbeitung und -darstellung. In anderen Gebieten wird eher betont, dass motivationale und emotionale Prozesse eine mindestens ebenso wichtige Rolle beim Handeln in Unbestimmtheit spielen wie kognitive, wissensbasierte (siehe z. B. Hofinger, Heimann 2016). Die Herangehensweisen an Trainingskonzepte sind daher breiter und beziehen auch den sozialen Kontext ein (Strohschneider 2008). Zu den „Werkzeugen und Denkzeugen" von denen man sich erhofft, dass sie zu erfolgreichen Handlungsergebnissen beitragen können, zählen unter anderem:

---

[2] Es muss an dieser Stelle vermutlich gar nicht mehr besonders darauf hingewiesen werden, dass derartige Unbestimmtheitserlebnisse nicht nur durch technische, soziale oder natürliche Katastrophen oder scheiternde Unternehmensfusionen hervorgerufen werden können, sondern ebenso gut durch intensive kulturelle Fremdheitserfahrungen oder das Scheitern einer mit den besten Intentionen begonnenen interkulturellen Zusammenarbeit.

Die Sicht der psychologischen Handlungstheorie 51

– Methoden zur Herstellung von *psychological safety*, das heißt durch die Einbindung des/der Handelnden in soziale Gruppen, die sich gegenseitig unterstützen (Edmondson 1999; Carmeli, Gittell 2009). Die wesentliche Annahme dieses Konzeptes besagt, dass psychologische Sicherheit in einer Gruppe das subjektive Kompetenzempfinden gewissermaßen „abpuffert" und so dazu beiträgt, primär sachzielorientiert handeln zu können (West 2002).
– Methoden zur kontrollierten Komplexitätsreduktion: Es haben sich mittlerweile eine Fülle von oft ganz schlichten Verfahren zur Informationsstrukturierung und Informationsintegration bewährt. Dazu gehören verschiedenste Formen der Visualisierung von insbesondere dynamischer Information und zur Explikation impliziter mentaler Modelle der Handelnden – mit dem Ziel, eine gemeinsame Vorstellung von der gegenwärtigen Situation, vom Handlungsziel und den Handlungsmöglichkeiten zu schaffen (Zinke, Hofinger 2016). Man kann hier von „generischen Kompetenzen" der Komplexitätsbewältigung in Teams sprechen, weil es um Methoden zum Umgang mit Informationsüberlastung oder -ambiguität geht, die nicht an den Inhalt eines Problems gebunden sind (Strohschneider 2009).
– Methoden zur forcierten Selbstreflexion: Reflexion, die kritische Betrachtung des eigenen Handelns, ist in unbestimmten Situationen von allergrößter Bedeutung (Tisdale 1998) – aber gleichzeitig auch furchtbar schwer, weil meistens der Zeitdruck enorm ist. Auf verschiedenen Gebieten wurden formalisierte Reflexionsmethoden („Lagen", „briefings", „huddles", „daily scrums") entwickelt, die verpflichtend durchgeführt werden müssen, nach bestimmten Regeln ablaufen und dem oder den Handelnden ermöglichen, sich dem Druck des Operativen zu entziehen. Allerdings hängt die Qualität von Selbstreflexion davon ab, dass den Handelnden geeignete Begriffssysteme, eine Sprache, zur Verfügung stehen, die es erlauben, die eigene Handlungsregulation angemessen differenziert zu analysieren. Da die Alltagssprache solche Begriffssysteme nicht liefert, ist eine gute Theorieschulung so wichtig und Bestandteil aller entsprechenden Trainingsprogramme (Fritsche, Hübsch 2007).

Entsprechende Evaluationsstudien geben zu vorsichtigem Optimismus Anlass (Bergström, Dahlström, Henriqson, Dekker 2010; Salas, Wilson, Burke, Wightman 2006), allerdings sollten zwei zur Vorsicht mahnende Argumente nicht übersehen werden. Zunächst einmal gibt es keine Patentrezepte zur Bewältigung unbestimmter Situationen. So groß das Bedürfnis nach Sicherheit schaffenden Methoden auch sein mag, es wird enttäuscht werden. Manchmal mag Methodenkenntnis sogar eine Art Scheinsicherheit erzeugen, die eher schadet als nützt, weil sie die notwendige Handlungsflexibilität behindert.

Ein anderer Aspekt greift tiefer. Wenn man akzeptiert, dass die Dynamik des subjektiven Kompetenzempfindens eine wichtige Rolle bei der Handlungsregulation in Unbestimmtheit und Komplexität spielt, wird man auch akzeptieren müssen, dass es Grenzen der Förderung entsprechender Kompetenzen gibt. Die Entwicklungspsychologie hat sehr überzeugend herausgearbeitet, dass das grundlegende Selbstvertrauen von Menschen in der Kindheit und Jugend ausgebildet wird (Bowlby, Ainsworth 2001; Bischof 1985). Dabei spielt die Bindungssicherheit eine wichtige Rolle, aber auch die Vielfalt an Lernerfahrungen. Es wird also immer Menschen geben, die ihrer selbst so unsicher sind, dass sie sich von erlebter Unbestimmtheit und Komplexität sehr schnell bedroht fühlen und zu den oben beschriebenen Formen des Selbstschutzes Zuflucht nehmen werden. Die Entwicklungsbiographie eines Menschen setzt manchmal Grenzen, die auch mit gutem Willen nicht zu überwinden sind. Deswegen werden auch Erfahrungsvielfalt und Fremdheitsirritationen von manchen Menschen gesucht und als Anlass zur Ausbildung neuer Handlungskompetenzen begrüßt, von anderen dagegen ängstlich vermieden und abgewertet.[3]

Handlungstheorie und interkulturelle Kompetenz

Die psychologische Handlungstheorie beschreibt Phänomene und regulierende Mechanismen, die das Handeln von Menschen in Situationen hoher Unbestimmtheit kennzeichnen. Sie beschäftigt sich ferner mit Maßnahmen, die entsprechende Handlungskompetenzen fördern können. Sie macht schließlich darauf aufmerksam, dass Unbestimmtheit und Komplexität für das Handeln ausschließlich als subjektive Erlebnisqualitäten relevant sind, nicht als objektivierbare oder quantifizierbare Variable.

Zumindest auf der Ebene einer Oberflächenanalogie lässt sich das bisher Gesagte nun ohne Probleme auf die „interkulturelle Unbestimmtheit" übertragen. Aus der Perspektive der Verhaltenswissenschaften sind interkulturelle Begegnungssituationen für die Beteiligten häufig durch hohe Unbestimmtheit, oft erhebliche Komplexität und eine verwirrende Dynamik gekennzeichnet. Interkulturell Handelnde können sich auf manche ihrer Automatismen nicht verlassen, Regeln und Routinen funktionieren nicht wie erwartet. Für die Frage, ob es notwendig ist, neben einer (wie auch immer beschriebenen) „Unbestimmtheitskompetenz" oder „Komplexitätskompetenz" auch eine „interkulturelle Kompetenz" zu postulieren ist es entscheidend, ob sich interkulturelle Unbestimmtheit in irgendeiner Form von anderen Quellen der Unbestimmtheit un-

---

[3] Man kann dieses Argument auch als notwendige Differenzierung zur sogenannten „Kontakthypothese" lesen (s. Wagner, Christ, Pettigrew, Stellmacher, Wolf 2006).

Die Sicht der psychologischen Handlungstheorie 53

terscheidet, ob sie unterschiedliche Auswirkungen auf das Individuum hat oder mittels spezieller, anderer Mechanismen reguliert wird.

Die Erlebensseite ist bislang empirisch nicht untersucht; von der Seite der beobachtbaren Handlungsmuster her spricht jedoch wenig dafür, dass es hier allzu große Unterschiede gibt. Die oben beschriebenen Phänomene des Schutzes des subjektiven Kompetenzempfindens lassen sich auch in Situationen interkultureller Unbestimmtheit beobachten, wenn das Selbstvertrauen ins Wanken gerät. Auch von der formalen Seite her (Komplexität, Unbestimmtheit, Dynamik) gibt es keine Sonderstellung interkultureller Handlungsherausforderungen.

Natürlich könnte man an dieser Stelle einwenden, dass Situationen interkultureller Unbestimmtheit – anders als manche andere komplexe Probleme – immer einen genuin sozialen Charakter haben und daher Prozesse der (sprachlichen) Interaktion eine besondere Bedeutung annehmen. Es spricht deshalb auch nichts dagegen, weiterhin von „interkultureller Kompetenz" zu sprechen, wenn man damit die Fähigkeit zur konstruktiven Bewältigung einer bestimmten thematischen Klasse von „SCUDs" meint. Auch in diesem Fall aber sollte man sich endlich von Listenmodellen verabschieden, die „Teilkompetenzen" benennen, die irgendwie (additiv oder multiplikativ, das ist meistens unklar) die interkulturellen Kompetenzen eines Individuums erfassen sollen (ähnlich schon Straub, Nothnagel, Weidemann 2010). Diese „Modelle" werden dem prozessualen Charakter des Geschehens nicht gerecht. Was die Gestaltung dieser Prozessdynamik betrifft, lassen sich aus der hier vorgestellten Perspektive allerdings einige wichtige Schlussfolgerungen ableiten:

Wie in allen Situationen, die problemlösendes Denken erfordern, kann eine elaborierte Wissensbasis hilfreich sein. Von daher sollte man die Forderung nach dem Erwerb von Sprachkenntnissen und von akteursfeldspezifischen Sachkenntnissen unterstützen. Allerdings ist Kultur- und Sprachwissen nur ein „Hygienefaktor" und garantiert alleine keine gelingende interkulturelle Prozessgestaltung. Das gleiche gilt im Übrigen für eine allgemeine, abstrakte Ausbildung im Umgang mit Komplexität.

Mindestens ebenso wichtig sind daher die vorhin erwähnten „Kompetenzschutzmethoden": Wie kann man – auch in interkulturellen Situationen – sein Kompetenzempfinden schützen, ohne in dysfunktionale Handlungsmuster zu verfallen? Um diesen Gedanken pointiert auszudrücken: Die Essenz der interkulturellen Kompetenz besteht nicht darin zu wissen, wie man mit dem Fremden umgeht, sie besteht darin zu wissen, wie man mit sich selber umgeht.

Einige dafür möglicherweise nützliche Werk- beziehungsweise Denkzeuge wurden oben angedeutet. Daneben lassen sich aus handlungstheoretischen Überlegungen noch einige weitere Empfehlungen ableiten. Dazu gehört der Hinweis auf die große Bedeutung von Routinen und Ritualen als Sicherheitsspender, die Anerkennung der Rolle von Gemeinschaft für die *psychological safety* sowie, dies sei nochmals betont, die Bedeutung der Kenntnis von Methoden der forcierten Selbstreflexion, zum Beispiel durch Tagebücher, Blogbeiträge – oder den Zwang zur Lektüre von Kulturtheorie. Vieles davon ist aus der anthropologischen Forschungspraxis schon länger bekannt, findet aber hier eine theoretische Begründung.

Literatur

Bergström, Johann, Nicklas Dahlström, Eder Henriqson, Sidney Dekker 2010: Team Coordination in Escalating Situations: An Empirical Study Using Mid-Fidelity Simulation. In: Journal of Contingencies and Crisis Management 18, 4: 220–230.
Bischof, Norbert 1985: Das Rätsel Ödipus. Die biologischen Wurzeln des Urkonfliktes von Intimität und Autonomie. München.
Bowlby, John, Mary Ainsworth 2001: Frühe Bindung und kindliche Entwicklung. München.
Carmeli, Abraham, Jody Hoffer Gittell 2009: High-Quality Relationships, Psychological Safety, and Learning from Failures in Work Organizations. In: Journal of Organizational behavior 30, 6: 709–729.
Dörner, Dietrich 1979: Problemlösen als Informationsverarbeitung. 2. Aufl. Stuttgart.
Dörner, Dietrich 1983: Lohhausen: Vom Umgang mit Unbestimmtheit und Komplexität. Bern.
Dörner, Dietrich 2004. Die Logik des Mißlingens: Strategisches Denken in komplexen Situationen. 15. Aufl. Reinbek.
Dörner, Dietrich, Joachim Funke 2017: Complex Problem Solving: What It Is and What It Is Not. In: Frontiers in Psychology (Online-Journal) 8, No. 1153.
Dörner, Dietrich, Harald Schaub 1994: Handeln in Unbestimmtheit und Komplexität. In: Organisationsentwicklung 14, 3: 34–47.
Edmondson, Amy 1999: Psychological Safety and Learning Behavior in Work Teams. In: Administrative Science Quarterly 44, 2: 350–383.
Frese, Michael, Dieter Zapf 1994: Action as the Core of Psychology: A German Approach. In: Harry C. Triandis, Marvin D. Dunette, Leaetta M. Hough (Hg.): Handbook of Industrial and Organizational Psychology, Vol. IV. Palo Alto, 271–340.
Fritsche, Johanna, Julia Hübsch 2007: Ein interkulturelles Training auf der Basis von Selbstreflexion, Metakommunikation und Perspektivenübernahme. Konzeption, Erprobung und Evaluation am Beispiel einer deutsch-französischen Jugendgruppe. Universität Bamberg.

Goschke, Thomas 2007: Volition und kognitive Kontrolle. In: Jochen Müsseler (Hg.): Allgemeine Psychologie. 2. Aufl. Heidelberg.

Hacker, Winfried 1973: Allgemeine Arbeits- und Ingenieurspsychologie. Berlin.

Heimann, Rudi 2008: Entscheidungsfindung in polizeilichen Einsatzlagen – Softwareunterstütztes Informations- und Kommunikationsmanagement für Teams. In: Cornelius Buerschaper, Susanne Starker (Hg.): Führung und Teamarbeit in kritischen Situationen. Frankfurt, 110–132.

Hofinger, Gesine, Rudi Heimann (Hg.) 2016: Handbuch Stabsarbeit. Führungs- und Krisenstäbe in Einsatzorganisationen, Behörden und Unternehmen. Berlin, Heidelberg.

Hofinger, Gesine, Robert Zinke 2014: Menschliches Handeln in Krisen. In: Zeitschrift für Außen- und Sicherheitspolitik (Online-Journal) 7, 1.

Klein, Gary A. 2008: Naturalistic Decision Making. In: Human Factors: The Journal of the Human Factors and Ergonomics Society 50, 3: 456–460.

Lenk, Hans (Hg.) 1977–1984: Handlungstheorien interdisziplinär. Bd. I–IV. München.

Meck, Ute 2013: Komplexitätsmanagement als Kompetenzmanagement. Eine funktionale Theorie erfolgskritischen Verhaltens beim Umgang mit Komplexität. Bamberg.

Oesterreich, Rainer, Konrad Leitner, Marianne Resch 2000: Analyse psychischer Anforderungen und Belastungen in der Produktionsarbeit: Das Verfahren RHIA/VERA-Produktion. Göttingen.

Ramnarayan, Subramaniam 1996: Coping with SCUDS: An Empirical Examination. In: The TMTC Journal of Management VI, 1.

Rasmussen, Jens 1983: Skills, Rules, and Knowledge; Signals, Signs, and Symbols, and other Distinctions in Human Performance Models. In: IEEE Transactions on Systems, Man, and Cybernetics, SMC-13, 3: 257–266.

Rasmussen, Jens 1988: Human Error Mechanisms in Complex Work Environments. In: Reliability Engineering and System Safety 22, 1-4: 155–167.

Salas, Eduardo, Katherine A. Wilson, C. Shawn Burke, Dennis C. Wightman 2006: Does Crew Resource Management Training Work? An Update, an Extension and some Critical Needs. In: Human Factors 48, 2: 392–412.

Schulz-Hardt, Stefan 1997: Realitätsflucht in Entscheidungsprozessen: Vom Groupthink zum Entscheidungsautismus. Bern.

Senge, Peter M. 2011: Die fünfte Diszipin. Kunst und Praxis der lernenden Organisation. 11. Aufl. Stuttgart.

Straub, Jürgen, Steffi Nothnagel, Arne Weidemann 2010: Interkulturelle Kompetenz lehren: Begriffliche und theoretische Voraussetzungen. In: Arne Weidemann, Jürgen Straub, Steffi Nothnagel (Hg.): Wie lehrt man interkulturelle Kompetenz? Bielefeld, 15–27.

Strohschneider, Stefan 2001: Die Aufrechterhaltung der Handlungsfähigkeit. In: Stefan Strohschneider, Rüdiger von der Weth (Hg.): Ja, mach nur einen Plan. Pannen und Fehlschläge – Ursachen, Beispiele, Lösungen. 2. Aufl. Bern, 36–50.

Strohschneider, Stefan 2003: Ja mach' nur einen Plan. In: Bärbel Boothe (Hg.): Panne – Irrtum – Missgeschick. Bern, 127–144.

Strohschneider, Stefan 2008: Human Factors Training. In: Petra Badke-Schaub, Gesine Hofinger, Kristina Lauche (Hg.): Human Factors: Psychologie sicheren Handelns in Risikobranchen. Berlin, Heidelberg, 289–306.

Strohschneider, Stefan 2009: Human Factors und interkulturelle Teamentwicklung. In: Christoph I. Barmeyer, Jürgen Bolten (Hg.): Interkulturelle Personal- und Organisationsentwicklung: Methoden, Instrumente und Anwendungsfälle. Sternenfels, 129–144.

Strohschneider, Stefan 2013: Achtsamkeit und Affiliation in der interkulturellen Zusammenarbeit: Versuch über die Entstehung und Aufrechterhaltung von Kollektivbildungen. In: Stefan Wolting (Hg.): Kultur und Kollektiv. Festschrift für Klaus P. Hansen. Berlin, 12–27.

Tisdale, Tim 1998: Selbstreflexion, Bewußtsein und Handlungsregulation. Weinheim.

Volpert, Walter 1982: The Model of the Hierarchical-Sequential Organization of Action. In: Winfried Hacker, Walter Volpert, Mario von Cranach (Hg.): Cognitive and Motivational Aspects of Action. Berlin, 35–51.

Volpert, Walter 1990: Welche Arbeit ist gut für den Menschen? Notizen zum Thema Menschenbild und Arbeitsgestaltung. In: Felix Frei, Ivars Udris (Hg.): Das Bild der Arbeit. Bern, 23–40.

Wagner, Ulrich, Oliver Christ, Thomas F. Pettigrew, Jost Stellmacher, Carina Wolf 2006: Prejudice and Minority Proportion: Contact instead of Threat Effects. In: Social Psychology Quarterly 69, 4: 380–390.

West, Michael A. 2002: Sparkling Fountains or Stagnant Ponds: An Integrative Model of Creativity and Innovation Implementation in Work Groups. In: Applied Psychology 51, 3: 355–503.

Weth, Rüdiger von der, Stefan Strohschneider 2001: Planungsprozesse aus psychologischer Sicht. In: Stefan Strohschneider, Rüdiger von der Weth (Hg.): Ja, mach nur einen Plan. Pannen und Fehlschläge – Ursachen, Beispiele, Lösungen. 2. Aufl. Bern, 12–34.

Zinke, Robert, Gesine Hofinger 2016: Lagebesprechungen und gemeinsame mentale Modelle. In: Gesine Hofinger, Rudi Heimann (Hg.): Handbuch Stabsarbeit. Führungs- und Krisenstäbe in Einsatzorganisationen, Behörden und Unternehmen. Berlin, Heidelberg, 103–108.

Horizonte der interkulturellen Kompetenzdiskussion

Jürgen Henze

Interkulturelle Kompetenz – dieser Begriff gehört heute zum semantischen Inventar der Öffentlichkeit. Hinlänglich bekannt, höchst unterschiedlich definiert und inhaltlich entfaltet, umkämpft und verteidigt, erscheint interkulturelle Kompetenz als *ein* wesentliches Element der Befähigung zur Lebensgestaltung im Zeichen von gesellschaftlicher Heterogenität und Mobilität. In diesem Beitrag wird davon ausgegangen, dass interkulturelle Kompetenz als Konstrukt nur im Modus der Verhandlung existiert, wobei die Verhandlung selbst ein mehrdimensionales Geflecht einer Subjekt-Objekt-Beziehung darstellt, die im Moment des Vollzugs stets nur reduziert in ihrer Komplexität erfasst wird. Diese Position entspricht dem international vorherrschenden konstruktivistischen Paradigma, das Kultur und interkulturelle Kompetenz nicht als individuellen „Besitz" oder als Gepäck *(baggage)*, sondern als geteilten Prozess verschränkter Interaktion mit Anderen versteht (Bennett 2013, 2017; Gergen 2014; Zellmer-Bruhn, Gibson 2014).

Aus der Perspektive der internationalen Kompetenzforschung, sei es in der empirischen Bildungsforschung, der Berufsbildungsforschung oder in diversen Richtungen der Psychologie, stellt interkulturelle Kompetenz eine generische Kompetenz oder eine Koordinationskompetenz für Elemente allgemeiner Sozialkompetenz dar. Im Bildungsbereich überwiegt die Charakterisierung als „Schlüsselkompetenz" *(key competence)* und wird – obwohl nicht unumstritten – für eine eigenständige Kompetenz (im Gegensatz zu allgemeinen Sozialkompetenzen) gehalten. Diese Einschätzung wird allerdings innerhalb der der interkulturellen Kommunikationsforschung nicht durchgehend geteilt. Für Bolten (2012: 165) stellt interkulturelle Kompetenz „keinen eigenständigen Kompetenzbereich (...), keine Schlüsselqualifikation, sondern eine Querschnittsaufgabe, deren Gelingen das Zusammenspiel verschiedener Schlüsselqualifikationen voraussetzt[,]" dar. Die Gegenposition nimmt etwa Gröschke ein, für die interkulturelle Kompetenz „ein eigenständiges Konstrukt ist, da sich kompetentes Handeln in einer spezifischen Situation, respektive einem spezifischen Kontext zeigt" (Gröschke 2009: 85).

Die Konfiguration dieses Konstruktes erscheint damit vom Feld abhängig, bestimmt von den professionellen Handlungsfeldern der handelnden Person(en) und erstreckt sich in der öffentlichen Diskussion über alle denkbaren gesellschaftlichen Räume, in denen Interaktion im Zeichen des Umgangs mit Anderssein, mit Differenzermittlung und Gleichheitsfeststellung, mit Unbestimmtheit und Machtsymmetrien stattfindet. Das Schrifttum zum Thema hat sich seit den neunziger Jahren exponentiell entwickelt und kann in Übersichtsform nur noch hoch reduktionistisch erfasst werden. Die in diesem Beitrag referierten Publikationen stehen für unterschiedliche konzeptuelle und methodisch-analytische Ansätze, die die Variationsbreite der öffentlichen und fachwissenschaftlichen Diskurse im Bild eines Horizontes repräsentieren sollen.

Die Diskussionen der Konzepte interkultureller Kompetenz beginnen in der Regel mit einer kritischen Sichtung der Perspektiven auf „Kultur", Interkultur(alität), dem „dazwischen liegenden dritten Raum" und der Sichtung und Klassifizierung inhaltlich und methodisch zu unterscheidender Ansätze und Modelle. Der damit aufgespannte Diskursraum hat sich in den letzten 20 Jahren außerordentlich entfächert, in den übergreifenden kritischen Perspektiven aber gleichzeitig relativ stabil erhalten (Kunz 2016; Ringeisen, Genkova, Schubert 2016).[1]

Hinzugekommen sind neue Semantiken wie Transkultur (Mecheril, Seukwa 2006), Transdifferenz (Lösch 2005), kosmopolitische Orientierung (Igarashi, Saito 2014), Diversity-Kompetenz (Genkova, Ringeisen 2016), kulturelle Intelligenz (Earley, Ang 2003; Van Dyne et al. 2012),[2] interkulturelle Öffnung (Emmerich, Hormel 2013; Genkova, Ringeisen 2016; Genkova, Ringeisen, Leong 2013) und Global Competence (OECD 2018). Bei aller Unterschiedlichkeit im Gegenstandsbereich und in ihrer Reichweite stehen diese semantischen Konstruktionen für mentale Prozesse, die die Akzeptanz und Bedeutungszuweisung von Grenzziehungen und Unsicherheiten und eine stärkere Relationierung individueller Orientierung, Identität und Handlung reflektieren. Die Komplexität dieser Betrachtungen hat deutlich zugenommen und zu dem Phänomen inselartiger Kollektivbetrachtungen geführt, bei der – häufig unverbundene – Kollektive die Deutungs- und Anwendungshoheit für sich beanspruchen, dabei den diskursiven Austausch eher meiden und/oder die jeweils anderen Positionen komplett ablehnen. Im Ergebnis bilden sich voneinander weitgehend isolierte Deutungskollektive, die eher unverbunden in ihren Bezugswissenschaften verbleiben.

---

[1] Zu diesen Perspektiven gehört nach wie vor die Frage nach der Verortung von „Kultur" und ihrer vermuteten oder beobachtbaren Wirkmächtigkeit nach „innen" (Werte, Einstellungen, Orientierungen) und „außen" (Handlung), exemplarisch konturiert bei D'Andrade (2003, 2018) und Strauss (2018). Zellmer-Bruhn und Gibson (2014: 177) haben in diesem Zusammenhang Kontext als „intercultural interaction space" bezeichnet.

[2] Zu den Veröffentlichungen, die vor allem die Entwicklung des Diskurses um *cultural intelligence* (kritisch) darstellen, gehören Ott und Michailova (2018), Raver und Van Dyne (2017).

Horizonte der interkulturellen Kompetenzdiskussion 59

Kompetenzdiskurse – Entwurf einer Landschaft

Kompetenz, im weitesten Sinne verstanden als Befähigung zum Umgang mit der Welt, gehört nach interdisziplinärer Einschätzung seit etwa 50 Jahren zum Repertoire der Disziplinen, die sich auf der Ebene des Individuums und sozialer Kollektive mit Kultur, Kommunikation und Handeln, damit auch mit Bildung beschäftigt haben. Klieme und Hartig haben darauf hingewiesen, dass der Gebrauch des Begriffs Kompetenz in den Sozialwissenschaften vermutlich „drei Wurzeln hat, die voneinander unabhängig sind: Die Soziologie Max Webers, die Linguistik Noam Chomskys, und die pragmatisch-funktionale Tradition der amerikanischen Psychologie (...)" (Klieme, Hartig 2008: 14). Mit diesen drei Entwicklungslinien wurde ein Raum für höchst unterschiedliche, konkurrierende Verständnisse und Inanspruchnahmen von Kompetenz eröffnet, in dem es vor allem um vier Modi der Betrachtung ging, die auch das Konstrukt der *interkulturellen* Kompetenz ganz wesentlich markieren und zueinander eher komplementär als ausschließend erscheinen:[3] 1. um die Perspektiven von Machtasymmetrien (Webers Theorie der Herrschaft) in Handlungszusammenhängen, 2. um das Paradigma der *linguistic competence* und die Unterscheidung von Kompetenz und Performanz (bei Chomsky), 3. um die Abgrenzung zum Konzept der Intelligenz und 4. um die Sicht auf Kompetenz als Vollzug einer *effektiven* Interaktion des Individuums mit der Umwelt.[4]

Wenngleich die genannten vier Modi der Betrachtung in unterschiedlichen Wissenschaftsdisziplinen durchaus kontrovers gesehen werden, kann als interdisziplinärer Konsens festgestellt werden, dass Kompetenzen situationsspezifische Realisierungen eines Bewältigungspotenzials bei Individuen sind. Kompetenzen werden erlernt, beziehen sich auf die Bewältigung von Anforderungen und werden so „als erlernbare, kontextspezifische Leistungsdispositionen verstanden, die sich funktional auf Situationen und Anforderungen in bestimmten Domänen beziehen.[5] Die Breite dieser Domänen beziehungsweise der relevan-

---

[3] Ich danke an dieser Stelle der Kollegin Viola Deutscher (Universität Mannheim) für ihre ergänzenden und weiterführenden Hinweise zum Stand der Diskussion in der Berufsbildungsforschung. Siehe hierzu auch Klotz (2015).

[4] Robert W. White hat im Rahmen der Motivationspsychologie Kompetenz bezeichnet als „an organism's capacity to interact effectively with its environment" (White 1959: 297) und schon hier mit dem Begriff „effectively" einen Diskurspunkt gelegt, um den später vehement gestritten werden sollte, da nicht klar ist, wann unter welchen Umständen und für wen eine Interaktion mit der Umwelt effektiv ist. Siehe hierzu auch Leeds-Hurwitz 2010.

[5] Eine interessante Erweiterung der kontroversen Diskussion um die angemessene pädagogisch-psychologische Modellierung von Tests zur Kompetenzmessung findet

ten Situationen kann zwischen spezifischen Kompetenzen und Schlüsselkompetenzen variieren, aber grundlegend sind ein Kontextbezug und die Erlernbarkeit" (Klieme, Hartig 2008: 17 f.). Ein so verstandener Kompetenzbegriff wurde als „Gegenbegriff zu generalisierten, kontextunabhängigen kognitiven Leistungskonstrukten eingeführt, wie sie für die Intelligenzforschung und -diagnostik typisch sind" (Klieme, Maag-Merki, Hartig 2007: 6).[6]

Mit dieser Definition wird eine allgemeine Bestimmung des Kompetenzkonstruktes eröffnet, wie sie in der pädagogisch-psychologischen Diagnostik Verwendung findet, allerdings mit durchaus kontroversen Ansichten zu Detailfragen der Kompetenzkomposition. Das betrifft vor allem die Frage, inwieweit mit Kompetenzen das Ensemble aus kognitiven, affektiven/emotionalen, verhaltensbezogenen und volitionalen Elementen insgesamt oder nur zum Teil über definierte Testverfahren abgebildet wird.[7]

Eine der einflussreichsten Modellierungen von Kompetenzen geht auf die Arbeiten von Erpenbeck und Rosenstiel in der Berufsbildungsforschung zurück. Sie sind im Zusammenhang mit verschieden Forschungsprojekten zur Struktur von Qualifikationen in beruflichen Feldern entstanden und basierten auf folgendem Grundverständnis von Kompetenzen:

> „Kompetenzen sind Fähigkeiten einer Person zum selbstorganisierten, kreativen Handeln in für sie bisher neuen Situationen (Selbstorganisationsdispositionen). Diese Fähigkeiten können natürlich auch in bestimmten Persönlichkeitseigenschaften und Talenten begründet sein.
> Fähigkeiten sind keine Eigenschaften. Sie bezeichnen Relationen zwischen Personen und den von ihnen vorgefundenen oder ihnen gebotenen Handlungsbedingungen. Fähigkeiten werden erst im Handeln manifest, außerhalb der Handlung haben sie keine Wirklichkeit. Das Handeln, die Performanz steht im Mittelpunkt. Fähigkeiten lassen sich gezielt verändern, trainieren" (Erpenbeck 2010: 15).

---

sich in der Modellierung von Kompetenz(en) als Kontinuum bei Blömeke, Gustafson, Shavelson 2015.

[6] Eine differenzierte, knappe Skizze zu unterschiedlichen Definitionen von Kompetenzen, ihrer Abgrenzung von Intelligenzkonzepten, ihrer komplexen Kontextbezogenheit und ihrem Verhältnis zu emotionalen und motivationalen Elementen findet sich bei Hartig 2008.

[7] Eine ausgezeichnete Übersicht, die nichts an Aktualität verloren hat, bieten Koeppen et al. 2008.

Ein wichtiges Element dieser Kompetenzbeschreibung stellt die Annahme von *Selbstorganisationsdispositionen* für Handeln in neuen Situationen, also auch für Situationen, in denen die Interaktanden eine kulturell beeinflusste Konstellation sehen. Mit Blick auf die Diskussion der interkulturellen Kompetenzmodellierungen ist die Unterscheidung von grundlegenden Kompetenzklassen hilfreich, die die Autoren vornehmen (Erpenbeck, von Rosenstiel 2007: XXIV):

„**(P) Personale Kompetenzen:** Als die Dispositionen einer Person, reflexiv selbstorganisiert zu handeln, d. h. sich selbst einzuschätzen, produktive Einstellungen, Werthaltungen, Motive und Selbstbilder zu entwickeln, eigene Begabungen, Motivationen, Leistungsvorsätze zu entfalten und sich im Rahmen der Arbeit und außerhalb kreativ zu entwickeln und zu lernen.

(A) Aktivitäts- und umsetzungsorientierte Kompetenzen: Als die Dispositionen einer Person, aktiv und gesamtheitlich selbstorganisiert zu handeln und dieses Handeln auf die Umsetzung von Absichten, Vorhaben und Plänen zu richten – entweder für sich selbst oder auch für andere und mit anderen, im Team, im Unternehmen, in der Organisation. Diese Dispositionen erfassen damit das Vermögen, die eigenen Emotionen, Motivationen, Fähigkeiten und Erfahrungen und alle anderen Kompetenzen – personale, fachlich-methodische und sozialkommunikative – in die eigenen Willensantriebe zu integrieren und Handlungen erfolgreich zu realisieren.

(F) Fachlich-methodische Kompetenzen: Als die Dispositionen einer Person, bei der Lösung von sachlich-gegenständlichen Problemen geistig und physisch selbstorganisiert zu handeln, d. h. mit fachlichen und instrumentellen Kenntnissen, Fertigkeiten und Fähigkeiten kreativ Probleme zu lösen, Wissen sinnorientiert einzuordnen und zu bewerten; das schließt Dispositionen ein, Tätigkeiten, Aufgaben und Lösungen methodisch selbstorganisiert zu gestalten, sowie Methoden selbst kreativ weiterzuentwickeln.

(S) Sozial-kommunikative Kompetenzen: Als die Dispositionen, kommunikativ und kooperativ selbstorganisiert zu handeln, d. h. sich mit anderen kreativ auseinander- und zusammenzusetzen, sich gruppen- und beziehungsorientiert zu verhalten, und neue Pläne, Aufgaben und Ziele zu entwickeln."

Soweit es die Bedeutung der einzelnen Bereiche betrifft, sehen die Autoren „fachliche und methodische Kenntnisse (...) im Zentrum des selbstgesteuerten Problemlösens" (Erpenbeck, von Rosenstiel 2007: XXII). Diese Betonung fachlich-methodischer Kompetenzen und die damit einhergehende Nachordnung der sozial-kommunikativen wird allerdings nicht in allen Diskursen der Kompetenzforschung, und ganz besonders nicht in der interkulturellen Kommunikationsforschung und interkulturellen Pädagogik geteilt, in beiden Feldern steht durchaus die umgekehrte Sicht im Vordergrund. Disziplin übergreifend werden Kompetenzen heute durchgehend als Ensemble aus kognitiven Fähigkeiten und Fertigkeiten sowie affektiven, motivationalen und sozialen Bereitschaften und Fähigkeiten gesehen. Paradigmatisch hierfür erscheint die von Klotz (2015: 17) gewählte Definition für berufliche Kompetenz, „definiert als *individuell-dispositionales, kognitives Strukturgefüge*, das sich aus den erwähnten *Fähigkeiten* und verfügbaren *emotionalen Bereitschaften* eines Individuums zusammensetzt und diesem *erfolgreiche Handlungen* in den variablen Situationen der *beruflichen Domäne* ermöglicht".[8]

Für eine allgemeine Betrachtung von interkultureller Kompetenz muss an dieser Stelle aber darauf hingewiesen werden, dass es sich nicht um eine berufliche Kompetenz handelt, deren „erfolgreiche" Umsetzung in Handeln sich für berufliche Domänen messen lässt. Demgegenüber enthält der Begriff „interkulturelle Handlungskompetenz" *(intercultural interaction competence* oder auch spezieller *intercultural communication competence)* die Spezifik der Situation, in der in irgendeiner Form berufsbezogene oder allgemeine Handlungen in sprachlich-kultureller Überschneidung „erfolgreich" zu gestalten sind. Kompetenz so verstanden geht über berufliche Domänen hinaus und kann eher als Schlüsselkompetenz, als Querschnittskompetenz zur Bewältigung einer sprachlich-kulturell geprägten Situation innerhalb oder außerhalb beruflicher Domänen verstanden werden. Nach wie vor konkurrieren in der einschlägigen Literatur unterschiedliche Verständnisse und inhaltliche Zuschreibungen von Domänen zur Erfassung von interkultureller Kompetenz(en), das gilt sowohl inter- wie auch intradisziplinär (für eine Skizze der Diskurslandschaft siehe Ringeisen, Genkova, Schubert 2016; Kunz 2016; Leenen, Groß 2019).[9]

---

[8] Der Begriff der Domäne *(domain)* wird in der Kompetenzforschung unterschiedlich verwendet, im schulischen Bereich kennzeichnet die Domäne einen Lern-/Wissensbereich oder ein Fach und „Kompetenzen spiegeln die grundlegenden Handlungsanforderungen, denen Schülerinnen und Schüler in der Domäne ausgesetzt sind". Davon zu unterscheiden ist die Begriffsbestimmung in der beruflichen Bildung, mit der die spezifischen Aspekte und Grenzen eines beruflichen Bereichs definiert und die inhaltlichen und situativen Anforderungen des Berufsbildes beschrieben werden" (Klotz 2015: 95).

[9] Als Beispiel für die berufsübergreifenden Konzeptionen und Versuche zur Messung von interkultureller Kompetenz sei auf das INCA Projekt (Leonardo II) verwiesen, bei dem ein „Referenzrahmen mit teilweise computer-basierten Testinstrumenten und ein Zertifikat für die Beurteilung der Kompetenzentwicklung als Ergän-

Schlüsselkompetenzen – Metakompetenzen

Weitere Konstrukte, die als Weiterführung einer derart verstandenen Handlungskompetenz gesehen werden, sind *Schlüsselkompetenz(en)* und *Metakompetenzen*. Die Annahme und Konstruktion von Schlüsselkompetenzen geht davon aus, dass es situationsübergreifende, feldunabhängige, damit auch Domänen unspezifische Kompetenzen gibt, die auf basalen Fertigkeiten, spezifischer Expertise, allgemeinen Einstellungen und emotionaler Selbstregulation beruhen. Ein derartiges Verständnis von Schlüsselkompetenz führt zu Unschärfen und Unbestimmbarkeiten der Komponenten im Detail und wird damit leicht zum Gegenstand kritischer Diskurse, bis hin zur Ablehnung des Konzeptes insgesamt. Wie sich später bei der Erörterung der Messbarkeit von interkultureller Kompetenz zeigen wird, enthält das Konstrukt Schlüsselkompetenz die Anlage zur Nichteinlösung dessen, was angeblich erreicht werden soll:

„Competencies and key competencies are defined at very different levels of universality, gererality, and abstraction (...) The underlying multilevel models can be logically reconstructed, but not validated psychologically. The different degrees of abstraction mean, therefore, a fundamental asymmetry in competence research – high abstraction: intellectually brilliant, pragmatically hopeless; low abstraction: pragmatically useful, intellectually unsatisfactory" (Weinert 2004: 52).

---

zung der Sprach- und Fachkompetenz" definierter Zielgruppen („Junge Ingenieure oder Fachkräfte, die ins Ausland entsandt werden oder in multikulturellen bzw. mehrsprachigen Teams im eigenen Land arbeiten") erarbeitet worden war (INCA 2004). Auch knapp 20 Jahre nach Projektentwicklung verdeutlichen die Ergebnisse immer noch einen Kern inhaltlicher Bestimmung von interkultureller Kompetenz, der zwar nicht von Domänen ausgeht, dessen sechs Kompetenzbereiche (Ambiguitätstoleranz, Verhaltensflexibilität, Kommunikationsbewusstsein, Wissenserwerb, Offenheit gegenüber anderen Kulturen und Empathie) aber durchaus als Domänen mit Subdomänen zur Beschreibung von interkultureller Kompetenz erscheinen. Die dreistufige Niveaubeschreibung für die einzelnen Felder (Domänen) gehört zu den wenigen Beispielen in der Forschungslandschaft, die bewusst eine deutliche Reduzierung der Komplexität ihres Gegenstands angehen. Aus heutiger Sicht basiert das Modell allerdings auf einem eher begrenzten Kulturbegriff, der sich stark am Nationalstaat orientiert und in der Bestimmung der individuellen und kollektiven *agency* vom heutigen Stand der Diskussion weit entfernt ist. Zum Vergleich sei auf die VALUE Rubrics der Association of American Colleges and Universities (AAC&U) (2009) verwiesen, die für den Hochschulbereich entwickelt wurden, für die es aber in dieser Form keine Entsprechung in Deutschland gibt.

Die Kognitionsforschung hat in diesem Zusammenhang aufgezeigt, dass es einen inversen Zusammenhang zwischen situativ-spezieller Problembewältigung und Abstraktionsgrad einer Kompetenz oder Strategie gibt: Je allgemeiner die Strategie oder Kompetenz, desto geringer der Beitrag zur Problemlösung/Problembewältigung – und umgekehrt. Damit haben Schlüsselkompetenzen nur Wert im Ensemble mit spezifischen, fachlichen Fertigkeiten und Wissensbeständen – eine Vorgabe, die im Verlauf der Diskussion um die Konfiguration interkultureller Kompetenz sehr unterschiedlich bewertet wurde.

Metakompetenzen stehen für die Befähigung zur Introspektion, zur Selbstbeobachtung des kognitiven Prozesses, des eigenen Wissens und den sich daraus ergebenden Handlungs- und Denkverläufen. Vereinfacht ausgedrückt ist es die Kompetenz zur kritisch-reflexiven Selbstbeobachtung. In diesem Zusammenhang wird auch die Unterscheidung von deklarativen und prozeduralen Metakompetenzen getroffen: Deklarative Metakompetenzen umfassen Erfahrungen und Wissen über Lernen als Prozess, über eigene Muster variabler Problemlösung, über eigene Fähigkeiten und Begrenzungen und Optionen der Handlungsregulierung. Prozedurale Metakompetenzen stehen dagegen für Kompetenzen zur Nutzung deklarativen Wissens, für Strategien zur Problembewältigung, zur Unterscheidung von Bedeutungsschwere und Sequenzierungen von Problemlösungen (Weinert 2004: 55).

Die Diskussion um Formen der Kompetenzmodellierung und um die Bedeutung von Schlüssel-/Metakompetenzen ist in Deutschland in den Erziehungswissenschaften vor allem im Zuge der Veröffentlichung der PISA-Studie seit 2003 verstärkt geführt worden.[10] PISA, *Programme for International Student Assessment*, wurde bereits 1997 von den OECD-Mitgliedsstaaten initiiert und stand von Beginn an in der Tradition international-vergleichender Studien zur Erhebung von Lernleistungen im schulischen Bereich, vorrangig in den naturwissenschaftlichen Fächern und zum allgemeinen Leseverständnis (Klieme et al. 2010).[11] Ein zentrales Ergebnis der ersten PISA-Studie waren Überlegungen, die Evaluation von schulischen Leistungen (Lernleistungen) der Schülerinnen und Schüler künftig auf der Basis von Bildungsstandards, die für das jeweilige Curriculum zu entwickeln waren, vorzunehmen. Mit dem Impuls zur Entwicklung von Bildungsstandards wurde gleichzeitig die Diskussion um Design, Implementierung und Messung von Kompetenzen verstärkt

---

[10] Eine differenzierte Übersicht zur erziehungswissenschaftlichen Auseinandersetzung um PISA bieten Messner (2016), Tillmann (2017) und speziell zur Differenz von Bildung und Kompetenz Tenorth (2016).

[11] Die einzelnen PISA-Studien sind verfügbar unter http://www.oecd-ilibrary.org/education/pisa_19963777 (1.2.2017).

Horizonte der interkulturellen Kompetenzdiskussion 65

geführt. Innerhalb der Erziehungswissenschaften konnte auf verschiedene historische Modelle von Kompetenz und Kompetenzentwicklung zurückgegriffen werden, dabei ließen sich deutliche Unterschiede in den Perspektiven der Berufsbildungsforschung, der allgemeinen Pädagogik (und der Frage nach dem Unterschied zwischen Kompeten(zen) und Bildung) und der empirischen Bildungsforschung beobachten.[12]

Die Kompetenzüberlegungen im Rahmen der PISA-Studie folgten weitgehend der Grundannahme einer kognitiv bestimmten Kompetenz, die für den schulischen Bereich zur Evaluation von Lernleistungen aussagekräftig und hilfreich sei. Das Grundproblem des Nichterfassens von emotionalen, affektiven und motivationsnahen Facetten bei Kompetenzen führte auch auf der Seite der OECD zur schrittweisen konzeptuellen Erweiterung des Kompetenzrahmens, so 2012 durch die Aufnahme der individuellen Problemlösekompetenz und 2015 durch die Berücksichtigung der kooperativen Problemlösekompetenz. Für PISA 2018 ist in einer durchaus nachvollziehbaren Erweiterung erstmals das Konzept der globalen Kompetenz, der *Global Competence* in Anwendung, allerdings als Option, die nicht von allen Mitgliedsstaaten uneingeschränkt geteilt und wahrgenommen wird (OECD 2019).[13]

Vorläufiges Fazit

Die bislang vorgestellten Verständniswelten von „Kompetenz" als pädagogisch-psychologisches Konstrukt dürften verdeutlicht haben, dass unbeschadet partieller Differenzen in der Modellierung, Kompetenz als ein hoch komplexes Konstrukt zur Beschreibung (und in Teilen zur Messung) von personalen oder kollektiven Dispositionen zum Umgang mit Problemstellungen in bestimmten und unbestimmten Situationen/Kontexten gesehen wird:

---

[12] In der Bundesrepublik ist in diesem Zusammenhang die BMBF-Förderinitiative „Kompetenzmodellierung und Kompetenzerfassung im Hochschulsektor (KoKoHs)" zu erwähnen, hierzu Kuhn, Zlatkin-Troitschanskaia, Lautenbach (2016) sowie weitere Beiträge des Bandes Bildungsforschung 2020 in BMBF (2016). Zum aktuellen Stand der Forschung in Deutschland siehe Kuhn, Zlatkin-Troitschanskaia, Pant (2016).

[13] „Global competence is a multidimensional, life-long learning goal globally competent individuals can examine local, global and intercultural issues, understand and appreciate perspectives and worldviews, interact successfully and respectfully with others, and take responsible action toward sustainability and collective well-being" (OECD 2019: 166). Siehe auch Anmerkung 31 zur internen Struktur und internationalen Bewertung des Konstrukts.

> „Die Binnenstruktur des als Kompetenz bezeichneten Konstruktes ist durch zwei analytisch zu trennende Faktorendimensionen geprägt: Auf der einen Seite stehen personale Dispositionen, die die Richtung und Dynamik des Handelns akteursseitig prägen, und auf der anderen Seite personale Werkzeuge, die dem Akteur zur Verfügung stehen, um seine Ziele zu verwirklichen. Beide Dimensionen werden durch die Umwelten der aktuellen Situation, vor allem aber durch die Verknüpfung von personaler Biographie und der Geschichte der Umwelten geprägt (die als Vorgeschichte des Handelns selbst als ein Element der Umwelt des Handelns verstanden werden kann). Darüber hinaus bestehen sowohl wechselseitige Zusammenhänge zwischen den beiden Dimensionen als auch innerhalb der einzelnen Dimensionen zwischen ihren jeweiligen Elementen" (Birkelbach 2005: 4).

Dieses Modell von Kompetenz setzt individuelle Wahlentscheidungen über Ziele und Mittel des Handlungsvollzugs voraus, und damit wird auch deutlich,

> „dass es sich bei der als „Dispositionen" bezeichneten Dimension um ein normatives Element handelt, das die Bestimmung der Ziele des Handelns in den Kompetenzbegriff aufnimmt. Um es einmal überspitzt zu formulieren: Wer sich auf diesen (oder einen ähnlichen) Kompetenzbegriff bezieht, der bezeichnet Handeln dann als kompetent, wenn es auf der „objektiv wahren" Situationsdefinition beruht und sich die „richtigen" Ziele setzt und diese dann erfolgreich verfolgt" (Birkelbach 2005: 5).

Als eine Art Grundtatbestand für jegliche Dekonstruktion von Kontext gilt, dass sowohl die „wahre" Situationsdefinition als auch „richtigen" Handlungsziele „etwas extern durch Machtasymmetrie, durch ökonomische Zwänge, durch soziale Normen und durch persönlichen Einfluss Gesetztes sind, über dessen Sinn (für wen?) man im Einzelfall jeweils lange diskutieren könnte" (Birkelbach 2005: 6). Wir könnten hier auch von inhärenten Spannungslagen des Kompetenzkonzeptes sprechen, die in jeder Modellierung, Beobachtung und Bewertung oder Vermessung in Abhängigkeit der jeweiligen Interessenslagen „durchschlagen" und sich in den verschiedenen Wissenschaftsbereichen, in denen der Umgang mit Formen von Anderssein zum Gegenstandsbereich gehört, auch abbilden. Mehrheitlich akzeptiert erscheint interkulturelle Kompetenz als variabel konfiguriertes Konstrukt mit dem Anspruch auf Eigenheit und Unterscheidbarkeit von allgemeinen Sozialkompetenzen. Was die Komposition des Konstruktes betrifft, die Begründung von Teilkompetenzen oder Kompetenzbereichen, ihre interne Wechselwirkung in Abhängigkeit situativer Kon-

Horizonte der interkulturellen Kompetenzdiskussion

stellationen, in denen Interaktion stattfindet, und die Möglichkeit ihrer Messung (durch Beobachtung oder indirekte Rekonstruktion mittels der Erhebung von Selbstaussagen beziehungsweise Selbsteinschätzungen) – hierzu existiert Disziplin übergreifend kein Konsens.

Es ist in diesem Zusammenhang interessant zu sehen, wie in den oben genannten methodischen und konzeptuellen Erweiterungen der PISA-Konzepte zunehmend auch Elemente der interkulturellen Kommunikationsforschung und der (kulturvergleichenden) psychologischen Forschung aufgenommen wurden. Das gilt besonders in der Modellierung von *global competence* und den damit verbundenen Mess- oder Erfassungsverfahren (OECD 2018). Umgekehrt hat die interkulturelle Kommunikationsforschung *(cross-cultural communication research)* bislang kaum auf die Theorie- und psychologisch-pädagogische Modellentwicklung in den Erziehungswissenschaften zurückgegriffen. Wenn in der Überschrift zu diesem Artikel die Metapher vom Horizont verwendet wird, dann um auszudrücken, dass es sich um breit gestreute, beinahe inselhaft anmutende, weitgehend unabhängige Diskurse handelt, die in hohem Maße zur Reproduktion von bereits Gesagtem geführt haben, ohne eine wesentliche Erweiterung und forschungsmäßig abgesicherte Struktur des Kompetenzkonstruktes für den Fall einer interkulturell bestimmten Situation zu erreichen. Allerdings, das sei fairerweise hinzugefügt, sind die Diskurse in neuerer Zeit zunehmend in Bewegung gekommen und haben wechselseitig durchaus Impulse zur Korrektur oder Erweiterung ihrer Theorie- und Praxiskonzepte vorgenommen (Leenen 2019: 25–163).

Perspektiven der interkulturellen Kommunikationsforschung auf Kompetenz

Die internationale Arbeitsmobilität, politisch induzierte Migration(en) und neue Formen des internationalen Wissenstransfers in der Folge von verstärkter Internationalisierung im Bildungs- und Wissenschaftssystem haben als herausragende gesellschaftliche Wandlungsprozesse seit Ende der neunziger Jahre den Diskurs um interkulturelle Kompetenz(-Entwicklung) entscheidend beeinflusst und in alle Bereiche sozialen Handelns getragen. Diese sich überlagernden und verschränkenden Prozesse wurden begleitet von intensiven theoretischen Auseinandersetzungen um die Frage, was „Kultur" ausmacht und wie methodisch sichere Zugänge zur Beschreibung, Interpretation und Bewertung von kulturell bedingtem Handeln gestaltet werden können. Damit verbunden war die Suche nach anschlussfähigen Konzepten für Interkultur, Transkultur, Interkulturalität versus Multikulturalität, Diversity und Intersektionalität, *mindfulness* und zuletzt kulturelle Intelligenz *(cultural intelligence, CQ)* – um nur einige Felder zu nennen – in unterschiedlichen Wissenschaftsdisziplinen.

Dies hat bis heute zu konkurrierenden Ansätzen und Modellen von interkultureller Kompetenz und der möglichen Umsetzung in Maßnahmen zur Förderung interkultureller Kompetenzentwicklung geführt. Das reicht von klassischen Sensibilisierungs- und Trainingsformaten bis hin zu *online learning* als Teil eines *Blended-learning*-Arrangements. Interessante neue Entwicklungen stellen *Mass Open Online Courses* (MOOCs) dar, ein gutes Beispiel hierfür bietet der von der Shanghai International Studies University angebotene Kurs *Intercultural Communication*.[14]

Die interkulturelle Kommunikationsforschung hat mit ihren Perspektiven auf Kompetenz(en) als Konstrukt zur Beschreibung und möglichen Vermessung von akteursbezogener Befähigung zur Interaktion in kulturellen Überschneidungssituationen[15] starke Impulse aus der (kulturvergleichenden) Psychologie, der Arbeitspsychologie, der Expat-Forschung und eher linguistisch orientierten sprachwissenschaftlichen Forschungen bezogen.[16] Dies hat dazu geführt, dass sich auch hier verschiedene Inseln schwerpunktartiger Konzeptbildung formierten, die entweder den Schwerpunkt auf die linguistischen Perspektiven – speziell im Fremdsprachenbereich – gelegt haben, auf die Analyse der individuellen Anpassungsleistung bei kulturellem Fremdkontakt oder auf Fragen der Identitätsbildung und Identitätsveränderung im Zeichen zeitlich ausgreifender Interaktion mit als kulturell different wahrgenommenen Akteuren. Gleichzeitig gibt es jedoch auch Mischformen des Kompetenzverständnisses, in denen sich die genannten „Inseln" durchaus als ein Ensemble komplexer Ansätze wiederfinden. Die Schwierigkeit für die Praktiker besteht darin, mit diesen hochkomplexen Perspektiven für definierte Zielgruppen und für partiell erfassbare Situationen in geeigneter didaktischer Form Sensibilisierung oder Routinenvorbereitung erfolgreich zu gestalten.

---

[14] Zugang https://www.futurelearn.com/courses/intercultural-communication (15.1.2019).

[15] Als kulturelle Überschneidungssituation wird hier eine interaktionale Begegnung verstanden, in der die beteiligten Interaktanden die kulturelle Gebundenheit der Situation als solche für sich selbst wahrnehmen und damit variabel umgehen.

[16] Zu den historisch aufweisbaren unterschiedlichen Forschungstraditionen, ihren epistemologischen und ontologischen Referenzhorizonten und den sich daraus ergebenden Konsequenzen der Analyse, Interpretation und Verwendung interkultureller Kommunikationsforschung sei auf die Arbeiten von Collier (1989, 2015), Wiseman (2001) und Arasaratnam (2016) hingewiesen. Zur Grundlegung des aktuell vorherrschenden konstruktivistischen Paradigmas siehe Bennett (2013) und Gergen (2014). Einen guten Überblick zur aktuellen interdisziplinären Diskussion bieten die Beiträge im Themenheft „(Inter)Kulturalität neu denken" im Interculture Journal 15, 26. http://www.interculture-journal.com/index.php/icj/issue/viewIssue/37/9 (1.3.2017).

Es gibt zahlreiche Versuche, diese genannte Entwicklung der Auseinandersetzung um Kultur und interkulturelle Kompetenz zu kategorisieren, und die diversen Modelle und ihren jeweiligen theoretischen Hintergrund vergleichend zu betrachten. Diese Versuche leiden in hohem Maße unter dem Phänomen der Vervielfältigung von Bekanntem; von daher kommt es mir hier nur darauf an, anhand einiger ausgewählter Beispiele die Variationsbreite im konzeptuellen Diskurs exemplarisch zu verdeutlichen. Interessierten Leser*innen sei in jedem Fall empfohlen, den jeweiligen Ansätzen anhand der Verweise vertiefend nachzugehen.

Jürgen Bolten hat in einer neueren Arbeit den Stand der Diskussion um die Konzeptvielfalt und ihre metatheoretischen Perspektiven von interkultureller Kompetenz mit einer Reihe von Diskurselementen beschrieben, die sich als Schnittmenge des interdisziplinären Diskurses um Kultur und Interkulturalität nachzeichnen lassen. Danach werden heute mehrheitlich Interpretationen abgelehnt, die auf der Annahme von kultureller Homogenität (statt Heterogenität) beruhen, auf eindeutige Grenzziehung zur Unterscheidung von Kulturen zurückgreifen (etwa durch Gleichsetzung von Nation und Kultur) und die damit auch „Substanzverhältnisse von Kultur" bei gleichzeitiger Vernachlässigung ihrer Prozesshaftigkeit und situativen Mehrdeutigkeit – etwa durch Ausblenden von Machtasymmetrien und „globalgeschichtlichen Vernetzungszusammenhängen" – zum Inhalt hätten (Bolten 2016: 30). Die Frage nach prozessleitenden Machtasymmetrien in interpersonalen Gefügen ist interdisziplinär zunehmend thematisiert und zu einer zentralen leitideologischen Perspektive erhoben worden.[17] Als Beispiel hierfür sei auf Zotzmann (2015: 372) verwiesen, die mit ihrer Unterscheidung von „modernist and essentialist view" und „postmodern and also distinctly postcolonial perspective" gängige metatheoretische Differenzierungen skizziert, die den Diskurs in der interkulturellen Pädagogik *(intercultural education, learning)* und zunehmend auch in der interkulturellen Kommunikationsforschung markieren.

Im Umkehrschluss ergeben sich aus diesen kritischen Perspektiven eine Reihe basaler Orientierungen, die den Rahmen für Design und Durchführung interkultureller Kompetenzentwicklung abstecken, darunter „(a) mehrwertige/netzwerkorientierte (Inter-)Kulturalitätsverständnisse, (b) Fragen des Verhältnisses von Struktur- und Prozessorientierung, (c) Perspektivenreflexivität, Möglichkeiten der Beschreibbarkeit kultureller Akteursfelder, (d) Relationalität und Umgang mit dem Faktor ‚Macht' sowie (e) die Gestaltung synergetischer und nachhaltiger interkultureller Beziehungen" (Bolten 2016: 31).

---

[17] Ein eher seltenes Praxisbeispiel der Analyse asymmetrischer Projektkommunikation bietet Alnajjar et al. (2016).

Diese Positionen und Perspektiven decken sich mit denen, die international und interdisziplinär, speziell im angelsächsischen Diskursraum, dominieren. Die aktuell international mehrheitlich zitierten Arbeiten zur Konstruktvielfalt interkultureller Kompetenz(-Messung) finden sich bei Deardorff (2006, 2009, 2016), Fantini und Tirmizi (2006, 2015) sowie Spitzberg und Changnon (2009), weniger bekannt (aber exzellent dargestellt für den Bereich Sprachvermittlung) auch bei Sinicrope, Norris, Waternabe (2007). Darla Deardorffs Dissertation, die anhand einer Delphi-Studie mit 23 Probanden aus dem Hochschulbereich eine systematische Listung von Elementen interkultureller Kompetenz und ein sich mehrheitlich daraus abzuleitendes Gesamtkonzept vorlegte (einschließlich Überlegungen zur Messbarkeit interkultureller Kompetenz), markiert sicher einen wichtigen Impuls für die intensive Diskussion komplexerer Kompetenzmodelle. Etwas einschränkend sei darauf hingewiesen, dass es sich um eine Befragung handelte, bei der am Ende Listen mit nach Häufigkeit ihrer Nennung arrangierten Elementen oder Teilkompetenzen von *intercultural competence* dokumentiert werden. Aus der Gesamtschau heraus ergab sich als am höchsten bewertete Definition für interkulturelle Kompetenz „the ability to communicate effectively and appropriately in intercultural situations based on one's intercultural knowledge, skills, and attitudes" (Deardorff 2004: 184).

Damit steht sie in der Linie bekannter Ansätze, in denen von Fähigkeit zur effektiven und angemessenen Kommunikation auf Basis der Trias Wissen, Fertigkeiten und Einstellungen gesprochen wird. Gleichzeitig eröffnet dieses Kompetenzverständnis aber auch Anschlussoptionen für komplexere Modulationen, in denen die einzelnen Komponenten nach unterschiedlichen Perspektiven weiter ausdifferenziert und zu einem Prozessmodell verdichtet werden.[18]

Ein viel zitierter Versuch zur Unterscheidung und Gruppierung diverser interkultureller Kompetenzmodellierungen wurde von Spitzberg und Changnon (2009) vorgelegt, die zwischen „compositional, co-orientational, developmental, adaptational and causal process" Modellen unterscheiden, gleichzeitig aber auch darauf verweisen, dass sich die Modelle partiell überschneiden und vorrangig als idealtypische Gruppierung zu sehen sind.

---

[18] Das „Prozessmodell interkulturelle Kompetenz" beschreibt die Kompetenzentwicklung als individuellen Lernprozess, bei dem Haltungen und Einstellungen auf der Individualebene mit Wissen, Verständnis und Fähigkeiten interaktiv verbunden sind und zu internen Wirkungen führen, die dann in Interaktionen die externe Wirkung der vorherigen Prozessverläufe aufzeigen und zu Veränderungen von Haltungen und Einstellungen führen, damit beginnt der spiralförmig gedachte Prozess erneut. Siehe hierzu die Abbildungen in Bertelsmann Stiftung (2006) und Deardorff (2004: 196, 198).

Compositional models weisen hypothetische Komponenten interkultureller Kompetenz aus, ohne die Interrelationen der einzelnen Elemente zu spezifizieren. *Co-orientational models* thematisieren die interaktionalen Aspekte interkultureller Situation (Empathie, Perspektivenwechsel), damit die Sinndeutungsprozesse der Interaktanden, vermittelt über verbale und nonverbale Kommunikation. *Developmental models* umfassen Zeitschienen angenommener Progression der Kompetenzentwicklung und weisen Sequenzen oder Stadien der Entwicklung aus. *Adaptational models* beschäftigen sich in der Regel mit der Kommunikation zwischen mehreren Beteiligten (dyadisches Verhältnis) und sehen die jeweiligen Akteure als relational verbundene, diskursiv bemühte Produzenten von Identitäten, dabei bemüht, ethnorelative Perspektiven im kulturellen Handeln zu entwickeln. *Causal process models* verknüpfen Kompetenzelemente als Variablen zu einem Modell gegenseitiger Beeinflussung mit dem Ziel der interkulturellen Kompetenzentwicklung.[19] Die besondere Leistung von Spitzberg und Changnon bei ihrem Versuch, die außerordentliche Vielzahl konkurrierender Modelle und Begriffsbildungen in eine systematische Übersicht zu bringen, sei an dieser Stelle mit dem Verweis auf die tabellarische Übersicht (36–43) von über 300 semantischen Konstruktionen zu Konzepten und Faktoren interkultureller Kompetenz ausdrücklich betont.[20] Dem Fazit der Analyse (Spitzberg, Changnon 2009: 45), „that many conceptual wheels are being reinvented at the expense of legitimate progress" und „only a few efforts have been made to produce models inductively generated by thorough surveys of existing theoretical models (...) or actual interactants or experts", ist auch heute, knapp zehn Jahre nach der Veröffentlichung, im Kern zuzustimmen.

Das im Bereich der interkulturellen Kommunikationsforschung maßgebliche *International Journal of Intercultural Relations* hat hierzu in einem Sonderheft 2015 eine Reihe von Beiträgen veröffentlicht, die als Rückschau auf 25 Jahre Forschung zur interkulturellen Kompetenz mit durchaus vergleichbaren bis identischen Aussagen aufwarten (Arasaratnam, Deardorff 2015). Das betrifft die Kritik an vorherrschend statischen, singulären und vermeintlich ho-

---

[19] Dazu heißt es: „Causal path models tend to conceive variables at a downstream location, which successively influence and are influenced by moderating or mediating variables that in turn influence upstream variables" (Spitzberg, Changnon 2009: 29).

[20] Die fünf Modellklassifikationen werden in anderer Systematik in der deutschsprachigen Literatur eher unter den Kategorien Listen-, Struktur- oder Prozessmodell geführt. Die Bewertung dieser Modelltypen ist uneinheitlich, der Diskurs hat sich aber recht deutlich in Richtung der Prozessmodelle bewegt. Siehe hierzu Kunz (2016).

mogenen nationalen Kulturmodellierungen, ihre auf das Individuum zentrierte Modellbildung und die Forderung zur Anerkennung von *power relations* als Element jeglicher interkultureller Begegnung (Martin 2015: 7). In ähnlicher Form disziplinärer Selbstvergewisserung und kritischer Introspektion finden sich in den letzten Jahren interessante Beiträge in den Bereichen (internationale, kulturvergleichende) Wirtschaftsforschung (etwa bei Caprar et al. 2015; Lee, Kim, Park 2014; Tung, Stahl 2018), Organisationstheorie (Schein et al. 2015; Weber, Dacin 2015), (kulturvergleichende) Psychologie (Gergen 2014), Anthropologie (D'Andrage 2003, 2018) und Soziologie (Patterson 2014).

Wenngleich als übergreifende Tendenz in den genannten Arbeiten „Kultur" in der bekannten Form fluidisiert, entgrenzt, dynamisch prozessual und „entstaatlicht" – als nicht gleichzusetzen mit dem Nationalstaat – erscheint, existiert nach wie vor ein Genre an Forschungsarbeiten, die unter Rückgriff auf Hofstede (oder die GLOBE-Studie) mit dem Paradigma der Kulturdimensionen arbeiten (Hofstede 2015, Kirkman et al. 2016, Lorca, de Andrés 2018, Minkov et al. 2017, Moonen 2017, Saucier et al. 2015). Einen Sonderfall stellen kulturräumliche Differenzanalysen auf der Basis des Konstrukts „kulturelle Distanz" *(cultural distance)* dar, deren Aussagenreichweite jedoch nur mit dem Prädikat „begrenzt" belegt werden kann (Beugelsdijk et al. 2018; Indelicato, Pražić 2018; Jeive 2016).

Bereits in einer früheren Veröffentlichung hatten Martin und Nakayama auf die Möglichkeiten zur Entwicklung eines dialektischen Ansatzes verwiesen, mit dem Kontexte als dynamische, fluide, nicht widerspruchsfreie Räume gefasst werden, in denen sich lokale und globale Kräfte Prozess gestaltend verbinden (Martin, Nakayama 2010: 67 f.). Ein solcher Ansatz sollte gleichzeitig als *non-western approach* zu einer stärkeren Berücksichtigung emischer Konstruktbildung beitragen, vorzugsweise unter Rückgriff auf verschiedene Theorie- und Praxistraditionen im asiatischen Raum (Kim 2002, Miike 2006, 2009).[21] Gegenwärtig betrifft dies vor allem Konstrukte und Diskurse, die dem

---

[21] Die Suche nach nichtwestlichen Theorien und Modellen scheint das Ergebnis einer zunehmend kritischen Selbstsicht der metatheoretischen Grundlagen in der kultur- und kommunikationsbezogenen Forschung zu sein. Diese methodenkritische Introspektion wird allerdings durchaus kontrovers diskutiert und hat bislang nur sehr begrenzt zu überzeugenden alternativen Theorie- und Praxismodellen geführt. Eine kritische Sichtung der Forschung bietet Busch (2014), und gleichsam gegen den mainstream geht Collier (2015: 10) davon aus, dass die Unterscheidung emic/etic willkürlich (arbitrary) ist, da „emic approaches neglect macro contexts, over-emphasize national and local cultures as if they are homogeneous, neglect within group diversity, and underemphasize that there are multiple and contested views of what is

Horizonte der interkulturellen Kompetenzdiskussion 73

chinesischen Sprach- und Kulturraum zuzuordnen sind, ebenso erscheinen Japan, Korea und Indien als Referenzräume.

In der Mehrzahl uns bekannter Publikationen zu diesem Themenfeld deutet sich an, dass die stärkere Betonung der sozialen Vernetzung des Selbst, gekoppelt mit dem Streben nach harmonischen interpersonalen Beziehungen (auf der Basis von FACE als sozialem Regulativ), ein wesentliches Merkmal nichtwestlicher Ansätze ist. Die interkulturelle Kompetenzmodellierung scheint dabei auch stärker Wissenselemente über Kultur(en) zu berücksichtigen, womit aber die Gefahr einer partiellen Essentialisierung einhergeht. Dai und Chen haben hierzu ein Modell entwickelt, das neben den bekannten affektiv-emotionalen, kognitiven und verhaltensbezogenen Elementen auch moralische Fähigkeiten *(moral ability)* ausweist, dazu gehören gegenseitiger Respekt *(mutual respect)*, Aufrichtigkeit *(sincerity)*, Toleranz *(tolerance)* und Verantwortlichkeit *(responsibility)* (Dai, Chen 2015). Ein weiterer Unterschied, der gerade bei Dai und Chen deutlich wird: Die wechselseitige Beeinflussung von Kompetenzelementen wird dialektisch gesehen, damit werden Spannungen, Widersprüche und Konflikte zugelassen, die als Ergebnis von interkultureller Kompetenz harmonisch aufgefangen und gelöst werden sollen (Dai, Chen 2014).[22]

Zur Frage der Messung interkultureller Kompetenz (Engel, Kempen 2017; Klotz 2015, Mertesacker 2010), die interdisziplinär ebenso kontrovers diskutiert wird wie die Modulierung des Kompetenzkonstruktes,[23] liegt seit 2016 eine herausragende Untersuchung von Griffith et al. (2016) vor, die das Thema vor dem Hintergrund der Internationalisierung im Hochschulbereich behandelt. Wie bei Spitzberg und Changnon finden sich insgesamt 26 Modelle und

---

appropriate and effective". Eine umfassende kulturvergleichende Analyse steht hierzu international noch aus.

[22] Zunehmendes Interesse findet auch das Konzept *Ubuntu*, das semantisch variabel in unterschiedlichen afrikanischen Sprachen ein besonderes Konzept der moralischen Erziehung und der Sozialität des Menschen abbildet und vor allem für die Region Subsahara-Africa herausragende Bedeutung hat. *Ubuntu* steht für das Verständnis von Mensch(-Sein) in seinem Vermögen und seiner Verpflichtung als relationales Selbst zur Konnektivität, zur Solidarität und zum harmonischen Umgang mit der Gemeinschaft. Hierzu Goduka 2000; Le Grange 2012; Letseka 2000; Assié-Lumumba 2016; Metz, Gaie 2010; Metz 2007; UNESCO 2013.

[23] Exemplarische Kritik an international gängigen Überlegungen und Verfahren zur Messung interkultureller Kompetenz(en) findet sich bei Sercu 2004, 2010 und Borghetti 2017, die die Notwendigkeit und Sinnhaftigkeit derartiger Messungen vollkommen infrage stellt. Für den deutschsprachigen Raum bietet das *interculture journal* einen sehr informativen Referenzraum zur interkulturellen Kompetenzforschung, speziell mit Band 9, Nr. 12, 2010, und anschließenden Beiträgen.

Konstrukte vergleichend analysiert und mit Blick auf die Reliabilität und Validität der einzelnen Ansätze kritisch bewertet. Im Unterschied zur Studie von Spitzberg und Changnon entwickeln Griffith et al. ein eigenes Modell, mit dem die spezifischen Gegebenheiten von Studierenden im Hochschulbereich besser berücksichtigt werden sollen, inwieweit dies tatsächlich der Fall ist, erscheint allerdings offen.

Das Modell betrachtet individuelles Verhalten in einer komplexen sozialen Situation als vierstufigen Prozess, bei dem zwischen „scan, appraise, interpret and interact" unterschieden wird (Griffith et al.: 27). Hieraus leiten die Autoren die Konzeptualisierung interkultureller Interaktion als Prozess ab, der die drei Phasen – als Dimensionen des Modells bezeichnet – Einstellung/Ansatz *(approach)*, Analyse *(analyse)* und Handeln *(act)* umfasst, damit also die schon bekannte Trias von Kognition, Einstellungen und Verhalten. Zugeordnete Items umfassen positive kulturelle Orientierung *(positive cultural orientation)*, Ambiguitätstoleranz *(tolerance for ambiguity)*, interkulturelle Selbstwirksamkeit *(cross-cultural self-efficacy)*, Selbstwahrnehmung/Bewusstheit *(self-awareness)*, Beobachtungssensibilität (social monitoring), Perspektivenwechsel und Vorurteilsvermeidung *(perspective taking/suspending judgment)*, Nutzung deklarativen kulturellen Wissens *(cultural knowledge application)*. Für den Bereich des Verhaltens werden Verhaltensregulation und Emotionsregulation *(behaviour regulation, emotion regulation)* angegeben (Griffith et al.: 28).

Die eigentlich neuen Perspektiven der Kompetenzmodulation liegen allerdings nicht in den hier genannten Items, sondern in der Form angedachter Assessments/Evaluation, bei der neben bekannten Formen des *Multiple-choice*-Verfahrens auch auf Szenarien basierte Items über Videoclips eingespielt und mit offenen Fragen kommentiert und interpretiert werden sollen. Angestrebt wird eine wesentlich höhere Variationsbreite des verwendeten Materials zur Erfassung einzelner Kompetenzelemente, nicht zuletzt durch den Einsatz IT-gestützter Verfahren und Online-Assessments. Die Autoren weisen hierzu elf Aufgabentypen aus, für die sie eine Kurzbeschreibung und zugeordnete Item-Response-Formate angeben (Griffith et al. 2016, siehe hierzu die tabellarischen Übersichten S. 31 f.). Es ist sicher ein Verdienst der Autoren, die reflektierte Unzufriedenheit mit den aktuell vorherrschenden Mustern der interkulturellen Kompetenzmodellierungen und ihren Vermessungen systematisch darzustellen und neue Formate für die Aufgabenstellung bei der Erfassung interkultureller Kompetenz(-Entwicklung) einzuführen: Gerade die fallbasierte audio-visuelle Analyse von *critical incidents* und biographischen Erfahrungslandschaften und das Abrufen von emotionalen Zuständen und Assoziationsketten (mit Blick auf Vorurteils- und Stereotypenbildung) werden auf mittlere Sicht zunehmend an

Bedeutung gewinnen, ebenso wie E-Learning-Formate zur Vermittlung von Wissen über Kultur(en) und deren diskursive Rahmung (Henze 2018).[24]

Wenngleich mit den hier referierten Theorieorientierungen nur ein bescheidener Ausschnitt der Forschungslandschaft gegeben werden kann, dürfte deutlich geworden sein, in welchem Maße die wissenschaftliche Auseinandersetzung durch konzeptuelle und methodische Vielfalt gekennzeichnet ist. Als durchgehendes Muster kann die Abkehr von eher statischen, niedrig komplexen Modellierungen beobachtet werden, dafür hin zu solchen, die den Kontext stärker betonen, eher soziale Kollektive als nationalstaatlich definierte Kulturäume als Bezug wählen, damit auch stärker auf Entgrenzung und Fluidität als auf Grenzziehung bedacht sind und Zuschreibungen stärker im Lichte wahrscheinlichkeitstheoretischer Verteilungen (Stichwort: *fuzzy*) sehen. Für den Umgang mit diesem Grad an Komplexität scheint die aktuelle internationale Trainingspraxis bislang aber noch keine insgesamt befriedigende Antwort gefunden zu haben.

Erziehungswissenschaftliche Perspektiven interkultureller Kompetenz(-Entwicklung)

Eine weitere bedeutsame Linie des Kompetenzdiskurses und damit auch des Designs und der Einschätzung der Messbarkeit von Kompetenzen findet sich innerhalb der Erziehungswissenschaften an den Stellen, wo migrationssoziologische, entwicklungspolitische und global-strategische Orientierungs- und Handlungsoptionen gesucht werden. Das betrifft in besonderem Maße die interkulturelle Pädagogik (Auernheimer 2013, Heiser 2013, Leenen, Groß, Grosch 2013), die Migrationspädagogik (Mecheril 2004, 2013), die Diversity-Pädagogik (Hauenschild, Robak, Sievers 2013), Intersektionalitätsansätze (Winkler, Degele 2009) und solche, die sich im Umfeld von globalem Lernen mit Werten und Zielstellungen entwicklungspolitischer und menschenrechtszentrierter Handlungsoptionen beschäftigen (Adomßent et al. 2002, De Haan 2008). Im Unterschied zu den auf Handeln in Unternehmenswelten zentrierten Ansätzen

---

[24] Als Vorläufer derartiger Assessments kann das Intercultural Competence Assessment (INCA) gesehen werden, das als Projekt im Rahmen des „Leonardo da Vinci"-II-Programms der EU entwickelt wurde, auf Online-Formaten und traditionellen Assessments basierte und auf ingenieurwissenschaftlicher Berufsfelder ausgerichtet war. Es wurde nach 2009 nicht weiter betrieben, die sehr empfehlenswerten mehrsprachigen Arbeitsmaterialien sind aber verfügbar unter https://ec.europa.eu/migrant-integration/librarydoc/the-inca-project-intercultural-competence-assessment (15.3.2017).

enthalten diese Kompetenzmodellierungen in den genannten erziehungswissenschaftlichen Feldern einen deutlich appellativen Charakter, der Individuen und Kollektive zur Wahrnehmung, Vermeidung oder Entwicklung von Strategien zur Überwindung von gesellschaftlicher Ungleichheit und Ungerechtigkeit ermuntert beziehungsweise auffordert (Sarma 2012, Schondelmayer 2018). Der im Rahmen der EU-Jugendprojektarbeit von SALTO YOUTH publizierte Forschungsbericht zu interkultureller Kompetenz zeigt dies exemplarisch an (Bortini, Motamed-Afshari 2012: 3–4):

> „Intercultural Competence (ICC) developed and demonstrated within the framework of European youth work (...) are qualities* needed for a young person to live in contemporary and pluralistic Europe. *It enables her/him to take an active role in confronting social injustice and discrimination and promote and protect human rights.* ICC requires an understanding of culture as a dynamic multifaceted process. In addition, *it requires an increased sense of solidarity in which individual fear of the other and insecurity are dealt with through critical thinking, empathy, and tolerance of ambiguity.*
>
> *qualities: demonstrates a holistic understanding of the individual combining knowledge, skills, values, and attitudes" https://goo.gl/Cv w8xC (15. 5. 2017).

Der Gegensatz zu der in deutscher Sprache häufig zitierten – aber sicher auch ebenso häufig kritisierten – Definition von Alexander Thomas könnte nicht klarer sein (Thomas 2003: 143):

> „Interkulturelle Kompetenz zeigt sich in der Fähigkeit, kulturelle Bedingungen und Einflussfaktoren im Wahrnehmen, Urteilen, Empfinden und Handeln bei sich selbst und bei anderen Personen zu erfassen, zu respektieren, zu würdigen und produktiv zu nutzen im Sinne einer wechselseitigen Anpassung, von Toleranz gegenüber Inkompatibilitäten und einer Entwicklung hin zu synergieträchtigen Formen der Zusammenarbeit, des Zusammenlebens und handlungswirksamer Orientierungsmuster in Bezug auf Weltinterpretation und Weltgestaltung."

Der Ansatz von Thomas, der vor allem im Wirtschafts- und Managementbereich die Thematisierung von kulturräumlichen Differenzen und die Modellierung von interkulturellen Trainings dominerte,[25] steht in der Tradition psychologischer und sozialpsychologischer Betrachtung von Kommunikation und Handeln, und hat in Deutschland eine beherrschende Perspektive bei der Thematisierung von interkultureller Kompetenzentwicklung gestellt (Haller, Nägele 2013). Die Auseinandersetzung um das zugrunde liegende Kulturverständnis, um die analytischen Zugänge bei der kulturräumlichen Differenzermittlung (Stichwort: Kulturstandard) und die ethisch-moralischen Rahmungen daraus abgeleiteter Handlungsempfehlungen ist an anderer Stelle ausführlich diskutiert worden (Thomas 2003: 150–228). Exemplarisch für andere Zugänge, die jeweils aus der Sicht spezieller Fachwissenschaften angemessener erscheinen, sei auf den von Spencer-Oatey und Franklin verwendeten Terminus *intercultural interaction competence (ICIC)*[26] verwiesen, mit dem die Autoren stärker auf die Perspektive der Interaktion eingehen, um gleichzeitig eine Art Oberbegriff für andere theoretische Ansätze gewinnen zu können, wenn es heißt (Spencer-Oatey, Franklin 2009: 51):

„We use it partly as an umbrella term for reporting the work of different theorists on this issue, and partly to emphasize our focus on interaction; in other words, we use it to refer to the competence not only to communicate (verbally and non-verbally) and behave effectively and appropriately with people from other cultural groups, but also to handle the psychological demands and dynamic outcomes that result from such interchanges."

Eine weitere Variante, die speziell die Perspektiven des Spracherwerbs aufgreift und in Europa besondere Bedeutung erlangt hat, sind die *savoirs* von Michael Byram (1997).[27] Byrams Konzept verknüpft linguistische Kompetenz, soziolinguistische Kompetenz und Diskurskompetenz mit interkultureller Kompetenz zu einem Ensemble wechselseitiger Einflussgrößen. Im Kern

---

[25] Auch in der Expat- und internationalen Austauschforschung, etwa im Jugend- oder Studierendenaustausch, ist der Ansatz unter Verwendung des Kulturstandardmodelles von herausragender Bedeutung. Interessant ist, dass sich dieser Ansatz außerhalb des deutschsprachigen Raumes nur sehr begrenzt etablieren konnte.

[26] Im deutschsprachigen Raum ist der Terminus in der Übersetzung „interkulturelle Interaktionskompetenz" nicht gebräuchlich, eher wird (mehr oder weniger synonym) von interkultureller Handlungskompetenz gesprochen, so auch bei Thomas (2011: 15).

[27] Unterschieden werden *savoir comprende (interpreting/relating skills), savoir (knowledge), savoir faire (discovery/interaction skills), savoir s'engager (critical culture awareness), savoir être (attitudes).*

steht die Figur des „intercultural speakers", der als kulturelle*r Mediator*in agiert. Das Modell stellt seit Jahren die Hintergrundfolie für Kompetenzentwürfe des Europarates im Bereich Sprachen, bei denen die (europäische) Dimension staatsbürgerlichen Bewusstseins besonders zum Tragen kommt (Byram 2012, Byram, Zarate 1996).[28]

Wie immer *intercultural interaction competence* oder *intercultural communicative competence* im Detail als Konstrukt erschlossen und verwendet werden, die Perspektiven sollten sich deutlich von denen unterscheiden, die sich aus der Kompetenzvariante bei Thomas oder Salto-Youth ergeben. Für alle hier referierten Beispiele gilt, dass in jedem Fall unterschiedliche Kulturverständnisse, Kompetenz(entwicklungs)modelle und soziale Bewertungen im Hintergrund stehen.

In den Erziehungswissenschaften ist mit der Entwicklung der interkulturellen Pädagogik und der Migrationspädagogik, der Diskussion um Transkulturalität, Diversity und Intersektionalität und der Modellierung von interkultureller Öffnung als institutionsspezifischer Praxis ein Weg beschritten worden, mit dem schrittweise die Abkehr von Positionen erfolgte, die oben mit Verweis auf Bolten angeführt worden waren. Exemplarisch für die Zurückweisung von wirtschaftsbezogenen Modellen der interkulturellen Kompetenzentwicklung, denen ein spezifisches Moment der Differenzermittlung und -interpretation zugrunde liegt, erscheint die Kritik von Mecheril (2003: 199):

„Im Kontext des managerial-ökonomischen Kalküls geht es um die Erreichung managerial-ökonomischer Ziele. Unter der relativ klaren Ergebnisorientierung des Kalküls werden Situationsparameter betrachtet und gewinnen Bedeutung. ‚Interkulturelle Differenz' interessiert hier mit Bezug auf die Frage, wie sich Differenzen zu der Absicht ‚Geschäfte machen' verhalten. Wenn der Umgang mit Differenzen dem ‚Geschäfte machen' zuträglich ist, es zumindest nicht behindert, entspricht dieser Umgang den managerial-ökonomischen Anforderungen; in diesem Sinne handelt es sich um einen gelungenen Umgang mit Differenzen."

---

[28] Einen ähnlich komplexes Modell wie bei Byram findet sich bei Portera (2014), der auf der Grundlage der hier vorgestellten Modelle eine Verknüpfung von interkultureller Kompetenz und interkultureller Erziehung anstrebt und die staatsbürgerliche und zivilgesellschaftliche politische Dimension als Perspektive interkultureller Kompetenz sieht. Der Ansatz betont vor allem den interaktiven Aspekt der Kompetenzentwicklung in Abhängigkeit des Selbst-Kontextes.

Horizonte der interkulturellen Kompetenzdiskussion 79

Mecheril trifft mit seiner Semantik des „managerial-ökonomischen Kalküls" durchaus den Nerv einer Diskussion, wie sie seit Jahren um die angemessene Interpretation von Effektivität und Effizienz in der interkulturellen Kommunikation geführt wird. Diese Diskussion wird umrahmt von der Auseinandersetzung um den Kulturbegriff, um Form und Inhalt kultureller oder kulturräumlicher Differenzermittlung und deren Verarbeitung in interkulturellen Trainings im Modus der Sensibilisierung (Mecheril 2013; Mecheril, Seukwa 2006).

Damit einher geht die Frage, ob soziale Akteure a) über Kultur verfügen (im Sinne eines *cultural baggage*), b) Kultur in Interaktion erst erzeugen, c) lediglich eine jeweils individuelle Wahrnehmung haben, über die eine interkulturelle Begegnung als kulturell geprägt interpretiert und dann von entsprechender Interaktion begleitet wird oder d) diese Begegnung, und damit die Situation, besser durch den mehrdimensionalen Ansatz der Intersektionaliät analytisch zu fassen sei.[29] Der Europarat hat hierzu in neueren Publikationen zur Gestaltung eines harmonischen Zusammenlebens in heterogenen Gesellschaften Europas Positionen veröffentlicht, die repräsentativ für die aktuelle Orientierung in Politik und Wissenschaft zu sein scheinen (Huber, Reynolds 2014: 16 f.):

„An interpersonal encounter becomes an intercultural encounter when cultural differences are perceived and made salient either by the situation or by the individual's own orientation and attitudes. Thus, in an intercultural interaction, one does not respond to the other person (or people) on the basis of their own individual personal characteristics – instead, one responds to them on the basis of their affiliation to another culture or set of cultures. In such situations, intercultural competence is required to achieve harmonious interaction and successful dialogue."

Interkulturelle Kompetenz wird hier im Lichte eines harmonischen, dialogischen Miteinanders gesehen und spiegelt so auch politisch-ideologische Orientierungen, die zwar nicht auf Europa beschränkt sind, aber durchaus als eu-

---

[29] Die interkulturelle Kommunikationsforschung hat dem Konzept der Intersektionalität mit Blick auf die Kompetenzdebatte bislang kaum Beachtung geschenkt (Yep 2016), anders dagegen die Situation in den Erziehungswissenschaften, wo der Diskurs um Identitätsbildung, stereotype Zuschreibungsmuster, *gender* und *race* zunehmend auf das Konzept zurückgreift. Eine umfassende Einführung in diesen Zusammenhang bieten Winkler, Degele (2009) und Emmerich, Hormel (2013).

rozentrische Sicht interpretiert und damit zum Gegenstand von Kritik werden können:

> „Intercultural competence is therefore a combination of attitudes, knowledge, understanding and skills applied through action which enables one, either singly or together with others, to:
> – understand and respect people who are perceived to have different cultural affiliations from oneself;
> – respond appropriately, effectively and respectfully when interacting and communicating with such people;
> – establish positive and constructive relationships with such people;
> – understand oneself and one's own multiple cultural affiliations through encounters with cultural ‚difference'."

Interessant ist zudem, wie die Frage nach der Effizienz und Angemessenheit des Handelns in interkulturellen Begegnungen als Ausdruck von Respekt und Achtung variabler kultureller Zugehörigkeit(en) beantwortet wird:

> „Here, the term, ‚respect' means that one has regard for, appreciates and values the other; the term ‚appropriate' means that all participants in the situation are equally satisfied that the interaction occurs within expected cultural norms; and ‚effective' means that all involved are able to achieve their objectives in the interaction, at least in part" (Huber, Reynolds 2014: 16–17).[30]

Das mit diesen Zitaten ausgewiesene Bemühen um einen Hierarchie vermeidenden Umgang mit Anderen stellt heute eine zentrale leitideologische Perspektive pädagogischer Arbeit dar, die weltweit in unterschiedlicher Form und Intensität zu beobachten ist. Eingebettet in Diskurse der Globalisierung und Internationalisierung (Suárez-Orozco 2007), der ökologischen Bewegung um Nachhaltigkeit und Schutz der natürlichen Ressourcen, finden sich die oben genannten Perspektiven von interkultureller Kompetenz zunehmend als Teil umfassenderer Betrachtungsmodi, etwa in Konzepten kosmopolitaner Orien-

---

[30] Die Leitfigur des hierarchiefreien Dialogs, welche hier durchscheint, kann auch im Zusammenhang mit dem Bemühen um dekoloniale und postmoderne Theoriebildung zur Neufassung des Kulturbegriffs und davon abgeleiteter Praxis gesehen werden. Hierzu Schirilla (2014), López (2017). Einen sehr guten Überblick zur semantischen Vielfalt in der Diskussion um interkulturelle Kompetenz bietet UNESCO (2013: 10–20).

Horizonte der interkulturellen Kompetenzdiskussion 81

tierung *(everyday cosmopolitanism)* bei Rizvi und Beech (2017) oder *Global Citizenship Education* (GCE) bei Bosio und Torres (2019). Beide Ansätze pädagogischen Denkens und Handelns sind geprägt durch einen ethisch-moralischen Imperativ zum Dialog, zum Frieden, zum gleichberechtigten und fairen Umgang miteinander und zum ökologisch sensiblen Verhalten im Alltag. Angesichts der politischen Dimension dieser Konzepte überrascht es nicht, dass der Ansatz der *Global Competence* (OECD 2018) vergleichbar konfiguriert erscheint.

Das mit PISA 2018 neu eingeführte Kompetenzfeld *Global Competence* stellt im Kern eine Kombination von bisher hier angesprochenen Kompetenzkonstrukten dar, allerdings mit dem expliziten Anspruch auf Messbarkeit. *Global Competence* orientiert sich an der Unterscheidung von Wissen *(knowledge)*, kognitiven Fertigkeiten *(cognitive skills)*, sozialen Fertigkeiten und Einstellungen *(social skills and attitudes)* und Werten *(values)* und sieht kognitive Tests sowie einen Katalog an Fragen zur Selbsteinschätzung und Selbstwirksamkeit der Schülerinnen und Schüler vor. Die Tests orientieren sich an vier Domänen, deren Inhaltsbereiche deutlich über das hinaus gehen, was allgemein unter interkultureller Kompetenz verstanden wird.[31] Mit dieser Gesamtanlage der Kompetenzmessung sieht sich die OECD mit durchaus berechtigter Methodenkritik konfrontiert: Die Annahme, mit kognitiven Tests könnten

---

[31] Das Konstrukt der *Global Competence* basiert auf der Vorgabe von vier kognitiven Fähigkeitsfeldern *(cognitive dimensions)*, die die Schüler entwickeln sollen: „Examine issues of local, global and cultural significance", „understand and appreciate the perspectives and world views of others", „engage in open, appropriate and effective interactions across cultures", „take action for collective well-being and sustainable development" (OECD 2018: 25). Die hierauf abzielenden Tests sollen vier inhaltliche Domänen abbilden: 1. „Culture and intercultural relations", 2. „Socio-economic development and interdependence", 3. Environmental sustainability, 4. „Institutions, conflicts and human rights" (ibid.: 30). Inhalte, die dem gängigen Verständnis von interkultureller Kompetenz entsprechen, werden mit dem Feld „Culture and intercultural relations" abgedeckt, das noch einmal vier *subdomains* enthält: 1. „Identity formation in multicultural societies", 2. „Cultural expressions and cultural exchanges", 3. „Intercultural communication", 4. „Perspective taking, stereotypes, discrimination and intolerance" (ibid.: 30). Mit diesem Verständnis und dem damit umrissenen Gegenstandsbereich erscheinen die internationalen Diskurse der interkulturellen Kommunikationsforschung unmittelbar anschlussfähig. Kritisch betrachtet, erscheint dieses Metakonzept inhaltlich überladen, leitideologisch auf die westlichen Industriestaaten hin ausgerichtet und mit allen Problemflächen beladen, die bereits in Konfigurationen interkultureller Kompetenz, und ganz besonders in Fragen ihrer (Ver-)Messung, international bekannt sind und kritisiert werden (Sälzer, Roczen 2018; Kaess 2018; Ledger et al. 2019 und Auld, Morris 2019).

„richtige" und „falsche" Antworten zur Einordnung sozialer Interaktionsmuster eindeutig erhoben werden, erscheint genauso fragwürdig, wie sie in der internationalen Literatur zur Bewertung von interkulturellen Kompetenztests kritisch gesehen werden. Der Vorbehalt gilt erst recht für auf Schrift oder Video basierte Szenarien sozialer Interaktion, die von den Probanden im Test „richtig" oder „falsch" beantwortet werden können und damit unterschiedliche Kompetenzniveaus spiegeln sollen (Sälzer, Roczen 2018).

Fazit: Perspektiven der Horizonterweiterung

Mit diesem Beitrag sollte verdeutlicht werden, wie sich die Thematisierung von interkultureller Kompetenz im Umfeld relevanter Bezugswissenschaften in den letzten zwei Dekaden verändert und in der Folge einen gleichsam paradigmatischen Wandel durchlaufen hat. Das betrifft die Annäherung und den Gebrauch von Kulturkonzepten zur Beschreibung sozialer Räume, zur differenzierenden Beobachtung sprachlich-kultureller Gemeinschaften und zur Entwicklung von Kompetenzmodellen, die dynamisch, mehrdimensional und prozessorientiert sind. Kernbegriffe, die all diesen Perspektiven gemeinsam sind, umfassen Entgrenzung (statt Grenzziehung), Unsicherheit (statt Sicherheit), *Sowohl-als-auch* an Stelle von *Wenn-dann* in kausalen Gefügen und markieren ein Umdenken, das den Niederschlag in der Praxis, in der Kreation von Lernumwelten, noch finden muss. Das gilt besonders für die heute akzeptierte Vorstellung, dass die Zuschreibung kultureller Muster oder Eigenheiten für Individuen und soziale Kollektive nicht eindeutig erfolgen kann, sondern verteilungstheoretisch für *fuzzy* gehalten wird und damit unter dem Aspekt der Häufigkeitsverteilung zu sehen ist. Die Schwierigkeit für die Praktiker besteht darin, mit diesen hochkomplexen Perspektiven für definierte Zielgruppen und für partiell erfassbare Situationen in geeigneter didaktischer Form Sensibilisierung oder Routinenvorbereitung erfolgreich zu gestalten – wie geht das?

Als eine wichtige Konsequenz aus der geschilderten Diskurslage ergibt sich für die einzelne Trainerpersönlichkeit der Zwang zur Selbstpositionierung und kritischen (kulturellen) Introspektion: Zielgruppe und Kontext, Handlungsfeld und fachliche Spezifik setzen Rahmenbedingungen für den Rückgriff auf Kulturkonzepte, zu vermittelnde Wissensbestände und affektiv-emotionale Rahmungen in der Gestaltung von Aktivitäten zur Kompetenzentwicklung. Interkulturelle Kompetenz, verstanden als (lebenslanger) Entwicklungsprozess, der punktuell durch Trainingsmaßnahmen unterstützt werden kann, wird in zunehmendem Maße durch Fähigkeiten zur Orientierung an Sowohl-als-auch, an mehrwertigen Optionslandschaften mit unsicheren Prozessverläufen gekennzeichnet sein. Die klassische Frage nach dem richtigen Handeln in definierten Kontexten wird damit nicht obsolet, nur fällt die Antwort anders aus, sie erscheint flächig, nicht punktförmig: Handeln kann so oder auch – innerhalb eines nicht exakt anzugebenden Rahmens – anders und dennoch erfolgreich sein. Kulturelle Zuschreibungen erscheinen wesentlich stärker kollektiv bezogen und entziehen sich Verallgemeinerungen auf nationaler Ebene, was die immer noch vorherrschenden Ansätze in interkulturellen Trainings infrage stellen würde.

Erfolgreich steht dabei für sehr unterschiedliche Perspektiven und Bewertungen und wird in der Regel handlungsperspektivisch übersetzt in *effektiv* und *angemessen* – wann, für wen und mit welchen Folgen/Wirkungen dann Erfolg konstatiert wird, entscheidet sich in und im Fortgang der Situation. Diese Rahmung durch den Kontext beschränkt sich nicht – wie häufig in Kritiken geäußert – auf den Bereich wirtschaftlicher Transaktionen, auch interkulturelles Lernen, interkulturelle soziale und medizinische Arbeit soll effektiv und angemessen erfolgen, die Frage ist eben nur, wie definiert wird und wer davon in welcher Form profitiert, gewinnt oder verliert. Im Idealfall gibt es kein Verlieren oder zumindest nur graduelle Unterschiede im Erreichen der Ziele, so Huber und Reynolds (2014: 17): „‚effective' means that all involved are able to achieve their objectives in the interaction, at least in part."

Die im Zusammenhang mit dem Kulturstandardkonzept von Thomas immer wieder aufgeworfene methodenkritische Frage nach der jeweiligen Bezugsgruppe, anhand der die Standards durch Befragung erhoben und für verallgemeinerungsfähig gehalten werden, erscheint heute zunehmend bedeutsamer, weil immer noch unzureichend bearbeitet. Zu den wenigen Arbeiten, die die Bezugsgruppen zur Ableitung psychologischer Universalien und damit auch zu Kategorien kultureller Differenzierung und Abgrenzung kritisch hinterfragen, gehört die Studie von Henrich, Heine und Norenzayan, die unter der Bezeichnung „WEIRD people" die in der psychologischen Forschung vorherrschend verwendete Gruppe der „Western, Educated, Industrialized, Rich, and Democratic Societies" als höchst ungewöhnliche und nichtrepräsentative Gruppe – die häufig aus Studierenden oder exklusiven Professionsgruppen gebildet wird – für Verallgemeinerungen charakterisieren (Henrich, Heine, Norenzayan 2010: 61). Das Konzept der „WEIRD societies" sollte zum Reflexionshorizont jeglicher interkultureller Trainingsgestaltung und zum Inventar kultureller Introspektion gehören, da so die Relativität der Bezugsgruppen unmittelbar thematisiert wird.[32]

---

[32] Die Studie erschien in *Behavioral and Brain Sciences*, 33, S. 61–135, umfasste neben dem Kernartikel der drei Autoren umfangreiche Stellungnahmen von Vertreter*innen diverser Disziplinen mit variierenden Bewertungen zur These der

Ich habe an anderer Stelle darauf hingewiesen, dass es zunehmend um die Vermittlung von Routinen im Sinne sozialer Praxen geht, die von Akteuren in spezifischen Situationen und Kontexten zum Erreichen definierter Ziele praktiziert werden müssen/sollen (Henze 2016). In diesem Sinne wäre es sinnvoll, von Routinentraining oder Routinenvermittlung zu sprechen, vorausgesetzt, solche Routinen ließen sich mit gewisser Verlässlichkeit beschreiben und prognostizieren; dies führt zum Problem der *Fuzzy*-Struktur zurück. Derartige Routinenbetrachtungen würden kritischen kulturellen und sozialen Selbst-Introspektionen aufsitzen, da nur so die Verknüpfung von eigenkulturellen und fremdkulturellen Wahrnehmungs- und Handlungsmustern zu leisten ist. Es kann daher nicht überraschen, dass interkulturelle Trainings zunehmend die kulturelle Selbst-Introspektion mindestens so stark betonen wie die Vermittlung von auf den Kulturraum bezogenem Wissen.

Ein Beispiel für mögliche Routinenvermittlung stellen Vorbereitungen für internationale Studienaufenthalte, die zu Differenz- und Gleichheitserfahrungen in nationalen Hochschulsystemen führen. Obwohl derartige Systeme in sich heterogen sind, schimmern bestimmte Routinen des interpersonalen Umgangs über die Gesamtheit der Hochschuleinrichtungen oder zumindest für Gruppen (etwa private versus staatliche Einrichtungen) hindurch. Das betrifft Interaktionen in Lehrveranstaltungen unter Studierenden und Lehrenden, Fragen des Umgangs und der Erwartungen zwischen Studierenden und Lehrenden, akademische Kulturen der Verschriftlichung und Gestaltung von Zitationen (disziplinär durchaus verschieden), Formen der Enthusiasmierung und Motivation – die Reihe ließe sich fortsetzen (Otten, Scheitza 2015; Courtney, Du 2015). Als erschwerend gestaltet sich die Tatsache, dass sich derartige Varianzen auch innerhalb der Institution über Fachbereiche und Disziplinen hinweg ausprägen und ein Eigenleben führen können.[33]

WEIRD people. Das Material empfiehlt sich für eine interdisziplinäre Annäherung an das Problemfeld der Repräsentation von Bezugsgruppen.

[33] Gleichsam als Gegenposition zur vorherrschenden Praxis der interkulturellen Kompetenzentwicklung an Universitäten, so wie etwa bei Schumann (2017) skizziert, sind die dezidiert antiessentialistischen Ansätze bei Fred Dervin und Adrian Holliday zu sehen. In der Konsequenz des jeweiligen Kulturverständnisses greift Dervin auf die Imaginationen *(imaginaries)* der Probanden (Studierende und Lehrende) im Rahmen organisierter Selbstintrospektion zurück, um so Erwartungshaltungen gegenüber Anderen kritisch zu dekonstruieren und damit Zuschreibungen als kulturelles Anderssein zu vermeiden (Härkönen, Dervin 2016; Dervin, Machart 2015). Adrian Holliday geht davon aus, dass interkulturelle Kompetenz grundsätzlich als Ergebnis der Sozialisation und des alltäglichen produktiven Umgangs mit Kultur bei jeder Person vorhanden ist und die Kompetenzentwicklung als Fähigkeit des Abru-

Die Herausforderung für einen flexiblen Umgang mit der Vielfalt theoretischer Modelle liegt sicher darin, in Abhängigkeit der Zielgruppe (auch der Auftrag gebenden Einrichtung), der Zielstellung und der Kontextbedingungen begründete Routinen zu reflektieren und transferfähig zu vermitteln und vor allem auch die Auswirkungen der eigenen Praxis kritisch zu reflektieren, im Sinne der Selbst-Introspektion.

Literatur

Adomßent, Maik et al. 2002: Indikatoren für Bildung für nachhaltige Entwicklung. In: BMBF (Hg.): Bildung für nachhaltige Entwicklung – Beiträge der Bildungsforschung (Bildungsforschung Band 39). Bonn, Berlin, 71–90. URL: https://www.bmbf.de/pub/Bildungsforschung_Band_39.pdf (1.3.2017).
Alnajjar, Justyna, Kristina Pelikan, Marvin Wassermann 2016: Zur Rolle von Asymmetrien in Interkultureller Projektkommunikation. In: Glottotheory 7, 2: 137–157. DOI: 10.1515/glot-2016-0012.
Amadasi, Sara, Adrian Holliday 2017: Block and Thread Intercultural Narratives and Positioning: Conversations with Newly Arrived Postgraduate Students. In: Language and Intercultural Communication 17, 3: 254–269. DOI: 10.1080/14708477.2016.1276583.
Arasaratnam, Lily A. 2016: Intercultural Competence. In: Oxford Research Encyclopedia of Communication. URL: https://goo.gl/75JHMv (1.3.2017). DOI: 10.1093/acrefore/9780190228613.013.68.
Arasaratnam, Lily A., Darla K. Deardorff (Hg.) 2015: Intercultural Competence. In: International Journal of Intercultural Relations 48: 1–136.
Assie-Lumumba, 2016: The Ubuntu Paradigm and Comparative and International Education: Epistemological Challenges and Opportunities in Our Field. In: Comparative Education Review 61, 1: 1–21.
Association of American Colleges and Universities (AAC&U) 2009: Intercultural Knowledge and Competence VALUE Rubric. URL: https://www.aacu.org/value/rubrics/intercultural-knowledge.
Auernheimer, Georg (Hg.) 2013: Interkulturelle Kompetenz und pädagogische Professionalität. 4. Aufl. Wiesbaden.

---

fens, Übertragens und Entwickelns bereits vorhandener Kompetenzpotentiale auf jeweils neue Situationen zu verstehen sei (Amadasi, Holliday 2017; Holliday 2016, 2019).

Auld, Euan, Paul Morris 2019: Science by Streetlight and the OECD's Measure of Global Competence: A New Yardstick for Internationalisation? In: Policy Futures in Education 17, 6: 677–698. URL: https://doi.org/10.1177/1478210318819246.
Bennett, Milton 2013: Basic Concepts of Intercultural Communication. 2nd ed. Boston, London.
Bennett, Milton J. 2017: Constructivist Approach to Intercultural Communication. In: Young Yun Kim (Hg.): The International Encyclopedia of Intercultural Communication (online). URL: https://doi.org/10.1002/97 81118783665.ieicc0009.
Bertelsmann Stiftung 2006: Interkulturelle Kompetenz – Schlüsselkompetenz des 21. Jahrhunderts? Thesenpapier der Bertelsmann Stiftung auf Basis der Interkulturellen-Kompetenz-Modelle von Dr. Darla Deardorff. Gütersloh.
Beugelsdijk, Sjoerd et al. 2018: Cultural Distance and Firm Internationalization: A Meta-Analytical Review and Theoretical Implications. In: Journal of Management 44, 1: 89–130.
Birkelbach, Klaus 2005: Über das Messen von Kompetenzen. Einige Überlegungen im Anschluss an ein BMBF-Projekt. Vortrag auf der Herbsttagung der Sektion Berufs- und Wirtschaftspädagogik der DGFE am 20./21. September 2005 in Erfurt. URL: http://www.klaus-birkelbach.de/Veroffentli chungen/Kompetenzmessung_Birkelbach.pdf (4. 5. 2017).
Blömeke, Sigrid, Jan-Eric Gustafsson, Richard J. Shavelson 2015: Beyond Dichotomies: Competence Viewed as a Continuum. In: Zeitschrift fur Psychologie/Journal of Psychology 223, 1: 3–13.
Bolten, Jürgen 2012: Interkulturelle Kompetenz. Erfurt (Landeszentrale für politische Bildung Thüringen).
Bolten, Jürgen 2016: Interkulturelle Kompetenz – eine ganzheitliche Perspektive. In: polylog 36: 23–38.
Borghetti, Claudia 2017: Is there Really a Need for Assessing Intercultural Competence? Some Ethical Issues. In: Journal of Intercultural Communication 44. URL: https://www.immi.se/intercultural/nr44/borghetti.html.
Bortini, Paola, Behrooz Motamed-Afshari 2012: Intercultural Competence. Research Report (Salto-Youth). URL: https://goo.gl/Cvw8xC (15. 2. 2019).
Bosio, Emiliano, Carlos Alberto Torres 2019: Global Citizenship Education: An Educational Theory of the Common Good? A Conversation with Carlos Alberto Torres. In: Policy Futures in Education 17, 6: 745–760. DOI: 10.1177/1478210319825517.
Busch, Dominic 2014: Was, wenn es die Anderen gar nicht interessiert? Überlegungen zu einer Suche nach nicht-westlichen Konzepten von Interkulturalität und kultureller Diversität. In: Alois Moosmüller, Jana Möller-Kiero

(Hg.): Interkulturalität und kulturelle Diversität. Münster, New York, 61–82.
Byram, Michael 1997: Teaching and Assessing Intercultural Communicative Competence. Clevedon.
Byram, Michael 2012: Conceptualizing Intercultural (Communicative) Competence and Intercultural Citizenship. In: Jane Jackson (Hg.): The Routledge Handbook of Language and Intercultural Communication. London, New York, 85–97.
Byram Michael, Geneviève Zarate 1996: Defining and Assessing Intercultural Competence: Some Principles and Proposals for the European Context. In: Language Teaching 29, 4: 239–243. DOI: 10.1017/S0261444800008557.
Caprar, Dan V., Timothy M. Devinney, Bradley L. Kirkman, Paula Caligiuri 2015: Conceptualzing and Measuring Culture in International Business and Management: From Challenges to Potential Solutions. In: Journal of International Business Studies 46: 1011–1027. DOI: 10.1057/jibs.2015.33.
Collier, Mary Jane 1989: Cultural and Intercultural Communication Competence: Current Approaches and Directions for Future Research. In: International Journal of Intercultural Relations 13: 287–302.
Collier, Mary Jane 2015: Intercultural Communication Competence: Continuing Challenges and Critical Directions. In: International Journal of Intercultural Relations 48: 9–11. URL: http://dx.doi.org/10.1016/j.ijintrel.2015.03.003.
Courtney, Mike, Xiangping Du 2015: Study Skills for Chinese Students. London.
D'Andrade, Roy G. 2003: From Value to Lifeworld. In: Julia L. Cassaniti, Usha Menon (Hg.): Universalism with Uniformity. Explorations in Mind and Culture. Chicago, London, 60–78.
D'Andrade, Roy G. 2018: Reflections on Culture. In: Naomi Quinn (Hg.): Advances in Culture Theory from Psychological Anthropology. London, 21–45.
Dai, Xiaodong, Guo-Ming Chen (Hg.) 2014: Intercultural Communication Competence: Conceptualization and its Development in Cultural Contexts and Interactions. Newcastle upon Tyne.
Dai, Xiaodong, Guo-Ming Chen 2015: On Interculturality and Intercultural Communication Competence. In: China Media Research 11, 3: 100–113.
De Haan, Herhard 2008: Gestaltungskompetenz als Kompetenzkonzept der Bildung für nachhaltige Entwicklung. In: Inka Bormann, Gerhard de Haan (Hg.): Kompetenzen der Bildung für nachhaltige Entwicklung. Operationalisierung, Messung, Rahmenbedingungen, Befunde. Wiesbaden, 23–43.
Deardorff, Darla K. 2004: The Identification and Assessment of Intercultural Competence as a Student Outcome of Internationalization at Institutions of

Higher Education in the United States (Dissertation, North Carolina State University). Raleigh, North Carolina.
Deardorff, Darla K. 2006: Identification and Assessment of Intercultural Competence as a Student Outcome of Internationalization. In: Journal of Studies in International Education 10, 3: 241–266.
Deardorff, Darla K. (Hg.) 2009: The SAGE Handbook of Intercultural Competence. London.
Deardorff, Darla K. 2015: Intercultural Competence: Mapping the Future Research Agenda. In: International Journal of Intercultural Relations 48: 3–5.
Deardorff, Darla K. 2016: How to Assess Intercultural Competence. In: Zhu Hua (Hg.): Research Methods in Intercultural Communication. Chichester, 120–134.
Dervin, Fred 2012: Cultural Identity, Representation and Othering. In: Jane Jackson (Hg.): The Routledge Handbook of Language and Intercultural Communication. London, New York, 181–193.
Dervin, Fred, Regis Machart 2015: Cultural Essentialism in Intercultural Relations. New York.
Earley, Christopher C., Song Ang 2003: Cultural Intelligence. Stanford.
Emmerich, Markus, Ulrike Hormel 2013: Heterogenität – Diversity – Intersektionalität. Zur Logik sozialer Unterscheidungen in pädagogischen Semantiken der Differenz. Wiesbaden.
Engel, Anna Maria, Regina Kempen (2017): Messung interkultureller Kompetenz – Entwicklung einer deutschsprachigen Kurzskala. In: interculture journal 16, 29: 39–59.
Erpenbeck, John 2010: Kompetenzen – eine begriffliche Klärung. In: Volker Heyse, John Erpenbeck, Stefan Ortmann (Hg.): Grundstrukturen menschlicher Kompetenzen. Münster, 13–19.
Erpenbeck, John, Lutz von Rosenstiel (Hg.) 2007: Handbuch Kompetenzmessung. 2. Aufl. Stuttgart.
Erpenbeck, John, Werner Sauter 2015: Wissen, Werte und Kompetenzen in der Mitarbeiterentwicklung. Wiesbaden.
Fantini, Alvino, Aqeel Tirmizi 2006: Exploring and Assessing Intercultural Competence (World Learning Publications. Paper 1). Vermont: Federation EIL Brattleboro, 1–62. URL: http://digitalcollections.sit.edu/world learning_publications/1 (15. 3. 2017).
Fantini, Alvino, Aqeel Tirmizi 2015: Exploring Intercultural Communicative Competence: A Multinational Perspective (World Learning Publications. Paper 3). Vermont: Federation EIL Brattleboro. URL: http://digitalcollec tions.sit.edu/worldlearning_publications/3/ (15. 3. 2017).
Genkova, Petia 2013: Kulturvergleichende Psychologie: Gegenstand, theoretische Konzepte und Perspektiven. In: Petia Genkova, Tobias Ringeisen,

Frederick T. L. Leong (Hg.): Handbuch Stress und Kultur. Interkulturelle und kulturvergleichende Perspektiven. Wiesbaden, 19–40.
Genkova, Petia, Tobias Ringeisen (Hg.) 2016: Handbuch Diversity Kompetenz. Band 2: Gegenstandsbereiche. Wiesbaden.
Genkova, Petia, Tobias Ringeisen, Frederick T. L. Leong (Hg.) 2013: Handbuch Stress und Kultur. Interkulturelle und kulturvergleichende Perspektiven. Wiesbaden.
Gergen, Kenneth J. 2014: Culturally Inclusive Psychology from a Constructionist Standpoint. In: Journal for the Theory of Social Behaviour 45, 1: 95–107. DOI: 10.1111/jtsb.12059.
Goduka, Ivy N. 2000: African/Indigenous Philosophies: Legitimizing Spiritually Centred Wisdoms within the Academy. In: Philip Higgs, Ntombizolile Vakalisa, Thobeka Mda, N'Dri T. Assie-Lumumba (Hg.): African Voices in Education. Kenwyn, 63–83.
Griffith, Richard L. et al. 2016: Assessing Intercultural Competence in Higher Education: Existing Research and Future Directions (Research Report No. RR–16–25). Princeton, NJ. URL: http://onlinelibrary.wiley.com/doi/10.1002/ets2.12112/full (15. 3. 2017).
Gröschke, Daniela 2009: Interkulturelle Kompetenz in Arbeitssituationen. München, Mering.
Gröschke, Daniela 2013: Kompetenzen im Umgang mit Stress in interkulturellen Settings. In: Petia Genkova, Tobias Ringeisen, Frederick T. L. Leong (Hg.): Handbuch Stress und Kultur. Interkulturelle und kulturvergleichende Perspektiven. Wiesbaden, 473–488.
Haller, Peter M., Ulrich Nägele 2013: Praxishandbuch Interkulturelles Management. Wiesbaden.
Härkönen, Anu, Fred Dervin 2016: Study Abroad Beyond the Usual „Imagineering"? The Benefits of a Pedagogy of Imaginaries. In: East Asia 33: 41–58. DOI: 10.1007/s12140-015-9247-1.
Hartig, Johannes 2008: Kompetenzen als Ergebnisse von Bildungsprozessen. In: Nina Jude, Johannes Hartig, Eckhard Klieme (Hg.): Kompetenzerfassung in pädagogischen Handlungsfeldern. Theorien, Konzepte und Methoden. Berlin u. a., 15–25.
Hauenschild, Katrin, Steffi Robak, Isabel Sievers (Hg.) 2013: Diversity Education. Zugänge – Perspektiven – Beispiele. Frankfurt am Main.
Heiser, Jan Christoph 2013: Interkulturelles Lernen. Eine Pädagogische Grundlegung. Würzburg.
Henrich, Joseph, Steven J. Heine, Ara Norenzayan 2010: The Weirdest People in the World? In: Behavioral and Brain Sciences 33: 61–135. DOI: 10.1017/S0140525X0999152X.

Henze, Jürgen 2016: Vom Verschwinden des (Inter)Kulturellen und Überleben der (Inter)Kulturalität. In: interculture journal 15, 26: 59–74.
Henze, Jürgen 2018: Trainer – interkulturelle Trainings. In: Ingrid Gogolin, Viola B. Georgi, Marianne Krüger-Potratz, Drorit Lengyel, Uwe Sandfuchs (Hg.): Handbuch Interkulturelle Pädagogik. Bad Heilbrunn, 555–558.
Henze, Jürgen, Steve J. Kulich, Zhiqiang Wang (Hg.) 2020: Deutsch-chinesische Perspektiven interkultureller Kommunikation und Kompetenz. Wiesbaden: Springer VS (im Druck).
Hesse, Hermann-Günter 2008: Interkulturelle Kompetenz: Vom theoretischen Konzept über die Operationalisierung bis zum Messinstrument. In: Nina Jude, Johannes Hartig, Eckhard Klieme (Hg.): Kompetenzerfassung in pädagogischen Handlungsfeldern. Theorien, Konzepte und Methoden. Berlin u. a., 47–61.
Hofstede, Gert Jan 2015: Culture's Causes: The Next Challenge. In: Cross Cultural Management 22, 4: 545–569. DOI: 10.1108/CCM-03-2015-0040.
Holliday, Adrian 2012: Culture, Communication, Context and Power. In: Jane Jackson (Hg.): The Routledge Handbook of Language and Intercultural Communication. London, New York, 37–51.
Holliday, Adrian 2016: Revisiting Intercultural Competence: Small Culture Formation on the Go through Threads of Experience. In: International Journal of Bias, Identity and Diversities in Education 1, 2: 1–14. DOI: 10.4018/IJBIDE.2016070101.
Holliday, Adrian 2019: Understanding Intercultural Communication. Second Edition. London, New York.
Huber, Joseph, Christopher Reynolds (Hg.) 2014: Developing Intercultural Competence through Education. (Council of Europe Pestalozzi Series, No. 3). Strasbourg.
Igarashi, Hiroki, Hiro Saito 2014: Cosmopolitanism as Cultural Capital: Exploring the Intersection of Globalization, Education and Stratification. In: Cultural Sociology 8, 3: 222–239. URL: http://doi.org/10.1177/17 49975514523935.
INCA (Intercultural Competence Assessment) 2004: Assessorenhandbuch. URL: https://ec.europa.eu/migrant-integration/librarydoc/the-inca-project-intercultural-competence-assessment?lang=de.
Indelicato, Maria Elena, Ivana Pražić 2018: The Legacy of Cold War Anti-Racism: A Genealogy of Cultural Distance in the Internationalisation of Higher Education. In: Paedagogica Historica. DOI: 10.1080/00309230.2018.1551410.
Jeive, Michael 2016: Negotiating Beyond an Essentialised Culture Model: The Use and Abuse of Cultural Distance Models in International Management

Studies. In: International Journal of Bias, Identity and Diversities in Education 1, 2: 53–66. DOI: 10.4018/IJBIDE.2016070105.

Jude, Nina, Johannes Hartig, Eckhard Klieme 2008: Kompetenzerfassung in pädagogischen Handlungsfeldern Theorien, Konzepte und Methoden. (Bildungsforschung, Bd. 26). Bonn, 179.

Kaess, Kathleen 2018: The Cross-Atlantic Knowledge Divide, or PISA for Development: Should one Size ever Fit All? In: Atlantic Studies 15, 3: 349–364. DOI: 10.1080/14788810.2017.1370356.

Kim, Min Sun 2002: Non-Western Perspectives on Human Communication. London.

Kirkman, Bradley L., Kevin B. Lowe, Christina B. Gibson 2016: A Retrospective on Culture's Consequences: The 35-Year Journey. In: Journal of International Business Studies 48, 1: 12–29. DOI: 10.1057/s41267-016-0037-9.

Klieme, Eckhard et al. (Hg.) 2010: PISA 2009. Bilanz nach einem Jahrzehnt. Münster, 11–21.

Klieme, Eckhard, Johannes Hartig 2008: Kompetenzkonzepte in den Sozialwissenschaften und im erziehungswissenschaftlichen Diskurs. In: Manfred Prenzel, Ingrid Gogolin, Heinz-Hermann Krüger (Hg.): Kompetenzdiagnostik. Zeitschrift für Erziehungswissenschaft, Sonderheft 8, 2007. Wiesbaden, 11–29.

Klieme, Eckhard, Katharina Maag-Merki, Johannes Hartig 2007: Kompetenzbegriff und Bedeutung von Kompetenzen im Bildungswesen. In: Johannes Hartig, Eckhard Klieme (Hg.): Möglichkeiten und Voraussetzungen technologiebasierter Kompetenzdiagnostik. Eine Expertise im Auftrag des BMBF. (Bildungsforschung, Bd. 20). Bonn, 5–15.

Klotz, Viola Katharina 2015: Diagnostik beruflicher Kompetenzentwicklung. Wiesbaden.

Koeppen, K. et al. 2008: Current Issues in Competence Modeling and Assessment. In: Zeitschrift für Psychologie/Journal of Psychology 216, 2: 61–73. URL: http://econtent.hogrefe.com/doi/abs/10.1027/0044-3409.216.2.61.

Kuhn, Christiane et al. 2016: Valide Erfassung der Kompetenzen von Studierenden in der Hochschulbildung: Eine kritische Betrachtung des nationalen Forschungsstandes. In: Zeitschrift fur Erziehungswissenschaft 19, 2: 275–298.

Kuhn, Christiane, Olga Zlatkin-Troitschanskaia, Corinna Lautenbach 2016: Kompetenzorientierung in der Hochschule – Erkenntnisse und Perspektiven aus der BMBF-Förderinitiative „Kompetenzmodellierung und Kompetenzerfassung im Hochschulsektor (KoKoHs)". In: BMBF (Hg.) (2017): Bildungsforschung 2020. Zwischen wissenschaftlicher Exzellenz und gesellschaftlicher Verantwortung. (Bildungsforschung, Bd. 42). Berlin, 135–149.

Kuhn, Christiane, Olga Zlatkin-Troitschanskaia, Hans Anand Pant 2016: Valide Erfassung der Kompetenzen von Studierenden in der Hochschulbildung. In: Zeitschrift für Erziehungswissenschaft 19, 2: 275–298.

Kunz, Peter 2016: Von interkultureller Kompetenz zu Vielfaltskompetenz? Zur Bedeutung von Interkultureller Kompetenz und möglicher Entwicklungsperspektiven. In: Petia Genkova, Tobias Ringeisen (Hg.): Handbuch Diversity Kompetenz. Band 2: Gegenstandsbereiche. Wiesbaden, 13–31.

Le Grange, Lesley 2012: Ubuntu, Ukama, Environment and Moral Education. In: Journal of Moral Education 41, 3: 329–340. URL: http://dx.doi.org/10.1080/03057240.2012.691631.

Ledger, Susan, Michael Thier, Lucy Bailey, Christine Pitts 2019: OECD's Approach to Measuring Global Competency: Powerful Voices Shaping Education. Teachers College Record 121, 8. URL: https://www.tcrecord.org, ID Number: 22705 (17.6.2019).

Lee, Sung-Jun, Joongwha Kim, Byung Il Park 2014: Culture Clashes in Cross-border Mergers and Acquisitions: A Case Study of Sweden's Volvo and South Korea's Samsung. In: International Business Review 24, 4: 580–593.

Leeds-Hurwitz, Wendy 2010: Writing the Intellectual History of Intercultural Communication. In: Thomas K. Nakayama, Rona T. Halualani (Hg.): The Handbook of Critical Intercultural Communication. Chichester, West Sussex, 21–33.

Leenen, Rainer W., Andreas Groß 2019: Interkulturelle Kompetenz(en): Modellierung – Erfassung – Entwicklung. In: Jürgen Henze, Steve J. Kulich, Zhiqiang Wang: Deutsch-chinesische Perspektiven interkultureller Kommunikation und Kompetenz. Wiesbaden (im Druck).

Leenen, Rainer W., Andreas Groß, Harald Grosch 2013: Interkulturelle Kompetenz in der Sozialen Arbeit. In: Georg Auernheimer (Hg.): Interkulturelle Kompetenz und pädagogische Professionalität. 4. Aufl. Wiesbaden, 105–126.

Leenen, Wolf Rainer (Hg.) 2019: Handbuch Methoden interkultureller Weiterbildung. Göttingen.

Letseka, Moeketsi 2000: African Philosophy and Educational Discourse. In: Philip Higgs, Ntombizolile Vakalisa, Thobeka Mda, N'Dri T. Assie-Lumumba (Hg.): African Voices in Education. Kenwyn, 179–193.

López, Luis Enrique 2017: Decolonization and Bilingual/Intercultural Education. In: Teresa L. McCarty, Stephen May (Hg.): Language Policy and Political Issues in Education. 3rd Edition. Heidelberg, 297–313.

Lorca, Pedro, Javier de Andrés 2018: The Importance of Cultural Factors in R&D Intensity. In: Cross-Cultural Research (online first 27.11.2018, 1–25). URL: https://doi.org/10.1177/1069397118813546.

Lösch, Klaus 2005: Begriff und Phänomene der Transdifferenz: Zur Infragestellung binärer Differenzkonstrukte. In: Lars Allolio-Näcke, Britta Kalscheuer, Arne Manzeschke (Hg.): Differenzen anders denken. Bausteine zu einer Kulturtheorie der Transdifferenz. Frankfurt am Main, 22–45.

Mansilla, Veronica Boix, Anthony Jackson 2011: Educating for Global Competence: Preparing Our Youth to Engage the World. New York. URL: http://asiasociety.org/files/book-globalcompetence.pdf (22.5.2019).

Martin, Judith N. 2015: Revisiting Intercultural Communication Competence: Where to Go from Here. In: International Journal of Intercultural Relations 48: 6–8. URL: http://dx.doi.org/10.1016/j.ijintrel.2015.03.008.

Martin, Judith N., Thomas K. Nakayama 2008: Thinking Dialectically about Culture and Communication. In: Molefi Kete Asante, Yoshitaka Miike, Jing Yin (Hg): The Global Intercultural Communication Reader. New York, London, 73–91.

Martin, Judith N., Thomas K. Nakayama 2010: Intercultural Communication in Context. 5. Aufl. New York.

Mecheril, Paul 2003: Behauptete Normalität – Vereinfachung als Modus der Thematisierung von Interkulturalität. In: EWE (Erwägen – Wissen – Ethik) 14, 1: 198–201.

Mecheril, Paul 2004: Einführung in die Migrationspädagogik. Weinheim, Basel.

Mecheril, Paul 2013: „Kompetenzlosigkeitskompetenz". Pädagogisches Handeln unter Einwanderungsbedingungen. In: Georg Auernheimer (Hg.): Interkulturelle Kompetenz und pädagogische Professionalität. 4. Aufl. Wiesbaden, 15–35.

Mecheril, Paul, Louis Henry Seukwa 2006: Transkulturalität als Bildungsziel? Skeptische Bemerkungen. In: Zeitschrift für internationale Bildungsforschung und Entwicklungspädagogik (ZEP) 29, 4: 8–13. URL: http://www.pedocs.de/volltexte/2013/6107/pdf/OCR_ZEP_4_2006_Mecheril_Seukwa_Transkulturalitaet_Bildungsziel.pdf (15.3.2017).

Mertesacker, Marion 2010: Die Interkulturelle Kompetenz im Internationalen Human Resource Management. Eine konfirmatorische Evaluation. Lohmar.

Messner, Rudolf 2016: Bildungsforschung und Bildungstheorie nach PISA – ein schwieriges Verhältnis. In: Jürgen Baumert, Klaus-Jürgen Tillmann (Hg.): Empirische Bildungsforschung. Der kritische Blick und die Antwort auf die Kritiker. In: Zeitschrift für Erziehungswissenschaft, Sonderheft 31: 23–44.

Metz, Thaddeus 2007: Towards an African Moral Theory. In: The Journal of Political Philosophy 15, 3: 321–341.

Metz, Thaddeus, Joseph B. R. Gaie 2010: The African Ethic of Ubuntu/ Botho: Implications for Research on Morality. In: Journal of Moral Education 39, 3: 273-290.
Miike, Yoshitaka 2006: Non-Western Theory in Western Research? An Asiacentric Agenda for Asian Communication Studies. In: Review of Communication, 6, 1-2: 4-31. DOI: 10.1080/15358590600763243.
Miike, Yoshitaka 2009: New Frontiers in Asian Communication Theory: An Introduction. In: Journal of Multicultural Discourses 4, 1: 1-5. DOI: 10.1080/17447140802663145.
Miike, Yoshitaka 2010: Culture as Text and Culture as Theory: Asiacentricity and Its Raison Dètre in Intercultural Communication Research. In: Thomas K. Nakayama, Rona T. Halualani (Hg.): The Handbook of Critical Intercultural Communication. Chichester, West Sussex, 190-215.
Minkov, Michael et al.: 2017: A Reconsideration of Hofstede's Fifth Dimension: New Flexibility Versus Monumentalism Data from 54 Countries. In: Cross-Cultural Research 52, 3: 309-333. DOI: 10.1177/1069397117727488.
Moonen, Piet 2017: The Impact of Culture on the Innovative Strength of Nations: A Comprehensive Review of the Theories of Hofstede, Schwartz, Boisot and Cameron and Quinn. In: Journal of Organizational Change Management 30, 7: 1149-1183. URL: https://doi.org/10.1108/JOCM-08-2017-031110.
OECD 2018: Preparing Our Youth for an Inclusive World. The OECD PISA Global Competence Framework. Paris. URL: https://www.oecd.org/education/Global-competency-for-an-inclusive-world.pdf.
OECD 2019: PISA 2018 Assessment and Analytical Framework. Paris: OECD Publishing. URL: https://doi.org/10.1787/b25efab8-en.
Ott, Dana L., Snejina Michailova 2018: Cultural Intelligence: A Review and New Research Avenues. In: International Journal of Management Review 20: 99-119. DOI: 10.1111/ijmr.12118.
Otten, Matthias, Alexander Scheitza 2015: Hochschullehre im multikulturellen Lernraum. Bonn.
Patterson, Orlando 2014: Making Sense of Culture. In: Annual Review of Sociology 40: 1-30.
Portera, Agostino 2014: Intercultural Competence in Education, Counselling and Psychotherapy. In: Intercultural Education 25, 2: 157-174. URL: http://www.tandfonline.com/doi/abs/10.1080/14675986.2014.894176.
Raver, Jana L., Linn Van Dyne 2017: Developing Cultural Intelligence. In: Kenneth G. Brown (Hg.): The Cambridge Handbook of Workplace Training and Employee Development. Cambridge, 407-440.

Reimers, Fernando M. 2013: Assessing Global Education: An Opportunity for the OECD. URL: https://www.oecd.org/pisa/pisaproducts/Global-Compe tency.pdf (22. 5. 2019).
Ringeisen, Tobias, Petia Genkova, Saskia Schubert 2016: Kultur und interkulturelle Kompetenz: Konzeptualisierung aus psychologischer Perspektive. In: Petia Genkova, Tobias Ringeisen (Hg.), Handbuch Diversity Kompetenz. Band 2: Gegenstandsbereiche. Wiesbaden, 3–12.
Rizvi, Fazal, Jason Beech 2017: Global Mobilities and the Possibilities of a Cosmopolitan Curriculum. In: Curriculum Inquiry 47, 1: 125–134. DOI: 10.1080/03626784.2016.1254500.
Sälzer, Christine, Nina Roczen 2018: Die Messung von Global Competence im Rahmen von PISA 2018. In: Zeitschrift für Erziehungswissenschaft 21, 2: 299–316.
Sarma, Olivia 2012: KulturKonzepte. Ein kritischer Diskussionsbeitrag für die interkulturelle Bildung. Frankfurt. URL: https://www.frankfurt.de/six cms/media.php/738/KulturKonzepte_2012.pdf (15. 2. 2019).
Saucier, Gerard et al. 2015: Cross-Cultural Differences in a Global „Survey of World Views". In: Journal of Cross-Cultural Psychology 46, 1: 53–70.
Schein, Edgar H. et al. 2015: Opinions: All About Culture. In: Journal of Business Anthropology 4, 1: 106–150.
Schirilla, Nausikaa 2014: Postkoloniale Kritik an Interkultureller Philosophie als Herausforderung für Ansätze interkultureller Kommunikation. In: Elias Jammal (Hg.): Kultur und Interkulturalität. Interdisziplinäre Zugänge. Wiesbaden, 157–167.
Schirilla, Nausikaa 2016: Interkultuelle Kompetenz – Eine Frage der Gerechtigkeit? In: polylog 36: 39–53.
Schondelmayer, Ann-Christin 2018: Interkulturelle Kompetenz. In: Ingrid Gogolin, Viola B. Gorgi, Marianne Krüger-Potratz, Dorit Lengyel, Uwe Sandfuchs (Hg.): Handbuch Interkulturelle Pädagogik. Bad Heilbrunn, 49–53.
Schumann, Adelheit 2017: Zur Entwicklung und Förderung interkultureller Kompetenzen in der Hochschule: Kernprobleme, Konzepte und Trainingsmethoden. In: Gundula Gwenn Hiller, Hans-Jürgen Lüsebrink, Patricia Oster-Stierle, Christoph Vatter (Hg.): Interkulturelle Kompetenz in deutsch-französischen Studiengängen. Les compétences interculturelles dans les cursus franco-allemands. Wiesbaden, 21–33.
Sercu, Lies 2004: Assessing Intercultural Competence: A Framework for Systematic Test Development in Foreign Language Education and Beyond. In: Intercultural Education 15, 1: 73–89.

Sercu, Lies 2010: Assessing Intercultural Competence: More Questions than Answers. In: Amos Paran, Lies Sercu (Hg.): Testing the Untestable in Language Education. Bristol, Buffalo, Toronto, 17–34.

Sinicrope, Castle, John Norris, Yukiko Watanabe 2007: Understanding and Assessing Intercultural Competence: A Summary of Theory, Research, and Practice (Technical Report for the Foreign Language Program Evaluation Project). In: Second Language Studies, 26, 1: 1–58. URL: http://www.hawaii.edu/sls/wp-content/uploads/2014/09/Norris.pdf.

Spencer-Oatey, Helen, Peter Franklin 2009: Intercultural Interaction. New York.

Spitzberg, Brian H., Gabrielle Changnon 2009: Conceptualizing Intercultural Competence. In: Darla K. Deardorff (Hg.): The SAGE Handbook of Intercultural Competence. London, 2–52.

Strauss, Claudia 2018: The Complexity of Culture in Persons. In: Naomi Quinn (Hg.): Advances in Culture Theory from Psychological Anthropology. London, 109–138.

Suárez-Orozco, Marcello M. (Hg) 2007: Learning in the Global Era. International Perspectives on Globalization and Education. Berkeley.

Tenorth, Heinz-Elmar 2016: Bildungstheorie und Bildungsforschung, Bildung und kulturelle Basiskompetenzen – ein Klärungsversuch, auch am Beispiel der PISA-Studien. In: Jürgen Baumert, Klaus-Jürgen Tillmann (Hg.): Empirische Bildungsforschung. Der kritische Blick und die Antwort auf die Kritiker. (Zeitschrift für Erziehungswissenschaft, Sonderheft 31). Wiesbaden, 45–71.

Thomas, Alexander 2003: Interkulturelle Kompetenz. Grundlagen, Probleme und Konzepte. In: Erwägen – Wissen – Ethik 14, 1: 137–150.

Thomas, Alexander 2011: Interkulturelle Handlungskompetenz. Versiert, angemessen und erfolgreich im internationalen Geschäft. Wiesbaden.

Tillmann, Klaus-Jürgen 2017: Empirische Bildungsforschung in der Kritik – ein Überblick über Themen und Kontroversen. In: Jürgen Baumert, Klaus-Jürgen Tillmann (Hg.): Empirische Bildungsforschung – Der kritische Blick und die Antwort auf die Kritiker. (Zeitschrift für Erziehungswissenschaft, Sonderheft 31). Wiesbaden, 5–22.

Tung, Rosalie L., Günter K. Stahl 2018: The Tortuous Evolution of the Role of Culture in IB Research: What We Know, What We Don't Know, and Where We Are Headed. In: Journal of International Business Studies 49, 9: 1167–1189. DOI: 10.1057/s41267-018-0184-2.

UNESCO (2013): Intercultural Competence. Conceptual and Operational Framework. Paris.

Van Dyne, Linn et al. 2012: Sub-Dimensions of the Four Factor Model of Cultural Intelligence: Expanding the Conceptualization and Measurement of

Cultural Intelligence. In: Social and Personality Psychology Compass 6, 4: 295–313. DOI: 10.1111/j.1751-9004.2012.00429.x.

Weber, Klaus, M. Tina Dacin 2015: The Cultural Construction of Organizational Life: Introduction to the Special Issue. In: Organization Science 22, 2: 287–298.

Weinert, Franz E. 2004: Concept of Competence: A Conceptual Clarification. In: Dominique S. Rychen, Laura H. Salganik (Hg.): Defining and Selecting Key Competencies. Göttingen, 45–65.

White, Robert W. 1959: Motivation Reconsidered: The Concept of Competence. In: Psychological Review 66, 5: 297–333.

Winkler, Gabriele, Nina Degele 2009: Intersektionalität. Zur Analyse sozialer Ungleichheiten. Bielefeld.

Wiseman, Richard L. 2001: Intercultural Communication Competence. In: William B. Gudykunst, Bella Mody (Hg.): Handbook of Intercultural and International Communication. Newbury Park, CA, 207–224.

Yep, Gust A. 2016: Toward Thick(er) Intersectionalities: Theorizing, Researching, and Activating the Complexities of Communication and Identities. In: Kathryn Sorrells, Sachi Sekimoto (Hg.): Globalizing Intercultural Communication: A Reader. London, 86–94.

Zellmer-Bruhn, Mary E., Christina B. Gibson 2014: How Does Culture Matter? A Contextual View of Intercultural Interaction in Groups. In: Masaki Yuki, Marilynn B. Brewer (Hg.): Culture and Group Processes. New York, 166–194.

Zlatkin-Troitschanskaia, Olga, Richard J. Shavelson, Christiane Kuhn 2015: The International State of Research on Measurement of Competency in Higher Education. In: Studies in Higher Education 40, 3: 393–411. URL: http://www.tandfonline.com/doi/abs/10.1080/03075079.2015.1004241.

Zotzmann, Karin 2015: Discourses of Intercultural Communication and Education. In: Paul Smeyers et al. (Hg.): International Handbook of Interpretation in Educational Research. Dordrecht, Heidelberg, 371–397.

Interkulturalität als „Vermittlungsproblem"

Konzeptionelle Anmerkungen zur Interkulturalitätsdebatte aus der Weiterbildungsperspektive

Andreas Groß

Wiewohl immer wieder die große Bedeutung von interkultureller Kompetenz „als Schlüsselqualifikation des 21. Jahrhunderts" (Hofmann et al. 2005) betont wird, stellt ihre Vermittlung in Lehr-/Lernkontexten im quartären Bildungssektor[1] offensichtlich ein eher unattraktives Forschungsthema dar: Diesen Eindruck kann man zumindest angesichts der stagnierenden Entwicklung der darauf spezialisierten *interkulturellen Trainingsforschung* im deutschsprachigen Raum gewinnen (Ang-Stein 2015: 20 f., Nazarkiewicz 2010: 76).

Im Hinblick darauf erweist es sich als ungünstig, dass die Frage der Vermittlung interkultureller Kompetenz bis dato fast ausschließlich innerhalb einer *interkulturellen Scientific Community* thematisiert wird. Trotz der dissonanten „Tonlagen", die mitunter im vielstimmigen „Chor" der interdisziplinären Disziplin Interkulturelle Kommunikation anklingen: Das Primärinteresse gilt der „interkulturellen Melodie". Gegenüber diesem *material* gelagerten Forschungsinteresse sind *formale* Aspekte der pädagogischen Umsetzung von nachrangiger Bedeutung und höchstens aus dem spezifischen „fachdidaktischen Blickwinkel"[2] einer interkulturellen Trainingsforschung relevant. Auch wenn man angesichts von „Bildungsansprüchen", die auf eine pädagogisch verbrämte Instrumentalisierung und Verbiegung interkultureller Forschung hinauslaufen, mit guten Gründen sogar mehr Praxisabstinenz der Forschung fordern kann (Moosmüller 2007): Die Fokussierung auf die inhaltliche Perspektive trägt wohl kaum dazu bei, die wechselseitige Uninformiertheit zwi-

---

[1] Der in diesem Beitrag thematisierte quartäre Bildungssektor stellt einen ausgesprochen dynamischen und entgrenzten Handlungsbereich dar. Er umfasst institutionalisierte (fremd- und selbstorganisierte) Formen intentionaler Lernprozesse Erwachsener (Dewe 2004: 122), für die die Begriffe Erwachsenenbildung, Weiterbildung und Personalentwicklung teilweise deckungsgleich gebraucht werden (ausführlicher: Rummler 2005). Hier wird aus Gründen der Lesbarkeit mehrheitlich Weiterbildung als Oberbegriff verwendet, sofern nicht anderen Begrifflichkeiten aus konzeptionellen Gründen der Vorzug gegeben wird.

[2] Fachdidaktisch meint hier, dass bei den Vermittlungsüberlegungen inhaltliche Aspekte im Vordergrund stehen.

schen einem interdisziplinär angelegten Fach und seinen *vermittlungsrelevanten Bezugsdisziplinen* (insbesondere zur Lernforschung beziehungsweise zur Didaktik der Erwachsenen- und Weiterbildung) abzubauen: Weder wird der Stand der erwachsenendidaktischen Diskussion in der interkulturellen Trainingsforschung in nennenswertem Umfang rezipiert, noch haben interkulturelle Themen in den einschlägigen Diskursen der Weiterbildung eine angemessene Berücksichtigung gefunden.[3] Insofern bestätigt dieses disziplinäre (Nicht-)Verhältnis das Bild isolierter „Theorieninseln" oder „Archipele" (Henze 2017) auf anschauliche Weise.

Gleichwohl konnte man zwischenzeitlich durchaus von einer „Blütezeit" der *interkulturellen Trainingsforschung* in Deutschland sprechen, in der versucht wurde, die bis dahin ausgebliebene *lehr-/lerntheoretische Fundierung* interkultureller Kompetenzmodelle in Angriff zu nehmen (Kammhuber 2000, Grosch 2005, Stengel 2007, Straub 2010). In dieser Zeit wurde auch die *konzeptionelle Konsolidierung* interkultureller Trainingsansätze vorangetrieben (zum Überblick: O'Reilly, Arnold 2005; von Helmolt 2007; Leenen 2007; Thomas 2009).

Insgesamt fällt die Forschungsbilanz in diesem Bereich aber eher ernüchternd aus. Neben den genannten Problemen dürften auch die fachintern und disziplinübergreifend geführten zermürbenden Auseinandersetzungen um das „begriffliche Tafelsilber" (also „Kultur", „Interkulturalität" und „interkulturelle Kompetenz"[4]) ebenso wie die gewachsene Konkurrenz anderer Semantiken mit Anspruch auf „Deutungs- und Anwendungshoheit" (Henze 2017) ihren Teil zur Situation beigetragen haben (Kunz 2016). Möglicherweise spielt hierbei aber auch eine Rolle, dass in der Praxis eine „professionelle Stagnation in der interkulturellen Bildungsbegleitung" (Robak 2010: 225) auszumachen ist und – nicht zuletzt – dass die in das interkulturelle Trainingsformat gesetzten Wirksamkeitserwartungen nicht eingelöst werden konnten (Mendenhall et al. 2004: 138).

Was auch immer zu dieser unbefriedigenden Situation beigetragen haben mag, hier tun sich jedenfalls gleichermaßen anspruchsvolle wie lohnende For-

---

[3] Hier gilt nach wie vor die Einschätzung von Roth (2000), dass Interkulturalität „kein oder kein wesentliches Thema" entsprechender Lehr- und Standardwerke in der Didaktik ist (Holzbrecher 2010: 2 f.).

[4] Einen guten Einblick in die damals mitunter sehr heftig geführte Debatte über interkulturelle Kompetenz bieten die Lektüre des Grundlagenartikels von Alexander Thomas und der zahlreichen sich darauf beziehenden kritischen Einlassungen in der Zeitschrift „Erwägen – Wissen – Ethik" (EWE 2003), der Sortierungsversuch von Rathje (2006) oder der Überblicksartikel von Auernheimer (2013).

Interkulturalität als „Vermittlungsproblem" 101

schungsperspektiven auf, wie folgende Fragen belegen: Wie können die mittlerweile erreichten Fortschritte in der Interkulturalitätsdebatte im Hinblick auf die Vermittlung in der Weiterbildung konzeptionell fruchtbar werden?[5] Wie sind vor diesem Hintergrund die bis dato weitgehend unverbundenen Diskurse der Interkulturellen Kommunikation mit denen pädagogisch-psychologischer Bezugsdisziplinen zu verbinden? Und schließlich: Was folgt daraus grundsätzlich für die Frage des Verhältnisses zwischen Forschung und Praxis interkultureller Weiterbildung?

Blickwechsel – Interkulturalität aus Sicht der Weiterbildung

Zur Klärung dieser Fragen bietet es sich an, das Problem der Vermittlung im Kontext von Weiterbildung zu verorten und von dieser „Außenperspektive" ausgehend zu bearbeiten. Im Zentrum einer solchen *formalen Perspektive* steht die Befassung mit *Lern- und Bildungsprozessen Erwachsener im Kontext selbst- und fremdorganisierter Bildungsarrangements*. Das Spezifikum interkultureller Weiterbildungsformate wäre dann der Blick durch die „kulturelle Brille" (Nazarkiewicz 2010: 169) auf zu behandelnde Themen in Weiterbildungsveranstaltungen, aber auch auf Organisationsformen der Weiterbildung unter dem Gesichtspunkt einer interkulturellen Personal- und Organisationsentwicklung.[6]

Mit einem solchen Perspektivwechsel ist eine mehrfache Zielsetzung verbunden: Natürlich soll zunächst einmal unter Zuhilfenahme anderer fachlicher Sichtweisen zur konzeptionellen Klärung des vernachlässigten Vermittlungsproblems beigetragen werden. Der „fremde Blick" könnte sich aber auch für die Interkulturelle Kommunikation als ganz hilfreich erweisen, und zwar sowohl im Hinblick auf die Weiterentwicklung des Konstrukts interkulturelle Kompetenz als auch für eine interdisziplinäre Annäherung an Bezugswissenschaften pädagogisch-psychologischer Provenienz. Schließlich kann sich eine

---

[5] Hier sind Versuche gemeint, „Interkulturalität neu zu denken" (so der Titel einer Sonderausgabe des *interculture journal* 2016). Die damit verbundene Differenzierung des Vokabulars hat allerdings dazu geführt, dass man im Vermittlungskontext statt mit den etablierten „methodisch ausbuchstabierten" Konstrukten jetzt eigentlich konsequenterweise mit „hoch filigrane(n) Repräsentationsfiguren für das ‚(Inter-)Kulturelle' (...)" (Henze 2011: 81) operieren müsste, für die es aber (noch) keine adäquaten methodischen Umsetzungen gibt.

[6] Damit richten sich interkulturelle Kompetenzerwartungen nicht nur an das Lehrpersonal, sondern zunehmend auch an Multiplikator*innen (Rummler 2005: 78 ff.), Führungskräfte und (im Kontext *interkultureller Öffnungsprozesse*, Vanderheiden, Mayer 2014) auch an Weiterbildungsorganisationen.

solche Perspektivenerweiterung auch positiv auf das erwähnte schwierige Verhältnis zwischen Forschung und Praxis auswirken.

Zur Beschreibung des Weiterbildungsfeldes unter interkulturellen Gesichtspunkten

Unter praxisbezogenen Gesichtspunkten wird durch den Perspektivwechsel der Radius einer „kulturreflexiven Deutungsarbeit" (Nazarkiewicz 2010) zunächst einmal auf alle Bereiche der Weiterbildung erweitert.[7] Angesichts der Vielfältigkeit und Unübersichtlichkeit des Weiterbildungssektors (Reichart, Gnahs 2014: 11) taucht hier das Problem einer „Kartierung des Feldes" unter interkultureller Perspektive auf, zumal dieser Gesichtspunkt erst nach und nach in einschlägigen Studien Berücksichtigung findet: Programmanalysen, die solche Aspekte in die Erhebung einbeziehen, liegen bisher nur für einzelne Regionen (Robak, Petter 2014; Öztürk, Reiter 2017; Kerber, Strosche 2008) oder zu bestimmten Segmenten (vorwiegend zu privat finanzierter Weiterbildung, Robak 2010: 219) vor. Zwar spielt das Themenfeld „kulturelle Diversität" mittlerweile auch in größeren Studien eine prominente Rolle (z. B. in der Umfrage „wb monitor", Ambos et al. 2017); hierzu ist aber einschränkend zu sagen, dass diese Entwicklung vor allem der Aktualität fluchtbedingter Migration und dem damit verbundenen Angebotsschub in der Weiterbildung[8] zu verdanken ist. Gleichwohl lassen sich mit der gebotenen Vorsicht einige Befunde zusammenfassen:

- Im Kontext fluchtbedingter Migration wird die Bedeutung des Themas kulturelle Diversität als Herausforderung nicht nur beruflicher Weiterbildung, sondern auch allgemeiner, kultureller und politischer Erwachsenenbildung zunehmend erkannt.[9]
- Interkulturelle Bildungsangebote spielen im Sektor privater, kommerziell tätiger und wirtschaftsnaher Anbieter eine unterdurchschnittliche Rolle, gehören offensichtlich aber zum Kerngeschäft öffentlich verantworteter Weiterbildung (Ambos et al. 2017: 33).

---

[7] Das bedeutet aber nicht, dass damit per se jedwede Bildungsarbeit mit Erwachsenen als Interkulturelle Bildung zu verstehen ist (zur Kritik: Nazarkiewicz 2010: 75 ff.).

[8] Hier geht es vor allem um Deutsch-Sprachkurse, Orientierungsangebote und Basisqualifizierungen.

[9] Damit wird in den unterschiedlichen Bereichen der Weiterbildungspraxis zunehmend ein Verständnis von Kultureller Diversität zugrunde gelegt, das über eine utilitaristische Interpretation (Moosmüller, Möller-Kiero 2012) hinausgeht.

Interkulturalität als „Vermittlungsproblem" 103

- Neben interkulturellen Trainings werden Angebote unter den Rubriken „Interkulturelle" respektive „Transkulturelle Bildung" aufgeführt.
- Interkulturelle Angebote sind *intermediär*, das heißt fachbereichsübergreifend in *Portalen* organisiert (Robak, Petter 2014: 11, Robak et al. 2016: 173).

Offensichtlich ergeben sich in der Breite des Weiterbildungsfeldes für eine wie auch immer zu bestimmende (inter-)kulturelle Perspektive erst einmal vielfältige Anknüpfungspunkte, die klassischerweise nicht im Fokus der interkulturellen Trainingsforschung sind. Angesichts der Heterogenität der Einsatzszenarien erweist sich das vorhandene Repertoire einschlägiger interkultureller Trainingsformate für die Vermittlung als unzureichend beziehungsweise unpassend; dies bestätigen auch Rückmeldungen aus der Praxis (Hoffmeier, Smith 2013; Kerber, Strosche 2008). Die weiter oben aus Sicht der interkulturellen Kommunikation geäußerte Kritik am Stand der Trainingsentwicklung wird damit mit anderen Vorzeichen von praktischer Seite flankiert.

Vermittlung interkultureller Kompetenz als Thema pädagogisch-psychologischer Bezugswissenschaften

Neben der empirischen Annäherung über die interkulturell inspirierte Kartierung des Weiterbildungsfeldes ist im Sinne der einleitenden Überlegungen interessant, was die „Vermittlungswissenschaften" (also die Didaktik und Methodik der Erwachsenenbildung beziehungsweise die Lehr-/Lernforschung) zur Klärung der Vermittlungsfrage interkultureller Kompetenz beizutragen haben. Unglücklicherweise erweist sich auch dieser „Archipel" als zerklüftet und unübersichtlich: Man ist mit einer kaum überschaubaren Anzahl divergierender Forschungsansätze und Theorien zur Beschreibung des (organisierten) Lernens Erwachsener und darauf bezogener Lehrkonzepte konfrontiert, die ihrerseits auf vielfältige (grundlagen-)theoretische und empirische Bezüge rekurrieren (Zeuner 2013, Negri et al. 2010, Siebert 2009). Eine Klärung dieser Grundlagen ist aber unverzichtbar, weil die mehr oder minder bewusst getroffenen konzeptionellen Entscheidungen bis in die Feinheiten didaktisch-methodischen Handelns hinein von Bedeutung sind (Groß 2018c):[10] Das betrifft beispielsweise den Einsatz methodischer Inventare wie die „Arbeit mit kritischen Ereig-

---

[10] Aus diesem Grund ist das populäre Plädoyer für „Methodenmix" in der einschlägigen Ratgeberliteratur problematisch: Es kann leicht als Aufforderung zum eklektizistischen Kombinieren von Methoden und Tools missverstanden werden, ohne dass die dahinterstehende „didaktisch-methodische Logik" gesehen und in ihren Auswirkungen berücksichtigt wird.

nissen" (Groß 2018a; Groß, Leenen 2018), aber eben auch grundsätzlich die Frage, was denn überhaupt Ziel und Idee interkultureller Weiterbildung sein soll – mit anderen Worten: Wie es um den „pädagogischen Impetus" genau bestellt ist.

Angesichts der Komplexität wird hier lediglich eine grobe Sortierung anhand paradigmatischer Zugänge zum Bereich der Weiterbildung vorgenommen. Dazu wird auf die drei Leitbegriffe *Qualifikation, Bildung* und *Kompetenz* als heuristische Markierungen zurückgegriffen (Groß 2018b). Dass diese Topoi in Folge endloser, zermürbender diskursiver Auseinandersetzungen und eines gleichwohl inflationären Gebrauchs gewissermaßen definitorisch „ausgeleiert" sind, wird unter der hier verfolgten pragmatischen Intention als Vorteil begriffen: Statt sich an einer ohnehin aussichtslosen Klärung solcher „Wolkenbegriffe" mit ihren sich vielfach überlappenden Bedeutungshöfen abzuarbeiten, kann man sich auf paradigmatische Argumentationsmuster konzentrieren, für die diese Leitbegriffe traditionell stehen und die in nicht unerheblichem Maße ihre „Diskursmacht" begründet haben. Diese Profilierung unterschiedlicher Blickwinkel erfolgt ohne Anspruch auf Vollständigkeit und unter Inkaufnahme vereinfachender Zuspitzungen, die ein solches heuristisch motiviertes Herauspicken nun mal impliziert. Im Vordergrund steht das Anliegen, anhand der prototypischen Unterscheidung von „Weiterbildungsfiguren" zumindest in Umrissen erkennbar werden zu lassen, welche Anregungen daraus für die Diskussion um interkulturelle Kompetenz entnommen werden können, und in der Folge, was dies für die zukünftige konzeptionelle und praktische Entwicklung des „Interkulturellen" in der Weiterbildung bedeuten kann.

Qualifikation

Aus qualifikationsorientierter Sicht wird Weiterbildung nach ihrem *instrumentellen Wert* bemessen: Als Schlüsselfaktor zur Entwicklung des Humankapitals ist sie für die Bewältigung der ökonomischen und gesellschaftlichen Anforderungen in einem zunehmend verschärften internationalen beziehungsweise globalen Wettbewerb von strategischer Bedeutung. Für die Abnehmer (beauftragende Organisationen und Einzelpersonen) dient Weiterbildung der subjektiven und organisationalen Steigerung der Wettbewerbsfähigkeit auf dem Arbeitsmarkt beziehungsweise in der jeweiligen beruflichen Sparte. Die Anbieter von Weiterbildung sind schließlich an einer erfolgreichen Vermarktung der Dienstleistung Weiterbildung in einem umkämpften Markt interessiert.

Weiterbildung stellt damit in jedem Fall eine Investition dar, deren Wert sich nach den damit erzielten direkten und indirekten Effekten *(Output, Outcomes, Transfereffekte)* bemisst. Die Auswirkungen dieser funktionalen Perspektive reichen bis in die konkrete Gestaltung von Weiterbildungsmaßnahmen hinein: Die möglichst präzise Ermittlung der genannten Effekte macht ein entsprechend umfassendes *Bildungscontrolling* (oder präziser: *Qualifizierungscontrolling*, Fritz 2012: 33 f.) auf der Basis von Kennzahlen erforderlich. Entsprechend müssen Bildungsangebote auch gemäß den Standards des Qualitätsmanagements beziehungsweise den Messerfordernissen quantitativ ausgerichteter Evaluationsverfahren entwickelt, durchgeführt und ausgewertet werden. Diese Prozeduren dienen wesentlich auch der Legitimation von Zertifizierungsprozessen (sowohl im Hinblick auf die zu akkreditierenden Leistungen der Anbieter als auch der Abnehmer); der Wert der erstellten Zertifikate richtet sich nach den Möglichkeiten, die ihr Erwerb im Hinblick auf den Zugang zu beziehungsweise die Platzierung in den oben genannten Märkten eröffnet.

Zur Berücksichtigung qualifikationsorientierter Ansprüche sind didaktische Formate erforderlich, die einem technologischen Lehr-/Lernverständnis entsprechen *(Engineering-Prinzip)*: Hierzu greift man auf *behavioristisch beziehungsweise kognitivistisch ausgerichtete Instruktionsdesigns* zurück (Winkel et al. 2006). Im Hinblick auf die angestrebte Standardisierung eignen sich besonders *E-Learning-Umgebungen:* Angesichts der fortschreitenden technischen Entwicklung lassen sich immer komplexere und zugleich gut kontrollierbare Lernprogramme realisieren.

Qualifizierungskonforme Weiterbildungstypen sind meist im *formellen Bildungssegment* angesiedelt (in Form berufsbegleitender zertifizierter Kurse und Lehrgänge beziehungsweise studienbezogener Angebote als postgraduale weiterbildende Studiengänge).

Interkulturelle Weiterbildung unter qualifikationsorientierter Perspektive

Der qualifikatorische Wert, der interkultureller Kompetenz im Weiterbildungsbereich zugesprochen wird, ist an seiner Platzierung in bildungspolitischen Rahmenkonzepten ablesbar. In dieser Hinsicht ist es allerdings nicht gut um den Status interkultureller Qualifikationen bestellt: So werden sie in der aktuellen Version des weiterbildungspolitisch bedeutsamen *Deutschen Qualifikationsrahmens* überhaupt nicht aufgeführt.[11] Die wachsende Bedeutung

---

[11] Es ist nur im Glossar von *interkulturellen Fähigkeiten* die Rede; dort werden sie als Beispiel informellen Lernens (sic!) aufgeführt (https://www.dqr.de/content/2325.php, Abruf am 16.6.2019). Ähnliches lässt sich über andere (internationale) bildungspolitische Rahmenwerke wie etwa das OECD-Label *Global Competence* sa-

konkurrierender Labels beziehungsweise Semantiken im Unternehmens- wie im Non-Profit-Bereich (Diversity/Diversität, Transkulturalität, Intersektionalität, Inklusion) kann man ebenfalls als Hinweis auf eine schwindende Bedeutung interkultureller Qualifikationen deuten. Dass sich solche Konzepte aus fachlicher Sicht für eine interkulturelle Perspektive durchaus anschlussfähig erweisen (Henze 2017), ist zwar für die wechselseitige Weiterentwicklung relevant, erhöht aber nicht den qualifikatorischen Marktwert interkultureller Kompetenz.

In dieser Hinsicht war es ein strategischer Fehler, dass in Zeiten des „offenkundigen Boom(s) des interkulturellen Qualifizierungs- und Forschungsfeldes" (Otten et al. 2009: 18) eine nachhaltige Implementation in das Portfolio der Weiterbildung versäumt wurde, und dies nicht nur im Hinblick auf das Spezialsegment des interkulturellen Trainingsmarktes. Die damit einhergehenden Probleme sind vielfältig, wie folgende stichwortartige Auflistung belegt: ungeklärte Qualifizierungsvoraussetzungen für den Berufszugang in Tätigkeitsfelder interkultureller Weiterbildung; unzureichende Implementierung eines Qualitätsmanagements bei den Weiterbildungsanbietern; uneinheitliche Anerkennung und Kodifizierung interkultureller Zertifikate. Weiterbildungsteilnehmer*innen wie Organisationen, die Weiterbildungsdienstleistungen selbst nutzen beziehungsweise einkaufen, stehen entsprechend vor dem Problem, den grundsätzlichen Nutzen wie die spezifische Qualität interkultureller Weiterbildungsangebote richtig einzuschätzen und im Hinblick auf die zu erbringenden Aufwendungen zu bilanzieren.[12]

Bei interkulturellen Weiterbildungsangeboten, die den Kriterien der Qualifizierungsperspektive entsprechen, handelt es sich meist um von Hochschulen direkt oder von hochschulnahen Instituten ausgerichteten *berufsbegleitenden interkulturellen Zertifikatskursen* beziehungsweise um interkulturelle Weiterbildungsstudiengänge (Aydt 2015: 15), die auf akkreditierten Curricula basieren. Evidenzbasierte Lernprogramme sind selten:[13] Die Logik behavioristisch

---

gen: Hier wird „Interkulturelles" als Teilkompetenz mit Hilfe wenig präziser Kategorien wie „Verständnis von interkulturellen und globalisierungsspezifischen Themen" oder „Einstellungen wie Offenheit und Respekt gegenüber kultureller Vielfalt" markiert (Sälzer, Roczen 2018). Im „Butterfly-Modell" der „Competencies for Democratic Culture" des Europarates Kompetenzen taucht der Begriff *interkulturell* gar nicht mehr explizit auf (Council of Europe 2018: 38).

[12] Vor diesem Hintergrund sind für die interkulturelle Qualifikationsforschung Absolvent*innenbefragungen im Hinblick auf die Verwertbarkeit interkultureller Zertifikate von hohem Wert.

[13] Eine seltene Ausnahme stellt das molare Schulungsmodell von Weber und Achtenhagen (2010) in der Lehrlingsausbildung dar. Zur Bedeutung behavioristischer be-

Interkulturalität als „Vermittlungsproblem" 107

und „klassisch kognitivistisch" orientierter interkultureller Lehr-/Lerndesigns ist mit aktuellen interkulturellen (handlungsorientierten) Kompetenzvorstellungen nur schwer in Deckung zu bringen. Diese Kluft dürfte sich angesichts des geschilderten Trends, Interkulturalität „fuzzy" zu denken, noch vergrößern.

Bildung

Einen vollkommen anderen Zugang zur Weiterbildung eröffnet die bildungsorientierte Perspektive.[14] Im Gegensatz zur qualifikationsorientierten Sicht wird die Bildung Erwachsener ausgehend *von der Person* beziehungsweise vom *Subjekt* (und damit eben nicht *instrumentell*) begründet. Entsprechend geraten „Verzweckungsversuche" jedweder Art in den Fokus bildungsorientierter Kritik. Das hat Folgen für die Vorstellungen von Lehren und Lernen: Hier ist nicht ein konfektioniertes „Lernpensum" gemeint, sondern es geht um ganzheitliche Prozesse, die das Subjekt in seinen „zentralen Lebensorientierungen" (Nohl 2006: 20) betreffen. Sie zielen auf den „Horizont", also die lebenslange und offensichtlich riskante Persönlichkeitsentwicklung im Spannungsfeld von Möglichkeit und Realität. In diesem Sinne ist Bildung – entgegen geläufigen Vorstellungen – in mehrfacher Hinsicht als *„negativer Begriff"* zu verstehen, insofern Ziele, Inhalte und Prozess *nicht definiert* und *nicht verfügbar* sind. Weder kann man einen Zustand des „Gebildetseins" exakt definieren (*nichtteleogisches Verständnis von Bildung*, Buck 1989), noch führt der Weg zur hier gemeinten Entwicklung über den sukzessiven Erwerb kanonisierter „Bildungsgüter". Stattdessen ist Lernen als „über die Negativität der Erfahrung" (Benner 2003: 98 f.) vermittelter Erkenntnisprozess aufzufassen. Jenseits von Fortschritts- oder „Kontinuitätsunterstellungen" (Schäffter 2014) ist Bildung überdies sowohl konzeptionell als auch empirisch durch Brüche, Sprünge und andere Formen spontaner Diskontinuität charakterisiert (Nohl 2006, Benner 2005, Brüggen 1988). Die Komplexität ist der *transformativen Qualität* von Bildung (Marotzki 1990) geschuldet. Im Vergleich zu Prozessen des Um- und

---

ziehungsweise kognitivistischer Lerndesigns im interkulturellen Kontext vgl. Stengel (2007).

[14] Trotz seiner unter interkulturellen Gesichtspunkten problematischen „deutschen" Begriffsgeschichte und vielfältiger Einsprüche von unterschiedlicher Seite steht der Topos Bildung wie kein anderer für bestimmte Grundorientierungen, die ihn zur Markierung einer spezifischen prototypischen „Figur" der Weiterbildung in Abgrenzung von qualifikations- und kompetenzorientierten Positionierungen als besonders geeignet erscheinen lassen.

Dazulernens geht es in dieser Interpretation um deutlich grundlegendere und umfassendere Wandlungsprozesse, die den „Erfahrungsapparat" selbst beziehungsweise die Person als Ganzes betreffen. Das Erfahren von Krisen, des Nichtweiterkommens und letztlich auch des Scheiterns ist Anstoß einer möglichen bildenden Entwicklung, die weder in Verlauf noch im Ergebnis „herstellbar" beziehungsweise steuerbar ist.

In didaktischer beziehungsweise lerntheoretischer Hinsicht sind hierfür *erfahrungsorientierte, partizipative, prozessorientierte* und *reflektierende* Konzepte dialogischen Lernens erforderlich: Das Subjekt mit seinen „Lerngründen" (Holzkamp 1995) und Lernerfahrungen steht im Vordergrund. Dies bestimmt die Festlegung von Zielen und Themen, hat aber auch nachhaltige Auswirkungen auf die methodische Komposition.[15] So geht es weniger um eine effektvolle Inszenierung von Erfahrungen als vielmehr um die Unterstützung Lernender darin, vorhandene Erfahrungen „zur Sprache zu bringen", dabei die Lernübergänge im Bildungsprozess (Benner 2005) zu rekonstruieren und einer vielfältigen Deutung zugänglich zu machen.

Interkulturelle Weiterbildung unter bildungsorientierter Perspektive

Wissen und Fähigkeiten für den möglichst effektiven Umgang mit „fremden Kulturen" zu vermitteln, ist in dieser Perspektive in mehrfacher Hinsicht inakzeptabel. Erstens behindert ein solcher Rückzug auf die „sichere Zuschauerposition" (Aydt 2015: 156) die interkulturelle Entwicklung, weil dadurch die notwendige Auseinandersetzung mit existentiellen (Grenz-)Erfahrungen von (sich) Fremdsein und Fremdheit (Schäfer 2009, Waldenfels 1991, Kokemohr 2007) und den hierzu notwendigen „Akten der Bildung und Umbildung des Selbst" (Straub 2018: 195) umgangen wird: Fremdheit ist eben als „Beziehungsverhältnis" (...), also eben nicht als „objektiver Tatbestand, sondern als eine die eigene Identität herausfordernde Erfahrung" (Schäffter 1991: 2) zu verstehen. Entsprechend kann es auch gar nicht Ziel sein, die „sichere Beherrschung" interkultureller Kontaktsituationen oder die Vermeidung damit verbundener „unerwünschter Nebenwirkungen" zu versprechen; vielmehr sind gerade solche krisenhaften, häufig auch riskanten und schmerzhaften, im Nachhinein aber oft als wichtig erlebten Erfahrungen (Straub et al. 2010: 21) als „Schlüsselmo-

---

15 Gängige technologische Grundvorstellungen, die in Methoden möglichst „wirksame Tools" zur Steuerung des Lernprozesses in den Händen der Trainer*innen sehen, sind unter diesem Gesichtspunkt im Grunde als unzulässige Manipulationsversuche gegenüber den Lernsubjekten zu bewerten.

mente" in Bildungsprozessen von besonderem Wert, was eine didaktisch und methodisch andere Rahmung der Vor- und Nachbereitung impliziert. Zweitens ist es unter ethischen Aspekten inakzeptabel, „interkulturelles Herrschaftswissen" für die einseitige Durchsetzung eigener Interessen zu instrumentalisieren. Weiterbildung soll unter Bildungsaspekten demgegenüber verantwortungsvolles Handeln fördern, das auf einer achtungs- und respektvollen Einstellung gegenüber anderen Menschen und in diesem Zusammenhang auch auf der Anerkennung ihrer gegebenenfalls auch „kulturell komplexen, ‚hybriden' oder ‚transitorischen' personalen Identität" (Straub 2018: 167 f.) basiert.

Im Hinblick auf die Weiterentwicklung des Konzepts interkulturelle Kompetenz birgt die Einnahme der Bildungsperspektive einiges Anregungspotential. Zunächst schärft sie den Blick für normative Widersprüchlichkeiten und Problematiken, die im Diffusionsnebel einer integrierenden und harmonisierenden Kompetenzsemantik eben leicht aus dem Blick geraten, und liefert eine fundierte Argumentationsbasis zu ihrer Kritik.[16] Über das kritische Potential hinaus bietet die Interpretation von Bildung als *transformativer Prozess* vorzügliche Anknüpfungspunkte für das Verständnis der Dynamik und Dramatik interkultureller Entwicklungsprozesse (Nohl 2006). Die theoretischen und empirischen Erträge der *transformatorischen Bildungsforschung* erweisen sich gerade im Hinblick auf die fuzzy Logik als ertragreich, weil sie alternative Möglichkeiten der Beschreibung interkultureller Entwicklung im Vergleich zu konventionellen Modellen eröffnen, die gewöhnlich auf einer linearen, teleologisch ausgerichteten Fortschritts- und Stufenlogik basieren.

Interkulturelle Angebote im Sinne der hier skizzierten Bildungsperspektive sind im *nonformalen Segment* angesiedelt und wie beschrieben vorwiegend intermediär zu den Portalen allgemeiner, kultureller oder politischer Erwachsenenbildung organisiert. Da im Fokus interkultureller Bildung Fremdheitserfahrungen stehen, bieten sich angesichts der grundlegenden kulturellen Pluralität moderner Gesellschaften über dezidiert interkulturelle Varianten hinaus eine ganze Bandbreite weiterer denkbarer Einsatzfelder.

---

[16] Die Popularität der Kompetenzmetapher verdankt sich nicht unwesentlich der Verheißung, effektiv und vermeintlich „neutral" subjektive Bedürfnisse eigenverantworteten Lernens und wachsende gesellschaftlich beziehungsweise ökonomisch bedingte Lernansprüche an das Subjekt gleichermaßen zu befriedigen. Über die traditionelle Kritik an interkultureller Kompetenz hinaus, die auf die utilitaristische Funktionalisierung des Konstrukts beziehungsweise auf die Ausklammerung von Macht- und Ungleichheitsfragen abzielt, wird in bildungsorientierter Perspektive auch der Blick auf einen grundlegenderen problematischen „Kult der Verfügung" (Straub 2010) gelenkt, der dem Kompetenzkonzept zugrunde liegt und der sich auch im interkulturellen Zusammenhang auswirkt.

Die Orientierung an den skizzierten Bildungsvorstellungen hat weitreichende Auswirkungen auf die *didaktisch-methodische Ausrichtung,* was sich exemplarisch an der Bedeutung von Präsenzveranstaltungen aufzeigen lässt. Sie stellen in dieser Perspektive schwerlich ersetzbare, weil von Handlungsdrücken entlastete geschützte Räume zum gemeinsamen „Nach-Denken" beziehungsweise zum „Be-Deuten" und „Um-Deuten" komplexer und brisanter interkultureller Erfahrungen dar.

Kompetenz

Im Blickpunkt der Kompetenzperspektive[17] steht das (subjektive) *Handlungsvermögen,* das sich insbesondere in der kreativen und selbstorganisierten Bewältigung offener, unüberschaubarer, komplexer, dynamischer und zuweilen chaotischer Situationen erweist (Erpenbeck, Sauter 2013, 32; Erpenbeck, v. Rosenstiel 2007). Insbesondere in der Arbeitswelt erfährt dieser Aspekt der Kompetenzperspektive gerade in jüngster Zeit besondere Beachtung, wenn mit Verweis auf die Anforderungen der so genannten *VUKA-Welt*[18] allenthalben „Agile in der Unternehmenspraxis" (Hanschke 2017) und „Kontingenzmanagement" (Vieweg 2015) gefordert wird. Im Gegensatz zu engen Auslegungen von Kompetenz sind für die Bewältigung solcher Anforderungskonstellationen neben inhaltlich-fachlichen Wissensbeständen und sozialen, methodischen und personalen Fähigkeiten (Arnold 2010: 172 f.) auch Werte, Erfahrungen und Handlungsantriebe relevant (Hof 2002: 159). Kompetenz in diesem Sinne wird nicht primär im Kontext organisierter Lernprozesse, sondern biographisch im Laufe des gesamten menschlichen Lebens erworben, stabilisiert und modifiziert (Grunert 2012: 62, 173). Für das Gelingen solcher *informellen Lernprozesse* ist die Entwicklung einer *selbstorganisationsfundierten* und *kompetenzzentrierten Lernkultur* (Erpenbeck, von Rosenstiel 2007: XII) von zentraler Bedeutung. Hierbei kommt einer kompetenzorientierten Ausrichtung *nonformaler Lernarrangements* bei der Initiierung und Flankierung solcher informellen Lernprozesse eine Schlüsselrolle zu. Ausgehend von den lebenswelt-

---

[17] Hier werden nur die Aspekte der Kompetenzperspektive diskutiert, die sich zur deutlichen Abgrenzung von den beiden anderen hier diskutierten heuristischen Konzepten eignen. Grundlegend dafür ist ein nicht unumstrittenes Kompetenzverständnis (Erpenbeck 2014), das besonders geeignet erscheint, die spezifische „Grundbotschaft" der Kompetenzperspektive herauszustreichen.

[18] Das Akronym VUKA steht für *Volatilität – Unsicherheit – Komplexität – Ambiguität* (Jumpertz 2017).

Interkulturalität als „Vermittlungsproblem"

lich verankerten Problemen Erwachsener sind authentische Lernszenarien zu schaffen, die die Lernenden dazu anregen, diese Themen aus unterschiedlichen Perspektiven zu diskutieren und gemeinsam Lösungsmöglichkeiten zu entwickeln. Zugleich sollen dabei auch die für eine selbstorganisierte Kompetenzentwicklung erforderlichen *Metakompetenzen* (Dimitrova 2008) vermittelt werden.

Für die Gestaltung von Lernszenarien sind gemäß der hier zugrunde liegenden (gemäßigt) *konstruktivistischen* Lernvorstellungen didaktische Prinzipien wie *Situiertheit, Erfahrungs- beziehungsweise Problemorientierung* und *Viabilität* von besonderer Bedeutung. Im Hinblick auf die angestrebte Verzahnung mit informellen Lernprozessen werden große Hoffnungen in die Digitalisierung bei der Entwicklung *kooperativer beziehungsweise kollaborativer Formen des Lernens* im beruflichen Alltag gesetzt (*Social Workplace Learning,* Erpenbeck et al. 2016),[19] während der „geschützte und komfortable Rahmen" von Trainings und Seminaren zunehmend infrage gestellt wird (Erpenbeck, Sauter 2016: 89 f.).

Interkulturelle Weiterbildung unter kompetenzorientierter Perspektive

Es ist eine Besonderheit der Diskursgeschichte des Konstrukts interkulturelle Kompetenz, dass die fachliche Auseinandersetzung relativ isoliert von der allgemeinen Kompetenzdebatte (insbesondere deutscher oder europäischer Diktion) geführt wurde (Groß 2018b). Wenn im interkulturellen Fachdiskurs über mögliche Anschlüsse diskutiert wurde, dann meist mit der Intention, eine eigenständige domänenspezifische interkulturelle Kompetenz zu reklamieren oder zumindest allgemeine Kompetenzdimensionen unter dem „Dach" eines interkulturellen Kompetenzkonstruktes einzusortieren. Interpretationen neueren Datums, die interkulturelle Kompetenz in einer *allgemeinen* Handlungsfähigkeit „in überwiegend unvertrauten und unvorhersagbaren Kontexten" (Bolten 2016a: 37) aufgehen lassen, sind dagegen umstritten. Insgesamt ist festzustellen, dass sich eine intensivere Auseinandersetzung mit der allgemei-

---

[19] Im Vergleich zu bereits bestehenden *E-Learning-* beziehungsweise *Blended-Learning-Angeboten* (Nerdinger et al. 2014: 473 ff., Erpenbeck et al. 2015) geht es um einen stärkeren Einbezug von Social Media, von Formaten *mobilen Lernens* sowie *semantischen Netzwerken* (Erpenbeck, Sauter 2015). Eine nüchterne (empirisch gestützte) Einschätzung zu erwartender nachhaltiger Vorteile, aber auch Restriktionen und Folgeprobleme steht indes noch aus.

nem Kompetenzdebatte erst in Umrissen abzeichnet (Nieke 2012, Henze 2017, Bolten 2016a, Groß 2018b).

Aus Sicht einer allgemeinen kompetenzorientierten Perspektive im hier beschriebenen Sinne stellt sich die „Eigenständigkeitsfrage" (Rathje 2006) in dieser Weise nicht. Vielmehr erscheint ganz im Sinne konstruktivistischer Argumentation schon die Interpretation eines Handlungszusammenhangs als interkulturelle Situation als ein spezifischer Deutungsversuch, „der auf zwischenmenschliche Zusammenhänge angewendet wird, der uns sagt, was relevante Facetten einer Begegnung, einer Einstellung, einer Zuschreibung etc. sind" (Bettmann et al. 2017: 9). Damit wird die (inter-)kulturelle Perspektive auch unter kompetenzorientierter Perspektive in ihrer Bedeutung relativiert. Sie stellt lediglich eine mehr oder weniger plausible Variante von „Lesarten" dar, mit denen „die Wirklichkeit auf besondere Weise erzählt" wird (Zima 2014: 75), was dementsprechende Folgen für eine Modellierung interkultureller Kompetenzen hat.

In didaktisch-methodischer Hinsicht gilt traditionell das *interkulturelle Training* gewissermaßen als „Goldstandard" der Vermittlung interkultureller Kompetenz. Auf diesem Format basierende Angebote sind im *nonformellen Bereich* vorwiegend in der beruflichen Weiterbildung angesiedelt. Angesichts der Bedeutung informeller Lernprozesse sind die den Markt dominierenden isolierten Trainingsangebote (insbesondere in Form von „,Prêt-à-porter'-Ware", Schenk 2006: 58) unter kompetenzorientierten Gesichtspunkten als wenig geeignet zu betrachten. Demgegenüber bieten unter diesen Gesichtspunkten stärker prozessorientierte und selbstorganisierte Formate (z. B. *Barcamps, Open-Space-Veranstaltungen*) und kombinierte Lernszenarien (internetbasierte *Blended Learning Designs,* kooperative und kollaborative Netzwerke unter Einbezug von *Social Media)* Vorteile, die auch im interkulturellen Zusammenhang zunehmend erkannt werden.[20]

Angesichts der nicht nur migrationsbedingt zunehmenden kulturellen Heterogenität heutiger Gesellschaften (Nohl, von Rosenberg 2012: 843) ist das grundsätzliche *thematische Potential* einer kulturreflexiven Deutungsperspektive für unterschiedlichste Bereiche der Weiterbildung evident. Das betrifft die oben benannten intermediären Portale in den Feldern der allgemeinen, kulturellen und politischen Erwachsenenbildung, aber ebenso auch den unternehme-

---

[20] Siehe z. B. die Angebote der Online-Plattform „für Interkulturelle Studien e. V. (IKS)" (http://www.intercultural-campus.org/); das interkulturelle Trainer-Netzwerk SIETAR bietet zunehmend offene Veranstaltungsformate wie Barcamps https://www.sietareu.org/activities/webinars oder webbasierte Angebote (Webinare) an.

rischen Bereich, insofern eine kulturtheoretisch informierte Interpretation des „agilen Mindset" (Hofert 2018) und des dazu notwendigen, mitunter sich eher zäh gestaltenden „Kulturwandels" (Hofert, Thonet 2019) ergiebig sein kann.[21] Thematische Anknüpfungspunkte ergeben sich auch im Hinblick zu den *Metakompetenzen* (Bergmann et al. 2004), die eine hohe Konvergenz mit generalistischen Fähigkeiten zur Bewältigung von Kulturbegegnungssituationen aufweisen (Groß 2018a).

In didaktisch-methodischer Hinsicht ist in jedem Fall eine passende, das heißt konstruktivistisch inspirierte, Gestaltung von Weiterbildung erforderlich. Entsprechende Lehr-/Lerndesigns müssen eine *mehrperspektivische Deutung* von Problemen nicht nur zulassen, sondern explizit fördern, denn ein möglichst vielfältiges Ausdeuten von Situationen erlaubt in konstruktivistischer Lesart einen differenzierteren Blick auf die Wirklichkeit. Ob und inwieweit sich Lernende dann für eine kulturreflexive Deutungsarbeit erwärmen können und sich den Ansatz in der Weiterbildungssituation (und vor allem im Anschluss daran) zu eigen machen, bestimmen sie letztlich selbst. Voraussetzung ist, dass sich ein solcher Blickwinkel für sie als überzeugend (in konstruktivistischer Lesart als *plausibel* und *viabel*) erweist. Die Feststellung, dass „Interkulturelle Kompetenz als Konstrukt nur im Modus der Verhandlung existiert" (Henze 2017: 1), ist in diesem besonderen Sinne ausgesprochen konkret und ernst zu nehmen. Angesichts der pragmatischen Interessen erwachsener Lernender in der Weiterbildung einerseits und den begrenzten didaktisch-methodischen „Interventionsmöglichkeiten"[22] andererseits erscheint es (außer im seltenen Falle „interkultureller Spezialseminare" zu diesem Thema) einigermaßen aussichtslos, zu den Finessen aktueller Interkulturalitätsdebatten vorzudringen. Die Versuche, die komplexen Konstrukte des „Interkulturalität neu Denkens" in der Weiterbildung zu vermitteln, sind unter konstruktivistischer Perspektive offensichtlich weder erfolgversprechend noch besonders sinnvoll. Als Alternative zu eher unbefriedigenden Ausweichvarianten – man zieht sich eben in sichere „instruktionsfreie Zonen" pädagogischen Arrangierens zurück

---

[21] Unabhängig davon, ob solche konzeptionellen Koalitionen auch in der Praxis für alle Beteiligten wirklich produktiv sind, bietet sich hier Forschungspotential: Angesichts des theoretisch niedrigen Niveaus (Termer 2016: 30) und der thematischen Engführung auf technologische beziehungsweise betriebswirtschaftliche Aspekte könnte damit ein Beitrag zur Weiterentwicklung der Agilitätsdiskussion geleistet werden.

[22] Hier sei an die Warnung hinsichtlich der Gefahr eines „Lehr-/Lernkurzschlusses" (Holzkamp 2004) erinnert: Dabei wird – so die konstruktivistische Argumentation – übersehen, dass es sich bei Lehren und Lernen um „entkoppelte Systeme" handelt.

oder greift „aus didaktischen Gründen"[23] doch wieder in die „Trickkiste" bewährter essentialisierender Kulturbeschreibungen – bietet sich eine weitere, allerdings anspruchsvolle und riskante Variante an. Dabei ist die Überlegung leitend, dass Lernen als „deutende Suchbewegung" zu verstehen ist und Vermittlung dieser Bewegung folgen muss, das bedeutet: Es ist konsequent an den Themen der im Lernprozess involvierten Erwachsenen anzusetzen, um mit ihnen gemeinsam diese aus unterschiedlichen Blickwinkeln zu betrachten. Das Vermittlungsziel, die Ambiguität komplexer mehrdeutiger Situationen (seien sie nun als „interkulturell" zu klassifizieren oder nicht) dabei nicht einfach aufzulösen, sondern als gegeben zu betrachten und sich stattdessen über Ursachen, Auswirkungen und Bewältigungsformen Gedanken zu machen, stellt dabei eine wichtige und offensichtlich auch zumutbare Lernanforderung dar, wie der aktuelle VUKA-Boom in der Weiterbildung belegt.[24] Auch wenn die Analyse von Einflussfaktoren dabei vielleicht zunächst wenig „tief" und systematisch ausfällt: Falls es gelingt, den Sinn solcher iterativen Suchbewegungen zu verdeutlichen, wird einerseits der trügerischen Sicherheit eindeutiger und einfacher „Lösungen" widerstanden, andererseits aber auch die Option gewahrt, im weiteren Verlauf des Lernprozesses doch noch tiefer in die kulturelle Deutungsperspektive einzusteigen. Je eher die Teilnehmer*innen im Verlauf des Prozesses die Erfahrung machen, dass der induktiv angelegte Vermittlungsprozess ihrer eigenen Lernbewegung und nicht einer ihnen fremden (sachsystematischen) Agenda folgt, umso eher werden sie bereit sein, sich auf eine als nützlich erfahrene und möglichst selbstbestimmte Auseinandersetzung mit (kulturreflexivem) Deutungswissen einzulassen. Zugleich fördert diese Lehr-/Lernkultur die Fähigkeit und Motivation, das hier nebenbei erlernte „Einarbeiten" in komplexe Problemzusammenhänge auch auf andere Kontexte zu transferieren und in informellen Lernprozessen selbstorganisiert anzuwenden. Das Vermittlungsangebot muss dazu für Lernende aber nicht nur plausibel und anregend erscheinen, sondern in der Umsetzung in der passenden Form, zum „rechten Zeitpunkt" und im richtigen Tempo erfolgen.

---

[23] Das vielbenutzte Argument einer drohenden Überforderung der Lernenden ist in kompetenzorientierter Perspektive zwar zutreffend, allerdings falsch platziert: Die Überforderung besteht weniger darin, die Teilnehmenden eines Weiterbildungsangebotes mit der grundsätzlichen Komplexität und Mehrdeutigkeit (beruflicher) Situationen zu konfrontieren, als vielmehr im Versuch, ihnen eben doch eine fachspezifische Deutungsperspektive mit einschließlich darauf basierender abstrakter Konstrukter „vermitteln" (respektive verkaufen) zu wollen.

[24] Die Akzeptanz solcher Angebote ist allerdings wohl auch dem Versprechen geschuldet, Ambiguität, Komplexität und Unsicherheit seien mit Hilfe der „Zauberformel Agilität" (Bußmann 2018) letzten Endes doch gut „beherrschbar".

Mit einer solchen Anlage einer kompetenzorientierten „Vermittlung" verändern sich die Anforderungen an „Lehrende" qualitativ wie quantitativ: Statt den Status des „Expertentums" (sei es in inhaltlicher Hinsicht als theoretisch gewiefter „Interkulturalist", sei es in methodischer Hinsicht als „souveräner Trainingsprofi") auszuspielen, ist die „didaktische Komfortzone" bewährter Trainingsdramaturgien zu verlassen, um sich in Unsicherheitszonen einer situierten Didaktik zu begeben, die spontanes, intuitives und zugleich begründungspflichtiges Handeln erfordert.

Fazit

Die Frage der Vermittlung interkultureller Kompetenz in der Weiterbildung aus einem „fachfremden" (pädagogisch-psychologischen) Blickwinkel von außen zu betrachten, erlaubt eine differenziertere Sicht auf Möglichkeiten und Optionen, aber auch konzeptionell bedingte „Einhegungen des Interkulturellen" – auch wenn dies hier zum Zwecke heuristisch begründeter Zuspitzung um den Preis der vereinfachten Darstellung vermittlungsbezogener Diskurse erkauft werden musste. Um mit den Begrenzungen zu beginnen: Die Infragestellung des Geltungsanspruchs der interkulturellen Deutungsperspektive einerseits und des Vermittlungsanspruchs von Trainings andererseits ist nichts Neues. Die Vermittlungsperspektive erlaubt aber eine *Relativierung* beziehungsweise *Relationierung* der Kritik, was sich am Beispiel einer kompetenzorientierten Interpretation veranschaulichen lässt: Der Geltungsanspruch der kulturellen Deutungsperspektive (ebenso wie der konkurrierender Konzepte) wird hier unter dem Gesichtspunkt der Viabilität *dimensioniert* statt radikal *dekonstruiert*. Der hohe Anspruch an die „interkulturelle Substanz" von Weiterbildungsangeboten wird nicht mit pragmatischen Beschwerlichkeits- oder Verkaufsargumenten zurückgewiesen; stattdessen wird er daran bemessen, inwieweit die Perspektive für die Kompetenzentwicklung nützlich sein kann. Die hier besonders herausgestrichenen Aspekte der Kompetenzorientierung können überdies die Weiterentwicklung von Trainingsformaten, beziehungsweise umfassender die Kreation komplexer kompetenzorientierter Lerndesigns, anregen.

Die *qualifikationsorientierte Perspektive* ermöglicht die Identifikation neuralgischer Probleme insbesondere im Zusammenhang mit Verwertungsaspekten interkultureller Weiterbildung. Damit ist auch die Frage der fragilen „qualifikatorischen Absicherung" des Labels interkulturelle Kompetenz verbunden. Das Spektrum möglicher Lösungsansätze, zu denen auch das Fach Interkulturelle Kommunikation etwas beitragen kann, reicht von Klärungen des Verhältnisses von interkultureller Kompetenz zu den derzeit dominierenden Leitbegriffen bis hin zur fachlichen Einmischung in bildungspolitische Entscheidungsprozesse.

Aus *bildungsorientierter* Perspektive werden „instrumentalisierende Schräglagen" des Qualifikations- und Kompetenzdiskurses deutlich und damit kritisierbar; zudem bietet die Interpretation interkultureller Entwicklungsprozesse als transformatorischer Bildungsprozess in empirischer wie theoretischer Hinsicht interessante Alternativen zu gängigen Modellvorstellungen der Entwicklung interkultureller Kompetenz.

Diese kurzen Hinweise können als Ausweis dafür dienen, dass jede der heuristisch entwickelten „Weiterbildungsfiguren" ein spezifisches Anregungspotential für die Weiterentwicklung interkultureller Kompetenz bietet. So verstanden, kann „Anwendungsorientierung" für die Forschungsentwicklung im Fach Interkulturelle Kommunikation auch durchaus bereichernd sein, wenn materiale und formale Perspektiven miteinander verschränkt und das darin liegende kritische Potential entfaltet werden kann. Die skizzierte generelle Kritik an einer instrumentalisierenden pädagogischen Praxis (Moosmüller 2007: 251) lässt sich dann dahingehend differenzieren, dass das zugrunde liegende *technologisch-instrumentelle Verständnis* das Problem darstellt: Aus Sicht einer bildungs- und kompetenzorientierten Perspektive ist eine solche Ausrichtung nicht einmal praxisgerecht. Die konzeptionellen Ansprüche an Vermittlung aus bildungs- und kompetenzorientierter Sicht sind damit nicht nur in hohem Maße anschlussfähig an die Vorstellungen einer zeitgemäßen Interpretation interkultureller Kompetenz, sondern liefern auch gute Argumente gegen Versuche, Lehren und Lernen auf technologische Aspekte zu reduzieren. Damit ist ein „konzeptioneller Schulterschluss" zwischen der Disziplin Interkulturelle Kommunikation und vermittlungsorientierten Bezugsdisziplinen möglich, der es erlaubt, eine *bestimmte Praxis in der Weiterbildung* gezielt einer differenzierten Kritik zu unterziehen.

Literatur

Ambos, Ingrid, Stefan Koscheck, Andreas Martin 2017: Kulturelle Vielfalt. Ergebnisse der wbmonitor Umfrage 2016. URL: https://wbmonitor.bibb.de/downloads/Ergebnisse_20170411.pdf.
Ang-Stein, Claudia 2015: Interkulturelles Training. Systematisierung, Analyse und Konzeption einer Weiterbildung. Wiesbaden.
Arnold, Rolf 2010: Kompetenz. In: Rolf Arnold, Sigrid Nolda, Ekkehard Nuissl (Hg.): Wörterbuch Erwachsenenbildung. 2. Aufl. Bad Heilbrunn, 172–173.

Auernheimer, Georg 2013: Interkulturelle Kommunikation, mehrdimensional betrachtet, mit Konsequenzen für das Verständnis von interkultureller Kompetenz. In: Georg Auernheimer (Hg.): Interkulturelle Kompetenz und pädagogische Professionalität. 4. Aufl. Wiesbaden, 37–70.
Aydt, Sabine 2015: An den Grenzen der interkulturellen Bildung. Eine Auseinandersetzung mit Scheitern im Kontext von Fremdheit. Bielefeld.
Benner, Dietrich 2003: Kritik und Negativität. Ein Versuch zur Pluralisierung von Kritik in Erziehung, Pädagogik und Erziehungswissenschaft. In: Dietrich Benner, Michele Borrelli, Frieda Heyting, Christopher Winch (Hg.): Kritik in der Pädagogik. (Zeitschrift für Pädagogik, Beiheft 46). Weinheim, 96–110.
Benner, Dietrich 2005: Einleitung. In: Dietrich Benner: Erziehung – Bildung – Negativität. In: Zeitschrift für Pädagogik, Beiheft 49: 7–8.
Bergmann, Gustav, Jürgen Daub, Gerd Meurer 2004: Meta-Kompetenz: Von der relationalen zur absoluten Kompetenz. Abschlussbericht zum Forschungsprojekt Kompetenz und Selbstorganisation. QUEM Berlin 11-2004. Teil 3: Kompetenzentwicklungsprozesse (KEP) in sich selbst organisierenden sozialen Systemen. Kompetenzentwicklungskompetenz im Sinne eines generalisierten Levels der Selbstorganisation (KEK). Siegen, Köln. URL: https://www.econbiz.de/archiv/si/usi/marketing/metakompetenz_kompetenz.pdf.
Bettmann, Richard, Volker Hinnenkamp, Agnieszka Satola, Norbert Schröer 2017: Die Hochschule als interkultureller Aushandlungsraum. Einführung in die Exploration. In: Richard Bettmann, Volker Hinnenkamp, Agnieszka Satola, Norbert Schröer (Hg.): Die Hochschule als interkultureller Aushandlungsraum. Eine Bildungs-Exploration am Beispiel eines internationalen Studiengangs. Wiesbaden, 1–25.
Bolten, Jürgen 2016a: Interkulturelle Kompetenz – eine ganzheitliche Perspektive. In: polylog. Zeitschrift für interkulturelles Philosophieren 36: 23–38.
Bolten, Jürgen 2016b: Interkulturelle Trainings neu denken. Rethinking Intercultural Trainings. In: interculture journal 15, 26: 75–92.
Briscoe, Jon P., Douglas T. Hall 1999: Grooming and Picking Leaders Using Competency Frameworks: Do They Work? An Alternative Approach and New Guidelines for Practice. In: Organizational Dynamics 28, 2: 37–52.
Brüggen, Friedhelm 1988: Lernen – Erfahrung – Bildung oder: Kontinuität und Diskontinuität im Lernprozess. In: Zeitschrift für Pädagogik 34, 3: 299–314.
Buck, Günther 1989: Lernen und Erfahrung – Epagogik. Zum Begriff der didaktischen Induktion. 3. Aufl. Darmstadt.
Bußmann, Nicole 2018: Wann ist Führung agil? Editorial. In: managerSeminare 248: 3.

Council of Europe 2018: Reference Framework of Competences for Democratic Culture. Vol. 1: Context, Concepts and Model. URL: https://rm.coe.int/prems-008318-gbr-2508-reference-framework-of-competences-vol-1-8573-co/16807bc66c.

Dewe, Bernd 2004: Erwachsenenbildung/Weiterbildung. In: Heinz-Hermann Krüger, Cathleen Grunert (Hg.): Wörterbuch Erziehungswissenschaft. Wiesbaden, 122–129.

Dimitrova, Diana 2008: Das Konzept der Metakompetenz. Theoretische und empirische Untersuchung am Beispiel der Automobilindustrie. Wiesbaden.

Dreyfus, Hubert L., Stuart E. Dreyfus 1988: From Socrates to Expert Systems: The Limits of Calculative Rationality. In: Paul Rabinow, William M. Sullivan, Interpretive Social Science: A Second Look. Berkeley, 327–350.

Ehlers, Jan P., Christian Guetl, Susan Höntzsch, Claus A. Usener, Susanne Gruttmann 2013: Prüfen mit Computer und Internet. Didaktik, Methodik und Organisation von E-Assessment. In: Martin Ebner, Sandra Schön (Hg.): L3T. Lehrbuch für Lernen und Lehren mit Technologien. 2. Aufl. URL: https://www.pedocs.de/volltexte/2013/8348/pdf/L3T_2013_Ehlers_et_al_Pruefen_mit_Computer.pdf.

Erpenbeck, John 2014: Stichwort: „Kompetenzen". In: DIE – Zeitschrift für Erwachsenenbildung 3: 20–21.

Erpenbeck, John, Lutz von Rosenstiel 2007: Einführung. In: John Erpenbeck, Lutz von Rosenstiel (Hg.): Handbuch Kompetenzmessung. Erkennen, verstehen und bewerten von Kompetenzen in der betrieblichen, pädagogischen und psychologischen Praxis. 2. Aufl. Stuttgart, IX–XXXVII.

Erpenbeck, John, Simon Sauter, Werner Sauter 2015: E-Learning und Blended Learning. Selbstgesteuerte Lernprozesse zum Wissensaufbau und zur Qualifizierung. Wiesbaden.

Erpenbeck, John, Simon Sauter, Werner Sauter 2016: Social Workplace Learning. Kompetenzentwicklung im Arbeitsprozess und im Netz in der Enterprise 2.0. Essentials. Wiesbaden.

Erpenbeck, John, Werner Sauter 2013: So werden wir lernen! Kompetenzentwicklung in einer Welt fühlender Computer, kluger Wolken und sinnsuchender Netze. Berlin, Heidelberg.

Erpenbeck, John, Werner Sauter 2015: Kompetenzentwicklung mit humanoiden Computern. Die Revolution des Lernens via Cloud Computing und semantischen Netzen. Wiesbaden.

Fritz, Tina 2012: Die monetäre Bewertung von Bildungsmaßnahmen als Teilaspekt des betrieblichen Bildungscontrollings. Darstellung, kritische Beurteilung und Weiterentwicklung des gegenwärtigen Forschungsstandes. Hamburg.

Grosch, Harald 2005: Entwicklung von Qualifizierungsangeboten. In: Wolf Rainer Leenen, Harald Grosch, Andreas Groß (Hg.): Bausteine zur interkulturellen Qualifizierung der Polizei. Münster u. a., 165–226.
Groß, Andreas 2018a: Critical Incidents/Kritische Situationen als Instrumentarium für die Entwicklung inklusionssensibler Lehre. In: Andrea Platte, Melanie Werner, Stefanie Vogt, Heike Fiebig (Hg.): Praxishandbuch Inklusive Hochschuldidaktik. Weinheim, Basel, 167–178.
Groß, Andreas 2018b: Lehren und Lernen in der interkulturellen Weiterbildung. In: Wolf Rainer Leenen (Hg.): Handbuch Methoden interkultureller Weiterbildung. Göttingen, 169–271.
Groß, Andreas 2018c: Didaktisch-methodisches Handeln in der interkulturellen Weiterbildung. In: Wolf Rainer Leenen (Hg.): Handbuch Methoden interkultureller Weiterbildung. Göttingen, 273–323.
Groß, Andreas, Wolf Rainer Leenen 2018: Fallbasiertes Lernen: Einsatz von Critical Incidents. In: Wolf Rainer Leenen (Hg.): Handbuch Methoden interkultureller Weiterbildung. Göttingen, 325–385.
Grunert, Cathleen 2012: Bildung und Kompetenz. Theoretische und empirische Perspektiven auf außerschulische Handlungsfelder. Wiesbaden.
Hanschke, Inge 2017: Agile in der Unternehmenspraxis. Fallstricke erkennen und vermeiden, Potenziale heben. Wiesbaden.
Helmolt, Katharina von 2007: Interkulturelles Training: Linguistische Ansätze. In: Jürgen Straub, Arne Weidemann, Doris Weidemann (Hg.): Handbuch Interkulturelle Kommunikation und Kompetenz. Stuttgart, Weimar, 763–773.
Henze, Jürgen 2011: Intuition und/oder Wissen: zur Bedeutung heuristischer Modelle in der interkulturellen Kommunikationsforschung. In: Elke Bosse, Beatrix Kreß, Stephan Schlickau (Hg.): Methodische Vielfalt in der Erforschung interkultureller Kommunikation an deutschen Hochschulen. Frankfurt am Main u. a., 81–101
Henze, Jürgen 2017: Theorie-Inseln und Praxis-Camps: Horizonte der Interkulturellen Kompetenzdiskussion In: Elke Rößler, Wilhelm, Alexander und wir: Einheit von Lehre und Forschung im Fremdsprachenunterricht an Hochschulen. Dokumentation der 29. Arbeitstagung des AKS 2016. Bochum.
Hof, Christiane 2002: (Wie) lassen sich soziale Kompetenzen bewerten? In: Ute Clement, Rolf Arnold (Hg.): Kompetenzentwicklung in der beruflichen Bildung. Opladen, 153–166.
Hofert, Svenja 2018: Das agile Mindset. Mitarbeiter entwickeln, Zukunft der Arbeit gestalten. Wiesbaden.
Hofert, Svenja, Claudia Thonet 2019: Der agile Kulturwandel. 33 Lösungen für Veränderungen in Organisationen. Wiesbaden.

Hoffmeier, Andrea, Dolores Smith 2013 (Hg.): Interkulturelle Kompetenz und kulturelle Erwachsenenbildung. Erfahrungsfelder, Möglichkeitsräume, Entwicklungsperspektiven. Bielefeld, 31–39.
Hofmann, Heidemarie, Birgit Mau-Endres, Bernhard Ufholz 2005: Schlüsselqualifikation Interkulturelle Kompetenz. Arbeitsmaterialien für die Aus- und Weiterbildung. Bielefeld.
Holzbrecher, Alfred 2010: Didaktik interkulturellen Lernens. In: Hans-Joachim Roth, Charis Anastasopoulos (Hg.): Enzyklopädie Erziehungswissenschaft. Weinheim, München, 1–28.
Holzkamp, Klaus 1995: Lernen. Eine subjektwissenschaftliche Grundlegung. Frankfurt am Main, New York.
Holzkamp, Klaus 2004: Wider den Lehr-Lern-Kurzschluß. Interview zum Thema „Lernen". In Peter Faulstich, Joachim Ludwig (Hg.): Expansives Lernen: Grundlagen der Berufs- und Erwachsenenbildung. Baltmannsweiler, 29–38.
Jumpertz, Sylvia 2017: Sicher durchs Ungewisse. Entscheiden in der VUKA-Welt. In: managerSeminare 233: 60–68.
Kade, Jochen, Christiane Hof, Daniela Peterhof 2008: Verzeitlichte Bildungsgestalten: Subjektbildung im Kontext des Lebenslangen Lernens. In: REPORT. Zeitschrift für Weiterbildungsforschung 31, 4: 9–22.
Kammhuber, Stefan 2000: Interkulturelles Lehren und Lernen. Wiesbaden.
Kerber, Anne, Franziska Strosche 2008: Interkulturelle Kompetenz: Anmerkungen zur Reflexion bisheriger Ansätze in Theorie und Praxis. Potsdam. URL: https://raa-brandenburg.de/Portals/4/media/UserDocs/Analyse_endf_%C3%B6ffentlich.pdf.
Kokemohr, Rainer 2007: Bildung als Welt- und Selbstentwurf im Anspruch des Fremden. Eine theoretisch-empirische Annäherung an eine Bildungsprozesstheorie. In: Hans-Christoph Koller, Winfried Marotzki, Olaf Sanders (Hg.): Bildungsprozesse und Fremdheitserfahrung. Beiträge zu einer Theorie transformatorischer Bildungsprozesse. Bielefeld, 13–68.
Kunz, Thomas 2016: Von Interkultureller Kompetenz zu Vielfaltskompetenz? Zur Bedeutung von Interkultureller Kompetenz und möglicher Entwicklungsperspektiven. In: Petia Genkova, Tobias Ringeisen (Hg.): Handbuch Diversity Kompetenz. Band 2: Gegenstandsbereiche. Wiesbaden, 13–31.
Leenen, Wolf Rainer 2007: Interkulturelles Training: Psychologische und pädagogische Ansätze. In: Jürgen Straub, Arne Weidemann, Doris Weidemann (Hg.): Handbuch Interkulturelle Kommunikation und Kompetenz. Stuttgart, Weimar: 773–784.
Leenen, Wolf Rainer, Andreas Groß (in Vorbereitung): Interkulturelle Kompetenz(en): Modellbildung – Erfassung – Entwicklung. In: Jürgen

Henze, Steve J. Kulich, Zhiqiang Wang (Hg.): Deutsch-chinesische Perspektiven interkultureller Kommunikation und Kompetenz. Wiesbaden.
Marotzki, Winfried 1990: Entwurf einer strukturalen Bildungstheorie. Biographietheoretische Auslegung von Bildungsprozessen in hochkomplexen Gesellschaften. Weinheim.
Mendenhall, Mark E., Günther K. Stahl, Ina Ehnert, Gary Oddou, Joyce S. Osland, Torsten M. Kühlmann 2004: Evaluation Studies of Cross-Cultural Training Programs: A Review of the Literature from 1988 to 2000. In: Dan Landis, Janet M. Bennett, Milton J. Bennett (Hg.): Handbook of Intercultural Training. 3rd ed. London, New Delhi, 129–143.
Moosmüller, Alois 2007: Interkulturelle Kommunikation als Wissen und Alltagspraxis. In: Brigitta Schmidt-Lauber (Hg.): Ethnizität und Migration. Einführung in Wissenschaft und Arbeitsfelder. Berlin, 235–254.
Moosmüller, Alois, Jana Möller-Kiero 2014: Interkulturalität und kulturelle Diversität: Einführung. In: Alois Moosmüller, Jana Möller-Kiero (Hg.): Interkulturalität und kulturelle Diversität. (Münchener Beiträge zur interkulturellen Kommunikation 26). Münster u. a., 9–25.
Nazarkiewicz, Kirsten 2010: Interkulturelles Lernen im Gespräch: Forschungs(gegen)stand, Methode und Datenbasis. In: Kirsten Nazarkiewicz: Interkulturelles Lernen als Gesprächsarbeit. Wiesbaden.
Nazarkiewicz, Kirsten 2016: Kulturreflexivität statt Interkulturalität? Re-thinking cross-cultural – A culture reflexive approach. In: interculture journal 15, 26: 23–32.
Negri, Christoph, Birgitta Braun, Birgit Werkmann-Karcher, Barbara Moser 2010: Grundlagen, Kompetenzen und Rollen. In: Christoph Negri (Hg.): Angewandte Psychologie für die Personalentwicklung. Konzepte und Methoden für Bildungsmanagement, betriebliche Aus- und Weiterbildung. Wiesbaden, 7–68.
Nerdinger, Friedemann W., Gerhard Blickle, Niclas Schaper 2014: Arbeits- und Organisationspsychologie. 3., vollst. überarb. Auflage. Berlin, Heidelberg.
Nieke, Wolfgang 2012: Kompetenz und Kultur. Beiträge zur Orientierung in der Moderne. Wiesbaden.
Nohl, Arnd-Michael 2006: Die Bildsamkeit spontanen Handelns. Phasen biografischer Wandlungsprozesse in unterschiedlichen Lebensaltern. In: Zeitschrift für Pädagogik 52, 1: 91–107.
Nohl, Arnd-Michael, Florian von Rosenberg 2012: Interkulturelle Bildungsprozesse in außerschulischen Kontexten. In: Ulrich Bauer, Uwe H. Bittlingmayer, Albert Scherr (Hg.): Handbuch Bildungs- und Erziehungssoziologie. Wiesbaden, 847–861.

O'Reilly, Claire, Maik Arnold 2005: Interkulturelle Trainings in Deutschland: Theoretische Grundlagen, Zukunftsperspektiven und eine annotierte Literaturauswahl. Frankfurt am Main, London.

Otten, Matthias, Alexander Scheitza, Andrea Cnyrim 2009: Die Navigation im interkulturellen Feld. Eine gemeinsame Einleitung für beide Bände. In: Matthias Otten, Alexander Scheitza, Andrea Cnyrim (Hg.): Interkulturelle Kompetenz im Wandel. Band 1: Grundlegungen, Konzepte, Diskurse. Münster, 15–40.

Öztürk, Halit, Sara Reiter 2017: Migration und Diversität in Einrichtungen der Weiterbildung. Eine empirische Bestandsaufnahme in NRW. Bielefeld.

Rathje, Stephanie 2006: Interkulturelle Kompetenz Zustand und Zukunft eines umstrittenen Konzepts. In: Zeitschrift für Interkulturellen Fremdsprachenunterricht 11, 3. URL: https://tujournals.ulb.tu-darmstadt.de/index.php/zif/article/view/396/384.

Reichart, Elisabeth, Dieter Gnahs 2014: Weiterbildung: Begriffe, Datenlage und Berichtssysteme. In: Deutsches Institut für Erwachsenenbildung (Hg.): Trends der Weiterbildung. DIE-Trendanalyse 2014, 11–24. URL: https://www.die-bonn.de/doks/2013-weiterbildung-07.pdf.

Robak, Steffi 2010: Interkulturelle Bildungsangebote. Formen „Beigeordneter Bildung" im Unternehmenskontext. In: Karin Dollhausen, Timm C. Feld, Wolfgang Seitter (Hg.): Erwachsenenpädagogische Organisationsforschung. 1. Aufl. Wiesbaden, 219–236.

Robak, Steffi, Marion Fleige, Isabell Petter 2016: Zugänge Interkultureller Bildung. Befunde, Interpretationen, Theoriebildung. In: Merle Hummrich, Nicolle Pfaff, İnci Dirim, Christine Freitag (Hg.): Kulturen der Bildung. Kritische Perspektiven auf erziehungswissenschaftliche Verhältnisbestimmungen. Wiesbaden.

Robak, Steffi, Isabell Petter 2014: Theorie und Praxis der Erwachsenenbildung. Programmanalyse zur interkulturellen Bildung in Niedersachsen. Bielefeld.

Roth, Hans-Joachim 2000: Allgemeine Didaktik. In: Hans H. Reich, Alfred Holzbrecher, Hans-Joachim Roth (Hg.): Fachdidaktik interkulturell. Ein Handbuch. Opladen, 11–54.

Rummler, Monika 2005: Interkulturelle Weiterbildung für Multiplikator/innen in Europa. (Europäische Hochschulschriften Reihe 11, BD. 935). Frankfurt am Main.

Sälzer, Christine, Nina Roczen 2018: Die Messung von Global Competence im Rahmen von PISA 2018. Herausforderungen und mögliche Ansätze zur Erfassung eines komplexen Konstrukts. In: Zeitschrift für Erziehungswissenschaft 21: 299–316.

Schäfer, Alfred 2009: Bildende Fremdheit. In: Lothar Wigger (Hg.): Wie ist Bildung möglich? Bad Heilbrunn, 185–200.

Schäffter, Ortfried 1991: Modi des Fremderlebens. Deutungsmuster im Umgang mit Fremdheit. Erstmalig erschienen in: Ortfried Schäffter (Hg.): Das Fremde. Erfahrungsmöglichkeiten zwischen Faszination und Bedrohung. Opladen, 11–42. URL: https://www.erziehungswissenschaften.hu-berlin. de/de/ebwb/team-alt/schaeffter/downloads/III_19_Modi_des_Fremderle bens.pdf.

Schäffter, Ortfried 2014: Zielgruppenbestimmung als Planungsprinzip. Zugangswege zur Erwachsenenbildung im gesellschaftlichen Strukturwandel. Ulm, Münster.

Schenk, Eberhard 2006: Aus der Praxis: Interkulturelle Kompetenz in der betrieblichen Weiterbildung. In: Gruppendynamik und Organisationsberatung 37, 1: 51–59.

Siebert, Horst 2009: Theorieansätze in der Erwachsenenbildung. In: MAGAZIN erwachsenenbildung.at. Das Fachmedium für Forschung, Praxis und Diskurs. Ausgabe 7/8. Wien. URL: http://www.erwachsenenbildung. at/magazin/09-7u8/meb09-7u8.pdf.

Stengel, Verena 2007: Interkulturelles Lernen mit kooperativen Methoden. (Europäische Hochschulschriften, Reihe IV). Frankfurt am Main.

Straub, Jürgen 2010: Lerntheoretische Grundlagen. In: Arne Weidemann, Jürgen Straub, Steffi Nothnagel (Hg.): Wie lehrt man interkulturelle Kompetenz? Theorien, Methoden und Praxis in der Hochschulausbildung. Bielefeld, 31–98.

Straub, Jürgen 2018: Das Selbst als interkulturelles Kompetenzzentrum. Ein zeitdiagnostischer Blick auf die wuchernde Diskursivierung einer „Schlüsselqualifikation". In: Pradeep Chakkarath, Doris Weidemann (Hg.): Kulturpsychologische Gegenwartsdiagnosen: Bestandsaufnahmen zu Wissenschaft und Gesellschaft. Bielefeld, 149–202.

Straub, Jürgen, Steffi Nothnagel, Arne Weidemann 2010: Interkulturelle Kompetenz lehren: Begriffliche und theoretische Voraussetzungen. In: Arne Weidemann, Jürgen Straub, Steffi Nothnagel (Hg.): Wie lehrt man interkulturelle Kompetenz? Theorien, Methoden und Praxis in der Hochschulausbildung. Bielefeld, 15–28.

Termer, Frank 2016: Agilität als wissenschaftlicher Forschungsgegenstand. In: Frank Termer: Determinanten der IT-Agilität. Wiesbaden, 15–56.

Thomas, Alexander 2003: Interkulturelle Kompetenz – Grundlagen, Probleme und Konzepte. In: Erwägen – Wissen – Ethik (EWE). Forum für Erwägungskultur 14, 1: 137–150.

Thomas, Alexander 2009: Interkulturelles Training. In: Gruppendynamik und Organisationsberatung, Vol. 40, 2: 128–152.

Vanderheiden, Elisabeth, Claude-Hélène Mayer 2014 (Hg.): Handbuch Interkulturelle Öffnung. Grundlagen, Best Practice, Tools. Göttingen.
Vieweg, Wolfgang 2015: Management in Komplexität und Unsicherheit für agile Manager. Wiesbaden.
Waldenfels, Bernhard 1991: Der Stachel des Fremden. Frankfurt am Main.
Weber, Susanne, Frank Achtenhagen 2010: Molare didaktische Ansätze zur Förderung forschungs- und evidenzbasierter Lehr-Lern-Prozesse. In: Jürgen Seifried, Eveline Wuttke, Reinhold Nickolaus, Peter F. E. Sloane (Hg.): Lehr-Lernforschung in der kaufmännischen Berufsbildung Ergebnisse und Gestaltungsaufgaben. In: Zeitschrift für Berufs- und Wirtschaftspädagogik 23, Beiheft: 13–26.
Winkel, Sandra, Frank Petermann, Ulrike Petermann 2006: Lernpsychologie. 1. Aufl. Stuttgart.
Zeuner, Christiane 2013: Entwicklung und Umsetzung eines didaktisch-methodischen Konzepts zur politischen Bildung. Oskar Negts „Gesellschaftliche Kompetenzen". In: Magazin erwachsenenbildung.at, 20. Wien. URL: https://www.pedocs.de/volltexte/2013/8406/pdf/Erwachsenenbildung_20 _2013_Zeuner_Entwicklung_und_Umsetzung.pdf.
Zima, Peter V. 2014: Kulturwissenschaftliche Theoriebildung im interkulturellen Kontext. In: Elias Jammal (Hg.): Kultur und Interkulturalität. Interdisziplinäre Zugänge. Wiesbaden, 71–83.

Der Referenzrahmen *Competences for Democratic Cultures* – eine Interpretation der interkulturellen Kompetenz in der europäischen Bildungspolitik

Ivett Guntersdorfer

„Sind wir noch gute Europäer?" Dieser Satz entstammt der Dankesrede von Jürgen Habermas zum Französischen Medienpreis, der in *Der Zeit* am 5. Juli 2018 erschien. Die Frage von Habermas kann man hinsichtlich der aktuellen sozialpolitischen Lage Europas durchaus als zeitgemäß und entscheidend bezeichnen. Wenn man sich die in dem folgenden Artikel problematisierte Arbeit des Europarats zum Thema der interkulturellen Kompetenz vor Augen führt, wird uns Kulturwissenschaftlern, Ethnologen, Psychologen und Kommunikationswissenschaftlern zweifelsohne deutlich, dass diese Zwischenfrage auch für die Lehre und Forschung der interkulturellen Kommunikation eine gewichtige Relevanz hat.

Wenn wir das Thema interkulturelle Kompetenz erforschen, gehen wir es aus einer ethischen Einstellung heraus und meistens ohne politischen Bezug an. Wenn man jedoch interkulturelle Kompetenz aus einer Makroperspektive betrachtet, ist sie von den gesellschaftlichen Zusammenhängen und von einer unmittelbaren Verlinkung mit der politischen Welt nur bedingt abzutrennen. Dass zwischen der Politik in Europas Ländern und der Thematik der Interkulturalität eine enge Verbindung besteht, zeigt die bildungspolitische Arbeit des Europarates, die in den letzten zehn Jahren zum Thema der Interkulturalität und interkulturellen Kompetenz in wesentlichen Punkten beitrug. Der folgende Artikel skizziert die Pläne und Maßnahmen des Europarats zum Thema des interkulturellen Dialogs, stellt den neuen Referenzrahmen Competences for Democratic Cultures (RFCDC) vor, und diskutiert Kritikpunkte im Spiegel bisheriger Modelle der interkulturellen Kompetenz.

Der Europarat – ein Forum für interkulturelle Themen

Der 1949 gegründete Europarat (Council of Europe), zu dem heute mittlerweile 47 Mitgliedstaaten gehören, ist ein Forum für Debatten über allgemeine europäische Fragen. Insbesondere diskutiert der Europarat durch Einbeziehen von Experten wirtschaftliche und soziale Maßnahmen, die zwischen den Mitgliedsstaaten einen besseren Austausch ermöglichen sollen. Wie der erste Satz in seiner Satzung bezeugt, ist der Europarat dem interkulturellen Dialog zwischen den Staaten gewidmet: „Der Europarat hat die Aufgabe, einen engeren Zusammenschluß unter seinen Mitgliedern zu verwirklichen" (Satzung des Europarats, Art. 1).

Der Europarat ist institutionell nicht mit der Europäischen Union zu verwechseln und ist nicht direkt mit ihr verbunden, obwohl seit 2007 eine engere Verbindung zwischen den zwei Institutionen laut ihrer Absichtserklärung angestrebt wird (Committee of Ministers Council of Europe CM(2007)74). Wie aus diesem Memorandum hervorgeht, hat der Europarat die ausdrückliche Intention, mit der Europäischen Union zu kooperieren, um insbesondere den interkulturellen Austausch und die Bildung der sozialen Kohäsion zu ermöglichen. Zur Förderung einer stärkeren Zusammenarbeit wurde von dem seit dem 1. Oktober 2009 amtierenden Generalsekretär Thorbjørn Jagland eine Reform des Europarats angekündigt.

Inklusion als gesellschaftliche Aufgabe ist seit 2016 im Fokus der Arbeit des Europarates. Damit ist ein interkultureller Dialog zwischen den verschiedenen Kulturen gemeint und nicht ein Multikulturalismus. In dem Action Plan heißt es konkret (Committee of Ministers Council of Europe CM(2016)25) „Building Inclusive Societies":

„Europe's cultural fabric has long been a rich tapestry, made up of many different traditions, heritages and outlooks. Diversity, however, must be managed. Integration does not happen by accident. Without smart policies to foster it and to promote mutual understanding and respect, parallel societies emerge: people living alongside one and other, rather than living together."

Hier sehen wir eine deutliche Zusage zum Interkulturalismus, der laut des Aktionsplans hauptsächlich durch politische Maßnahmen („smart policies") von oben angesteuert werden soll („diversity must be managed"). Neben der Äußerung eines politischen Vorhabens, zählt das Dokument Gefahren auf, die eine besondere Aufmerksamkeit brauchen. Dazu gehören Migrationswellen („migration flows"), Rassismus, Intoleranz, Hassrede („hate speech"), das Entstehen xenophober und populistischer Parteien und die Bildung von Parallelgesellschaften (ebd.). Zur Bekämpfung dieser Gefahren für die Gesellschaft wurden im Rahmen des Aktionsplans drei Arbeitsgebiete identifiziert: 1. Bildung, 2. Bekämpfung von Intoleranz und Diskriminierung und 3. die Unterstützung von Inklusion. Darüber hinaus hat sich der Europarat bereit erklärt, den Mitgliedsstaaten in diesen Fragen Hilfe zu leisten, um effektive Integrations- und Bildungsstrategien zu entwickeln. Im Dokument heißt es explizit: „Funding will be provided from the Council of Europe's Ordinary Budget, as well as voluntary contributions from member states and international organisations and partner institution" (ebd.).

Entwicklung Referenzrahmen Competences for Democratic Cultures (RFCDC)

RFCDC – Das Reference Framework Competences for Democractic Cultures ist ein Referenzrahmen, der in dem Action Plan „Inclusion" entwickelt wurde, und bis heute als „Flagship-Project" des Europarates gilt. Zur theoretischen Entwicklung des Projektes trugen laut Mitarbeiter des Education Departments im Wesentlichen zwei Konferenzen bei, die 2013 stattfanden (Reynolds 2018). In Andorra la Vella wurde die Konferenz „Competences for culture of democracy and intercultural dialogue: a political challenge and values" organisiert, die sich dem Thema der demokratischen Kompetenzen widmete. Im Rahmen dieser Konferenz, wie der Titel auch zeigt, wurde festgelegt, dass für Demokratie und für den interkulturellen Dialog gewisse Kompetenzen essentiell sind, die durch Bildung gezielt gefördert werden müssen. Dieses Ziel wurde in Helsinki, auf der „24th Session of the Council of Europe Standing Conference of Ministers of Education" bestätigt: „[C]ompetences for a culture of democracy *and* intercultural dialogue were fundamental to our societies today and that they should be described and put into practice in our formal education system" (Reynolds 2018). Dass interkulturelle Kompetenz mit den demokratischen Kompetenzen zusammengefügt beziehungsweise gleichgesetzt werden sollen, geht aus den Dokumenten über diese Konferenzen nicht hervor. In dem 2016 entstandenen Modell Competences for Democratic Culture ist die Unterscheidung zwischen interkultureller Kompetenz und demokratischen Kompetenzen jedoch nicht erkennbar, wie die Darstellung des Modells in den nächsten Textabschnitten aufzeigt.

Die Erstellung des Referenzrahmens war ein durchaus großangelegtes Forschungsprojekt. Wie Martyn Barrett, mitarbeitender Experte des CDC-Projektes berichtete, wurden zur Entwicklung des CDC-Modells 101 konzeptuelle Entwürfe, Schemen und Theorien zur interkulturellen Kompetenz und zu demokratischen Kompetenzen von einem Team von Wissenschaftlern, Bildungsexperten, Lehrern und politischen Entscheidungsträgern gesichtet und analysiert (Barrett et al. 2018; Barrett, Pachi 2019). Viele von diesen Modellen wurden auch in der Publikation des Referenzrahmens gelistet (wobei auffällt, dass es kaum Beiträge aus dem deutschsprachigen Raum gibt). Zu den gelisteten Kompetenzen wurden nicht weniger als 2 085 potentielle Deskriptoren evaluiert, die von mehr als 3 000 Lehrern in Europa bearbeitet wurden. Die 126 Schlüsselindikatoren wurden letztlich in drei Fertigkeitsstufen (Grundstufe, Mittelstufe, Oberstufe) eingeordnet, und unterschiedlichen Bildungsstufen (Kindergarten, Grundschule, Hochschule/Universität) zugeteilt.

Nach einer erfolgreichen Präsentation des Modells auf der Standing Conference of Ministers of Education in Brüssel in April 2016, ist der Referenzrahmen bereits in der Implementierungsphase. Auf die Publikation des Modells in 2016 *(Competences for Democratic Culture – Living together as equals in culturally diverse democratic societies)* folgten drei Bände (Vol. 1: *Context, Concept and Model*, Vol. 2: *Descriptors*, Vol. 3: *Guidance for Implementation*). Mit den drei Ergänzungspublikationen wurde CDC zu einem umfassenden Referenzrahmen „Reference Framework of Competences for Democratic Culture" (RFCDC), der im April 2018 auf der Konferenz „Democratic Culture – from words to action" in Kopenhagen offiziell ins Leben gerufen wurde (Barrett, Pachi 2019). Auf der Konferenz nahmen Bildungsminister und Repräsentanten aus 50 europäischen Ländern teil, um Strategien zur Implementierung des Modells zu entwickeln. Die wichtigsten Punkte dazu stehen auf der Webseite des Education Department des Europarates. Das in 2016 erschienene Grundmodell ist kostenlos in neun Sprachen, in einer gekürzten Version in achtzehn Sprachen, auf der Webseite des Europarats kostenfrei abrufbar.

CDC – Competences for Democratic Culture

Zwanzig Kompetenzen werden im Modell in vier Kategorien geordnet. Aufgrund der bildlichen und sehr überschaubaren Darstellung wird der Referenzrahmen oft „Butterfly-Model" genannt (siehe Abbildung 1).

Die Aufteilung der Kompetenzen in Werte, Fähigkeiten, Einstellungen, Wissen und kritisches Denken lässt bekannte und verbreitete sogenannte Listenmodelle der interkulturellen Kompetenz wiedererkennen (u. a. Bolten 2007). Diese Modelle zeigen eine gewisse Beliebigkeit der Komponenten der interkulturellen Kompetenz und wurden aus dem Grund unter anderem von Jürgen Straub stark kritisiert (Leenen 2019: 140, Straub 2018). Die Elemente früherer Listenmodelle wurden, wie Straub schreibt, oft „nach intuitiven Plausibilitätsgesichtspunkten und nach Maßgabe des (vermeintlich) allgemein Erwünschten zusammengestellt" (Straub 2018: 165). Dadurch, dass das CDC-Modell durch einen empirisch durchdachten Entwicklungsprozess entstanden ist, kann man jedoch bei diesem Referenzrahmen über einen deutlichen Fortschritt sprechen, auch wenn das CDC auf den ersten Blick als einfaches Listenmodell mit kurzen Definitionen erscheint.

Um die inhaltliche Problematik zu veranschaulichen, wird hier die Beschreibung der Empathie zitiert: „Empathie ist eine Gruppe von Fähigkeiten, die erforderlich sind, um die Gedanken, Überzeugungen und Gefühle andere

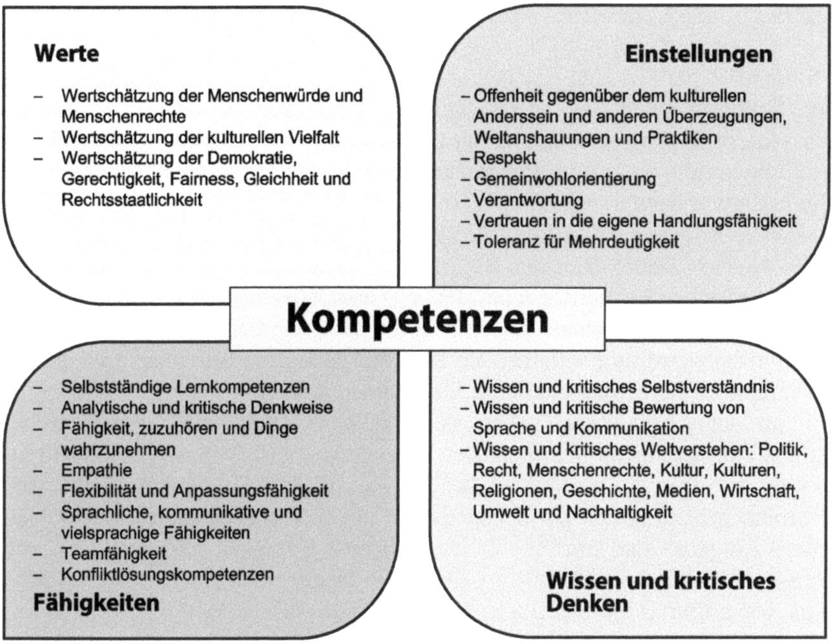

Der Referenzrahmen Competences for Democratic Cultures 129

Abbildung 1: Kompetenzen für eine demokratische Kultur (Europarat 2018: 11)

[sic] Menschen zu verstehen, mit ihnen umzugehen und die Welt aus Sicht anderer Menschen zu sehen" (Europarat 2018: 14). Diese sehr allgemein gehaltene Formulierung wird später bei der Beschreibung der Deskriptoren mit zwanzig Zeilen und einer langen Fußnote ergänzt (Europarat 2018: 47–48), und ist damit einer der Deskriptoren, die eine etwas längere und damit auch ausführlichere Definition erhielt. Gerade über Empathie herrschte in den letzten zehn Jahren ein reger Wissenschaftsdiskurs. In den letzten Jahren erschienen einige tiefgehende und kritische Publikationen zur Erklärung und Definition der Empathie, darunter sind auch einige Veröffentlichungen, die die negative (oder schädliche) Seite der Empathie hervorheben: Danach kann Empathie bei manipulativen und sadistischen Handlungen eine große Rolle spielen oder zum Selbstverlust führen (u. a. Bloom 2016, Breithaupt, 2017). Dieses Beispiel zeigt, wie die definitorische Knappheit zu einer inhaltlichen Problematik führen kann, was potentiell eine wissenschaftliche Kritik nach sich ziehen kann.

Interkulturelle Kompetenz – Vereinfachung einer Komplexität?

Hinsichtlich der fast unüberschaubaren Menge von wissenschaftlichen Artikeln und Erklärungsmodellen der interkulturellen Kompetenz und des facettenreichen interdisziplinären Diskurses der letzten Jahre, verbergen die knappen Bezeichnungen der zwanzig Komponenten die Komplexität dieser Thematik. Auch die in diesem Konferenzband veröffentlichten Publikationen der Tagung *Interkulturelle Kompetenz: kritische Perspektiven* bezeugen einen durchaus vielfältigen Diskurs. Selbst über den Begriff der interkulturellen Kompetenz gibt es bis heute keinen Konsens unter den Wissenschaftlern, wie der US-amerikanische Kulturanthropologe Alvino Fantini 2018 auf einer internationalen Tagung in seiner zusammenfassenden Keynote-Rede über den Status quo der internationalen ICC-Kompetenzforschung lamentierte.

Im deutschsprachigen Wissenschaftsdiskurs findet sich besonders bei Straub eine vehemente Kritik an der Vereinfachung der interkulturellen Kompetenz zu einem „Soft-Skills-Talk" (Straub 2018). Wie Straub (2018: 167) schreibt, geht es bei diesen Kompetenzen um eine „höchstkomplexe Übersetzungs-Aufgabe" und um eine „wissensbasierte Fähigkeit und Fertigkeit von Personen, möglichst differenziert verstehen, beschreiben und erklären zu können, wie kulturell Fremde ticken und warum das der Fall ist".

Interkulturelle Kompetenz in RFCDC?

Die bildliche Darstellung des Referenzrahmens CDC lässt auf einen Blick erkennen, dass der Begriff „interkulturelle Kompetenz" im Modell nicht erscheint, und dass die Thematik der Kultur insgesamt nicht mehr im Vordergrund zu stehen scheint. Hier stellt sich für Kulturwissenschaftler und Interkulturalisten die Frage: Geht es eigentlich überhaupt noch um interkulturelle Kompetenz?

Fest steht, dass interkultureller Dialog und die aktive, auf wissenschaftlichen Erkenntnissen basierte Förderung der interkulturellen Kompetenz in der Arbeit des Europarates immer zentrale Themen in den vergangenen Jahren waren. Wie die Veröffentlichungen in den letzten Action Serien (Pestalozzi Serie) bezeugen, wurde interkulturelle Kompetenz als Schlüsselkompetenz sehr deutlich in den Vordergrund der Bildungsthematik in Europa gerückt (Council of Europe 2011, 2012, 2014). Für die Förderung der interkulturellen Kompetenz in Schule und Hochschule wurden durch ein Team von internationalen Wissenschaftlern ausführliche pädagogische Vorschläge gemacht, die in der Entwicklung von vielen interkulturellen Übungen resultierten. Diese wurden für Bildungsträger und Pädagogen zum Teil im Internet und zu geringen Kosten auf der Webseite des Council of Europe angeboten.

Developing intercultural Competence (2013)	Competences for Democratic Cultures (2016)
„Intercultural Competence is therefore a combination of *attitudes, knowledge, understanding and skills* applied through action which enable one, either singly or together with others, to: – understand and respect *people who are perceived to have different cultural affiliations* from oneself – respond *appropriately, effectively* and respectfully – establisch positive and constructive relationships" (7)	„Democratic and intercultural competence is defined as the ability to mobilise and deploy relevant *values, attitudes, skills, knowledge and/or understanding* in order to *respond appropriately and effectively* to the demands, challenges and opportunities that are presented by *democratic and intercultural situations*. Competence is treated as a dynamic process in which a competent individual mobilises and deploys clusters of psychological resources in an active and adaptive manner in order to respond to new circumstances as these arise." (10)

Abbildung 2: „Intercultural Competence" vs. „Democratic and intercultural competences"

Bei Durchsicht der Publikationen des Europarates bis 2016 lässt sich feststellen, dass die Ausdrücke „interkultureller Dialog" (interkultureller Austausch) und „interkulturelle Kompetenz" vor dem Entstehen des Modells deutlich und konkret definiert und verwendet wurden. Diese Präzision ist im CDC nicht mehr klar vorhanden. Der Ausdruck interkultureller Dialog erhält noch eine klar formulierte Definition:

„Intercultural dialogue is therefore defined as dialogue that takes place between individuals or groups who perceive themselves as having different cultural affiliations from each other. It is noted that, although intercultural dialogue is extremely important for fostering tolerance and enhancing social cohesion in culturally diverse societies, such dialogue can be extremely demanding and difficult in some circumstances" (Competences for Democratic Cultures 2016: 10).

Im Gegensatz dazu erscheint interkulturelle Kompetenz in CDC nicht mehr als selbständiger und alleinstehender Ausdruck, sondern stets in Plural und in Verbindung mit demokratischen Kompetenzen („democratic und intercultural competences"). Um diese Verschiebung deutlich zu machen wird hier (siehe Abbildung 2) die Verwendung der Ausdrücke und Definitionen miteinander verglichen. Die erste Spalte stammt aus einem älteren Dokument von Council of Europe (2013), die zweite aus dem Text der CDC (2016).

Wie die Abbildung zeigt, sind die Definitionen von 2013 und 2016 fast identisch. In der Beschreibung der interkulturellen Kompetenz tauchen die gleichen Begriffe auf, wie bei der Bestimmung der Kompetenzen für demokratische Kultur: Einstellungen, Wissen, Verständnis und Fähigkeiten werden aufgelistet, sowie das effektive und angemessene Verhalten. Der Unterschied scheint in der Kontextbezogenheit zu liegen. Während in CDC demokratische und interkulturelle Situationen („democratic and intercultural situations") im Vordergrund stehen, wird interkulturelle Kompetenz im Text von 2013 für den Umgang mit Menschen aus anderen Kulturen gebraucht („people who are perceived to have different cultural affiliations from oneself") (siehe Abbildung 2, oben).

Der Text aus dem CDC-Modell (2016) weist stärker auf die psychologischen Prozesse und den Kontext hin und scheint daher eine Weiterentwicklung zu sein. Jedoch wird bei einer näheren Betrachtung deutlich, dass der Begriff der interkulturellen Kompetenz durch die Verschiebung zu dem politischen Themenkomplex „Demokratie" diffus wird. Konkret geht es hier zuerst um zwei Fragen, die der neue Referenzrahmen unmittelbar auf der theoretischen Ebene stellt: Erstens: Was sind demokratische und interkulturelle Situationen, um die es hier geht? Und zweitens: Was sind demokratische Kompetenzen und was die interkulturellen Kompetenzen? Diese Fragen bleiben bei dem aktuellen Stand des CDC-Projektes unbeantwortet. Die Begrifflichkeiten sind weder in der Veröffentlichung des Referenzrahmens von 2018 noch in den Folgepublikationen definiert.

Interkulturelle Kompetenz ≠ Demokratische Kompetenz

Der Titel des Modells (Competences for Democratic Cultures) führt uns zu der durchaus kontroversen Frage, die dieses Projekt betrifft: Ist demokratische Kompetenz mit interkultureller Kompetenz gleichzusetzen? Die Bejahung dieser Frage würde bedeuten, dass Menschen in nichtdemokratischen Kulturen keine interkulturelle Kompetenz haben oder dass interkulturelle Kompetenz nicht relevant ist für Menschen in Ländern, in denen Demokratie nicht praktiziert wird. Dass Wissenschaftler und Akteure der internationalen und interkulturellen Bildungsarbeit diese (un-)logischen und banalen Fragen nicht stellen würden, ist hier selbstverständlich vorausgesetzt. Der Text ist nicht für die theoretische Diskussion und Weiterentwicklung des wissenschaftlichen und politischen Diskurses gedacht, wie auch die Angaben auf der ersten Seite des Dokuments deutlich machen: „Das Dokument richtet sich an Leser, die die zugrunde liegenden Annahmen und technischen Details des Modells verstehen möchten" (CDC, 3).

Die Frage nach der Intention, das Wort „politische" zu verwenden, führt jedoch zu einer Kritik, die in diesem Kontext bisher kaum diskutiert wurde: die Annahme, wonach interkultureller Kompetenz eine universelle Gültigkeit zukommt (vgl. Straub 2018: 171–173). Zwar lässt sich anhand der an dem CDC-Projekt beteiligten Wissenschaftler aus unterschiedlichen Ländern feststellen, dass in diesem Bildungsprojekt interdisziplinär und international gearbeitet wurde, man kann jedoch anmerken, dass nicht alle Länder des Europarates repräsentiert sind. Unter anderen waren zum Beispiel keine Vertreter der Interkulturellen Kommunikation aus Deutschland an der Erarbeitung des CDC-Referenzrahmens beteiligt und unter den Referenzen findet man (fast) keine Beiträge aus dem deutschen Wissenschaftsbetrieb. Auch wenn wir diesen Punkt unbeachtet lassen, können wir ein gewichtiges Faktum nicht beiseitelegen: Interkulturelle Kompetenz ist nicht mit demokratischen Kompetenzen (wie auch immer sie definiert werden) gleichzusetzen. Dass dieser Gedanke in dem Einführungstext des CDC unausgesprochen blieb, kann dazu führen, dass man in dem anspruchsvollen Projekt doch eine „westliche Prägung" oder einen Hauch von kultureller Voreingenommenheit vermuten kann. Straub führt zu diesem Punkt eine vernichtende Kritik an, indem er sagt, dass interkulturelle Modelle oft von einer kleinen Gruppe von US-amerikanischen und europäischen Wissenschaftler*innen entworfen seien. In seinem bereits oben zitierten Essay rechnet er mit dem gesamten bisherigen westlichen Wissenschaftsbetrieb ab: Der „Diskurs über interkulturelle Kompetenz [ist] keine uneingeschränkt seriöse Angelegenheit, in der Vernunft und Augenmaß den Ton angeben" (Straub 2018: 176).

Frage nach der Synthese – Abweichungen von der Norm?

Anstatt die letzten dreißig Jahre Forschung zur interkulturellen Kompetenz als erfolglos zu bezeichnen oder gar die bisherigen Bemühungen ganz aus der Wissenschaft zu verbannen, sollten wir uns mit der Kernproblematik dieses Modells beschäftigen und bei diesem groß angelegten, einheitlichen europäischen Modell fragen: Braucht die Zukunft Europas wirklich *einen* Konsensus über die interkulturelle Kompetenz? Sollen sich Wissenschaftler und Praktiker der interkulturellen Kommunikation europaweit (oder weltweit) nach *einem* bestimmten Modell oder nach einer bestimmten Interpretation von diesem Modell orientieren? Vielleicht hat die Existenz der bis heute herrschenden sehr differenzierten und diversen Sichtweisen, Auslegungen und Modelle der interkulturellen Kompetenz doch eine Berechtigung? Diese Frage wurde in der internationalen Forschungsgemeinschaft bereits öfters diskutiert. Unter anderen haben Manuela Guilherme und Gunther Dietz in ihrem Artikel 2015 angemerkt, dass Begriffe wie „multikulturell" und „interkulturell" keine universellen Bezeichnungen sind. Da die Definitionen und die Verwendung dieser Begrifflichkeiten von akademischen und historischen Entwicklungen von den jeweiligen regionalen und kulturellen Kontexten abhängen, können wir ein großes Spektrum von Variationen auch in Europa beobachten (2015: 5). Shi-xu, Editor-in-Chief des Journal of Multicultural Discourses forderte in ihrem Artikel 2016 dazu auf, „culturally conscious scholarship" zu betreiben. Um diesen Forderungen nachzugehen, erscheint 2019 eine Sonderausgabe des Journals, die sich auf die kulturell und regional unterschiedlichen Auslegungen der oben genannten Begriffe fokussiert.

Zum Weiterdenken dieser Problematik, lässt sich hier Leszek Kołakowski, der prominente polnische Philosoph zitieren. Kołakowski entwickelte eine Philosophie, die als „humanistischer Marxismus" bezeichnet, aber gleichzeitig als Kritik des Marxismus verstanden werden kann. Diese philosophische Gradwanderung des Dazwischen implementierte er auch in seine Kulturdefinition, in der er vor der Absicht einer übergezogenen Synthese warnt.

„Kultur lebt stets aus dem Wunsch nach endgültiger Synthese ihrer zerstrittenen Bestandteile und aus der organischen Unfähigkeit, sich diese Synthese zu sichern. Der Vollzug der Synthese wäre ebenso der Tod der Kultur wie der Verzicht auf den Willen zur Synthese" (Kołakowski 1973: 168–169).

Dieser These folgend lässt sich fragen: Wie stehen wir zu dem CDC-Modell der interkulturellen Kompetenz, das durch eine Synthese von 102 Schemen entstanden ist? Bleibt nicht hier durch das positive Anstreben des internationalen Teams doch etwas auf der Strecke? Wenn Forschung und Lehre der interkulturellen Kommunikation nach diesen europaweit anerkannten, verifizierten Prinzipien und Richtlinien strebt, wo bleibt uns die akademische Freiheit, Sachen differenziert und kritisch zu betrachten? Eine gerechte Antwort auf diese Fragen zu geben, erfordert eine ähnliche Gradwanderung wie Kołakowski uns vorschlug.

Zulassung der Vereinfachung, Abweichung und Interpretation?

Trotz der hier dargestellten Kritik, ist dieses neue interkulturelle Demokratiemodell aus politischen und bildungspolitischen Gründen für die Wissenschaft und Lehre der interkulturellen Kompetenz nützlich und wertvoll. Zumal wenn dieses Modell, wie der Europarat es anstrebt, auf der politischen Ebene bekannt gemacht wird, gewinnt Interkulturelle Kommunikation mehr an Aufmerksamkeit und hat vielleicht die Chance zu einem organischen Bestandteil des Bildungssystems in den jeweiligen europäischen Ländern zu werden. Da wir innerhalb von Europa verschiedene demokratisch-politische Regierungsformen und Systeme haben, kommt es aber dabei darauf an, inwieweit bei der Umsetzung dieses Modells Abweichungen von der Norm erwünscht, zulässig und durchsetzbar sind. Wenn interkulturelle Kompetenz auf Stichwörter reduziert wird (wie im „Butterfly-Model"), ermöglicht man nicht nur eine leichte Zitierbarkeit des Modells, sondern auch einen relativ breiten Spielraum für Interpretation. Damit wird nicht nur eine eventuelle regionale Anpassung des CDC-Modells ermöglicht, sondern auch eine gewollte oder vielleicht ungewollte Fehlinterpretation. Hier schwingt die ganze Grundproblematik und Beschaffenheit der heutigen Europäischen Union mit, die auch der bulgarische Politologe Ivan Krastev 2017 beschrieb: Europa hat in den unterschiedlichen Ländern auf historischer Basis entstandene, mehr oder weniger verschiedene Wertesysteme. Daher ist zu erwarten, dass dieses Modell in den Ländern Europas in sehr unterschiedlicher Weise interpretiert und bildungspolitisch umgesetzt wird.

Akteure der Wissenschaften, die sich mit dem Thema der interkulturellen Kompetenz befassen, können die Entwicklung dieses Modells aus dem vorhin genannten Grund doch als positiv bewerten. Wenn wir (auch hier in Deutschland) Programme und Forschungsinstitutionen für interkulturelle Themen einrichten wollen, brauchen wir eine politische Unterstützung, die sich nicht leicht erarbeiten lässt. Das vom *Handbuch Interkultureller Kompetenz* dargestellte Bild von interkulturellen Studiengängen in Deutschland, hat sich noch nicht maßgeblich verbessert (vgl. Weidemann, Weidemann, Straub 2007). Wir können heute, trotz der gesellschaftlichen Dringlichkeit dieser Thematik, nicht davon reden, dass interkulturelle Programme in diesem Land flächendeckend angeboten werden. Dieses Modell, obwohl es aus den Dokumenten nicht auf den ersten Blick ersichtlich ist, hat das Potential durch die institutionelle Einbettung in der Bildungsabteilung des Europarates eine Brücke zu den politischen Instanzen zu schlagen, wo interkulturelle Kompetenz bisher kein etabliertes Thema war.

Aus diesem Grund, und in Reaktion auf die Gewichtigkeit der europäischen Frage von Habermas, kann man sich über das CDC-Modell anstatt für scharfkantige Kritik auch für eine wohlwollende oder aktive Unterstützung aussprechen. Dafür spricht auch eine „nüchterne Haltung der Verantwortung", wie Michael Byram auf einer internationalen Konferenz 2019 in München in seiner Keynote formulierte (Byram 2019). Laut seiner Präsentation bedarf es also einer inneren Haltung der Wissenschaftler, interkulturelle Kompetenz-

Modelle zu entwickeln. Ergänzen könnte man dieses Desiderat nur mit der Forderung nach mehr Offenheit für Pluralität und Mehrdeutigkeit, indem man auch die Allgemeingültigkeit der eigenen Interpretationen und Auslegungen in Frage stellt. Wie einst Christa Wolf formulierte: „Lasst euch nicht von den Eignen täuschen!" Dafür lässt das CDC-Modell einen breiten Raum.

Literatur

Barrett, Martyn, Luisa de Bivar Black, Michael Byram, Jaroslav Faltýn, Lars Gudmundson Hilligje van't Land, Claudia Lenz, Pascale Mompoint-Gaillard, Milica Popović, Călin Rus, Salvador Sala, Natalia Voskresenskaya, Pavel Zgaga 2018: Reference Framework of Competences for Democratic Cultures. Vol. 1: Context, Concepts and Model. Vol. 2: Descriptors of Competences for Democratic Culture. Vol. 3: Guidance for Implementation. Strasbourg.
Barrett, Martyn, Michael Byram, Ildikò Lázár, Pascale Mompoint-Gaillard, Stavroula Philippou 2013: Developing Intercultural Competence through Education. Strasbourg.
Barrett, Martyn, Dimitra Pachi 2019: Youth Civic and Political Engagement. London, New York.
Bloom, Paul 2018: Against Empathy: The Case for Rational Compassion. New York.
Bolten, Jürgen 2007: Was heißt „Interkulturelle Kompetenz" – Perspektiven für die internationale Personalentwicklung. In: V. Künzer, J. Berninghausen: Wirtschaft als interkulturelle Herausforderung. Business across cultures. Studien zum interkulturellem Management. Frankfurt am Main, 21–42.
Breithaupt, Fritz 2017: Die dunklen Seiten der Empathie. Berlin.
Byram, Michael 2019: Internationalism and Competences for Democratic Culture in Foreign Language Teaching. Keynote, gehalten am 25. März. In: Educating the Global Citizen. International Conference at the LMU, Munich. 25.-28. März. München.
Committee of Ministers of the Council of Europe 2007: Document CM(2007)74. Memorandum of Understanding between the Council of Europe and the European Union. Council of Europe Publishing, Strasbourg.
Committee of Ministers of the Council of Europe 2016: Document CM(2016)25 on the Action Plan on Building Inclusive Societies (2016–2019), Council of Europe Publishing, Strasbourg.

Council of Europe 2011: Teacher Education for Change – The Theory behind the Council of Europe Pestalozzi Programme. (Pestalozzi series n° 1). Strasbourg.
Council of Europe 2012: Intercultural Competence for All: Preparation for Living in a Heterogeneous World. (Pestalozzi Series n° 2). Strasbourg.
Council of Europe 2014: Developing Intercultural Competence through Education. (Pestalozzi series n° 3). Strasbourg.
Europarat 2018: Kompetenzen für eine demokratische Kultur. Gleichberechtigtes Zusammenleben in kulturell unterschiedlichen demokratischen Gesellschaften. Kurze Zusammenfassung. Straßburg. URL: https://rm.coe.int/prems-000818-deu-2508-competences-for-democratic-culture-8556-couv-tex/168078e34e.
Fantini, Alvino 2018: Exploring Intercultural Communicative Competence: Concepts, Components, and Assessment (A Multinational Perspective). Key-Note gehalten am 27. Januar 2018, Konferenz ICC 2018 – Intercultural Competence and Mobility: Virtual and Physical. Tuscon, AZ, USA.
Guilherme, M., Gunther Dietz 2015: Difference in Diversity: Multiple Perspectives on Multicultural, Intercultural and Transcultural Conceptual Complexities. In: Journal of Multicultural Discourses 10, 1: 1–21.
Habermas, Jürgen 2018: Sind wir noch gute Europäer? In: Die Zeit, Nr. 28, 5. Juli 2018.
Kołakowski, Leszek 1973: Die Gegenwärtigkeit des Mythos. München.
Krastev, Ivan 2017: Europadämmerung. Ein Essay. Aus dem Englischen von Michael Bischoff. Berlin.
Leenen, Wolf Rainer 2019: Handbuch Methoden interkultureller Weiterbildung. Göttingen.
Memorandum of Understanding between the Council of Europe and the European Union 2007: (CM(2007)74). URL: https://rm.coe.int/coERMPublicCommonSearchServices/DisplayDCTMContent?documentId=09000016804e437b (20. 1. 2019).
Reynolds, Christopher 2018: Citizenship Education at the Council of Europe. Vortrag auf dem EUNEC Seminar, 1.–3. März, Lisbon. URL: http://www.eunec.eu/sites/www.eunec.eu/files/attachment/files/citizenship_education_at_the_council_of_europe.pdf.
Satzung des Europarats 1949: URL: http://www.menschenrechtsabkommen.eu/satzung-des-europarats-1210/ (20. 1. 2019).
Shi-xu 2016. Cultural Discourse Studies through the Journal of Multicultural Discourses: 10 Years on. In: Journal of Multicultural Discourses 11, 1: 1–8.
Straub, Jürgen 2018: Das Selbst als interkulturelles Kompetenzzentrum. In: P. Chakkarath, D. Weidemann (Hg.): Kulturpsychologische Gegenwarts-

diagnosen. Bestandsaufnahmen zu Wissenschaft und Gesellschaft. Bielefeld, 149-202.

Straub, Jürgen, Arne Weidemann, Doris Weidemann 2007: Handbuch interkulturelle Kommunikation und Kompetenz. Grundbegriffe - Theorien - Anwendungsfelder. Abbildungen und Grafiken. Stuttgart, Weimar.

Weidemann, Doris, Arne Weidemann, Jürgen Straub 2007: Interkulturell ausgerichtete Studiengänge. In: Jürgen Straub, Arne Weidemann, Doris Weidemann (Hg.): Handbuch interkulturelle Kommunikation und Kompetenz. Grundbegriffe - Theorien - Anwendungsfelder. Abbildungen und Grafiken. Stuttgart, Weimar, 815-825.

Wolf, Christa 1983: Kassandra. Erzählung. Darmstadt, Neuwied.

Kritik und kritische Einwände

Leerstellen der Interkulturellen Kommunikation

Für eine kritische Perspektive

Heidrun Friese

Das Feld

Zu meinem Erstaunen beginnen viele Abschlussarbeiten im Fach Interkulturelle Kommunikation mit einem Satz wie: „Im Zuge der zunehmenden Globalisierung ist interkulturelle Kompetenz zu einer Schlüsselqualifikation geworden."[1] Nun ist es nicht immer einfach, einen Anfang zu finden. Dennoch verwundert nicht nur die Monotonie solcher Einleitungssätze. Es verblüffen auch und gerade die Harmlosigkeit, die Selbstverständlichkeit eines ins Spiel gebrachten Begriffs („Globalisierung"), an den sich unbefragt und eingeschliffen eine Behauptung, die Forderung nach interkultureller *Kompetenz*, anschließt. Doch auf was verweist der Begriff „Kompetenz" in seinem jeweils spezifischen, sozialen, politischen und historischen Kontext? Wer stellt die Forderung auf? Was ist angewiesen? Was wird gefordert, soll als Qualifikation, gar als Schlüsselqualifikation erworben und also auch gelehrt werden?[2]

In einem *ersten Schritt* widme ich mich der Frage, was Kompetenz heißen kann und warum die Forderung überhaupt gestellt wird. Was ist unter dem Begriff zu verstehen? Was wird gefordert, gar als unentbehrlich verlangt? Auf welchem Kulturbegriff ruht die Bestimmung „interkulturell" und was wird ausgelassen und verschoben, damit dieser Begriff sich etablieren und sogleich an Kompetenz gebunden werden kann?

In einem *zweiten Schritt* sollen die Leerstellen des Begriffs und des Fachs angezeigt werden, die – das haben unter anderem die Perspektiven der *Critical Intercultural Communication* deutlich gemacht (Nakayama, Halualani

---

[1] Die folgenden Bemerkungen stützen sich auf den Vortrag „‚Ich spreche gegen die Wand'. Bemerkungen zur interkulturellen Lehre", den ich aus Anlass des Vigoni-Forums zu Migration – Mehrsprachigkeit – Schule, Loveno di Menaggio (2.–5. 7. 2014) gehalten habe.

[2] „Viertausend Kompetenzen [...] sollen Schüler an Schweizer Schulen erwerben, wenn es nach den dortigen Lehrplänen geht. Hierzulande sind es nicht weniger. Etwa 300 fanden wir allein schon bei einer ersten Stichprobe in einem Lehrplan für Grundschüler der Klasse vier" (Kaube 2017).

2010) – kaum zufällig Macht, Kolonialismus und Rassismus abblenden. Das Fach Interkulturelle Kommunikation ist in kolonialen und postkolonialen Situationen entstanden, in enger Bindung an manifeste ökonomische und geopolitische Interessen weiterentwickelt worden und hat eine veritable Experten- und Beratungsindustrie hervorgebracht, die ihre eigenen Interessen und diskursiven Strategien verfolgt. Da ein Teil des Faches sich vielfach an einer spezifischen Managementsprache und ihrer betriebswirtschaftlichen Imperative ausrichtet – und damit an die Logiken einer Wirtschaftsweise, spezifische Formen von Governance und Gouvernementalität gebunden ist –, sind diese Leerstellen kaum verwunderlich.

Doch noch unabhängig vom eingesetzten Kulturbegriff verweist sie damit immer auch auf asymmetrische Beziehungen und historische Erfahrungen, die Kommunikation eingeschrieben ist. Was also heißt interkulturelle Kompetenz vor dem Hintergrund kolonialer Massaker, Entwurzelung, Demütigung, andauernder Ausbeutung und weltweiter Asymmetrien? Bedeutet Kompetenz hier nicht immer auch Vergessen, Verdrängen und Abspaltung? Was kann die Forderung nach interkultureller Kompetenz im Kontext neoliberaler Ordnungen und neuer Gouvernementalität bedeuten?

Ich wage die These, dass das erklärte Ziel interkultureller Kompetenz – in Termini von Erfolg, Effizienz, interkultureller Sensibilisierung oder Ambiguitätstoleranz beschrieben – sich nur durch diese Ausschließung von Macht, Kolonialismus und Rassismus etablieren kann. Zudem stellt sich die drängende Frage nach den Adressaten, die Frage, *wer* sich hier in effizienter Kommunikation, Ambiguitätstoleranz et cetera üben oder für kulturelle Differenzen sensibilisiert werden soll.

Zugleich führt die derzeitige Kulturalisierung von sozialen, politischen und ökonomischen Konflikten in akademischen und populären Diskursen dazu, den Anderen als Repräsentanten einer Kultur *sui generis* vorrangig als Problem zu sehen und damit Differenz und Gegensätze *zwischen Kulturen* in den Vordergrund zu rücken. Dieser Fokus beruht auf zwei problematischen Annahmen und theoretischen Perspektiven, die derzeit Hochkonjunktur haben. Zum einen wird der Begriff Gesellschaft durch Kultur (Angehörigkeit/Zugehörigkeit) ersetzt, durch Herkunft, Genealogie und (symbolische) Verwandtschaft abgelöst, diese zugleich aber nicht minder an die politische Konfiguration des Nationalstaats gebunden, als Nationalkultur verstanden und in Identitätspolitiken instrumentalisiert. Mit dieser Bewegung wird zugleich das, was als das Politische bezeichnet werden kann, durch „Kultur" und – kaum zufällig – zunehmend auch durch den vermeintlich explanatorischen Marker „Religion" ersetzt. Die Evakuation des Sozialen und des Politischen bringt mit schlagender Konsequenz neue Identitätspolitiken hervor, denn nach der Auflösung einer politisch bipolar ausgerichteten Weltordnung und ihrer jeweiligen Ideologien sollen sich, so das Postulat, nunmehr Zivilisationen mehr oder minder unversöhnlich gegenüber stehen, wie Samuel Huntington (1996) behauptet (an diese Position lassen sich auch Arbeiten einreihen, die den individualistisch-liberalen Westen gegen „kollektivistische" Kulturen stellen und die unbeeindruckt eine spezifische Erzählung der westlichen Moderne fortschreiben). Zum anderen – und das ist nur auf den ersten Blick paradox – soll sich Kommunikation am *telos* geglückter und harmonischer Verständigung ausrichten, ganz so, als könne „Kultur" als einvernehmliche Einrichtung, als verbindlicher, gemeinsamer „Sinn- und/oder Orientierungshorizont" verstanden werden, der einmal abgesteckt und vorhanden, eben gerade nicht immer schon in alltäglichen Praktiken, Konflikt, Streit und Auseinandersetzung verhandelt würde und – das ist hier der wesentliche Punkt – der nicht an unterschiedliche und machtvolle (post-)koloniale Beziehungen gebunden wäre. Interkulturelle Verständigung kann sich hier nur etablieren, weil sie offenbar auf Verdrängen als Grundlage harmonischer interkultureller Beziehungen gründet, Rassismus und unterschiedliche koloniale Beziehungen als gewesen, vergangen, Gewalt und Untaten als verjährt begreift und annimmt, sie seien als vergangene abgeschlossen aus dem Gedächtnis, sozialer Erinnerung und ihrem *imaginaire* entfernt, getilgt und keinesfalls Teil der Gegenwart und ihrer Aktualität.

Es ist offensichtlich, was in diesen diskursiven Formationen auch begründet und legitimiert werden soll: Die Zuständigkeit, das Eingreifen von Experten und die Legitimation ihrer Episteme, der Deutungshoheit in einem spezifischen diskursiven Feld. Vor dem Hintergrund dieser Leerstellen muss – in einem *dritten Schritt* – auch kurz die Frage nach Theorie und Praxis, nach kritischer Praxis und der derzeit geforderten Kompetenz- und Anwendungsorientierung gefragt werden. Was kann interkulturelle Lehre in einem Kontext bedeuten, der die dem Feld eingeschriebenen Bestimmungen und ihre Ausrichtung zumindest nicht unbefragt wiederholen möchte?

1. Kompetenz und Kultur

Die repetitive Forderung nach „Entwicklung interkultureller Kompetenzen" soll, folgen wir gängigen Lehrbüchern und Definitionen, „die Grundlagen zu *effizientem, erfolgreichem Verhalten* in fremdkulturellen Situationen darstellen" (Barmeyer, Haupt 2007: 785, Hervorheb. H. F.), die dann auch interkulturelle „Synergien" hervorbringen sollen. „Interkulturelle Kompetenz" ist „als das *erfolgreiche* ganzheitliche Zusammenspiel von individuellem, sozialem, fachlichem und *strategischem* Handeln in interkulturellen Kontexten" zu verstehen (Bolten 2007: 87, Hervorheb. H. F.). Diese Kompetenz bedeutet, „den interkulturellen Handlungsprozess so (mit)gestalten zu können, dass Missverständnisse vermieden oder aufgeklärt werden können und gemeinsame Problemlösungen kreiert werden, die von allen beteiligten Personen akzeptiert und produktiv genutzt werden können" (Thomas 2003: 141). „Interkulturelle Kompetenz beschreibt die Kompetenz, auf Grundlage bestimmter Haltungen und Einstellungen sowie besonderer Handlungs- und Reflexionsfähigkeiten in interkulturellen Situationen *effektiv* und *angemessen* zu interagieren" (Bertelsmann-Stiftung 2006: 5, Hervorheb. H. F.).

Dieses weitgehende Einvernehmen im Hinblick auf die Ausrichtung interkultureller Kompetenz nach Erfolg, Effektivität, Effizienz, Angemessenheit, verlangt eine kurze – und hier notwendigerweise verkürzte – Rekapitulation der Semantiken des Begriffs Kompetenz.[3] *Kompetenz* verweist auf unterschiedliche kognitive, emotionale und normative Elemente, führt unterschiedliche Wissen, Befugnisse, Interaktionen, Normen und Werte, Empathie und damit auch den nunmehr geforderten „Perspektivenwechsel" zusammen.

Als „Sachverstand" ist dieser Begriff an einen historischen Kontext und eine spezifische Form von Herrschaft gebunden, die Max Weber als „rational-bürokratische Herrschaft" und als die sie kennzeichnende „Zweckrationalität" bezeichnet hat: Während eine *wertrationale* Orientierung sich bekanntlich nach Werten, Glaubensüberzeugungen und Zielen richtet und Wert um seiner selbst willen privilegiert (hier an Kant ausgerichtet), so zeigt sich die *zweckrationale* als zielgerichtete Beziehung zwischen Mittel und Zweck, die Handeln an Erfolg ausrichtet. Während also zweckrationales Handeln, „auf die Folgen [...] reflektiert", so ist wertrationales Handeln dadurch ausgezeichnet, dass es – „unabhängig vom Erfolg" – allein auf seinem „Eigenwert" beruht (Weber 1980: 12).[4]

Die etwas monotone Literatur zu interkultureller Kompetenz und interkulturellem Lernen macht sich eine lohnende, nutzbringende „*effective* and *appropriate* interaction between people who identify with particular physical and symbolic environments" zum erklärten Ziel (Chen, Starosta, zit. nach Straub 2007: 40; Hervorheb. H. F.). Damit sind also *Effektivität* und *Angemessenheit* angesprochen. Effektivität „bemisst sich daran, ob/inwieweit ‚desired personal outcomes' tatsächlich erreicht werden: ‚Satisfaction in a relationship or the accomplishment of a specific task-related goal is an example of an outcome people might want to achieve through their communication with others'" (Lustig, Koser, zit. nach Straub 2007: 41). Angemessenheit zeigt sich, wenn „the actions of communication fit the expectations and demands of the situation. Ap-

---

[3] Vgl. die Diskussionen des Kompetenzbegriffs, die Alexander Thomas' Beitrag (2003, vgl. 2006) ausgelöst hat.
[4] Zum Begriff „Erfolg", siehe Sighard Neckel (2004, 2005, 2008).

propriate communication means that people use the symbols they are expected to use in the given context" (ebd.).

Nun richtet sich dieses zweckorientierte, instrumentelle und erfolgsorientierte Handeln auch und gerade an der Beherrschung des Anderen aus. Interkulturelle Kommunikation wird als Mittel zum Zweck der effizienten Erreichung von individuellen oder kollektiven Zielen eingesetzt. Erfolg, zunächst verstanden als Folge zweckorientierten Handelns, das ein vorgefasstes Ziel erreichen soll, bindet dieses an „Effizienz", also Wirksamkeit und an Aufwand gemessene Wirtschaftlichkeit. Geklammert an Intention und *telos*,[5] verlangen Effizienz und Kalkül dann ein Minimum an aufgewendetem kommunikativen Einsatz, an Kosten, an (vermeintlich) unproduktiver Irritation (oder gar Antagonismus und Konflikt) und soll ein Maximum an Dienlichkeit und Nutzen generieren (ließe sich anders der Eingriff von Experten der interkulturellen Kommunikation und ihrer praktischen Anweisungen sonst doch auch kaum legitimieren).

Wie die *Soziologie der Kompetenz* (Kurtz 2010; Kurtz, Pfadenhauer 2010; Traue 2010) deutlich gemacht hat, ist die Forderung nach (interkultureller) Kompetenz eingebunden in spezifische gesellschaftliche Konstellationen. Sie richtet sich nunmehr auch und gerade an den Einzelnen, der sich ihre Forderungen, eben Schlüsselkompetenz als Mittel zum Zugang und zu Erreichung eines Zwecks, aktiv zu eigen machen und diese als handlungsleitend aufnehmen soll. Kompetenz und Streben nach Erfolg werden zum Persönlichkeits- und Identitätsmerkmal,[6] die repetitive, imperative Forderung nach allseitiger Kompetenz kolonisiert den Alltag, verlangt nach Disziplin und Selbstmanagement, das lebenslang gegen „defizitäre Lebensführung" anzukämpfen hat (Michalitsch o. J.), sie wird zu einer der Techniken der „Regierungsform des Selbst" (Foucault 2004a, 2004b, 2012) und der Art und Weise, wie ein „Subjekt eine bestimmte Beziehung zu sich selbst herstellt, seiner eigenen Existenz Gestalt verleiht und seine Beziehung zur Welt und zu den anderen auf geregelte Weise begründet" (Gros 2012: 472). In diesen Bestimmungen von Kompetenz verschränken sich Sozialmanagement, *social engineering* und Techniken des Selbst (Foucault), eine mittlerweile lebenslang geforderte

---

[5] Bereits Pierre Bourdieu hat darauf hingewiesen, dass Intention und *telos*, eingesetzte Handlungsstrategien kaum hinreichende Bestimmungen von Praxis sind, können diese doch ins Leere laufen und/oder unintendierte Folgen zeitigen.

[6] Kompetenz und Selbstoptimierung finden ihre Entsprechung in der Optimierung von Emotionen (vgl. Neckel 2005: 419). Das „unternehmerische Selbst" hat Bröckling (2007) analysiert.

Selbstoptimierung mit der Regierung des Anderen, der Zirkulation von Macht und Gouvernementalität.

Nicht zufällig gleichen die Bestimmungen „interkultureller Kompetenz" den nunmehr gültigen Anforderungen, die die sozioökonomische Ordnung der „Liquid Times" (Bauman 2007) an den Einzelnen und seine *Employability*, das Bestehen auf dem Markt richten: Vom zum Unternehmer seiner selbst konvertierten Subjekt werden zielorientiertes Handeln, Frustrationstoleranz, die Fähigkeit zum Umgang mit ungewohnten Situationen, Empathie, Kommunikationsfähigkeit, Eigenverantwortung gefordert. Es lohnt, diese zirkulierende Prosa zu zitieren:

> „‚Employability' – wörtlich: Beschäftigungsfähigkeit – nennt sich das Konzept, mit dem die lebenslange Arbeitsmarktfitness von Mitarbeitern gestärkt werden soll. Seit 1996 ist der aus den USA importierte Begriff auch in Deutschland präsent. Zur Lieblingsidee der Personalentwickler wurde er aber erst durch die Demografiedebatte und die Zunahme ‚atypischer' Beschäftigungsformen wie Zeitarbeit, befristete Arbeitsverhältnisse oder selbstständige Projektarbeit. Seitdem etabliert sich ein neues Verständnis von Beschäftigungssicherheit: Nur wer in der Lage ist, sich auf immer neue Jobs, Arbeitgeber, ja sogar Berufe einzustellen, wird sich auf Dauer am Arbeitsmarkt halten können. Damit ist klar: Employability lässt sich nicht allein durch fachliche Weiterbildung erhalten. Viel wichtiger als der erlernte Beruf sind soziale *Schlüsselkompetenzen* und die richtige, das heißt eine *quasi unternehmerische Einstellung* zum Arbeitsmarkt. Der Arbeitnehmer der Zukunft zeigt sich *team- und kommunikationsfähig*, er übernimmt *Verantwortung für sich selbst, ergreift die Initiative, ist flexibel und offen für Neues, lernt permanent dazu und denkt über sich und seine Beschäftigungsfähigkeit nach*" (Domke 2007, Hervorheb. H. F.).[7]

Angeschlossen an derzeitige sozioökonomische Entwicklungen zielt diese Perspektive einmal auf die Ausbildung neuer Subjektivitäten. Doch ist sie zugleich Teil der Narration der Moderne und ihres Menschenbildes (Autonomie, Reflexivität, Verantwortung, Selbstbeherrschung), eines Modernisierungsversprechens und Echo einer Sichtweise, die gesellschaftlichen Fortschritt durch Experten, Wissenschaft und wissenschaftlich gelenkte Eingriffe befördert,

---

[7] Diese Anforderungen sind integraler Teil des Bologna-Prozesses geworden: „Graduates are employable, if they exactly possess those abilities and skills, which are required by businesses" (Wiepcke 2009: 436).

Leerstellen der Interkulturellen Kommunikation 147

beherrscht und durch rationale, vernunftgeleitete Handlung gesichert sehen wollte.

Dem Begriff eingeschrieben sind jedoch auch deutlich normative Komponenten,[8] die ethisch, „pastoral" und/oder pädagogisch als „Fähigkeit zu eigenverantwortlichem Handeln, zu sittlichem Entwurf und zur sittlichen Gestaltung des eigenen Lebens im Kontext der Mit- und Umwelt" (Kasper, zit. nach Straub 2007: 37) gefasst werden, an einen spezifischen Subjektbegriff und durch den Bezug zu Sittlichkeit auch an eine bestimmte Gesellschaftsform gebunden sind.[9]

Der Begriff versammelt also ökonomische, soziale, politische und normative Bedeutungen, er ist gebunden an:
– eine spezifische Form von Rationalität (Zweck, Effizienz, Erfolg, Konkurrenz), die instrumentelle Vernunft, Beherrschung, an *Effizienz* orientiertem Handeln und Umgang mit Anderen;
– spezifische *Machtformen*, die Rolle von Experten und diskursiven Formationen, Techniken der Gouvernementalität und der Selbstoptimierung;
– ein spezifisches *Menschenbild* und normative Bestimmungen des „Wünschenswerten" (Straub 2007: 38), wie Eigenverantwortung, Autonomie, Toleranz – kurz: das Menschenbild der westlichen Aufklärung und der Spielarten westlicher Modernen.

Damit bindet der gängige Kompetenzbegriff der Interkulturellen Kommunikation die Anforderungen des verallgemeinerten Marktes – Effizienz, Effektivität, Zielorientierung et cetera – an die Begegnung von Menschen. Der Markt wird zum „Organisationsprinzip des Staates und der Gesellschaft" (Lemke 2000a: 15), die Managementlogik fordert marktgängige Subjektivität, Selbstoptimierung und unterwirft Kommunikation dieser Logik, dient sie doch der effektiven Erreichung von persönlichen Zwecken und Zielen.

In einer solchen Fassung wird auch ein spezifischer Kulturbegriff eingesetzt, der unter anderem durch das Präfix „inter" angezeigt ist. Der Kulturbegriff mit dem sich die Interkulturelle Kommunikation auch weiterhin

---

[8] Nun stellt sich tatsächlich die Frage, wie diese doppelte Anbindung an (instrumentellen) Zweck und (humanistische) Norm zu denken ist, denn offenbar stehen sie sich nicht gegenüber, sondern sind untrennbar aneinander gebunden.

[9] Foucault hat die Pastoralmacht im Kontext der Erörterungen der Disziplinargesellschaft in den Blick genommen. Demnach gründet der moderne Staat in einer Verbindung von politischen und christlich-pastoralen Techniken der Macht, welche auf die Führung, die „Regierung der Seelen" zielt und spezifische Subjektivierungsformen hervorbringt (Bröckling, Krasman, Lemke 2000: 11). Zu „Gouvernementalität, Neoliberalismus und Selbsttechnologie", siehe auch Lemke 2000a, 2000b.

auseinanderzusetzen hat, postuliert – auch in seinen dynamisierten Versionen – Homogenität, den vermeintlich gemeinsamen Sinnhorizont einer gegebenen „Kultur", die sich dann auch weniger nach „innen" differenziert und diversifiziert als von einem ebenso gedachten homogenen „Außen" abgrenzt. Damit wird Kultur zu einer vermeintlich von allen geteilten (symbolischen) Ordnung, die soziale Verortung, Hierarchie, Interesse(n) und Macht immer schon übersteigt, sie wird zur übergeordneten bedeutungsstiftenden Kategorie, deren Verbindlichkeit – losgelöst von sozialen und politischen Beziehungen – Einheit, Kohärenz und Integration, kurz: Identität, stiften soll.

Das Erbe der Kulturtheorien des 19. Jahrhunderts, deren Entwicklung ja nicht zufällig mit der Entstehung der Nationalstaaten und der Konsolidierung bürgerlicher Gesellschaft zusammenfällt, führte lange Zeit zur Annahme von Homogenität, Gleichheit und Gemeinsamkeit der Angehörigen (eben nicht Mitglieder) einer gegebenen „Kultur". In dieser Hinterlassenschaft wird Kultur zu einem askriptiven Merkmal, zu einer Ordnung, die soziale Verortung, Hierarchie, Macht und Interesse immer schon übersteigt, sie wird zur übergeordneten bedeutungsstiftenden Kategorie, deren Gültigkeit und Verbindlichkeit – losgelöst von hierarchischen Beziehungen und asymmetrischen Machtbeziehungen – die verbindliche Einheit gemeinschaftlichen Zusammenlebens stiften, Authentizität verbürgen soll und dementsprechend dann auch mehr oder minder vehement „Integration" fordert.

Kultur wird hier zur Instanz, die Konsens, Verwandtschaft und gemeinschaftliche Identität garantieren soll, die Heterogenität im Namen kultureller Überlieferung und „Tradition" ausschließt. Kultur wird zu einem homogenisierenden Begriff, mit dem Individuen, soziale Unterschiede und die Hierarchien der gesellschaftlichen Räume ausgeblendet werden.[10] Kommunitaristische und liberale Ansätze des Multikulturalismus (wie etwa Charles Taylor, Will Kymlicka oder Brian Barry) verweisen – deutlich normativ orientiert – auf diesen Kulturbegriff, ebenso wie der von Samuel Huntington beschworene *Clash of Civilisations* (1996) auf die gegenwärtige Virulenz dieser Kulturtheorie im Kontext postkolonialer Machtbeziehungen.

Doch Kultur kann kaum als einheitliches Objekt oder als kohärentes Symbol- und Bedeutungssystem endgültig *festgestellt* werden, sondern *wird* vielmehr in vielfältigen historischen Prozessen widerstreitender Aushandlungen, sozialer Auseinandersetzungen um Interpretationen, der Bewertung von Situationen, der Geltung und der Umbrüche von Konventionen. Analog zu der lang schon gestellten Frage, ob „Gesellschaft", ein stabiles, integriertes „Kollektiv", das durch gemeinsam geteilte Bedeutungshorizonte und zusammenzwin-

---

[10] Ich übernehme hier meine Bemerkungen (Friese 2004).

Leerstellen der Interkulturellen Kommunikation 149

gende Institutionen zusammengehalten wird, als solche – und damit auch als gegebener „Untersuchungsgegenstand" – überhaupt vorliegt, sollte also weiterhin eine Perspektive entwickelt werden, in der Kulturen sich gerade nicht als übergreifende Ordnung oder Orientierungsrahmen eindeutig charakterisieren lassen, die eine kontinuierliche historische Entwicklungsrichtung oder -logik aufweisen, sondern sich, will man überhaupt noch an dem Begriff festhalten, bestenfalls in unterschiedlichen und widersprüchlichen sozialen Praktiken und *imaginaires*, in vielfältig erzielter Einigung oder im Disput herstellen, die unterschiedliche Reichweite, Inhalt und Dauer haben, sich heterogen, kontingent und diskontinuierlich entfalten.

Nun sind soziokulturelle Wechselwirkungen, gegenseitiger Austausch, die Verbreitung und Wanderungen kultureller Güter, Weltanschauungen und Lebensweisen besonders im sozial- und kulturanthropologischen Diskurs lang schon in Begriffen wie „Kulturkontakt", „Akkulturation", „Synkretismus" oder „Assimilation" thematisiert worden und damit auch an interkulturelle Kommunikation gebunden (allerdings von kolonialen Beziehungen weitgehend isoliert worden, ganz so als träfen sich vermeintlich homogene Kulturen in einem macht- und gewaltfreien Raum). Diese Ansätze sind jedoch Konzeptionen gewichen, in denen intrakulturelle Differenzen deutlich werden und nicht identitäre Einheiten sich gegenüberstehen, um dann in Beziehung zueinander zu treten. Vielmehr werden diese als je schon wechselseitig konstituiert, als Teil vielfacher *histoires croisées* kultureller Transfers und Übersetzungen gesehen.[11]

Mit Homi Bhabha (1994) wurde dann der „dritte Raum" thematisiert, der keinesfalls mit kulturellen „Überschneidungssituationen" verwechselt werden darf, sondern auf konstitutive Vermischung und einen Raum der Aushandlung verweist. Kultur wird zur beständigen Übersetzung und zu einem dynamischen Raum, der sich in Missverständnissen, Überlagerungen und Aufschüben entwickelt und damit binäre Ordnungen, „Außen" und „Innen", eindeutige kulturelle Identitäten und Zugehörigkeiten erschüttert. Verfahren, die einen je singulären Anderen zum Repräsentanten einer homogenen Kultur machen, werden derzeit mit den Begriffen Hybridität, Diaspora, Translokalität und in transnationalen Praktiken hinterfragt, die auch den „methodischen Nationalismus" (Wimmer, Glick-Schiller 2003) der Kritik unterzogen haben. Begriffe wie „Akkulturation", „Synkretismus" oder gar „Assimilation", die „einmal einen linearen Prozess von einer Kultur zur anderen, das Bild der Überlappung von zwei deutlich unterschiedenen Systemen, oder das Aufgehen einer fest um-

---

[11] Werner, Zimmermann 2004. Ich übernehme hier meine Bemerkungen (Friese 2007).

grenzten Kultur, ihrer Praktiken, Symbole in eine andere bezeichneten" (Clifford 1997: 7), sind durch Konzeptionen ersetzt, in denen nicht homogene soziokulturelle Systeme in Beziehung zueinander treten. Vielmehr werden diese als immer schon wechselseitig konstituiert, als Teil grenzüberschreitender und dynamischer, machtgeladener Prozesse gesehen, die sich eindeutig bestimmbarer Identität entziehen (Assmann, Friese 1998; Friese 2002).

Damit können die verschlungenen Beziehungen zwischen „roots" und „routes" deutlich werden, rücken „blurred borders, intersections, contact zones" und „traveling cultures" in das Zentrum der Betrachtung (Clifford 1997: 17–46). Die einmal eingerichtete Kongruenz von Kultur, Zeit und Territorium/ Nationalstaat ist nunmehr Perspektiven gewichen, die die Mobilität von Menschen und Praktiken betonen (Hannerz 1996; Kearney 1995; Vertovec, Cohen 1999). Mobile Menschen werden zu „Transmigranten", denn „they develop and maintain multiple relations – familial, economic, social, organizational, religious, and political – that span borders" und transnationale Praktiken schließen dann die „multiplicity of [...] involvements in both the home and the host society" ein (Glick Schiller, Basch, Blanc-Szanton 1994: ix*). Damit werden die vielfachen Artikulationen von Gemeinschaft in Perspektiven reformuliert, die sowohl Exil, Enteignung, Entortung, Deterritorialisierungen als auch Relokalisierungen betonen und unsichere soziokulturelle Räume und Identitäten hervorbringen (Clifford 1994; Gilroy 1993, 1994).

Auch postkoloniale Perspektiven haben gegen essentialisierende Begriffe von Kultur Einspruch erhoben und die Dekonstruktion hat die vorherrschenden Erzählungen der Moderne in den Blick genommen, mit denen Europa das vermeintlich Andere des Eigenen ausgeschlossen hat. Zugleich konnten hier Perspektiven entwickelt werden, die sowohl eine historische, als auch epistemologische Dezentrierung entfalten und mit denen deutlich wurde, dass die europäische Moderne von den *Rändern*, den *Grenzen* her gedacht werden muss, die zugleich vielfältige Modernen und unterschiedliche koloniale Situationen zusammenbinden. Damit wird auch der Ort soziokultureller *imaginaires*, einem Innen und Außen undeutlich, kann Denken sich an diesen Rändern aufhalten und eine „doppelte Kritik" entfalten (Mignolo 2000: 87) und Zeiten und Geschichten von ihren jeweiligen Rändern und Ausschlüssen her erzählen: Gemeinsam ist die Suche nach möglichen Ressourcen, die diese prekäre Situierung, das „andere Denken" (Abdelkebir Khatibi), eine (epistemologische) „Kreolisierung" (Edouard Glissant) erlauben, die „Kolonialität der Macht" (Anibal Quijanos), die „Transmodernität" (Enrique Dussel) anzeigen und Europa, das vermeintliche Zentrum, „provinzialisieren" (Chakrabarty 2000; Mignolo 2000: 87, 2010, 2011; Friese 2014: 42). Zugleich sind daran analytische und historische Forschungsfragen angeschlossen, die „gender, race, class mobility, identity, hegemony and resistance" umfassen (Glick Schiller, Basch, Blanc-Szanton 1992: ix). Gerade diese Aspekte, koloniale Situationen, Rasse und Macht machen die blinden Flecken, die Leerstellen der Interkulturellen Kommunikation und ihres Kompetenzbegriffs aus.

2. Leerstellen

Schon ein erster Blick in die Schlagwortregister gängiger Handbücher zur interkulturellen Kommunikation, die ja immer die Grenzen einer Disziplin abstecken und den jeweiligen *state of the art* festschreiben, macht deutlich: Das Fach etabliert sich über dreifache Ausschließungen: Macht, Kolonialismus und Rassismus.

Nun kann man Leerstellen als Charakteristika von Texten im Allgemeinen sehen, konstituiert sich ein Text doch immer über seine Leerstellen (zeigt Derridas Dekonstruktion als eine Lesart von Texten, die diese auf Lücken, Auslassungen, Verschiebungen, Begründungsmuster befragt, doch das unendliche „Spiel der Signifikanten"; Derrida 1983, 1992). Nicht nur die Dekonstruktion, sondern auch und gerade postkoloniale Perspektiven haben die großen Erzählungen der Moderne verschoben und dezentriert, nach denen sich die Moderne durch Vernunft, Autonomie und Demokratie konstituiert und fragen, was diese Erzählungen ausschließen, um sich etablieren zu können. Gegen die vorherrschenden Narrationen haben sie vielmehr deutlich gemacht, dass der Kolonialismus als zentrale „Einschreibung die Moderne" gesehen werden muss (Hall 2002) und Theorien der Moderne auf Auslassungen und Ausschlüssen beruhen: Rassismus und Sklaverei (Gilroy 1993). In dieser Sicht haben sich die historischen Konflikte zwischen Kolonisierten, Kolonisatoren und Eliten verschoben, sie sind uneindeutig geworden, finden innerhalb der formal „unabhängig" gewordenen Staaten statt, zeigen den Wandel globaler Beziehungen und „komplexe Neuinszenierungen" (Hall 2002: 228), mit denen eindeutige (kulturelle) Identitäten verwischt werden und miteinander verflochtene Signifikationsprozesse und Positionierungen in den Blick kommen können, die sich binären Logiken – Opfer/Täter, Kolonisierte/Kolonisatoren et cetera – entziehen. Zugleich wird „the trace of [the colonized] Other" in der „precarious subjectivity" (Spivak 1988: 281) europäischer Kolonisatoren und der Erzählungen der europäischen Moderne deutlich, dass „the unsettling presence of those others has always troubled imperial aspirations, *demanding constant oversight*" (Comaroff, Comaroff 2012: 116, Hervorheb. H. F.).

In diesen Perspektiven ist die Produktion von „Wissen" nicht von den historisch unterschiedlichen, machtvollen Praktiken, den Repräsentationen des Anderen und „diskursiven Formationen" abzulösen (Michel Foucault), die „epistemische Gewalt" schreibt sich dem „Gegenstand", dem Anderen ein und ordnet die regional unterschiedlichen neokolonialen Machtverhältnisse, die postkoloniale Subjekte herstellen. In dieser Perspektive wird der Einzelne von Machtbeziehungen adressiert, ist das Subjekt beileibe nicht autonom, sondern vielmehr sowohl Produkt von kapillaren Machtbeziehungen, die sich ihm (und dem Körper) einschreiben als auch derjenige, der diese verteilt und zirkulieren lässt. Damit stehen die vielfältigen Subjektpositionen und die jeweiligen Artikulationen von kulturellen Differenzen und Zwischenräumen im Vordergrund. Statt nach Identität, der Identität der Differenz und Tradition zu fragen, kommen die Transformation und die Entstehung von kulturell hybriden Räumen und Subjektivitäten in den Blick. So wird der schon erwähnte „dritte Raum" von Homi Bhabha als eine Konstellation verstanden, die nicht auf dem Essentialismus des klassischen Multikulturalismus oder der Diversität von Kulturen, sondern aus der Einschreibung und Artikulation der Hybridität von Kultur entsteht und einen *politischen* Raum der Neu*verhandlung* kultureller Symbole eröffnet (Bhabha 1994: 38).

Gegen das nationale Projekt der Moderne, die unheilige Trinität von Nationalstaat, Territorium und nationaler Kultur, also der Konstruktion ethnischer Einheit und Homogenität, welche auf Essentialismus, Rassismus und kulturellem Nationalismus beruht, gilt es dann, die „verborgenen" Traditionen aufzudecken (das, was Foucault die „lokalen, die unterworfenen Wissen" genannt hat),[12] strategische Ressourcen im Kampf der Identitäten zu finden – sind die postkolonialen Gesellschaften der Kolonisierenden *und* der Kolonisierten doch mitnichten befriedet – und die Ambivalenzen postkolonialer Räume in den Blick zu nehmen, wie dies etwas Gilroy in *Black Atlantic* (1993) vorgeführt hat.

Formen von Rassismus und Biopolitiken, die sich, wie Foucault (2001) gezeigt hat, an die Bevölkerung und den Volkskörper richtet, sind untrennbar an die konstitutiven Merkmale der Moderne und (post-)kolonialen Beziehungen gebunden. Zentral ist hier auch der institutionelle Rassismus, der, wie die Apartheit Teil der europäischen Geschichte, ihrer „incoherences, its compromises, and its stabilization" ist (Derrida 1985: 295) und eben gerade kein abzutrennendes „Außen" Europas bezeichnet. Auch versammelt der Begriff Rassismus keine historisch oder regional einheitlichen Praktiken, Repräsentationen oder Symbolisierungen (Hall 1996: 476). Rassistische Diskurse entfalten sich weder nach binären Modellen noch in schlichten, statischen, sich beständig wiederholenden Antagonismen, die sich durch die Geschichte weitertragen.

---

[12] Dieses „unterworfene", nichtbegriffliche Wissen und seine „historischen Inhalte" machen „tatsächliche Kritik möglich" (Foucault 2001: 20–21).

Doch gerade deshalb muss Rassismus „ohne Rasse" (Balibar 1992: 28) in interkulturelle Kommunikationen eingetragen werden.

Nun hatte bereits Claude Lévi-Strauss im Jahre 1950 in dem bekannten Unesco-Projekt die Forderung gestellt, den Begriff „Rasse" durch „Ethnizität", „Rassismus" durch den Begriff „Ethnozentrismus" zu ersetzen (Lentin 2011: 5). Zugleich entsteht die Forderung nach interkultureller Erziehung und Kompetenz, soll Rassismus durch professionelle Pädagogik und Volksbildung zurückgewiesen und durch Psychologisierung und Aufklärung „überwunden" werden. Diese Absicht beruht auf der Annahme, Rassismus sei eine Ungleichzeitigkeit, eine „Aberration" (Lentin 2011: 6) der aufgeklärten Vernunft, eine Regression im Hinblick auf linearen Geschichtslauf und Fortschritt, die Vernunft doch verwirklichen sollen. Seine Artikulationen werden zum Anderen der Vernunft und markieren ein Paradox der Aufklärung. Sie werden vom konstitutiven Merkmal des Projekts der Moderne abgespalten, durch das Nachkriegsideal der Völkerverständigung und die zeitgenössische Forderung von Toleranz und Anerkennung von Differenz in multikulturellen Gesellschaften verdrängt (um doch immer wieder bestätigt und durch institutionellen Rassismus befördert zu werden).

Wir können uns jedoch fragen, ob die derzeitige Verwendung des Begriffes „Kultur" als Kitt der Heterogenität moderner Nationalstaaten, der Herstellung und Verbürgung vermeintlicher interner Kohäsion, geteilter Normen, Werte, Symbole und Bedeutungen weniger essentialisierend verwendet wird und nicht vielmehr den – zumindest in Deutschland – durch die *Shoa* diskreditierten und historisch belegten Begriff „Rasse" ersetzt hat. Wir können fragen, ob die Kulturalisierung von sozialen Gruppen – gar alle Beteiligten betreffende, erfassende und umfassende „Kollektive" (Rathje 2009) – Formen von Rassismus umschreibt und in dieser Umschrift das zum blinden Fleck macht, was die Moderne und ihre Ambivalenzen doch mitbegründet. In dieser Umschrift wird zugleich der konstitutive Rassismus der Sphäre der Verhandlung, des Politischen und seiner historisch unterschiedlichen Dimensionen entzogen (Hall 1996: 475).

Auch Interkulturelle Kommunikation hat die machtvollen Grundlagen ihrer Repräsentationen kenntlich zu machen – wie das lang schon Edward Saids „Orientalismus" (2003) gezeigt hat. Sie hat diese im Hinblick auf koloniale Spuren, auf ihre kolonialen Grundlagen hin zu untersuchen (Spivak 1988). Sie kann kaum die Machtbeziehungen, die Spannungen und Ambivalenzen außer Acht lassen, die sich ihnen eingeschrieben haben und die sie jeweils ausmachen.¹³ Gegen eine weitgehend unkritische Haltung des Faches gilt es, die Intersektionalität unterschiedlicher historischer Repräsentationen, in deren Konstellationen Macht, Kolonialismus und Rassismus sich historisch jeweils auf spezifische Weise verschränken, in den Blick zu nehmen und in die jeweiligen kommunikativen Kontexte einzutragen. Es geht ja mitnichten darum, zu fragen, was Macht *ist*, sondern darum „zu bestimmen, wie die verschiedenen Machtdispositive in ihren Mechanismen, Wirkungen und Beziehungen auf so unterschiedlichen Ebenen und in Bereichen mit so unterschiedlichem Umfang aussehen" (Foucault 2001: 29), die sich auch und gerade in interkulturellen Beziehungen artikulieren und zirkulieren. Rassistische Signifikationsprozesse, Markierungen und Ausgrenzung beruhen ja nicht „schlicht und einfach" auf Vorurteil und Diskriminierung, die durch guten Willen und „colorblindness", durch wohlwollende Trainingsmaßnahmen interkultureller Pädagogik, durch Aufklärung, Vernunft und Einsicht zu überwinden wären. Wie Perspektiven der Critical-Whiteness-Studien deutlich machen, sind sie Teil von machtvollen Beziehungen, der Verteidigung weißen Privilegs, struktureller Ungleichheit und kultureller Hegemonie, die persönliche Toleranz und individuelles Wohlwollen immer schon übersteigen.

In diesem Kontext muss also auch nach den Entstehungskontexten von Wissen, seinen institutionellen und politischen Rahmungen, nach der Rolle von Experten gefragt werden; es muss nach den Beziehungen zwischen Policyfixierung, Anwendungsorientierung, dem Verhältnis von „Theorie und Praxis" der Geistes- und Sozialwissenschaften gefragt werden und damit auch nach der möglichen Situierung der Interkulturellen Kommunikation.

3. Theorie und Praxis

Fragen nach Anwendungsorientierung, nach Verfügbarkeit und Bereitstellung von Wissen für Policies, nach Impact, Transfer in die Öffentlichkeit und die weithin geforderte „Praxisorientierung" universitärer Lehre und Forschung stellen sich dem Feld der interkulturellen Kommunikation und deren Bindung an Wirtschaftswissenschaften, Unternehmens- und Organisationsinteressen in besonderer Weise. Von diesen Forderungen sind die „klassischen" Sozial-

---

[13] Tatsächlich bleibt zu fragen, warum nichtwestliche Perspektiven interkultureller Kommunikation weiterhin marginal geblieben sind und Vena Das' Bemerkung, „andere Kulturen erlangen Legitimität nur als *Gegenstände* des Denkens – niemals als *Instrumente des Denkens*" (1993: 410, Hervorh. H. F.) immer noch Gültigkeit hat.

Leerstellen der Interkulturellen Kommunikation 155

und Kulturwissenschaften besonders betroffen und sie verlangen nach Neubestimmungen der jeweiligen Felder. Nun hatte nicht nur die deutschsprachige Ethnologie lange Zeit sicherlich starke Berührungsängste der Interkulturellen Kommunikation gegenüber. Es wurde befürchtet, der ureigene Gegenstand, nämlich die Beschäftigung mit dem „kulturell Fremden" (Kohl 2000) könne von Fachfremden usurpiert und damit auch kritische (theoretische) Einsichten abgeschliffen werden, galt die Beschäftigung mit dem „Fremden" und unterschiedlichen sozialen Organisationsweisen doch auch als Gesellschafts- und Kulturkritik. Mit den Forderungen derzeitiger Politiken nach Employability, dezidierter Anwendungs- und Beratungsorientierung wurden diese Befürchtungen der wissenschaftspolitischen Anpassung an den herrschenden Zeitgeist unterstellt.

Auch führt der – sicherlich an der Organisation der Produktion von Wissen in den MINT-Fächern orientierte – Zwang zur kollaborativen Projektforschung zu einer Veränderung sozial- und kulturwissenschaftlicher Arbeitsweisen. Diese erlaubte, zumindest noch streckenweise, die produktive „Einsamkeit" des Forschers (Helmut Schelsky) und sah – besonders in der Anthropologie – die Persönlichkeit des Feldforschers als Fremder in der Fremde und als dem vermeintlich Eigenen entfremdeten als zentral an (Friese 2018).

Mit der Veränderung der Erwartungen und Anforderungen an die Humanities und der Erweiterung qualitativer ethnographischer Forschung – denken wir etwa an die Anthropology of Policy,[14] des Expertentums,[15] die digitale Anthropologie oder die Anthropologie der Technik – wurden zugleich Felder eröffnet, die reflexiv zum einen nach den Entstehungsweisen wissenschaftlicher Erkenntnis fragten (Marcus 2008: 52) – und zum anderen die anwendungsorientierte Forschung erneut in den Blick nahmen.

Die kritische Auseinandersetzung mit diesen Feldern hat in der Kultur- und Sozialanthropologie eine lange Tradition. Sie fand auch und gerade in amerikanischen und angelsächsischen Debatten statt, war anthropologische Forschung doch auf koloniale Macht und Forschungsförderung angewiesen und sollte koloniales Wissen bereitstellen (Asad 1975). Bereits 1919 hatte Franz Boas, „Gründungsvater" der amerikanischen Cultural Anthropology, die Spionagetätigkeit von Anthropologen in Zentralamerika scharf verurteilt (Price

---

[14] Zur Anthropology of policy, siehe u. a. Marcus 2008; Schwegler, Powell 2008; Schwegler 2008.
[15] Zur Anthropologie des Expertentums u. a. Boyer 2008. Eine Ethnographie des britischen Evaluierungssystems (Research Excellence Framework (REF) evaluation exercise) und Impact, siehe Simpson 2015; Baim-Lance, Vindrola-Padros 2015 und die weiteren Beiträge zu dem Sonderheft von *Anthropology in Action* (2015).

2000) – und Anthropologen wurden dann auch später Teil der Bereitstellung von Wissen im Zweiten Weltkrieg und im Kalten Krieg (Price 2000, 2002, 2011, 2016; Price, Ross 2005), von deren Förderungen zentrale Vertreter des Faches direkt profitierten. Nicht nur Margaret Mead, Clyde Kluckhohn oder Ruth Benedict waren „influenced by the U.S. occupation of post-WWII Japan" (Katz 2012: 185), Kultur- und Persönlichkeitsstudien sollten Aufschluss über (antidemokratische) Nationalcharaktere geben (Neiburg, Goldman 1998) und dem Militär Expertise bereitstellen, die unter anderem für die psychologische Kriegsführung als zentral erachtet wurde. „In the 1950s, applied anthropology most often served as a handmaiden to government and companies. For a gross example, ‚Tell us about the people of Bikini and how we can get them to allow nuclear testing there!'" (Ablon 2012: 13).[16]

Besonders die amerikanische Association of American Anthropologists (AAA) wurde dann auch mit den 1960er Jahren – und den amerikanischen Militärinterventionen – immer wieder durch Auseinandersetzungen um die Legitimität der Kollaboration von Anthropologen mit staatlichen Stellen, militärischen und geheimdienstlichen Einrichtungen erschüttert und war mit der Ausarbeitung von ethischen Standards beschäftigt. Gerade die Auseinandersetzung mit ethischen Dimensionen anthropologischer Praktiken sind bis heute Teil anthropologischer Diskussionen und bilden damit immer auch die kritische Auseinandersetzung mit Machtverhältnissen ab: „Cultural relativism, read as moral relativism, is no longer appropriate to the world in which we live. And anthropology, if it is to be worth anything at all, must be ethically grounded" (Scheper-Hughes 1995: 409; zu gegenwärtigen Debatten um Ethik vgl. Mattingly, Throop 2018).

Auch wurde die reflexive Wende der Anthropologie – die mit Jahren Verspätung dann auch den deutschsprachigen Raum erreichte – unter anderem durch die Writing-Culture-Debatte befördert,[17] die die Autorität wissenschaft-

---

[16] Nicht zufällig entwickelt sich ja auch die Interkulturelle Kommunikation in diesem Kontext: „Yet the decisive historical and political constellation that brought intercultural issues to the attention of politicians, and a wider range of academics and funding bodies, took place in the international order of the post-World War II era […]. As the US emerged as one of the two superpowers of the Cold War and began to exert an unprecedented political and economic influence throughout the world, a new set of competencies for politicians, army personnel and business people was required, in particular a knowledge of foreign languages and cultures. Intercultural communication, education and training turned into a topic of national interest and therefore benefitted from funding and institutional support" (Zotzmann 2015: 373).

[17] Vgl. Clifford, Marcus 1986; Berg, Fuchs 1993; Ruby 1982, vgl. Rabinow 2006, 2008; Rabinow, Marcus 2008.

Leerstellen der Interkulturellen Kommunikation 157

licher Repräsentation grundsätzlich in Frage stellte und – wie postkoloniale und dekonstruktivistische Perspektiven – nach der Verstrickung der „Heroen" der Anthropologie und akademischer Institutionen in koloniale Machtsysteme fragten, Generierung und Bereitstellung anthropologischen Wissens jeweils in historische, gesellschaftliche Kontexte stellte und Fragen nach der Verantwortung von Wissenschaft aufwarf.

Zugleich hatte die *applied anthropology* auch einen Forschungsstrang, der, wie die Chicago School, Sozialarbeit und Community-Entwicklung in den Blick nahm und Forschung, soziales Engagement und *advocacy* miteinander verband:

„Applied anthropology entered 1950s with an eclectic intellectual heritage: a culturological emphasis, partly contradicted by the multidisciplinary approach of prewar and wartime practical anthropology, including the Harvard industrial management research and its aura of right-wing ideology, the ‚social relations' disciplines-within-interdiscipline orientation, and New Deal liberal paternalism" (Bennet 1996: S34).

In diesem Kontext ist auch Sol Tax' Action Anthropology zu verorten: Tax, „although a staunch anthropologist and a participating member of the Society for Applied Anthropology, became increasingly dissatisfied with applied anthropology's paternalistic and mechanistic slant" (Bennet 1996: S34). Die von ihm initiierten Projekte (Fox Reservat in Iowa, das Community-Projekt in Chicago) sollten den Paternalismus der Applied Anthropology überwinden und einen aktiven, „emanzipativen" Raum für Organisierung, Veränderung und Selbstbestimmung schaffen (vgl. Katz 2012).[18]

Derzeit wird dieses Erbe erneut rezipiert und partizipative Ansätze aufgegriffen (Parsons, Kelly, Harding 2011). So werden Perspektiven der kollaborativen Ethnographie (Lassiter 2005) oder der engagierten *public anthropology* diskutiert (Marcus 2008: 52–53). Diese Perspektiven einer aktivistischen, partizipativen, einer *engaged anthropology* (Aiello 2010; Low, Engle 2010; Susser 2010) verlangen ein Verständnis von Theorie und Praxis (Wayne 1992), sie stellen neue Anforderungen an die Forscher (Noffke 2009), sie verlangen methodische und theoretische Neubestimmungen:

---

[18] Zu Sol Tax, vgl. hier nur Hinshaw 1979, Stapp 2012. Zu Theorie und Methoden der Applied Anthropology, vgl. Trotter/Schensul/Kostick 2015.

„a more far-reaching discussion of how the very function of ethnographic research shifts in response to this challenge that seems methodological in nature. Yes, anthropologists will still be expected to provide analytic-descriptive accounts of policy processes as they have always done in the pursuit of the ethnography of more traditional topics. However, to make collaborative norms and forms a cornerstone of a rethinking of method [...] will require other kinds of products of research, interventionist and experimental in nature, than are encompassed within the conventional ethnographic mode of writing" (Marcus 2008: 47).

Im Kontext der derzeit geforderten Policyorientierung – die tatsächlich ein anderes Verständnis von angewandter Forschung hat – müssen sich diese „experimentellen", partizipativen Forschungsszenarien zugleich ein doppeltes Verständnis von Theorie und Praxis entwickeln. Natürlich kann und soll sich die Interkulturelle Kommunikation diesen Entwicklungen nicht verschließen. Sie kann weder die bisherigen blinden Flecken ausblenden, noch ihre Praxis an einer an Ökonomie und Policy orientierten Governance ausrichten. Zu fragen ist dann, wie man gegen unheilvolle essentialistisch-naturalisierende Kulturalisierungen, Identitätspolitiken und die blinden Flecken, die Auslassungen, Verdrängungen und Verschiebungen Interkulturelle Kommunikation lehren kann. Wie lehren, ohne diese nicht zugleich leichtfertig fortzuschreiben, „Kompetenz" und instrumentelle Vernunft, ökonomische Logik und Selbstoptimierung zu iterieren?

Auch George Marcus stellt die Frage nach der Lehre unter den derzeitigen gesellschaftlichen Bedingungen und den Anforderungen, die an jene gestellt werden:

„What is missing is an articulation of these changes – and talking of the observable vulnerabilities of the old practices as a way to systematically formulate alternatives and modifications. For example, the reading of exemplary ethnographies does not so much serve in any straight-forward way, as it once did, of teaching method – exemplars to follow or moves to try out – as collections of ‚symptoms' that provide clues to alternative pedagogical strategies. Therefore, ethnographies no longer reflect the classic fieldwork situation, but rather the broader topology of research, encompassing classic fieldwork, which requires a more complex notion like design, a concept of research process" (Marcus 2008: 53).

Leerstellen der Interkulturellen Kommunikation 159

Lehren *(insegnare)* bedeutet, ein Zeichen, einen Abdruck, eine Spur zu hinterlassen. Lehren in diesem Sinne ist kaum die effiziente Vermittlung oder Aneignung von „Kompetenz" oder Wissen etwa über „eine andere, eine fremde Kultur" oder über eine ebenso effiziente Kommunikation mit Anderen, im Sinne einer mechanischen *Reproduzierbarkeit* oder der Weitergabe von Rezeptwissen.

Für Robert Young (1996: 20) wird „intercultural education" zum „political-ethical act which is not independent of history but occurs in the full blood of history's law, bound by its urgency, and specifically, by the urgency of our current, global problems". Interkulturelle Lehre in diesem Sinne suspendiert eindeutige Bedeutungen, Telos und Ziele, an Erfolg ausgerichtete Handlungs- und Kommunikationslogiken. Als Praxis einer „epistemic disobedience" (Mignolo 2009, 2010) macht sie unter anderem Konflikte und Zumutungen partizipativen Handelns deutlich, die gerade nicht an strategischem Handlungskalkül oder gemeinsamen Sinnhorizonten ausgerichtet sind, sie *gibt* auch Raum, indem sie an die Grenzen des Verstehens und damit grenzenloser Aneignung stößt.[19] Sie kann dem vorgegebenen Lernziel – „the *effective* and *appropriate* interaction", „desired personal outcomes", „satisfaction in a relationship or the accomplishment of a specific task-related goal" (s. o.) – auf doppelte Weise nicht nachkommen. Einmal, weil sie nicht umhinkann, das verdrängte Wissen, die „lokalen Wissen" anzusprechen und auf die systematischen Ausschlüsse zu verweisen, die das Fach Interkulturelle Kommunikation begründen. Zum anderen, weil sie den Anderen auch in einer irreduziblen Andersheit belässt, eben gerade *nicht* bestimmt und an instrumentelle Vernunft oder effektive, effiziente Kommunikation bindet, die Kompetenz bezeugen möchte. Es muss ihr also auch um nicht immer schon bezeichnete Räume gehen, die nicht immer schon von mächtigen und geschlossenen diskursiven Architekturen, repetitiven Expertenanweisungen, volkspädagogischen Ratschlägen und Handlungsimperativen besetzt und durch Effizienz, Erfolg, Angemessenheit, instrumentelle Vernunft bestimmt sind. Eine solche Lehre – die die angezeigten Leerstellen nicht umschifft – sperrt sich dann auch gegen starre diskursive Einheiten und ihren Totalitätsanspruch. Erst in diesem Versuch, in dieser Leere können Lehre und Interkulturelle Kommunikation ein kritisches und damit auch ein politisches Potenzial entfalten.

---

[19] Sie schließt damit an Paul Mecherils (2002) gelungene Beschreibung der „Kompetenzlosigkeitskompetenz" an.

Literatur

Ablon, Joan 2012: Sol Tax, Pioneer in Participatory Research. In: Darcy C. Stapp (ed.): Action Anthropology and Sol Tax in 2012: The Final Word? (Memoir no. 8, Northwest Anthropology). Richland/Wash., 13–22.
Aiello, Leslie C. 2010: Engaged Anthropology: Diversity and Dilemmas. Wenner-Gren Symposium Supplement 2. In: Current Anthropology 51, Supplement 2: 201–202.
Anthropology in Action, 2015: In Honor of Sol Tax. A Discussion of Action Anthropology. In: Current Anthropology 16, 4.
Asad, Talal (ed.) 1975: Anthropology and the Colonial Encounter. London.
Assmann, Aleida, Heidrun Friese (Hg.) 1998: Identitäten. Frankfurt am Main.
Baim-Lance, Abigail, Cecilia Vindrola-Padros 2015: Reconceptualising „Impact" Through Anthropology's Ethnographic Practices. In: Anthropology in Action 22, 2: 5–13.
Balibar, Etienne 1992: Gibt es einen „Neo-Rassismus"? In: Etienne Balibar, Immanuel Wallerstein (Hg.): Rasse, Klasse, Nation. Ambivalente Identitäten. Hamburg, Berlin, 5–20 [Orig.: Race, Nation, Classe. Les identites ambigues. Paris, 1988].
Barmeyer, Christoph, Ulrike Haupt 2007: Interkulturelles Coaching. In: Jürgen Straub, Arne Weidemann, Doris Weidemann (Hg.): Handbuch interkulturelle Kommunikation und Kompetenz. Grundbegriffe – Theorien – Anwendungsfelder. Stuttgart, Weimar, 784–793.
Basch, Linda, Nina Glick-Schiller, Cristina Blanc-Szanton 1993: Nations Unbound: Transnational Projects, Postcolonial Predicaments, and Deterritorialized Nation-States. New York.
Bauman, Zygmunt, 2007: Liquid Times. Living in an Age of Uncertainty. Cambridge.
Bennet, John W. 1996: Applied and Action Anthropology. Ideological and Conceptual Aspects. In: Current Anthropology 36, Supplement, S23–S39.
Berg, Eberhard, Martin Fuchs (Hg.) 1993: Kultur, soziale Praxis, Text. Die Krise der ethnographischen Repräsentation. Frankfurt am Main.
Bertelsmann Stiftung 2006: Interkulturelle Kompetenz – Schlüsselkompetenz des 21. Jahrhunderts? Thesenpapier der Bertelsmann Stiftung auf der Basis der Interkulturellen-Kompetenz-Modelle von Dr. Darla K. Daerdoff. Gütersloh.
Bhabha, Homi K. 1994: The Location of Culture. London, New York.
Bolten, Jürgen 2007: Interkulturelle Kompetenz. Erfurt.
Boyer, Dominic 2008: Thinking Through the Anthropology of Experts. In: Anthropology in Action 15, 2: 38–46.

Bröckling, Ulrich 2007: Das unternehmerische Selbst. Soziologie einer Subjektivierungsform. Frankfurt am Main.
Bröckling, Ulrich, Susanne Krasmann, Thomas Lemke (Hg.) 2000: Gouvernementalität der Gegenwart. Studien zur Ökonomisierung des Sozialen. Frankfurt am Main.
Capranzano, Vincent 1995: Comment on Nancy Scheper-Hughes, The Primacy of the Ethical. Proposition for a Militant Anthropology. In: Current Anthropology 36, 3: 420-421.
Chakrabarty, Dipesh 2000: Provincializing Europe. Postcolonial Thought and Historical Difference. Princeton.
Clifford, James 1988: The Predicament of Culture. Twentieth-Century Ethnography, Literature, and Art. Cambridge/Mass., London.
Clifford, James 1994: Diasporas. In: Current Anthropology 9, 3: 302-338.
Clifford, James 1997: Routes. Travel and Translation in the Late Twentieth Century. Cambridge/Mass., London.
Clifford, James, George Marcus (eds.) 1986: Writing Culture. The Poetics and Politics of Ethnography. Berkeley.
Comaroff, Jean, John L. Comaroff 2012: Theory from the South: Or, how Euro-America is Evolving Toward Africa. In: Anthropological Forum: A Journal of Social Anthropology and Comparative Sociology 22, 2: 113-131. URL: http://dx.doi.org/10.1080/00664677.2012.694169, 9. 8. 2014.
D'Andrade, Roy, Nancy Scheper-Hughes 1995: Objectivity and Militancy: A Debate. In: Current Anthropology 3, 6: 399-440.
Das, Vena 1993: Der anthropologische Diskurs über Indien. Die Vernunft und ihr Anderes. In: Eberhart Berg, Martin Fuchs (Hg.): Kultur, soziale Praxis, Text. Die Krise der ethnographischen Repräsentation. Frankfurt am Main, 402-426.
Derrida, Jacques 1983: Grammatologie. Frankfurt am Main.
Derrida, Jacques 1985: Racism's Last Word. In: Critical Inquiry 12: 290-299.
Derrida, Jacques 1992: Die Struktur, das Zeichen und das Spiel im Diskurs der Wissenschaften vom Menschen. In: Die Schrift und die Differenz. Frankfurt am Main, 422-442.
Domke, Britta 2007: Employability? Harvard Business Manager 12. URL: http://www.harvardbusinessmanager.de/heft/artikel/a-622683.html, 19. 2. 2019).
Foucault, Michel 2001: Verteidigung der Gesellschaft. Vorlesungen am Collège de France (1975-76). Frankfurt am Main.
Foucault, Michel 2004a: Geschichte der Gouvernementalität I. Sicherheit, Territorium, Bevölkerung. Vorlesung am Collège de France 1977-1978. Frankfurt am Main.

Foucault, Michel 2004b: Geschichte der Gouvernementalität II. Die Geburt der Biopolitik. Vorlesung am Collège de France 1978–1979. Frankfurt am Main.
Foucault, Michel 2012: Die Regierung des Selbst und der anderen. Vorlesungen am Collège de France 1982/83. Frankfurt am Main.
Friese, Heidrun (ed.) 2002: Identities. Time, Boundary and Difference. Oxford.
Friese, Heidrun 2004: Cultural Studies – Forschungsfelder und Begriffe. In: Friedrich Jaeger, Burkhart Liebsch et al. (Hg.): Handbuch der Kulturwissenschaften, Vol. II: Paradigmen und Disziplinen. Göttingen, 467–486.
Friese, Heidrun 2005: Cultural Identities. In: Gerard Delanty (ed.): Handbook of Contemporary European Social Theory. London, 298–310.
Friese, Heidrun 2007: Ethnographische, ethnologische und kulturanthropologische Ansätze. In: Jürgen Straub, Arne Weidemann, Doris Weidemann (Hg.): Handbuch interkulturelle Kommunikation und interkulturelle Kompetenz, Vol. I: Grundbegriffe, Theorien, Methode. Stuttgart, 188–201.
Friese, Heidrun 2014: Grenzen der Gastfreundschaft. Die Bootsflüchtlinge von Lampedusa und die europäische Frage. Bielefeld.
Friese, Heidrun 2018: Fremde. In: Carlos Kölbl, Anna Sieben (Hg.): Stichwörter zur Kulturpsychologie. Gießen, 115–121.
Gilroy, Paul 1993: The Black Atlantic: Modernity and Double Consciousness. London, New York.
Gilroy, Paul 1994: Diaspora. In: Paragraph 17, 1: 207–212.
Gjessing, Gutorm 1968: The Social Responsibility of the Social Scientist. In: Current Anthropology 9, 5: 397–402.
Glick Schiller, Nina, Linda Basch, Cristina Blanc-Szanton (eds.) 1992: Towards a Transnational Perspective on Migration: Race, Class, Ethnicity, and Nationalism Reconsidered. In: Annals of the New York Academy of Sciences, Vol. 645. New York.
Gros, Frédéric 2012: Situierung der Vorlesungen. In: Michel Foucault. Die Regierung des Selbst und der anderen. Vorlesungen am Collège de France 1982/83. Frankfurt am Main, 471–490.
Hall, Stuart 1996: What is this „Black" in Black Popular Culture? In: David Morley, Kuan-Hsing Chen (eds.): Stuart Hall. Critical Dialogues in Cultural Studies. London, 468–478.
Hall, Stuart 2002: Wann gab es „das Postkoloniale"? Denken an der Grenze. In: Sebastian Conrad, Shalini Randeria (Hg.): Jenseits des Eurozentrismus. Postkoloniale Perspektiven in den Geschichts- und Kulturwissenschaften. Frankfurt am Main, 219–247.
Hannerz, Ulf 1996: Transnational Connections: Culture, People, Places. London.

Hinshaw, Robert E. 1979: Current Anthropology: Essays in Honor of Sol Tax. New York.
Huntington, Samuel P. 1996: The Clash of Civilizations and the Remaking of World Order. New York.
Hymes, Dell H. (ed.) 1972: Reinventing Anthropology. New York.
James, Wendy 1975: The Anthropologist as Reluctant Imperialist. In: Talal Asad (ed.): Anthropology and the Colonial Encounter. London, 41–69.
Katz, Solomon H. 2012: Action Anthropology. Its Past, Present, and Future. In: Darcy C. Stapp (ed.): Action Anthropology and Sol Tax in 2012: The Final Word? (Memoir no. 8, Northwest Anthropology). Richland/Wash., 183–224.
Kaube, Jürgen 2017: Leerformeln aus Lehrplänen. In: Frankfurter Allgemeine Zeitung, 19.1.2017. URL: http://www.faz.net/aktuell/feuilleton/leerfor meln-aus-lehrplaenen-kompetenzrechnung-14689808.html, 20.1.2017.
Kearney, Michael 1995: The Local and the Global: The Anthropology of Globalization and Transnationalism. In: Annual Review of Anthropology 25: 547–565.
Kohl, Karl-Heinz 2000: Ethnologie – die Wissenschaft vom kulturell Fremden: Eine Einführung. München.
Kurtz, Thomas 2010: Der Kompetenzbegriff in der Soziologie. In: Thomas Kurtz, Michaela Pfadenhauer (Hg.): Soziologie der Kompetenz. Wiesbaden, 7–29.
Kurtz, Thomas, Michaela Pfadenhauer (Hg.) 2010: Soziologie der Kompetenz. Wiesbaden.
Lassiter, Luke Eric 2005: The Chicago Guide to Collaborative Ethnography. Chicago.
Lemke, Thomas 2000a: Gouvernementalität, Neoliberalismus und Selbsttechnologie. Eine Einleitung. In: Ulrich Bröckling, Susanne Krasmann, Thomas Lemke (Hg.): Gouvernementalität der Gegenwart. Studien zur Ökonomisierung des Sozialen. Frankfurt am Main, 7–40.
Lemke, Thomas 2000b: Neoliberalismus, Staat und Selbstechnologien. Ein kritischer Überblick über die governmentality studies. In: Politische Vierteljahresschrift 41, 1: 31–47.
Lentin, Alana 2011: Racism in a Post-Racial Europe. In: Eurozine. URL: http://www.eurozine.com/articles/2011-11-24-lentin-en.html, 22.5.2014.
Low, Setha M., Merry Sally Engle 2010: Engaged Anthropology: Diversity and Dilemmas: An Introduction to Supplement 2. In: Current Anthropology 51, 2: 203–226.
Marcus, George E. 2008: Collaborative Options and Pedagogical Experiment in Anthropological Research on Experts and Policy Processes. In: Anthropology in Action 15, 2: 47–57.

Marcus, George E., Dick Cushmann 1982: Ethnographies as Texts. In: Annual Review of Anthropology 11: 25–69.
Mattingly, Cheryl, Jason Throop 2018: The Anthropology of Ethics and Morality. In: Annual Review of Anthropology 47: 475–492.
Mecheril, Paul 2002: „Kompetenzlosigkeitskompetenz". Pädagogisches Handeln unter Einwanderungsbedingungen. In: Georg Auernheimer (Hg.): Interkulturelle Kompetenz und pädagogische Professionalität. Wiesbaden, 15–34.
Michalitsch, Gabriele o. J.: Regierung der Freiheit. Die Formierung neoliberaler Subjekte. URL: http://www.grundrisse.net/grundrisse46/regierung_der_freiheit.htm, 29. 4. 2014.
Mignolo, Walter D. 2000: Local Histories/Global Designs. Princeton.
Mignolo, Walter D. 2009: Epistemic Disobedience, Independent Thought and De-Colonial Freedom. In: Theory, Culture & Society 26, 7–8: 1–23.
Mignolo, Walter D. 2010: Epistemic Disobedience. Rhetoric of Modernity, Logic of Coloniality and Decolonial Grammar. Buenos Aires.
Mignolo, Walter D. 2011: The Darker Side of Western Modernity. Global Futures, Decolonial Options. Durham, London.
Nakayama, Thomas K., Rona Tamiko Halualani (eds.) 2010: The Handbook of Critical Intercultural Communication. Chichester.
Neckel, Sighard 2004: Erfolg. In: Ulrich Bröckling, Susanne Krasmann, Thomas Lemke (Hg.): Glossar der Gegenwart. Frankfurt am Main, 63–70.
Neckel, Sighard 2005: Emotion by Design. Das Selbstmanagement der Gefühle als kulturelles Programm. In: Berliner Journal für Soziologie 15, 3: 419–430.
Neckel, Sighard 2008: Flucht nach vorn. Die Erfolgskultur der Marktgesellschaft. Frankfurt am Main.
Neiburg, Federico, Marcio Goldman 1998: Anthropology and Politics in Studies of National Character (trans. by Peter Gow). In: Cultural Anthropology 13, 1: 56–81.
Noffke, Susan E. 2009: Revisiting the Professional, Personal, and Political Dimensions of Action Research. In: Susan E. Noffke, Bridget Somekh (eds.): The Sage Handbook of Educational Action Research. Thousand Oaks, CA, 6–23.
Parsons, Jim B., Kelly J. Harding 2011: Post-Colonial Theory and Action Research. In: Turkish Online Journal of Qualitative Inquiry 2, 2: 1–6.
Price, David H. 2000: Anthropologists as Spies. In: The Nation, 20. 11. 2000. URL: http://la.utexas.edu/users/hcleaver/357L/20001120PriceAnthrosAsSpiesTable.pdf, 19. 2. 2019.

Price, David H. 2002: Lessons from Second World War Anthropology. Peripheral, Persuasive and Ignored Contributions. In: Anthropology Today 18, 3: 14–20.
Price, David H. 2005: Anthropology and Total Warfare: The Office of Strategic Services' 1943. „Preliminary Report on Japanese Anthropology". In: Anthropology in Action 12, 3: 12–20.
Price, David H. 2011: How the CIA and Pentagon Harnesses Anthropological Research During the Second World War With Little Critical Notice. In: Journal of Anthropological Research 67, 3: 333–356.
Price, David H. 2016: Cold War Anthropology: The CIA, the Pentagon, and the Growth of Dual Use Anthropology. Durham.
Price, David H. 2019: Counter-Lineages within the History of Anthropology. In: Anthropology Today 35, 1: 12–16.
Price, David H., Eric B. Ross 2005: Introduction to Special Issue on „Friends and Foes: Anthropologists and the Making of the Enemy". In: Anthropology in Action 12, 3: vii–ix.
Rabinow, Paul 2006: Steps toward an Anthropological Laboratory. URL: http://anthropos-lab.net/wp/publications/2007/08/conceptnoteno1.pdf, 19. 2. 2019.
Rabinow, Paul 2008: Marking Time. On the Anthropology of the Contemporary. Princeton.
Rabinow, Paul, George E. Marcus 2008: Designs for an Anthropology of the Contemporary (with James D. Faubion and Tobias Rees). Durham, London.
Rathje, Stephanie 2006: Interkulturelle Kompetenz – Zustand und Zukunft eines umstrittenen Konzepts. In: Zeitschrift für Interkulturellen Fremdsprachenunterricht 11, 3: 1–21. URL: http://zif.spz.tu-darmstadt.de/jg-11-3/docs/rathje.pdf, 18. 2. 2019.
Rathje, Stephanie 2009: Der Kulturbegriff – Ein anwendungsorientierter Vorschlag zur Generalüberholung. In: Alois Moosmüller (Hg.): Konzepte kultureller Differenz (Münchener Beiträge zur interkulturellen Kommunikation 22). München, 83–106.
Ruby, Jay (ed.) 1982: A Crack in the Mirror. Reflexive Perspectives in Anthropology. Philadelphia.
Said, Edward W. 2003: Orientalism. Western Conceptions of the Orient. London.
Scheper-Hughes, Nancy 1995: The Primacy of the Ethical. Proposition for a Militant Anthropology. In: Current Anthropology 36, 3: 409–420.
Schönhut, Michael 2005: Das Kulturglossar. Ein Vademecum durch den Kulturdschungel für Interkulturalisten. Ethnologie der Universität Trier, Gesellschaft für Technische Zusammenarbeit (GTZ), Direktion für Entwick-

lung und Zusammenarbeit DEZA. URL: http://www.kulturglossar.de/html/k-begriffe.html#kompetenz_interkulturelle, 19. 2. 2019.

Schwegler, Tara A. 2008: Trading Up: Reflections on Power, Collaboration, and Ethnography in the Anthropology of Policy. In: Anthropology in Action 15, 2: 10-25.

Schwegler, Tara A., Michael G. Powell 2008: Unruly Experts: Methods and Forms of Collaboration in the Anthropology of Public Policy. In: Anthropology in Action 15, 2: 1-9.

Simpson, Bob 2015: Ref 2014 and Impact. Reading the Runes for Anthropology in Action. In: Anthropology in Action 22, 2: 1-4.

Spivak, Gayatri Chakravorty 1988: Can the Subaltern Speak? In: Cary Nelson, Lawrence Grossberg (eds.): Marxism and the Interpretation of Culture. Urbana, 271-313.

Stapp, Darcy C. 2012: Action Anthropology and Sol Tax in 2012: The Final Word? Richland.

Straub, Jürgen 2007: Kompetenz. In: Jürgen Straub, Arne Weidemann, Doris Weidemann (Hg.): Handbuch Interkulturelle Kommunikation und Kompetenz. Stuttgart, 35-46.

Susser, Ida 2010: The Anthropologist as Social Critic: Working Toward a More Engaged Anthropology. In: Current Anthropology 51, 52, Engaged Anthropology: Diversity and Dilemmas: 227-233.

Tax, Sol 1960: Action Anthropology. In: Documentary History of the Fox Project. Department of Anthropology. Chicago.

Tax, Sol 1975: Action Anthropology. In: Current Anthropology 16, 4: 514-517.

Thomas, Alexander 2003: Interkulturelle Kompetenz – Grundlagen, Probleme und Konzepte. In: Erwägen – Wissen – Ethik 14, 1: 137-221.

Thomas, Alexander 2006: Interkulturelle Handlungskompetenz – Schlüsselkompetenz für die moderne Arbeitswelt. In: Arbeit 2, 15: 114-125.

Traue, Boris 2010: Kompetente Subjekte. In: Thomas Kurtz, Michaela Pfadenhauer (Hg.): Soziologie der Kompetenz. Wiesbaden, 49-67.

Trotter, Robert T. II, Jean J. Schensul, Kristin M. Kostick 2015: Theories and Methods in Applied Anthropology (2nd edition). In: Russell Bernard, Clarence C. Gravlee (eds.): Handbook of Methods in Cultural Anthropology. Lanham, 661-693.

Vertovec, Stephen, Robin Cohen (eds.) 1999: Migration, Diasporas, and Transnationalism. Cheltenham.

Wayne, Warry 1992: The Eleventh Thesis: Applied Anthropology as Praxis. In: Human Organization 51, 2: 155-163.

Weber, Max 1980: Wirtschaft und Gesellschaft. Grundriss der verstehenden Soziologie. Tübingen.

Werner, Michael, Bénedicte Zimmermann (Hg.) 2004: L'histoire croisée. Paris.
Wiepcke, Claudia 2009: Employability in the Bologna Process: An Area of Tension Between Society, Businesses and Students. In: The International Journal of Learning 16, 4: 435–445.
Wimmer, Andreas, Nina Glick Schiller 2003: Methodological Nationalism, the Social Sciences, and the Study of Migration: An Essay in Historical Epistemology. In: International Migration Review 37, 3: 576–610.
Young, Robert 1996: Intercultural Communication: Pragmatics, Genealogy, Deconstruction. Clevedon, Philadelphia.
Zotzmann, Karin 2015: Discourses of Intercultural Communication and Education. In: Paul Smeyers, David Bridges, Nicholas Burbules, Morwenna Griffiths (eds.): International Handbook of Interpretation in Educational Research Methods. London, 371–397.

Kompetenzlosigkeitskompetenz statt interkultureller Kompetenz?

Ein ethnologisch inspirierter Debattenbeitrag[1]

Michael Schönhuth

1. Prolog

Seit fünf Jahren bin ich Mitglied in einem internationalen Graduiertenkolleg und auf deutscher Seite der einzige betreuende Ethnologe. Meine Doktorandin und ich hatten zu Beginn des Kollegs einen schweren Stand, weil sie im Gegensatz zu den Graduierenden aus anderen beteiligten Fächern, wie Soziologie, Geographie, Pädagogik, Anglistik oder Linguistik nach einem Jahr noch immer im Feld unterwegs und außer zahlreichen „dichten Beschreibungen" noch immer kein vernünftiges Theoriekapitel vorzuweisen hatte. Ich wiederum hatte alle Hände voll zu tun, bei meinen Fachkollegen den Verdacht der Unwissenschaftlichkeit ethnologischen Forschungsvorgehens zu zerstreuen. Diese an der Grenze von Fachkulturen gesammelten kommunikativen Erfahrungen über das offensichtlich sehr unterschiedliche Erschließen von Forschungsfeldern lassen sich, so die These, auch für eine Kritik am Konzept der interkulturellen Handlungskompetenz nutzen. Der vorliegende Debattenbeitrag skizziert eine professionelle Feldforschungshaltung, wie sie die Ethnologie in den ersten Jahrzehnten des 20. Jahrhunderts für das Verstehen fremdkultureller Phänomene etabliert und seitdem weiterentwickelt hat. Sie stellt dem an Erfolgs-, Effizienz- und Angemessenheitskriterien orientierten Konzept der interkulturellen Handlungskompetenz eine Form der „Kompetenzlosigkeitskompetenz" (Mecheril 2013) gegenüber, die die eigene Handlungsunsicherheit, beziehungsweise den proaktiven Umgang mit dem eigenen „Nichtwissen" zu einer Voraussetzung für das Verstehen macht und dabei den Wunsch nach Handlungskompetenz möglichst lange aufschiebt.

---

[1] Ich danke meinen geistigen Ratgebern Christoph Antweiler, Christine Bald, Kerstin Löffel-Eckstein, Martin Endreß, Judith Riepe und Paul Mecheril für Ermutigung, wichtige Hinweise und frische Ideen bei der Vorablektüre des Manuskripts. Die Rechte an noch bestehenden inhaltlichen und formalen Unzulänglichkeiten verbleiben vollständig beim Autor.

2. Der Kontext: Kultur, Interkultur und Aushandlungsprozesse

Das Forschungs- und Handlungsfeld „interkulturelle Kommunikation" war in den frühen Jahren aufs engste mit dem Namen des amerikanischen Ethnologen Edward T. Hall verknüpft. Er gilt gemeinhin als Begründer der Disziplin und etablierte den Begriff in seinem Werk *The Silent Language* von 1959. Hall war nicht der erste Ethnologe, der sich interkulturellen Fragestellungen zuwandte. Er stand in der Tradition der „Kultur- und Persönlichkeitsschule" um Margaret Mead und Ruth Benedict. Diese hatten schon während des Zweiten Weltkriegs an nationalen Kulturmustern orientierte Studien zum Nationalcharakter der US-Amerikaner (Mead 1943) beziehungsweise zum praktischen Umgang mit Angehörigen von Kriegsgegnern (Benedict 1946) für die amerikanische Regierung geliefert.[2]

Halls Arbeit als Direktor eines Trainingsprogrammes für amerikanische Auslandsentsandte war zu Beginn noch auf die Vermittlung sozial- und verwandtschaftsethnologischen Wissens gerichtet. Dieser Fokus verschob sich allerdings schon bald zugunsten psychologischer, pädagogischer und linguistischer Kommunikationsaspekte, entsprechend dem Bedarf seiner vor allem im diplomatischen Dienst stehenden Zielgruppe. Mit dem Postulat, dass es keines umfassenden Verständnisses der Kultur eines Gesprächspartners bedürfe, um interkulturelle Verständigung zu ermöglichen, entfernte sich Hall von dem für die Ethnologie zentralen Konzept des holistischen Fremdkulturverstehens. Ziel der Hall'schen Trainings war es, Auslandsentsandte durch Vermittlung konkreter Techniken für die interkulturelle Begegnung handlungsfähig (also kompetent) zu machen.

Im Prinzip funktioniert der Markt der im Feld interkultureller Kompetenzvermittlung Tätigen, deren Profession der Ethnologe Tommy Dahlén 1997 unter dem Titel *Among the Interculturalists* eine eigene Feldstudie widmete,[3] noch heute so. Ganz ähnlich fassen es auch Definitionen aus einschlägigen wissenschaftlichen Editionen, von Alexander Thomas' Handbuch zur interkulturellen Kompetenz 2005 bis zu Gogolins Handbuch zur interkulturellen Pädagogik 2018: Interkulturelle Kompetenz wird als Korb aus kognitiven, affektiven und verhaltensorientierten Fähigkeiten und Fertigkeiten beschrieben, mit

---

[2] Pikanterweise war Benedicts Buch über den Nationalcharakter der Japaner in den USA mit nur 26 000 verkauften Exemplaren in 30 Jahren ein kommerzieller Misserfolg, in Japan mit über zwei Millionen dagegen ein Bestseller (vgl. Lummis 2007).

[3] Eine auf einer organisationsethnologischen Feldstudie beruhende Kritik an der Welt der „Kulturschockverhinderungsindustrie" (Ulf Hannerz). Vgl. dazu auch die Polemik von Breidenbach, Nyiri 2003.

anderskulturell *geprägten* Menschen *effektiv* und *angemessen* zu interagieren. Sie wird als in Lern- und Trainingssituationen vermittelbar verstanden und mit einer Handlungsorientierung für konkrete interkulturelle Begegnungssituationen verbunden. Allerdings bleibt die „[...] gesellschaftliche, institutionelle, interaktive aber auch kulturelle Rahmung und Hervorbringung der interkulturellen Situation [...] in interkulturellen Trainings weitestgehend unthematisiert", moniert der Erziehungswissenschaftler Paul Mecheril in seiner Kritik an der interkulturellen Pädagogik bereits vor etlichen Jahren (2013 [2003]: 23).

Halls essentialistische Kulturkonzeption mit ihren starren Grenzen, verinnerlichten Verhaltenskodes und Kulturkontrasten hat in unserem Fach längst ausgedient. Die Ethnologie hat nicht nur das auf Herder zurückgehende Kugelmodell[4] hermetisch abgeschlossener, in sich ruhender (National-)Kulturen verabschiedet, sie hat auch ihre Feldforschungsinstrumente verfeinert und folgt ihren Gastgebern in einer Welt, in der kulturelle Entwürfe und ethnische Kategorien sich nicht mehr an Grenzen halten, wo sich Identitätsentwürfe auf vielfältige Weise intersektional kreuzen und neue kulturelle Kontaktzonen entstehen. Nicht mehr geteilte Kultur, sondern in und zwischen Gruppen ungleich verteiltes Wissen stehen im Mittelpunkt heutiger ethnologischer Forschung. Es geht um die Frage, wie Wissensasymmetrien im Innern und an den Rändern von (vorgestellten) Gemeinschaften jeweils produziert, repräsentiert und weitergegeben werden. Kulturelles Wissen ist Orientierungswissen, das im Alltag ausgehandelt wird. Kulturelle Gemeinsamkeit lässt sich eigentlich nur noch temporär herstellen und beschreiben. Der ethnologische Kulturbegriff ist heute in jedem Fall ein fluider und nur noch diskursiv zu fassen.

Interkulturalität bezieht sich auf das, was entsteht, wenn Menschen mit unterschiedlichen kulturellen Wissenskorpora, Routinen und Rahmungen, in wechselseitiger Unsicherheit über die jeweiligen Absichten und gerade herangezogenen Referenzsysteme aus unterschiedlichen Machtpositionen und auf unterschiedlichen Ebenen einander begegnen und miteinander umgehen. Hall hatte diese Erfahrung viel zu früh auf die Beobachtung konkreter Kommunikationsprozesse und den Austausch von stereotypen Kommunikationskodes reduziert. Interkultureller Umgang ist eine Voraussetzung für interkulturelles Verstehen, aber er führt nicht per se zum Abbau von Fremdbildern. Dies zeigte die Ethnologin Erika Dettmar in einer immer noch lesenswerten empirischen Studie zu den Verhaltenskonsequenzen afrikanisch-europäischer Begegnungen

---

[4] „Jede Nation hat ihren Mittelpunkt der Glückseligkeit in sich, wie jede Kugel ihren Schwerpunkt!" (Herder 1774: 60). Liest man Herders Schriften genauer, so wird allerdings deutlich, dass auch er schon eigentlich einen dynamischen Kulturbegriff vertrat (vgl. Kramer 2004).

in Hamburg 1989. Sie fand folgende typische Reaktionsmuster der beteiligten Akteure in der interkulturellen Begegnung: (i) Spannungen und Beziehungsabbruch durch Kategorisierungen; (ii) Aufrechterhaltung vorheriger Vorstellungen trotz persönlicher Beziehungen, und (iii) – *in Einzelfällen* – eine Relativierung früherer Vorstellungen über den Begegnungspartner. Entscheidend war der Rahmen von Dominanz und Unterordnung, der die Situation der Akteure strukturell bestimmte und damit die Umgangssituation insgesamt formte (Dettmar 1989: 260 ff.).[5]

3. Die empirische Erfassung sozialen Lebens „als Praxis und Handlung"

Wenn wir die Eigenheiten der ethnologischen Perspektive auf das „Andere", beziehungsweise den Zugang zum „kulturell Fremden" verstehen wollen, müssen wir rund 100 Jahre zurückgehen, zu dem Mann, der die ethnologische Feldforschung durch seinen – nicht ganz freiwilligen[6] – mehrjährigen Aufenthalt bei den Trobriandern nordöstlich von Neuguinea populär und wissenschaftsfähig gemacht hat: Bronislaw Malinowski. Malinowskis methodologisches Repertoire zur professionellen Erschließung der Lebensweisen nichtwestlicher, nicht staatlich organisierter und vorzugsweise mündlich tradierender Gesellschaften bestand aus einem (mindestens einjährigen) Langzeitaufenthalt, der bevorzugt unter Bedingungen der Isolation stattfinden sollte („damit der Forscher nicht durch die innere Rückkehr in das Eigene abgelenkt werde", Meyer, Schareika 2009: 82), dem Erwerb gründlicher Sprachkenntnisse, teilnehmender Beobachtung von Alltagsprozessen als Schlüsselmethode sowie dialogischen Befragungstechniken, die aus einer Haltung des „Unwissenden", auch nonkonformistische Fragen beziehungsweise eine gewisse Narrenfreiheit des Fragens erlaubten (vgl. Meyer, Schareika 2009: 82–83).

Die von Malinowski propagierten methodischen Elemente sind noch immer aktuell und bilden bis heute das Gerüst ethnologischer Feldforschung. Seine erkenntnisleitende Sicht hingegen blieb einem szientistischen Paradigma verhaftet. Der professionelle Ethnologe, so Malinowski, taucht zunächst in

---

[5] Diese zentrale Rolle von Machtasymmetrien in interkulturellen Situationen wurde auch von anderen Beiträgen der diesem Band zugrundeliegenden Tagung 2018 in München thematisiert (z. B. durch Mahadevan, Friese, Busch). Sie wird in Abschnitt 6 dieses Beitrags nochmals aufgenommen.

[6] Mit Ausbruch des Ersten Weltkriegs galt Malinowski aufgrund seiner polnischen Nationalität als Kriegsgegner und durfte während des Krieges zwar weiter forschen, die Region (zu der auch die Trobriandinseln gehörten) aber nicht verlassen.

die Erklärungswelt der Gastkultur ein („learning the native's point of view"), gleicht das, was ihm gesagt wird, mit dem ab, was er systematisch beobachtet und schließt dann auf die dahinterliegenden Gesetzmäßigkeiten, beziehungsweise rationalen Strukturprinzipien, die das Handeln der Personen leiten, auch wenn diese die Prinzipien nicht kennen und ihr Handeln anders begründen. Für Malinowski war klar: Am Ende des Tages hat der Wissenschaftler recht, der Kulturangehörige, verstrickt in sein eigenes Bedeutungsgewebe, liegt im Zweifel falsch. Meyer und Schareika empfehlen in ihrer Kritik an den idealistischen Grundannahmen der malinowskischen Wissenschaftstheorie eine Neubesinnung auf die Wurzeln der Ethnographie. Diese setzt methodologisch nicht deduktiv bei sozialen Strukturen oder kulturellen Sinnwelten an, sondern bei den sie konstituierenden, konkret beobachtbaren Prozessen sozialer Interaktion und geht dementsprechend konsequent induktiv beziehungsweise abduktiv vor. Letztere Form des logischen Schließens ist für eine ethnologische Entdeckung des „kulturell Anderen" konstitutiv und bedarf deshalb näherer Erläuterung.

4. Zur gültigen Entdeckung des Neuen: die Kunst der Abduktion

Der Begriff der „Abduktion" wurde vom amerikanischen Mathematiker und Philosophen Charles Sanders Peirce (1839–1914) in die wissenschaftliche Debatte eingeführt. Er bezeichnet so das einzige wirklich kenntnis*erweiternde* Schlussverfahren und dieses sollte im Prinzip am Beginn eines jeden wissenschaftlichen Erkenntnisprozesses stehen. Wird in der Deduktion der beobachtbare Einzelfall einer bereits bekannten Regel unterworfen, also vom Allgemeinen auf das Besondere geschlossen, und in der Induktion die im Datenmaterial vorgefundene Merkmalskombination zu einer Ordnung beziehungsweise Regel verlängert (quantitative Induktion) beziehungsweise mit bekannten Mustern im Sinne des „*Profilings*" abgeglichen (qualitative Induktion), um dadurch bessere Vorhersagen für ähnliche Situationen treffen zu können, führt die Abduktion von der bisher bekannten Ordnung weg. Es geht um das Entdecken von Merkmalskombinationen, für die sich im existierenden Wissensbestand noch keine entsprechende Erklärung oder Regel findet. Wie relevant dieses erkenntniserweiternde Schlussverfahren für die Praxis sein kann, zeigt eine Anekdote aus dem Bereich der strategischen Planung des amerikanischen Militärs im Jahr 2002, als der damalige Verteidigungsminister Donald Rumsfeld auf die Journalistenfrage nach Belegen für die angebliche Lieferung von Massenvernichtungswaffen durch den Irak an Terroristengruppen anlässlich eines Pressebriefings antwortete:

„There are known knowns. There are things we know that we know.
There are known unknowns. That is to say, there are things that we
now know we don't know. – But, there are also unknown unknowns.
There are things we do not know, we don't know."[7]

Zunächst von Journalisten noch spöttisch kommentiert, angesichts der eher dadaistisch anmutenden Botschaft, erschloss sich der abduktive Charakter der Botschaft des amerikanischen Verteidigungsministers erst allmählich. Angeblich hat Rumsfeld die Phrase von einem hochrangigen Manager der NASA aufgeschnappt, die damit im Rahmen der Risikoabschätzung ihrer Weltraummissionen ihren Planungsstab für nicht aus vergangenen Erfahrungen ableitbare Umstände sensibilisieren wollte (Rumsfeld 2011: IVX).

Wie aber kann dieser erkenntniserweiternde – abduktive – Schritt gelingen? Für den Soziologen und Kommunikationswissenschaftler Jo Reichertz, der die Kunst des abduktiven Schließens Ende der 1990er für die sozialwissenschaftliche Debatte fruchtbar gemacht hat, steht zu Beginn die Überraschung oder auch das echte Erschrecken, dass die eigenen Erklärungsmuster in Handlungssituationen nicht mehr tragfähig und handlungsleitend sein können. Forschungssituationen, die nicht schon von vornherein durch forschungsleitende Fragestellungen und -hypothesen verstellt sind, sind für solche Erschütterungen, die zur Suche nach neuen Erklärungen zwingen, prädestiniert. Abduktion erfordert „einen gedanklichen Sprung, der zusammenbringt, von dem man bisher nicht dachte, dass es zusammengehört" (Reichertz 1999: 54). Reichertz findet für diesen Schritt der „gültigen Entdeckung des Neuen" und der dafür notwendigen Bedingung der Loslösung gängigen Schließens eine fast schon poetische Metapher aus der Welt des Segelns:

„Betrete dein kleines Boot der Versenkung, stoß dich ab in den See deiner Gedanken und lasse den Atem des Himmels deine Segel füllen! Um dies zu tun, bedarf es der Muße. [...]. Die Befreiung vo[m] aktuellen Handlungsdruck ist die grundlegende Bedingung, ohne die das Boot nicht in Fahrt kommt. [...] Nicht auf seine Reise mit [...] (nimmt)

---

[7] Der vollständige Passus lautete: „Reports that say that something hasn't happened are always interesting to me, because as we know, there are known knowns; there are things we know we know. We also know there are known unknowns; that is to say we know there are some things we do not know. But there are also unknown unknowns – the ones we don't know we don't know. And if one looks throughout the history of our country and other free countries, it is the latter category that tend to be the difficult ones" (US Department of Defence 2002).

der Segler sein bisheriges Wissen um eine gedeutete Welt. Am Ufer zurückgeblieben sind die festen Überzeugungen von der Beschaffenheit der Natur, der Sozialität und auch der Logik. Mitgenommen auf die Fahrt werden allein Wahrnehmungen, nicht deren bislang bewährte Interpretation" (Reichertz 1999: 57).

Zum Aufbau einer abduktiven Haltung muss der selbstverständliche Abgleich mit den eigenen gesicherten Überzeugungen unterbrochen sein. Dazu braucht es Situationen, die geeignet sind, die eigenen erlernten Wissensbestände ins Straucheln zu bringen, und einer methodologischen Kompetenz, die das eigene Wissensvorratslager eine Zeitlang bewusst dispensiert. Der Bildungswissenschaftler Paul Mecheril nannte diese professionelle Fähigkeit zum Eingeständnis in das eigene Nichtwissen in der interkulturellen Begegnung augenzwinkernd „Kompetenzlosigkeitskompetenz",[8] und er erläutert:

„Sobald die hermeneutische Unzugänglichkeit des Anderen zum Ausgangspunkt interkultureller Prozesse wird, verringert sich die Gefahr der Vereinnahmung durch das Verstehen; diese Reduktion setzt das professionelle Vermögen voraus, sich auf das eigene Nicht-Wissen zu beziehen. Nicht-Wissen wird damit zum Kontext, in dem verstehensskeptische Prozesse interkultureller Bildung stattfinden können" (Mecheril 2013: 28).

Ein In-Erfahrung-Bringen dieser Kontexte, stellt sich, so Mecheril, als weitaus bedeutsamer für die Deutung von Lebens- und Problemlagen dar, als gleichsam technische Wissenskompetenzen, die sich an den Gebräuchen, der Sprache oder der *„anderen Herkunft"* der Klientel orientieren.

Gehen wir mit diesem Plädoyer zeitweiliger Dispensierung eigener Gewissheiten und Kompetenzen zurück zu den Elementen der ethnographischen Feldforschung. Die fehlende Handlungskompetenz zu Beginn der Begegnung und das zeitweilige Aussetzen der eigenen Wissensbestände sind geradezu Voraussetzung für den ethnologischen Verstehensprozess: als erstes Element der *Langzeitaufenthalt*, bevorzugt unter Bedingungen der Isolation, damit der Forscher nicht durch die innere Rückkehr ins eigene „Wissensvorratslager" ab-

---

[8] Nicht zu verwechseln mit der „Inkompetenzkompensationskompetenz", mit der Odo Marquard seinen Abgesang auf die abendländische Philosophie etikettiert, die sich früher für alles zuständig erklärte, heute aber kompetent nur noch für eines zu sein scheint: „nämlich das Eingeständnis der eigenen Inkompetenz" (Marquard 1981).

gelenkt werde, als zweites *das Einnehmen einer sozialen Rolle* als Teilzeitmitglied der Gastgesellschaft, das Fehler machen, und unqualifizierte oder auch gelegentlich unangemessene Fragen stellen darf; zum Dritten das *Stolpern über irritierende Bruchstellen in der Kommunikation,* an denen die antizipierte Erwartung und das tatsächlich beobachtete Verhalten beziehungsweise die Reaktion des Gegenübers nicht zusammenpassen; und schließlich *allmähliches, mitunter auch mühsames Erlernen von kommunikativer „Mitspielkompetenz"* durch Lebensweltteilnahme.

5. Abduktion in der ethnographischen Praxis: *rich points* und gelungene Witze

Der amerikanische Ethnologe Michael Agar berichtet in der zweiten Auflage seines Buches *The Professional Stranger,* einer zum modernen Klassiker avancierten Einführung in die Kunst ethnographischen Arbeitens (1996), von einer weit zurückliegenden Feldbegegnung. In ihr gab ihm sein Koch zur Mittagszeit nicht nur eine Wegzehrung in einem eingeschlagenen Tuch mit auf den Weg, sondern legte obenauf einen Brocken Kohle, eine Handlung die dem Ethnologen zunächst völlig sinnfrei vorkam. Auf seine Rückfrage bekam er die gemurmelte Antwort „Geister". Erst aus weiteren Begegnungen und Gesprächen lernte er, was schon jedem Kind ganz selbstverständlich war: Alleinreisende sind anfällig für Geisterangriffe und diese sind zur Mittagszeit besonders aktiv. Der Koch gab ihm also in weiser Voraussicht ein Geisterabwehrmittel mit auf den Weg. Solche irritierenden, sich der eigenen Antizipation entziehenden Momente pflastern jede ethnographische Feldforschung. Agar nennt sie *„rich points",* die auf einen *reichhaltigen,* dahinterliegenden Subtext verweisen. Dieser ist Kulturmitgliedern so selbstverständlich, dass er in der Regel weder verbalisiert noch kommentiert wird, sich aber gleichzeitig auch jedem deduktiven wie induktiven Schließen entzieht.

> „When a rich point occurs, an ethnographer learns that his or her assumptions about how the world works, usually implicit and out of awareness, are inadequate to understand something that had happened. A gap, a distance between two worlds, has just surfaced in the details of human activity. Rich points, the words or actions that signal those gaps, are the raw material of ethnography, for it is this distance between two worlds of experience that is exactly the problem that ethnographic research is designed to locate and resolve" (Agar 1996: 31).

Kompetenzlosigkeitskompetenz statt interkultureller Kompetenz? 177

Das Entdecken solcher *rich points* ist nicht voraussetzungslos. Es setzt Anwesenheit, Beziehungsaufnahme und das Eingebundensein in Alltagsaktivitäten voraus, aus denen heraus sich Fenster zum Subtext mit der Zeit eröffnen. „The rich point isn't *their* problem, it's *your* problem; [...] it means *you're* not yet competent to understand it", betont Agar (1996: 31; Hervorh. im Original). Die Suche nach dem dahinterliegenden kulturellen Skript, dem Goffman'schen „Rahmen" (1980), der sinnhaften Organisation von Alltagserfahrungen, besteht zunächst in dem Eingeständnis, dass die eigenen professionellen (logischen, theoretischen) Rahmungen nicht mehr tragen. Im zunächst bewussten Verzicht auf die Verknüpfung mit im eigenen Deutungsraum zur Verfügung stehenden Alltags- oder Wissenschaftstheorien liegt die professionell nutzbare Kompetenz der „Kompetenzlosigkeitskompetenz". Teilnehmende Beobachtung bietet dafür das methodische Rüstzeug. Darin liegt auch der Charme von Feldtagebüchern, denen sich Ethnologen in der Zusammenfassung ihres Tagewerks anvertrauen und in denen verständliche wie unverständliche Begegnungen, verwertbare *(rich points)* wie unverwertbare Momente *(weak points),* Wissenschaftsfähiges und sehr Persönliches zunächst weitgehend ungeordnet nebeneinanderstehen und der Sinnverknüpfung harren.

Der Rest der Feldarbeit besteht aus einem beständigen Validieren vorläufiger Erkenntnisfäden, die es zu tragfähigen, das heißt auch für die gastgebende Deutungsgemeinschaft wiedererkennbaren, Mustern zu verweben gilt, durch Fragen, Rückfragen, Nachvollziehen, Beobachten, Vergleichen unterschiedlicher Antworten, Abwägen, Zuordnen, Verwerfen und – als Lackmustest – immer wieder durch den eigenen Alltagsvollzug. Fehler reiht sich hier zunächst an Fehler, erst allmählich wird das Bild klarer und der Bezugsrahmen kohärenter. So war einer meiner befriedigendsten Feldforschungsmomente bei einem internationalen Computerhersteller in Süddeutschland, als ich das erste Mal im Kollegenkreis einen auf die betrieblichen Abläufe gemünzten Witz zum Besten gab, über den alle Anwesenden herzlich lachen mussten.[9] Organisationswitze richtig zu pointieren oder eine lokale Spruchweisheit einmal im richtigen Moment und Duktus zu setzen und damit in einem familiären Disput über Verantwortungsfragen in einer Hexereianklage zu punkten,[10] sind Belege für eine gelungene Webmasche, beziehungsweise das erfolgreiche Einfädeln in die kulturelle Grammatik durch den Ethnologen. Dieser Vorgang wiederholt sich permanent, auf allen Ebenen – beständige Webfehler und deren Korrektur durch lokale Strickprofis inklusive: „The business of finding rich points

---

[9] Für den Forschungszusammenhang vgl. Zaunreiter 1993.
[10] In einer früheren Feldforschung in Ghana (vgl. Schönhuth 1989).

and building frames, in actual ethnographic work, goes on at different levels in different ways, all the time, and one continually works to weave the frames into ever grander systems of understanding" (Agar 1996: 33). Auch deshalb braucht ethnologische Feldforschung Zeit und wächst Theorie erst nach und nach aus den dichten Beschreibungen *(thick descriptions)* von Begegnungen, Gesprächen, Begebenheiten und eigenem Handlungsvollzug, *„grounded"*, aus dem Feld heraus.[11]

6. Machtfragen im Feld sowie beim Schreiben zuhause

In Dettmars Untersuchung zu interkulturellen Begegnungen in Hamburg zeigte sich, dass für Lernkurven ganz entscheidend ist, welche strukturelle Position der jeweilige Akteur in einer Kommunikationssituation einnimmt. Wer in solchen Begegnungssituationen das „Heimrecht" ausübt, bestimmt auch den Diskurs (vgl. Antweiler 1998: 58), und kann bis zu einem gewissen Grad die Verstehensbedingungen diktieren. Dabei ist das Heimrecht nicht zwangsläufig mit dem geografischen „Zuhause" verknüpft. Im Rahmen von Entwicklungs*zusammenarbeit,* in dem ich mich vor allem beratend bewegt habe, ist von vorne herein klar, wer die Regeln für die Verteilung und die an sie geknüpften Bedingungen (die sogenannte *„Konditionalität"*[12]*)* von Budget- oder Entwicklungshilfe vor Ort bestimmt und damit das Heimrecht ausübt: die sogenannte Geberseite, die den „Geldsack" mitbringt, und dabei auch die komplette Infrastruktur (Haus, Auto, gegebenenfalls Angestellte, für Lokalverhältnisse üppiges Gehalt) für die Auslandsentsandten mitliefert. Die Lernkurven professioneller Interkulturalisten bleiben in solchen interkulturellen Konstellationen zwangsläufig eingeschränkt. Etwas anders gelagert sind internationale Geschäftsbeziehungen, die zumindest formell auf Augenhöhe geknüpft werden. Hier geht es vor allem um das geschickte Agieren in Arenen. Kultur ist *eine,* zudem „weiche", Variable unter „harten" ökonomischen, welche letztlich entscheiden, wer das „Heimrecht" im transkulturellen Verhandlungsraum ausübt.

Ethnologen im Feld sind da in einer weniger komfortablen Lage. Finanziell dank Forschungsförderung in der Regel mehr oder weniger gut abgesi-

---

[11] Trotzdem handelt es sich dabei nicht um das gleiche wie in der *grounded theory* von Glaser und Strauss. Diese geht dezidiert induktiv vor, nicht abduktiv: „(...) the process of data collection for generating theory whereby the analyst jointly collects, codes and analyses his data and decides what data to collect next and where to find them in order to develop his theory as it emerges" (Glaser, Strauss 1967: 45).

[12] Vgl. z. B. Koeberle et al. 2005.

chert, sind sie für den ganzen Rest, das heißt, für das physische und psychische Wohlbefinden, für notwendige Sozialbeziehungen und für das Bedürfnis nach Zugelassen- und Informiertwerden in hohem Maße auf ihre Gastgeber angewiesen. Diese Stellung als geduldeter Gast, als „*marginal (wo)man*"[13] im Sinne Robert E. Parks, macht vulnerabel, aber sie macht auch offen für Lernerfahrungen. Und sie hat einen weiteren Vorteil: Die Rolle als „*socially acceptable incompetent*" (Lofland et al. 2006: 69), als hilfsbedürftiger Neuankömmling im fremdkulturellen Kontext, erlaubt es, Fehler machen zu dürfen, „einfältige" Fragen zu stellen sowie belehrt und korrigiert zu werden – alles günstige Ausgangsbedingungen für abduktives Schließen.

Anders sieht es aus, wenn der Ethnologe vom Lernen *im* Feld zum Schreiben über das Feld übergeht. Malinowskis szientistischem Diktum (the scientist is right, the native is wrong), waren ganze Generationen von Ethnologen gefolgt, egal welcher Theorietradition sie anhingen. Die Macht der persönlichen Erfahrung im Feld („die Feldforschung": ich hab's mit eigenen Augen gesehen!"), die Fähigkeit zur professionellen Interpretation („Ethnologie") und die aus der „Schriftlosigkeit" der Kulturen entstehende textliche Autorität gegenüber Informanten und Rezipienten („Wissenschaft") wurden allerdings in den späten 1970er Jahren zunehmend erschüttert. Kritisch-reflexive Ethnologen wie Jean Paul Dumond (1978) oder Vincent Crapanzano (1980) versuchten dieses Spannungsverhältnis zu dokumentieren, indem sie das Ergebnis ihrer Feldaufenthalte als dialogischen Prozess präsentierten. Der schriftlich nachvollziehbare Austausch von Informationen und Ideen zwischen Ethnologe und Informant wird hier zum Zeugen eines gemeinsamen Verstehensprozesses. In *Time and the Other* greift Johannes Fabian (2014 [1983]) dieses Problem der asymmetrischen Repräsentation der Ethnographierten dann systematisch auf. Höhepunkt der Debatte bildete ein von George Marcus und James Clifford herausgegebener Sammelband mit dem programmatischen Titel *Writing Culture: The Poetics and Politics of Ethnography* (1986). Noch aber blieb dieser Ansatz letztlich, „(...) our research in their lives" (Wright, Nelson 1995: 57) und klammerte die zahlreichen Zwischenebenen politischer Macht und gelenkten Wandels aus.

Es benötigte feministische Zugänge, wie den von Joke Shrijvers (1991, 1995), um zu zeigen, wie Ethnographie innerhalb vermachteter Strukturen

---

[13] „One of the consequences of migration is to create a situation in which the same individual [...] finds himself striving to live in two diverse cultural groups. The effect is to produce an unstable character – a personality type with characteristic forms of behavior. This is the ‚marginal man.' It is in the mind of the marginal man, that the conflicting cultures meet and fuse" (Park 1928: 881).

dennoch produktiv funktionieren kann: In fünf Schritten werden bei Shrijvers alle *Stakeholder* in die Untersuchung einbezogen. In ihrer Forschung findet ein Dialog mit den ärmsten Frauen, mit denen sie sich schon zu Beginn der Forschung solidarisch erklärt, mit den lokalen Machthabern und mit den Angestellten von Entwicklungsorganisationen statt. Die Forscherin beobachtet, befragt und analysiert innerhalb und zwischen den Akteursfeldern. Gleichzeitig reflektiert sie die unterschiedlichen Machtpositionen und nutzt ihre eigene Position, um zwischen den Akteuren zu vermitteln und einen transformatorischen Prozess im Sinne der Stärkung der schwächsten Gruppe einzuleiten. Einem berühmt gewordenen Essay von Laura Nader (1974 [1969]) folgend, in dem diese eine Umkehrung des nur auf die „Subalternen" gerichteten ethnologischen Forscherblicks forderte,[14] nennt Shrijvers ihren Ansatz *studying down* (der übliche Forschungsansatz) *studying sideways* (an den kommunikativen Schnittstellen) und *studying up* (in die Machtapparate hinein). Der kanadische Entwicklungskritiker Ilan Kapoor schlägt für diese Form der „erhöhten Reflexivität" einen Dreischritt vor: zunächst, anzuerkennen, dass unsere persönlichen und institutionellen Interessen unvermeidbar in unsere Repräsentationen über die Anderen eingeschrieben sind; zweitens, dominante, und als solches vertraute Wissenssysteme zu „verlernen" und drittens, „zu lernen von unten zu lernen", so dass Wissensaustausch nach beiden Seiten möglich wird (Kapoor 2008: 55).

Auch wenn die großen Debatten inzwischen geführt sind und das Fach sich in eine kaum mehr überschaubare Anzahl von Arbeitsfeldern ausdifferenziert hat, hinter die Einsichten einer sich positionierenden, selbstreflexiven Ethnographie kann eine in mehrfach verschränkten Kontexten forschende Ethnologie heute nicht mehr zurück.[15]

---

[14] „Studying ‚up' as well as ‚down' would lead us to ask many ‚common sense' questions in reverse. Instead of asking why some people are poor, we would ask why other people are so affluent? [...] If anthropology were reinvented to study up, we would sooner or later need to study down as well. We are not dealing with an either/or proposition; we need simply to realize when it is useful or crucial in terms of the problem to extend the domain of study up, down, or sideways" (Nader 1974 [1969]: 292).

[15] Zur Rolle als „marginal person" in intersektional definierten Feldforschungssettings vgl. z. B. Mayorga-Gallo, Hordge-Freeman 2017.

7. Epilog: Ein Projekt beginnt damit, dass ein Projekt nichts tut

Nehmen wir einmal an – günstige Winde vorausgesetzt –, dass das Segeln zur gültigen Entdeckung des Neuen grundsätzlich gelingt. Wer außer dem Ethnologen hat denn ein Jahr Zeit, an die Ränder kultureller Aushandlungsräume zu navigieren, zu staunen, durch Inkompetenz zu glänzen, sich vom Feld belehren zu lassen, mitzuschwimmen und sich allmählich zu bewähren? Ende der 1990er Jahre waren in der deutschen staatlichen Entwicklungszusammenarbeit sogenannte partizipative Verfahren *en vogue*. Damals verfasste ein erfahrener Projektleiter in einer hausinternen Publikation einen programmatischen Artikel mit dem Titel *Ein Projekt beginnt damit, dass ein Projekt nichts tut*. Er forderte dort, dass ein neu aufgelegtes GTZ-Projekt ein Jahr lang kein Geld ausgeben beziehungsweise Projektziele verfolgen, sondern nur ankommen, zuhören, lernen und sich lokal aufstellen und vernetzen sollte, damit am Ende des ersten Jahres sinnvolle Entscheidungen getroffen werden könnten, wie die ursprünglichen Ziele den vorhandenen menschlichen und institutionellen Rahmenbedingungen angepasst werden müssten. Leider verhallte dieser Aufruf zur Entschleunigung in der Welt der zielorientierten Projektplanung (ZOPP) weitgehend ungehört. Aber das Ansinnen und die Botschaft waren klar: Projekt- und Programmarbeit in kulturell heterogen konnotierten Kontexten haben am meisten Aussicht auf Erfolg, wenn der Handlungs-, Kompetenz- und Mittelabflussdruck aus dem System genommen und eine Haltung eingenommen wird, die das *Nichtverstehen* und die eigene Handlungs*in*kompetenz zur Voraussetzung für neue Einsichten macht, beziehungsweise zur eigenen Kompetenz erklärt.

Ethnographisches Vorgehen und abduktives Schließen können neue Erkenntnisse über bisher übersehene Zusammenhänge generieren. Allerdings ist ein solches Paradigma, welches das eigene professionelle Wissen erst einmal dispensiert und sich von Rahmenvorgaben und Vorannahmen des Auftraggebers löst, nur bedingt kompatibel mit den auf effiziente Zielerreichung und ökonomische Haushaltsführung getrimmten Strukturen im interkulturellen Beratungssystem. Oder was würden Sie als öffentlicher Auftraggeber einer ethnologisch-sozialwissenschaftlichen Pilotstudie im Rahmen der Einführung eines professionellen Beschwerdemanagements für Flüchtlingseinrichtungen von folgenden Handlungsempfehlungen halten:

„Es ist eine grundlegende organisationssoziologische Erkenntnis, dass Beschwerden gegenüber Institutionen ein über persönliches Vertrauen hinausgehendes, sogenanntes ‚Systemvertrauen' voraussetzen. Dieses Systemvertrauen ist aufgrund der im Rahmen der Pilotstudie festgestellten Misstrauensdynamiken, persönlicher Ängste, Kulturschockerfahrungen und gefühlter Machtlosigkeit bei Geflüchteten in Erstaufnahmeeinrichtungen nicht oder nur in sehr geringem Maße vorhanden. Die prekäre Situation der Bewohner/innen, die sich in aller Regel noch im Asylverfahren befinden und auf die Entscheidung über ihren Asylantrag warten, verstärkt diesen Zusammenhang noch. Aus diesem Grund ist auch nicht damit zu rechnen, dass ein Beschwerdemanagement, in der vom Auftraggeber gewünschten Weise in diesen Einrichtungen funktionieren wird" (Zitat aus den Handlungsempfehlungen).

In diesem Fall bekam unser Forschungsteam nach Monaten irritierten Schweigens vom Auftraggeber doch noch Zeit und Geld, um gemeinsam mit Mitarbeitenden und Geflüchteten nach tragfähigen Alternativen für ein „kultursensibles" Beschwerdemanagement zu suchen. *Fortes fortuna adiuvat* – das Glück ist mit dem Tüchtigen.

Literatur

Abraham, Elisabeth 1997: Interkulturelle Kommunikation in Organisationen. Eine empirische Studie über die Kommunikation des Pflegepersonals an einer Wiener Klinik. Universität Wien.
Agar, Michael 1996: The Professional Stranger. An Informal Introduction to Ethnography. San Diego.
Antweiler, Christoph 1998: Ethnozentrismus im interkulturellen Umgang – Theorien und Befunde im Überblick. In: Roland Eckert (Hg.): Wiederkehr des „Volksgeistes"? Ethnizität, Konflikt und politische Bewältigung. Opladen, 19–82.
Benedict, Ruth 1946: The Chrysanthemum and the Sword: Patterns of Japanese Culture. Boston.
Breidenbach, Joana, Pál Nyíri 2003: Kulturelle Kompetenz im Wochenendseminar? In: Armin Triebel (Hg.): Identitäten und interkulturelle Verständigung im Wirtschaftsleben. (SSIP Mitteilungen Sonderheft). Berlin, 22–29.
Clifford, James, George Marcus 1986 (Hg): Writing Culture: The Poetics and Politics of Ethnography. Berkeley, Los Angeles.
Crapanzano, Vincent 1980: Tuhami. Portraits of a Moroccan. Chicago.
Czarniawska, Barbara 2007: Shadowing: And other Techniques for Doing Fieldwork in Modern Societies. Malmö.
Dahlén, Tommy 1997: Among the Interculturalists: An Emergent Profession and its Packaging of Knowledge. Stockholm, Univ. Diss.

Dettmar, Erika 1989: Rassismus, Vorurteile und Kommunikation: Afrikanisch-europäische Begegnung in Hamburg. Dissertation, Universität Hamburg. Berlin, Hamburg.
Dumond, Jean Paul 1978: The Headman and I. Austin.
Fabian, Johannes 2014 [1983]: Time and the Other. How Anthropology Makes its Objects. With a New Postscript by the Author. New York.
Garsten, Christina, Anette Nyqvist (eds.) 2014: Organisational Anthropology. Doing Ethnography in and Among Complex Organisations. London, New York.
Glaser, Barney G., Anselm L. Strauss 1967: The Discovery of Grounded Theory: Strategies for Qualitative Research. New York.
Goffman, Erving 1980: Rahmen-Analyse. Ein Versuch der Organisation von Alltagserfahrungen. Frankfurt am Main.
Gogolin, Ingrid, Viola Georgi, Marianne Krüger-Potratz, Drorit Lengyel 2018 (Hg.): Handbuch Interkulturelle Pädagogik. Regensburg.
Götz, Irene, Alois Moosmüller 1992: Zur ethnologischen Erforschung von Unternehmenskulturen. In: Schweizerisches Archiv für Volkskunde 88, 1: 1–30.
Hall, Edward T. 1959: The Silent Language. Garden City, N.Y.
Herder, Johann Gottfried von 1774: Auch eine Philosophie der Geschichte zur Bildung der Menschheit. Riga. URL: http://www.deutschestextarchiv.de/book/view/herder_philosophie_1774/?hl=Mittelpunkt&p=60 (15. 11. 2018).
Kapoor, Ilan 2008: The Postcolonial Politics of Development. London: Routledge.
Koeberle, Stefan, Harold Bedoya, Peter Silarsky, Gero Verheyenet 2005 (Hg.): Conditionality Revisited. Concepts, Experiences, and Lessons. Washington, D.C. URL: http://siteresources.worldbank.org/PROJECTS/Resources/40940-1114615847489/Conditionalityrevisedpublication.pdf (15. 11. 2018).
Kramer, Dieter 2004: Herder und die Weltkulturen. In: Journal Ethnologie.de. Aktuelle Themen 2004. URL: http://www.journal-ethnologie.de/Deutsch/Aktuelle_Themen/Aktuelle_Themen_2004/Herder_und_die_Weltkulturen/index.phtml (15. 11. 2018).
Lofland, John, David Snow, Leon Anderson, Lyn Lofland 2006: Analyzing Social Settings: A Guide to Qualitative Observation and Analysis. Belmont, CA.
Lummis, C. Douglas 2007: Ruth Benedict's Obituary for Japanese Culture. In: Japan Focus. The Asia Pacific Journal 5, 7. URL: https://apjjf.org/-C.-Douglas-Lummis/2474/article.html (abgerufen am 15. 11. 2018).
Marquard, Odo 1981 [1973]: Inkompetenzkompensationskompetenz. In: ders.: Abschied vom Prinzipiellen. Stuttgart, 23–38.

Mayorga-Gallo, Sarah, Elizabeth Hordge-Freeman 2017: Between Marginality and Privilege: Gaining Access and Navigating the Field in Multiethnic Settings. In: Qualitative Research 17, 4: 377–394.
Mead, Margaret 1943: And Keep Your Powder Dry. An Anthropologist Looks at America. New York.
Mecheril, Paul 2013 [2003]: „Kompetenzlosigkeitskompetenz". Pädagogisches Handeln unter Einwanderungsbedingungen. In: Georg Auernheimer et al. (Hg.): Interkulturelle Kompetenz und pädagogische Professionalität. 4. Aufl. Wiesbaden, 15–36.
Meyer, Christian, Nikolas Schareika 2009: Neoklassische Feldforschung: Die mikroskopische Untersuchung sozialer Ereignisse als ethnographische Methode. In: Zeitschrift für Ethnologie 134: 79–102.
Nader, Laura 1974 [1969]: Up the Anthropologist – Perspectives Gained from Studying up. In: Dell Hymes (ed.): Reinventing Anthropology. New York, 284–311.
Neyland, Daniel 2008: Organizational Ethnography. London.
Park, Robert Ezra 1928: Human Migration and the Marginal Man. In: American Journal of Sociology 33, 6: 881-893.
Reichertz, Jo 1999: Gültige Entdeckung des Neuen? Zur Bedeutung der Abduktion in der qualitativen Sozialforschung. In: Österreichische Zeitschrift für Soziologie 24, 4: 47–64. URL: http://nbn-resolving.de/urn:nbn:de:0168-ssoar-19536 (15.11.2018).
Rumsfeld, Donald 2011: Known and Unknown: A Memoir. New York.
Schönhuth, Michael 1989: Hexerei – witchcraft – bayi. Zum Erscheinungsbild einer moralischen Kategorie. Eine Auslegearbeit zwischen europäischen und afrikanischen Sinnwelten. (Diss. phil. Freiburg). Münster: LIT.
Shrijvers, Joke 1991: Dialectics of a Dialogical Ideal: Studying down, Studying Sideways and Studying up. In: L. Nenecel, P. Pels (eds.): Constructing Knowledge. Authority and Critique in Social Science. London u.a., 162–179.
Shrijvers, Joke 1995: Participation and Power. A Transformative Feminist Research Perspective. In: Nici Nelson, Susan Wright (eds.): Power and Participatory Development. Theory and Practice. London, 19–29.
Thomas, Alexander, Eva-Ulrike Kinast, Sylvia Schroll-Machl 2005 (Hg.): Handbuch Interkulturelle Kommunikation und Kooperation. Band 1: Grundlagen und Praxisfelder. 2., überarb. Aufl. Göttingen.
US Department of Defence 2002: DoD News Briefing; February 12, 2002 11:30 AM EDT. URL: http://archive.defense.gov/Transcripts/Transcript.aspx?TranscriptID=2636 (7.5.2019).
Wright, Susan, Nicci Nelson 1995: Participatory Research and Participant Observation: Two Incompatible Approaches. In: Nicci Nelson, Susan Wright

(eds.): Power and Participatory Development. Theory and Practice. London, 43–60.

Zaunreiter, Adson [i. e. Michael Schönhuth] 1993: Notizen aus dem Felde. In: Sabine Helmers (Hg.): Ethnologie der Arbeitswelt. Beispiele aus europäischen und außereuropäischen Feldern. Bonn, 133–144. URL: https://www.uni-trier.de/fileadmin/fb4/ETH/Aufsaetze/Zaunreiter1993_Notizen AusDemFelde.pdf (16. 11. 2018).

Interkulturelle Kompetenz: Genealogie statt *native categories* und naiver Realismus

Jasmin Mahadevan

Einleitung

Interkulturelle Kompetenz gilt als eine Schlüsselkompetenz der heutigen Zeit.[1] Jedoch sind die Definitionen von interkultureller Kompetenz keine allgemeingültige und objektive „Wahrheit", sondern Konstrukte mit einer bestimmten Geschichte. Das heißt, das Konzept selbst und die Perspektiven darauf sind kulturell im Sinne eines gruppenspezifischen, erlernten und kontextgebundenen Blicks auf die soziale Welt, der nur *eine* Ausprägung aller möglichen Perspektiven darstellt. Der Prozess, in dem „interkulturelle Kompetenz" zu dem wurde, was es heute ist, ist wiederum nur eine von vielen möglichen Geschichtsschreibungen. Wird beides nicht reflektiert – also die soziale Konstruiertheit des Konzepts und die Spezifika seiner Herkunft und Entstehung – kommt es zu naivem Realismus, also der Nichtwahrnehmung der Pespektivität der Grundbegriffe der eigenen Disziplin. Interkulturelle Kompetenz wird dann zu einer *native category*[2], also einer feststehenden, unverrückbaren Wahrheit, über deren Grenzen hinaus nicht mehr gedacht und gehandelt werden kann.

Um die damit einhergehenden blinden Flecken zu minimieren, sind kritisch-reflexive Perspektiven auf die eigene Disziplin notwendig, die aufzeigen, wann, wo und warum interkulturelle Kompetenz relevant wurde, und in wessen Interessen und zu welchen Zwecken. Eine geeignete Technik hierfür ist Foucault's Konzept der Genealogie.[3] Zentrale Annahme dieser Methode ist es, dass Geschichte – insbesondere Wissenschaftsgeschichte – dazu neigt, alternative Entwicklungen und Ereignisse zu Gunsten einer Suche nach vereinheitlichenden und universellen Mustern und Trends zu vernachlässigen. Als Konsequenz erwerben nicht alle Wissensbestände Wahrheitscharakter. Um diesem Effekt entgegenzuwirken, ist es daher notwendig, Geschichte nach bestimmten Techniken neu zu schreiben, um so zu alternativen Lesarten der Gegenwart

---

[1] Vgl. Deardorff (2006a, 2006b); Überblick in Deardorff (2009).
[2] Vgl. Moore (2015) basierend auf Buckley, Chapman (1997).
[3] Vgl. Foucault (1979, 1980, 1984, 1995). Diskussion in Jørgensen (2002, 2006), Mukerji (2007); Anwendung auf interkulturelles Management in Prasad (2009), Mahadevan (2020).

über kodifizierte Wissensbestände hinaus zu kommen. Genealogie basiert auf der Annahme, dass nur bestimmte Akteure, Kontexte und Chronologien von Ereignissen Wissenstatbestände mit Wahrheitscharakter generieren. Sie will daher explizit diejenigen Wissensbestände ausgraben, die durch diesen Prozess verschüttet wurden. Dies gelingt durch ein präzises archäologisches Vorgehen gegenüber einzelnen Ereignissen und durch die Reorganisation von Mustern, mittels derer diese Ereignisse verknüpft werden. Obgleich die Vorgehensweise historisch ist, so ist das Ziel doch das Neuschreiben einer „Geschichte der Gegenwart" (Foucault 1980). Ermöglicht wird hierdurch das Neudenken von Praktiken und Praxis, in diesem Fall der Praktiken und der Praxis von interkultureller Kompetenz. Wie ich im Folgenden darlegen werde, ist die Methode der Genealogie besonders geeignet, um das Entstehen und die Entwicklung des Konzepts der interkulturellen Kompetenz in bestimmten Kontexten theoretisch zu beleuchten. Der Beitrag dieses Textes liegt also darin, eine Methode aufzuzeigen, mittels derer das Konstrukt interkulturelle Kompetenz in seinen spezifischen Kontexten, in Bezug auf seine spezifischen Akteure und mit einem genauen Blick auf seine spezifische Chronologie, reflektiert, pluralisiert und lokalisiert werden kann.

Grundbegriffe und Techniken: Genealogie, Archäologie, Macht/Wissen

In diesem Abschnitt werden zunächst die Grundbegriffe und -Techniken einer genealogischen Analyse nach Foucault dargelegt. Im Folgenden werden diese dann auf das Konzept der interkulturellen Kompetenz angewandt.

Was ist der Fokus von Genealogie?

Laut Foucault ist Genealogie weder eine Theorie noch eine umfassende Methodik.[4] Nichtsdestotrotz können aus ihr wichtige theoretische Erkenntnisse und methodologische Gebote abgeleitet werden.[5] Genealogie im Sinne Foucaults fokussiert sich darauf, die bestehende Ordnung neu zu hinterfragen und die historische Produktion dessen zu problematisieren, was stillschweigend akzeptiert, aber dennoch unvollkommen oder fehlerhaft ist (Kearins, Hooper 2002: 735). Macht und das, was wir glauben zu wissen – die „Wahrheit" – sind da-

---

[4] Erläutert in Kearins, Hooper (2002: 735).
[5] Z. B. Miller, O'Leary (1987); Jørgensen (2002, 2006); Kearins, Hooper (2002).

Interkulturelle Kompetenz 189

bei untrennbar verbunden. Nach Foucault unterscheiden sich die Möglichkeiten, „Wahrheit" zu definieren, und daher kann keine gültige „Wahrheit" jemals eine „wahre", einzige oder allgemeingültige Wahrheit sein (Jørgensen 2006: 4). Foucault verwendet daher auch Macht/Wissen (in dieser Schreibweise) als ein sich gegenseitig bedingendes, konstituierendes und verstärkendes, Konzept.[6] Vermeintliche gegenwärtige „Wahrheiten" müssen also mit bislang verschütteten, mittels genealogischer Analyse „auszugrabenden" und neu zu ordnenden historischen Fakten kontrastiert werden, um so alternative Wissensbestände und Traditionen zu konstruieren.[7] Die zugrundeliegende Grundannahme ist ein Verständnis von „Historizität", also die Erkenntnis, dass das, was bereits gesagt wurde und geschehen ist, Teil der Bedingungen ist, die es möglich machen, dass sich eine bestimmte „Wahrheit" oder ein bestimmtes Ereignis in der Gegenwart manifestiert (Jørgensen 2006: 8). Finales Ziel ist es, die Geschichte der Gegenwart neu zu schreiben (Foucault 1980), wobei der Prozess der Kritik (das „Tun" oder *doing*) wichtiger ist als ihre Endergebnisse.[8]

Foucaults Machtbegriff und Foucaults Methoden sind dabei eng verbunden (Jørgensen 2006: 5): Die Fähigkeit, Macht zu verstehen, beruht nach Foucault auf der Fähigkeit, diese zu analysieren. Diese Analyse fußt auf einer nichtessentialisierenden, von unten nach oben aufsteigenden Untersuchung von Machtbeziehungen unter spezifischen sozialen Rahmenbedingungen mittels zweier Methoden, nämlich Archäologie und Genealogie, wobei Archäologie als ein Teil von Genealogie zu verstehen ist.[9] Archäologie meint das objektive, archivarische „Ausgraben" verschütteter und lokaler Wissensbestände. Ziel ist es, die Bedingungen für das Entstehen, das Wachsen und die Veränderung von Diskursen und Praxen zu verstehen. Archäologie ist also keine interpretative Wissenschaft. Genealogie indes beeinhaltet eine Positionierung, nämlich das Ziel, die Gegenwart mittels der Geschichte infrage zu stellen (Jørgensen 2006: 15).

Diskurse sind dabei nur ein Teil einer zu untersuchenden materiellen Praxis, die Individuen eingeschrieben ist und von diesen verkörpert wird. Dies bedeutet, dass Individuen Machtbedingungen nicht hervorbringen – niemand ist „schuld" daran, dass bestimmte Diskurse und Praxen „Wahrheitscharakter" erwerben und somit dominant werden.[10] Machtbedingungen entstehen zwar

---

[6] Überblick in Gordon (1980).
[7] Basierend auf Foucault (1984: 95).
[8] Vgl. auch Diskussion in Kearins, Hooper (2002).
[9] Vgl. Miller, O'Leary (1987); Kearins, Hooper (2002).
[10] Vgl. Foucault (1977, 1984); siehe auch Diskussion in Jørgensen (2006).

aus einer Vielzahl von kleinen und lokalen Strategien, aber sie haben keinen konkreten „Ursprung": In der Tradition Nietzsches versteht Foucault Macht vielmehr als ein relationales Konzept, das sich aus unzähligen kleinen, konkreten Manifestationen des Widerstands und der Kontrolle ständig neu konstituiert und in einem permanenten Fluss ist. Somit ist Macht nach Foucault sowohl beabsichtigt (Handlungen sind immer mit Intentionen verbunden) als auch nichtsubjektiv (kein Individuen kann diese Handlungen hervorbringen, da diese Handlungen sowie die ihnen zu Grunde liegenden Diskurse, Wahrheiten und Logiken immer auch im Kontext aller Handlungen, Interaktionen und Beziehungen gesehen werden müssen).[11] Macht ist also nach Foucault in erster Linie nicht unterdrückend sondern vielmehr realitätsschaffend im Sinne von „Wahrheiten" und „Bewertungsmaßstäbe kreierend".[12] Es geht ihm also um das Aufdecken von Macht*beziehungen* als ein aufsteigender Mechanismus (entstehend im „Kleinen", aber wirksam im „Großen").[13] Genealogie gelingt daher nicht nur der Spagat zwischen positivistischer (funktionalistischer) und interpretative Analyse (Jørgensen 2006: 10-12), sondern auch die Verbindung von postmodernen und strukturkritischen Perspektiven, ohne dabei in eine vollständige „Fluidität" und/oder eine absolute „Anti"-Position zu verfallen (Kearins, Hooper 2002: 736).

Wir funktioniert Genealogie?

Wissenschaftskonzepte – wie interkulturelle Kompetenz – eignen sich für eine genealogische Analyse, da Wissenschaft per se nach Einigung, Mustern und der Kodifizierung von Wissen strebt. In diesem Sinne ist Genealogie „antiwissenschaftlich" (Jørgensen 2006: 9), da sie sich dem Versuch widersetzt, in unterschiedlichen Ereignissen ausschließlich nach Gemeinsamkeiten – also einer „universellen Wahrheit" – zu suchen (Foucault 1995: 21). Stattdessen ist es laut Foucault (1995: 22-27) notwendig, die Vorstellung einer gemeinsamen Theorie und Rationalität, die verschiedene Ereignisse subsumiert, zu verwerfen: Unterschiedliche Ereignisse müssen also auch als unterschiedliche Ereignisse – im spezifischen Kontext ihrer Entstehung, in ihrer Chronologie, und unter Berücksichtigung ihrer Akteure – analysiert und interpretiert werden,

---

[11] Vgl. Foucault (1980), siehe auch Diskussion in Jørgensen (2002, 2006: 22-26).
[12] Vgl. Jørgensen (2006: 24).
[13] Vgl. Jørgensen (2006: 24).

Interkulturelle Kompetenz 191

um die Bedingungen ihrer gegenwärtigen Existenz zu verstehen.[14] Geschichte wird dabei als ein quasidialektischer Prozess verstanden, hervorgerufen durch die permanenten Wechselbeziehungen von Mikropraxen der Kontrolle und Widerstand (Jørgensen 2002: 35). So gelingt im Idealfall die Problematisierung vermeintlicher „Wahrheiten" (Kearins, Hooper 2002: 736–737), in diesem Fall die Problematisierung von interkultureller Kompetenz als *native category* und des damit verbundenen naiven Realismus.

Die Hauptaufgaben der Genealogie beschreibt Foucault mittels Nietzsches Konzepten der *Urkunft, Herkunft* und *Entstehung*.[15] Urkunft meint dabei einen quasiwundersamen Ursprung, eine kodifizierte Tradition oder Entstehungsgeschichte, die es in ihrem totalitären Wahrheitsanspruch abzulehnen gilt (Foucault 1984: 77). Urkunft ist zeitlos und vereinheitlichend und zielt auf die Konstruktion absoluter Wahrheit oder objektiver Rationalitäten ab (ebd.). Ereignisse werden daher nur in Bezug auf ihre „Urkunft" interpretiert, und nicht in ihrer Einzigartigkeit oder originären Bedeutung.[16]

Im Gegensatz dazu arbeitet Genealogie mit den Konzepten von Herkunft und Entstehung. Herkunft ist quasi der Gegenentwurf zu Urkunft und beschreibt den genealogischen Grundsatz, dass Wahrheiten, Diskurse, Gruppen, Individuen und so weiter durch eine Vielzahl von Ereignissen, Kontexten, Beziehungen, Akteuren und so weiter konstituiert werden. Dieses Verständnis erlaubt es dann auch, jene unzähligen Ereignisse, Kontexte, Beziehungen, Akteure und so weiter in den Fokus der Analyse zu rücken, vermeintliche „Einheiten" zu fragmentieren und die Heterogenität möglicher „Wahrheiten" zu berücksichtigen (Foucault 1984: 82–83).

Entstehung ist der Moment des „in Erscheinung Tretens" (Foucault 1984: 83). Dies ist aber kein singulärer Moment der Geschichte, der alles andere hervorbringt (im Sinne einer mythischen „Urkunft"), die alle weiteren Logiken bedingt, sondern wird permanent produziert durch die Beziehung von Kräften, für die aber niemand „verantwortlich" ist. Entstehung umfasst daher unzählige Momente der „Erhebung" im Sinne von aufsteigenden Mikrobeziehungen der Macht (Kearins, Hooper 2002: 739). Sie ist niemals „fertig" oder „vollendet"(Jørgensen 2006: 17). Das Problem, gegen das sich Genealogie explizit richtet, ist nun, dass Entstehung nicht aus der „Interaktion von Gleichen" (Jørgensen 2006: 17) hervorgebracht wird: Die an Entstehung Beteiligten sind vielmehr

---

14 Vgl. Jørgensen (2006: 10–12).
15 Vgl. Foucault (1977), siehe auch Diskussion in Jørgensen (2006: 15–21).
16 Vgl. Jørgensen (2006: 16).

„unterschiedliche Personen mit *unterschiedlichen* Absichten und mit *unterschiedlichen* Möglichkeiten, eine solche Entstehung hervorzubringen. Daraus folgt, dass Menschen unterschiedliche Möglichkeiten haben, Geschichte zu beeinflussen, Geschichte zu schreiben und die Geschichte der Zukunft zu erschaffen" (Jørgensen 2006: 17).

Zusammenfassend meint Genealogie also die Untersuchung der Zusammenhänge zwischen Herkunft und Entstehung unter Berücksichtigung der Machtbedingungen derselben (Jørgensen 2006: 17).

Was beinhaltet die genealogische Analyse?

Foucault hat die genealogische Methode nie im Sinne von klaren Vorschriften niedergelegt, jedoch durchaus Empfehlungen für die Durchführung einer solchen Analyse gegeben.[17] Zunächst einmal ist die Vergangenheit nur insoweit von Interesse als sie zum Verständnis der Gegenwart wichtig ist.[18] Zweitens fußt die Analyse auf Dokumenten: Was von Relevanz für eine genealogische Untersuchung ist, bestimmt daher vor allem das durch eine objektive, systematische und detaillierte archäologische Ausgrabung zusammengetragene Archiv.[19] Drittens muss dieses Archiv mittels eines zirkulären Prozesses interpretiert werden. Dieser beinhaltet zunächst einmal eine pragmatische Grundhaltung gegenüber den zu interpretierenden Ereignisketten, ferner eine disziplinierte Diagnose derselben, um so zu begründen, welches kollektive „Unbehagen" ihnen gegenüber besteht, und schließlich die Darlegung, warum das Beschriebene genau jenes kollektive „Unbehagen" auslösen sollte, aus der sich die Untersuchung begründet.[20]

Ziel ist es dabei, Geschichte nach Akteuren, Kontexten und Ereignisketten neu zu ordnen.[21] Damit dies gelingt, schlägt Foucault (1982: 223–224) vor, den Blick der Untersuchung auf folgende Aspekte zu richten:[22]

---

[17] Vgl. Foucault (1977).
[18] Vgl. Kearins, Hooper (2002: 739).
[19] Vgl. Jørgensen (2002: 36).
[20] Vgl. Dreyfuß, Rabinow (1982: 200); Kearins, Hooper (2002: 739–740).
[21] Vgl. Jørgensen (2002, 2006).
[22] Vgl. auch den 'Überblick in Kearins, Hooper (2002: 740).

Interkulturelle Kompetenz 193

- Systeme der Differenzierung: Was unterscheidet Individuen? Zum Beispiel wirtschaftliche, sprachliche, kulturelle, oder wissensbasierte Unterschiede; formelle und informelle Systeme der Differenzierung.
- Arten von Zielsetzungen: Welche Zielsetzungen werden verfolgt? Zum Beispiel der Erhalt von Privilegien, die Anhäufung von Gewinn, die Durchsetzung von Autorität.
- Formen der Institutionalisierung: Wie und inwieweit ist Macht institutionalisiert? Zum Beispiel Gesetzgebung, Gebräuche, Moden, Neigungen; einfache oder komplexe und allumfassende Institutionalisierung.
- Grad der Rationalisierung: Was ist die Argumentation hinter der Ausübung von Macht? Zum Beispiel in Relation zur Leichtigkeit, mit der Macht ausgeübt werden kann; in Relation zur Rechtfertigung von Macht im Sinne von Kosten; oder in Relation zur Reaktion darauf im Sinne des Widerstands, auf den Macht stößt.

Im Folgenden wird diese Systematik auf das Konzept interkulturelle Kompetenz angewandt.

Interkulturelle Kompetenz: Beispiel eines genealogischen Prozesses

Die Urkunft interkultureller Kompetenz

Die existierenden Geschichtsschreibungen der interkulturellen Kommunikation (IKK) verorten die Anfänge der Disziplin in der Gruppe um Edward T. Hall und am Foreign Service Institute (FSI) der USA.[23] Diese nach dem Zweiten Weltkrieg gegründete Institution hatte zum Ziel, Militärpersonal und Mitglieder des diplomatischen Dienstes der USA auf Auslandseinsätze vorzubereiten. Die am FSI tätigen Kulturanthropologen, unter anderem Edward T. Hall, sahen sich daher Lernenden gegenüber, die nach sofortigen und praktischen Ergebnissen verlangten (Leeds-Hurwitz 1990: 262).

Wie die existierenden Historiografien (Leeds-Hurwitz 1990, 2010; Pusch 2004) darlegen, führte dies zur Entwicklung eingängiger Modelle und begründete interkulturelle Kommunikation (IKK) als eine angewandte Trainingsdisziplin zur Vorbereitung auf interkulturelle Interaktionen in verschiedenen Kontexten[24]. Im Gegensatz zum eher makro-orientierten kulturvergleichenden Management *(cross-cultural management)* stand also in der IKK stets die *In-*

---

[23] Vgl. Leeds-Hurwitz (1990), Pusch (2004), Mahadevan (2017: 39–41, 61–62).
[24] Vgl. Landis (2006).

teraktion auf Mikroebene, zum Beispiel zwischen Individuen oder Gruppen im Vordergrund.[25] Interkulturelle Kompetenz entwickelte sich als der Maßstab, um diese interkulturellen Interaktionen und die Eignung von Personen für selbige zu bewerten, zum Beispiel hinsichtlich der Effektivität und Angemessenheit von Handlungen und Interpretationen.[26] Heutige interkulturelle Trainings in Unternehmen oder die Integration von interkultureller Kompetenz als Schlüsselqualifikation in einer Vielzahl von Studiengängen und Ausbildungen werden in den existierenden kritischen Historiographien daher als direktes Resultat von Halls Arbeit betrachtet (Leeds-Hurwitz 1990: 263–264).

Im vorliegenden Beispiel wird nun dieser Kontext (das FSI), die beteiligten Akteure (z. B. die Gruppe um Edward T. Hall, das zu schulende Personal sowie Akteure auf übergeordneten Ebenen, wie zum Beispiel der Politik) und die damit in Verbindung stehenden Ereignisketten, exemplarisch genealogisch analysiert.

Das archäologische Archiv und seine Implikationen

Die dokumentarischen Quellen zur Bildung eines archäologischen Archivs im Sinne von Foucault sind einerseits die existierenden Historiografien der IKK, aber auch weitere Texte. Beispielsweise reflektiert Edward T. Hall (1994) in seiner Autobiographie „West of the Thirties" nicht nur über seine kulturanthropologischen Forschungen in den USA, sondern auch über seinen Militärdienst im Zweiten Weltkrieg. Sein späterer Grundsatz „Culture is communication and communication is culture" (Hall 1959: 186), der im Kontext des FSI entstand, kann nicht losgelöst von diesen Erfahrungen bewertet werden.[27]

Gleichzeitig sind Halls Theorien auch im Zusammenhang der Entwicklung der amerikanischen Kulturanthropologie zu sehen.[28] Begründet von dem deutschen Immigranten Franz Boas fokussierte sich die amerikanische Kulturanthropologie – im Gegensatz zum britischen Strukturfunktionalismus um Radcliffe-Brown – auf kulturelle Werte und Bedeutungen. Dies ergibt sich aus dem speziellen nordamerikanischen Kontext, in dem die „fremden Völker" (die nordamerikanischen Ureinwohner) im ethnographischen Fokus der Analyse zwar einerseits ganz nah, aber andererseits in ihren Strukturen schon

---

[25] Vgl. Mahadevan (2017: Kapitel 2).
[26] Überblick über interkulturelle Kompetenzmodelle in Deardorff (2009).
[27] Vgl. Mahadevan (2017: 39, 60).
[28] Überblick und Diskussion in Mahadevan (2020).

weitestgehend ausgelöscht waren. Ein Fokus auf immaterielle Werte lag daher nahe, und nur so konnten die ersten „Kulturdimensionen", zum Beispiel die von Alfred Kroeber und Clyde Kluckhohn, entstehen. Die Annahme, dass solche Werteorientierungen existieren und sich zwischen Kulturen unterscheiden, und dass diese sich über Kultur als Kommunikation manifestieren, ist heute noch eine *native category* der IKK.

Ebenfalls „nordamerikanisch" ist die Nähe zu modernen Gesellschaften und ihren organisationalen Problemen. Beispielsweise umfasst die amerikanische Kulturanthropologie auch die Chicago School mit ihrem Fokus auf Probleme des Managements und der Organisation, und ein solcher Brückenschlag konnte wohl ebenfalls nur in den USA gelingen.[29] Der Fokus auf Effektivität und Effizienz, der sich aus den Kultur- und Trainingsmodellen der IKK ebenfalls ableiten lässt, hat seinen Ursprung bereits weitaus früher als in den Anforderungen von Halls Teilnehmenden im FSI. Beispielsweise argumentiert Kipling (1899) in seinem berühmten Gedicht „(Take up) The White Man's Burden" bereits für die kulturelle Überlegenheit westlicher Nationen und fordert die USA auf, sich ein Beispiel an den westeuropäischen Kolonialmächten zu nehmen und in ihrer neuen Kolonie, den Philippinen, kulturkolonialistisch tätig zu werden. Fragen an die heutige Effizienz und Effektivität interkultureller Trainings sowie die Messbarkeit von interkultureller Kompetenz sind daher nur ein Baustein dieser Chronologie.[30] Wie dieses Beispiel zeigt, lassen sich also aus einem archäologischen Archiv mit dem Ziel einer genealogischen Analyse Ereignisketten der Entstehung und der Herkunft bilden, die die mythische „Urkunft" der IKK im FSI der USA, die die Historigraphien des Faches zeichnen, infrage stellen. Außerdem verorten sie die Entwicklung dieses Konzeptes in einem spezifischen nordamerikanischen Kontext.

Die Problematisierung der Gegenwart

Die genealogische Interpretation des so gebildeten Archivs erlaubt die Problematisierung der Gegenwart auf einer nichtsubjektiven Ebene und weist daher weit über bisherige Kritiken hinaus. Beispielsweise argumentiert Szkudlarek (2009), dass interkulturelle Trainings in Unternehmen die Welt „durch westliche Augen" repräsentieren. Trainiert werde laut Szkudlarek vor allem eine westliche Elite, für einen nichtwestlichen Kontext und aus einer Warte

---

[29] Vgl. Kuper (1999), Mahadevan (2020).
[30] Vgl. Mahadevan (2017: Kapitel 4 und 5).

der Überlegenheit. Interkulturelle Trainerinnen und Trainer müssten sich daher auch der ethischen Verantwortung für die von ihnen im Training repräsentierten „nichtwestlichen Anderen" bewusst sein und die Konsequenz ihrer Handlungen bedenken. Außerdem gelte es grundsätzlich infrage zu stellen, ob antrainierte interkulturelle Kompetenz denn per se „besser" sei, also eine authentische, ehrliche und zugewandte Haltung gegenüber kulturell anderen Personen. Aus Sicht einer genealogischen Analyse ist „Macht", in diesem Fall die Macht der Trainerinnen und Trainer, jedoch nichtsubjektiv: Die Trainerinnen und Trainer selbst verfolgen zwar Intentionen, aber sie sind nicht der Ursprung der permanenten Relation der Kräfte, aus denen sich Machtverhältnisse schlussendlich ergeben. Ziel ist es also, die Bedingungen für das Entstehen und das Wachsen der Diskurse und Praxen zu verstehen, die interkulturelles Training in seiner heutigen Form konstituiert haben, und nicht eine davon losgelöste Kritik an individuellen Personen.

Mahadevan (2017) weist beispielsweise darauf hin, dass eine westliche Perspektive dem interkulturellen Management und der interkulturellen Kommunikation eingeschrieben ist. Westliche Nationen scheinen bei wirtschaftlich „nützlichen" Kulturdimensionen – im Sinne des oben dargestellten „Effizienz-" und „Effektivitäts-Diskurses" – grundsätzlich besser abzuschneiden als nichtwestliche Nationen (beispielsweise Individualismus, Leistungsorientierung, Low-Context-Kommunikation und spezifisches Beziehungsverhalten). Diese generelle Problematisierung erlaubt aber noch nicht das Aufdecken „verschütteter" Akteure, Kontexte und Ereignisketten.

Gegenüber beiden Problembereichen – Machtbeziehungen in und durch interkulturelles Training sowie Machtbeziehungen als der Disziplin eingeschrieben – beinhaltet Genealogie stattdessen eine „aufsteigende" Analyse: von spezifischen Praxen und Praktiken hin zu großen Zusammenhängen. Diese untergliedert sich in folgende Bereiche:
1. Analyse der Systeme der Differenzierung mittels derer Individuen unterschieden werden: Wirtschaftliche Differenzierungen finden sich im System der Weltwirtschaft und in dem Kapital- und Wissensfluss heutiger Unternehmen. Diese Differenzierungen begründen sich möglicherweise bereits aus der Kolonialzeit. Hieraus resultieren Unterschiede in den Wissensbeständen von Individuen. Interkulturelles Training ist dabei eine Praxis, die diese Rahmenbedingungen kulturell formalisiert, mittels Methoden, in die diese Rahmenbedingungen bereits eingeschrieben sind. Kulturdimensionen berücksichtigen ferner nicht, dass auch Geschlecht sozial und kulturell kon-

Interkulturelle Kompetenz

struiert wird, so dass interkulturelle Kompetenz auch immer ein „männliches Konstrukt" ist.[31]
2. Analyse der Zielsetzungen: Interkulturelle Trainerinnen und Trainer verfolgen das Ziel, ihre eigene Expertise wirksam zu vermarkten (Mahadevan 2017: 78-93). Gäbe es den postulierten nationalkulturellen Unterschied nicht, wären interkulturelle Trainings – und damit auch interkulturelle Trainerinnen und Trainer – überflüssig. In Unternehmen erfolgt die Auswahl interkultureller Trainings durch Verfahren, die deren Effizienz und Effektivität – und somit die zu vermittelnde (im obigen Sinne definierte) interkulturelle Kompetenz – sicherstellen sollen.[32] In diese Praxis ist also der geschilderte Effektivitäts-, Effizienz- und Messbarkeitsdiskurs bereits eingeschrieben. Die Möglichkeiten einer „Ethik" des interkulturellen Trainings (Skzudlarek 2009) sind unter diesen marktwirtschaftlichen Zwängen zu betrachten. Gleichzeitig bedeutet interkulturelle Kompetenz und interkulturelles Training als Marktgüter auch, dass nur diejenigen trainiert werden, die die finanziellen Mittel aufweisen und für das marktorientierte Unternehmen relevant genug sind (also die westliche Führungselite). Diese Personen werden als Repräsentanten von „Nationalkultur" kulturell und ethnisch homogen konstruiert, so dass interkulturelle Kompetenz notwendiger Weise nicht nur soziales Geschlecht, sondern auch kulturelle Phänomene wie Migration, Mobilität, Bikulturalität, Diaspora et cetera aus den Augen verliert.[33]
3. Formen der Institutionalisierung: Im „interkulturellen Trainingsdreieck" sind die Positionen der zu Trainierenden, der das Training auswählenden und zertifizierenden Unternehmenseinheit und der externen interkulturellen Trainerinnen und Trainer institutionalisiert (Mahadevan 2017: 78-93). Letztere erhalten durch die Kodifizierung und Vermittlung messbarer interkultureller Kompetenz Marktwert, Autorität und Status. Die auszuwählende Unternehmenseinheit – meistens die Personalabteilung – erhält sich durch ihre Expertise und Verantwortung für Personalentwicklung ihren organisationalen Status, vor allem gegenüber den zu trainierenden Personen, die direkt zur Kernaufgabe und zur Wertschöpfung des Unternehmens beitragen. Die zu trainierenden Personen, nämlich diejenigen in den sogenannten „Fachabteilungen" lehnen diese Trainings oftmals als irrelevant ab, da dies zum Erhalt der eigenen Statusüberlegenheit im Unternehmen

---

[31] Vgl. Diskussion in Prasad (2015).
[32] Vgl. Mahadevan, Mayer (2012).
[33] Vgl. Diskussion in Prasad (2015); Mahadevan (2017).

(als fachlich qualifiziert und direkt wertschöpfend) beiträgt. Aus genealogischer Sicht ist also das interkulturelle Trainingsdreieck eine permanente Kräftebeziehung von Kontrolle und Widerstand, die den Akteuren eingeschrieben ist.

4. Grad der Rationalisierung: Interkulturelle Trainerinnen und Trainer verwenden Konzepte der interkulturellen Kompetenz und von Kulturdimensionen nicht nur als fachwissenschaftliche Fakten sondern zur Ausübung von Macht. Die Existenz des nationalkulturellen Unterschieds und die Fähigkeit zur Vermittlung der notwendigen interkulturellen Kompetenz werden nicht infrage gestellt. Personalabteilung und die mit der Durchführung von interkulturellen Trainings betrauten Personen sind dabei einem Messbarkeits-, Effizienz- und Effektivitätsdiskurs unterworfen.

Was ist verschüttet?

Durch die oben genannten Akteure, Kontexte und Ereignisketten wird der Blick auf alternative kulturelle Identifikationen verstellt: Nationalkultur ist keine objektive und universelle wissenschaftliche Realität einer Disziplin, sondern auch eine Bedingung für die Aufrechterhaltung existierender Machtbeziehungen. Der Fokus auf grundlegende Werte und Muster, der dem Konzept der Kulturdimensionen oder „Kultur als Kommunikation" eingeschrieben ist, schärft den Blick auf kulturelle Identität als Praxis, nämlich als die wechselseitigen Prozesse der Selbstidentifikation und der Zuschreibung durch Andere, die schlussendlich die Rahmenbedingungen und Möglichkeiten von Zugehörigkeit definieren.[34]

Zusammenfassung und Fazit

Genealogie nach Foucault widersetzt sich dem universellen und totalitären Charakter einer objektiven „wissenschaftlichen" Geschichtsschreibung. Statt den Glauben an eine mythische „Urkunft" zu perpetuieren, gilt es, der Entstehung und Herkunft von vermeintlichen „Wahrheiten" nachzuspüren, um so blinde Flecken und verschüttete alternative Wissensbestände freizulegen. Auch interkulturelle Kompetenz ist in diesem Sinne keine objektive und allgemeingültige „Wahrheit", sondern entsteht aus Machtbeziehungen zwischen Kontexten, Akteuren und Ereignisketten. Um dies aufzudecken, ist zunächst

---

[34] Vgl. Mahadevan (2017: Kapitel 4 und 5).

die archäologische Ausgrabung von Dokumenten zur Bildung eines Archivs notwendig, worauf die genealogische Interpretation folgt. Ziel ist es, die Geschichte der Gegenwart durch das Aufdecken von Machtbeziehungen auf der Ebene von Akteuren, Kontexten und Ereignisketten neu zu schreiben. Macht ist dabei notwendigerweise an Wissen gekoppelt; Machtbeziehungen sind Individuen eingeschrieben, aber haben ihren Ursprung nicht in den Absichten dieser Individuen. Macht resultiert also nicht aus einem Ort. Sie ist die permanente Kraft im „dazwischen". Daher ist Genealogie auch keine „vorwurfsvolle" Methode. Sie ist ein Prozess und kein Endergebnis. Wichtige Ordnungsprinzipien sind der Fokus auf Systeme der Differenzierung von Macht, auf die Arten von Zielsetzungen, auf die Formen der Institutionalisierung von Macht, und auf die Grade der Rationalisierung von Macht (im Sinne einer sich in Praxen und Praktiken manifestierenden Kraft). Machtbeziehungen sind dabei aufsteigend zu analysieren und zu ordnen: von den konkreten Praxen und Praktiken zu großen und richtungsweisenden Diskursen und „Wahrheiten". Im vorliegenden Beitrag wurde die Methode der Genealogie vorgestellt und exemplarisch auf die mythische „Urkunft" von interkultureller Kompetenz am Foreign Service Institut der USA angewandt. Hieraus ergaben sich alternative Lesarten der Praxis interkultureller Trainings im Unternehmen – über disziplinäre *native categories* und naiven Realismus hinaus. Dies verdeutlicht den potenziellen Betrag, den eine Genealogie der IKK zur Erneuerung und Pluralisierung der Disziplin zu leisten vermag.

Literatur

Buckley, Peter J., M. Chapman 1997: The Use of Native Categories in Management Research. In: British Journal of Management 8, 4: 283–300.
Deardorff, Darla K. 2006a: The Identification and Assessment of Intercultural Competence as a Student Outcome of Internationalization at Institutions of Higher Education in the United States. In: Journal of Studies in International Education 10, 3: 241–266.
Deardorff, Darla K. 2006b: Policy paper zur interkulturellen Kompetenz, Bertelsmann-Stiftung. URL: http://www.bertelsmann-stiftung.de/bst/de/media/xcms_bst_dms_17145_17146_2.pdf (30.10.2012.
Deardorff, Darla K. (ed.) 2009: The Sage Handbook of Intercultural Competence. Thousand Oaks, London, New Delhi, Singapore.
Dreyfuß, Hubert L., Paul Rabinow 1982: Michel Foucault: Beyond Structuralism and Hermeneutics. Chicago.

Foucault, Michel 1977: Nietzsche, Genealogy, History. In: Donald F. Bouchard (Hg.): Language, Counter-Memory, Practice: Selected Essays and Interviews. Ithaca, 139–164.
Foucault, Michel 1979: Discipline and Punish. The Birth of the Prison. Harmondsworth.
Foucault, Michel 1980: Two Lectures. In: Colin Gordon (Hg.): Power/Knowledge: Selected Interviews and other Writings 1972–1977 by Michel Foucault. New York, 78–108.
Foucault, Michel 1982: The Subject and Power (afterword). In: Hubert Dreyfuß, Paul Rabinow (Hg.): Michel Foucault: Beyond Structuralism and Hermeneutics. Chicago, 208–226.
Foucault, Michel 1984: Nietzsche, Genealogy, History. In: Paul Rabinow (Hg.): The Foucault Reader. New York, 76–100.
Foucault, Michael 1995 [1972]: The Archaeology of Knowledge. London.
Foucault, Michael 2000: The Subject and Power. In: Kate Nash (Hg.): Readings in Contemporary Political Sociology. Malden, Oxford, 8–26.
Gordon, Colin (Hg.) 1980: Michel Foucault: Power/Knowledge: Selected Interviews and Other Writings 1972–1977. New York.
Hall, E. T. 1959: The Silent Language. Garden City, NY.
Hall, Edward T. 1994: West of the Thirties. New York.
Hoskin, Keith W., R. H. Macve 1986: Accounting and the Examination: A Genealogy of Disciplinary Power. In: Accounting, Organizations and Society 11, 2: 105–136.
Jørgensen, Kenneth Mjølberg 2002: The Meaning of Local Knowledges: Genealogy and Organizational Analysis. In: Scandinavian Journal of Management 18: 29–46.
Jørgensen, Kenneth Mjølberg 2006: Writing History and Relations of Power. In: Danish Center for Philosophy and Science Studies, Aalborg University. URL: http://vbn.aau.dk/files/18718637/Writing_History_and_Relations_of_Power.
Kearins, Kate, Keith Hooper 2002: Genealogical Method and Analysis. In: Accounting, Auditing and Accountability Journal 15: 733–757.
Kipling, Rudyard 1899: The White Man's Burden. In: McClure's Magazine, February 12, 1899.
Landis, Dan 2006: Handbook of Intercultural Training. Thousand Oaks u. a.
Leeds-Hurwitz, Wanda 1990: Notes in the History of Intercultural Communication: The Foreign Service Institute and the Mandate for Intercultural Training. In: Quarterly Journal of Speech 76, 3: 262–281.
Leeds-Hurwitz, Wanda 2010. Writing the Intellectual History of Intercultural Communication. In: Thomas K. Nakayama, Rona Tamiko Halualani (Hg.): The Handbook of Intercultural Communication. Chichester, 17–33.

Mahadevan, Jasmin 2017: A Very Short, Fairly Interesting and Reasonably Cheap Book about Cross-Cultural Management. London.
Mahadevan, Jasmin 2020: The Multiple Histories of Cross-Cultural Management: Why We Study Culture the Way We Do (Arbeitstitel). In: Betina Szkudlarek, Dan Caprar, Joyce Osland, Laurence Romani (Hg.): The Sage Handbook of Contemporary Cross-Cultural Management. (erscheint demnächst).
Mahadevan, Jasmin, Claude-Hélène Mayer 2012: Collaborative Approaches to Intercultural Engineering. Intercultural Engineering. In: Interculture Journal 18, Sonderausgabe: 5–15.
Miller, Peter, Ted O'Leary 1987: Accounting and the Construction of the Governable Person. In: Accounting, Organizations and Society 12: 235–265.
Moore, Fiona 2015: An Unsuitable Job for a Woman: A Native Category Approach to Gender, Diversity and Cross-Cultural Management. In: International Journal of Human Resource Management 26, 2: 216–230.
Mukerji, Chandra 2007: Cultural Genealogy: Method for a Historical Sociology of Culture or Cultural Sociology of History. In: Cultural Sociology 1: 49–71.
Prasad, Ajnesh 2009: Contesting Hegemony through Genealogy: Foucault and Cross Cultural Management Research. In: International Journal of Cross Cultural Management 9, 3: 359–369.
Prasad, Ajnesh 2015: Beyond Positivism: Towards Paradigm Pluralism in Cross-Cultural Management. In: Nigel Holden, Svenia Michailova, Susanne Tietze (Hg.): The Routledge Companion to Cross-Cultural Management. London, 198–207.
Pusch, Margaret D. 2004: Intercultural Training in Historical Perspective. In: Dan Landis, Jane M. Bennett, Milton J. Bennett (Hg.): Handbook of Intercultural Training. Thousand Oaks, London, New Delhi, 13–36.
Szkudlarek, Betina 2009: Through Western Eyes: Insights into the Corporate Training Field. In: Organization Studies 30, 9: 975–986.

Wider die Schizophrenie

Neue Perspektiven auf das „alte" Problem des Nationalen in der Interkulturellen Kommunikation

Jan-Christoph Marschelke

Wenn es so etwas gibt wie paradigmatische Szenen der Forschung zu „interkultureller Kommunikation", sind es vielleicht die folgenden beiden, und man findet sie schon beim vermeintlichen Gründungsvater des Fachs, Edward T. Hall, im 1959 erstmals erschienenen Buch „The Silent Language" (Hall 1980). Die erste möchte ich *„interkulturelle Urszene"* nennen: (National-)Kultur NK1 prägt (unbewusst) Person P1, und (National-)Kultur NK2 prägt (unbewusst) Person P2. Weil die Nationalkulturen unterschiedlich sind, sind die beiden Personen unterschiedlich geprägt. Daher interpretieren sie sich und ihre Umwelt unterschiedlich, was in der Interaktion zu Missverständnissen und Konflikten führen kann. Die zweite ist die *Stereotypszene*. P1 verhält sich anders, als P2 das erwartet. Weil P2 der Überzeugung ist, P1 habe eine andere Nationalität, erklärt P2 das erwartungswidrige Verhalten durch pauschalen (und häufig abwertenden) Verweis auf die Nationalkultur von P1.[1] Beide Szenen weisen Interkulturalität als ein Phänomen aus, das mit Nationalität zu tun hat. Allerdings kommt die zweite Szene – zumindest *prima facie* – ohne eine Hypothese aus, die der ersten Szene zugrunde liegt, nämlich die nationalkultureller Prägung.

In ebendieser Annahme – der Verbindung von Nationalkultur und Handlung(sorientierung) – liegt das „alte" Problem des Nationalen in der interkul-

---

[1] In „The Silent Language" gibt es eine Vielzahl solcher Beispiele, schon in der Einleitung etwa, wo US-Amerikaner Schwierigkeiten zum Beispiel mit Griechen und Arabern haben (Hall 1980: XV ff.). Die Urszene dürfte die Grundstruktur vieler Standardbeispiele aus Lehrbüchern zu interkultureller Kommunikation abgeben (s. statt vieler Erll, Gymnich 2010: z. B. 85, 87, 103 ff. etc.; Thomas 2016: z. B. 11 ff.). Auch die Stereotypszene ist in Halls Einleitung bereits angedeutet: Es sei eine typische Reaktion in misslingender interkultureller Kommunikation, die „anderen" der Dumm- oder Verrücktheit zu bezichtigen oder ihnen Betrug zu unterstellen (Hall 1980: XV). Weitere Variationen der Szenen sind denkbar, etwa dass P2 aufgrund der Überzeugung, P1 müsse qua Nationalität „anders" sein, überall im Gebaren von P1 Differenzen zu entdecken meint, die sie ohne diese Überzeugung niemals als solche wahrgenommen hätte.

turellen Kommunikation. Wirklich (quasi-positivistisch) zuverlässig wäre ein Schluss von der Mitgliedschaft in einem Kollektiv namens „Nation" auf eine situative Handlungsorientierung nur, wenn die Kultur des Kollektivs *homogen und geschlossen* wäre (und als Folge hiervon statisch).[2] Interkulturalität im Sinne der Urszene setzt darüber hinaus die *Differenz* der Nationalkulturen voraus. In dieser Allgemeinheit trifft keine der drei Voraussetzungen empirisch zu. Insbesondere die Kritik an einem auf größere Kollektive bezogenen, traditionellen Kulturbegriff mit den Eigenschaften Homogenität, Geschlossenheit, Statik (zusammenfassend z. B. Wimmer 1996: 403 ff.) ist anerkannt. Der pauschale Schluss von der Makroebene „Nationalkollektiv" auf die Mikroebene „situatives Handeln" ist nicht gültig (Marschelke 2017: 31).

Eine Möglichkeit, mit diesem Befund umzugehen, wäre, die Idee nationalkultureller Einflüsse auf Handlungsorientierungen komplett zu dekonstruieren. Infolgedessen wäre die Urszene nicht mehr denkbar. Interkulturalität gäbe es, wenn überhaupt, nur noch in zweierlei Form: zum einen als – weder national kodiertes noch beeinflusstes – Phänomen in alltäglichen Mikro- und Mesokontexten, zum anderen als national kodierte (aber nicht national beeinflusste) Stereotypszene im obigen Sinne. Diese komplette Dekonstruktion scheint jedoch vielen Menschen – inner- wie außerhalb der Wissenschaft – kontraintuitiv. Nicht zuletzt hat die Interkulturelle Kommunikation jede Menge empirische Forschung hervorgebracht, die nationalkulturelle Prägung und Differenz zu bestätigen scheint. Aus diesem Grund findet man gerade in Lehrbüchern nicht selten eine schizophrene Konstellation: Einerseits wird im theoretisch-begrifflichen Teil der Kulturbegriff im Allgemeinen und der Anwendungsfall Nationalkultur im Besonderen in kritischem Licht dargestellt, andererseits wird in den praktischen und empirischen Beispielen regelmäßig auf die Urszenekonstellation zurückgegriffen (ebd. 46 f., insbesondere Fn. 69).

In diesem Artikel möchte ich programmatisch eine *andere Möglichkeit* skizzieren, nämlich wie man Interkulturalität als Alltagsphänomen denken könnte, ohne die Möglichkeit von Urszenen im obigen Sinne komplett auszuschließen. Zu diesem Zweck greife ich insbesondere auf Überlegungen aus Praxeologie, Kollektivwissenschaft, Gruppensoziologie und Nationalismusforschung zurück.

Zunächst (1.) skizziere ich, wie sich Interkulturalität im Sinn der beiden skizzierten Szenen praxeologisch denken ließe (s. a. Moosmüller 1997: 24 ff., Henze 2016: 62 ff.): als Schwierigkeiten, die auf den Einfluss zueinander nicht passender kognitiver Schemata aus unterschiedlichen, praxisbezogenen kollek-

---

[2] Von der Frage, inwieweit etwaige biologische Unterschiede zwischen Akteur_innen deren „kulturelle Prägung" mitbeeinflussen könnten, sehe ich ab.

tiven Wissensordnungen zurückgehen. Dem schließt sich die Frage an (2.), wie Akteur_innen solche Schemata erwerben. Von zentraler Bedeutung scheint insoweit die Interaktion auf Mikro- und Mesoebene in diversen sozialen (Bezugs-)Kollektiven. Welche Rolle aber spielt die nationale Makroebene in Bezug auf Inhalt und Verbreitung von kollektiven Wissensordnungen? Aus der Nationalismusforschung beziehe ich die These (3.), dass die Genese von Nationen *(nation-building)* und ihre Reproduktion *(nation-reproducing)* durchaus mit einer gewissen kulturellen Homogenisierung einhergehen. Diese wirkt sich, vermittelt über und differenziert durch die Bezugskollektive, auch auf Wissensordnungen aus, an denen einzelne Akteur_innen teilhaben. Abschließend (4.) rekapituliere ich: Die Stereotypszene bleibt der interkulturellen Kommunikation zweifelsohne erhalten. Wissenschaftliche Erkenntnisse im Sinne der Urszene zu generieren, dürfte indes schwierig werden.

1. Ein praxeologischer Zugang zur Interkulturalität

1.1 Schemata als Kernelement eines praxeologischen Kulturbegriffs

Das Kulturkonzept, auf das ich zurückgreife, stammt aus Andreas Reckwitz' Buch „Die Transformation der Kulturtheorien" (2012). Als kulturell bezeichnen lässt sich eine von drei[3] Dimensionen sozialer Praktiken. Die erste Dimension sind beobachtbare körperliche Verhaltensmuster. Zu ihnen gehören, zweitens, routiniert eingesetzte, subjektive Sinnzuschreibungen der Akteur_innen. Diese wiederum beruhen auf übersubjektiven Wissensschemata, die indes nur in Form jener Sinnzuschreibungen existieren (ebd.: 559, 570). Dies ist die dritte und kulturelle Dimension. Als übersubjektiv müssen[4] die kulturellen Schemata[5] deshalb verstanden werden, weil sie in den Sinnzuschreibungen vieler

---

[3] Zu der Frage, ob es zwei oder drei Dimensionen sind, s. Marschelke 2019: 84 f., 85 Fn. 25.

[4] Dieses „müssen" ist erklärungspragmatisch zu verstehen. Wir können diese Wissensordnungen nicht direkt beobachten, sondern nur das synchron wie diachron musterhafte Handeln (Verhalten plus Sinnzuschreibung) von Menschen. Diese Musterhaftigkeit kann ich aber nicht erklären, ohne die Existenz solcher kollektiver Ordnungen vorauszusetzen (Reckwitz 2012: 613).

[5] „Kulturelles Schema" scheint mir ein Schlüsselbegriff zu sein, der sich dazu eignet, Brücken zwischen einer im deutschsprachigen Raum prominenten Praxeologie (der Reckwitz'schen) und dem interkulturellen Diskurs zu bauen. Denn den Begriff des kulturellen Schemas findet man in vielen Lehrbüchern zur Interkulturalität, auch soweit diese im Übrigen kaum (expliziten) soziologischen und praxeologi-

Akteur_innen wiederzufinden sind. Sie sind Elemente oder Bausteine kollektiver Wissensordnungen (ebd.: 145 ff., 149 f., 167, 620), die wir als Kulturen bezeichnen können.[6]

Diese Wissensordnungen unterlaufen die einleitend erwähnte Kritik an traditionellen Kulturbegriffen in dreierlei Hinsicht: Erstens sind sie nicht auf Makrokollektive der Art von Schichten, Milieus, Ethnien oder Nationen bezogen (ebd.: insbes. 617 ff., 638 ff.). Es wäre ein Fehler, „die Sinngrenzen zwischen verschiedenen Wissensordnungen (und damit Praxiskomplexen) mit den personalisierbaren ‚Grenzen' zwischen unterschiedlichen Akteuren als ‚ganzen Menschen' sowie schließlich zwischen unterschiedlichen sozialen Kollektiven zu identifizieren" (ebd.: 622).[7] Vielmehr sind Kulturen Praxen zuzuordnen, es sind *Praxiskulturen*, die Wissensordnungen, die etwa dem sozialwissenschaftlichen Forschen oder Klavierspielen zugrunde liegen. Derart vermeidet Reckwitz es, qua Kulturbegriff die Mitglieder von Kollektiven wie den oben genannten zu homogenisieren. Zweitens sind die Praxiskulturen nicht geschlossen, sondern überschneiden sich mit den Wissensordnungen anderer Praxen. Drittens sind sie nicht konsistent.[8]

Darüber hinaus möchte ich kursorisch vier Eigenschaften der Schemata nennen, damit sich deren Anwendungsgebiet ermessen lässt. Erstens: Sie fin-

---

schen Charakter aufweisen (vgl. statt vieler Bolten 2012: 54 ff., 72 f.; Erll, Gymnich 2010: 56 ff.; Thomas 2016: 93 ff.). Das gilt umso mehr, wenn man, wie Reckwitz das tut, den Schemabegriff als grundlegend ähnlich versteht mit einer ganzen Reihe von weiteren Begriffen, die andere Autorinnen und Autoren verwenden, etwa „Deutungsmuster", „Wissenskodes", „Typisierungen", „frames" et cetera (Reckwitz 2012: 149; den Musterbegriff verwenden zum Beispiel Broszinsky-Schwabe 2011: 65 ff.; punktuell Thomas 2011: z. B. 112, 120).

[6] Am ehesten den Charakter einer Definition hat folgende Textstelle: „‚Kultur' sind dann jene Sinnsysteme, über die die Akteure im Sinne von ‚geteilten' Wissensordnungen verfügen, die ihre spezifische Form des Handelns ermöglichen und einschränken" (Reckwitz 2012: 85). Demgegenüber sähe Hirschauer (2014: 179 f., Fn. 10) – bei aller Sympathie für Reckwitz' Praxeologie – den Begriff der Kultur lieber durch den des Kulturellen ersetzt.

[7] Diesen Fehler identifiziert Reckwitz indes auch bei den seines Erachtens avanciertesten praxeologischen Theorien (Bourdieu, Ch. Taylor), auch sie neigen zur Identifikation von „sozialen Kollektiven" (z. B. Klassen, ethno-kulturellen Gemeinschaften) und machen dadurch zumindest implizite Homogenitätsannahmen (Reckwitz 2012: 345 f., 502 ff., 621 f.).

[8] Dennoch weisen sie – das wäre eine klassische (post-)strukturalistische Einsicht – eine gewisse Strukturiertheit auf – sonst wären sie nämlich bedeutungslos (vgl. z. B. Reckwitz 2012: 349). Clifford Geertz macht eine ähnliche Bemerkung über „kulturelle Systeme" (Geertz 1987: 26).

Wider die Schizophrenie 207

den sich auf allen Abstraktionsebenen von der Objektbezeichnung bis hin zur Weltanschauung. Zweitens: Sie betreffen jegliche Art von Gegenstand, etwa (u. a. auch körperbezogene) Selbstschemata (Identitätsbausteine) (ebd: 576 ff.), es lassen sich Schemata von Emotionalität identifizieren, wie man Geschichten erzählt oder Konflikte austrägt. Hervorzuheben ist des Weiteren, dass es auch Ziel- und Planschemata gibt (Schank, Abelson 1977), dass also auch kühl kalkuliertes Handeln auf Schemata zurückgreift (s. a. Reckwitz 2012: 141 ff.). Drittens: Die Schemata werden miteinander kombiniert, zum Beispiel zu Situationsskripten[9] und Alltagstheorien. Viertens: Schemata dürfen nicht als starr und unflexibel verstanden werden.

1.2 Unterschiedliche Schemata als Quelle von Interkulturalität

1.2.1 Interpretative Unterbestimmtheit und kulturelle Interferenzen

Explizit beschäftigt sich Reckwitz in seiner kulturtheoretischen Monographie kaum mit Interkulturalität. Er thematisiert jedoch bestimmte Konstellationen, die sich mit den beiden oben skizzierten interkulturellen Szenen vergleichen lassen, weil in ihnen die schemabasierte, routinierte Bewältigung einer Situation nicht beziehungsweise nicht reibungslos funktioniert (v. a. ebd.: 617 ff.). Hier möchte ich Interkulturalität bei ihm systematisch verorten. Sie entsteht demnach immer dann, wenn Schemata Probleme verursachen.

Reckwitz unterscheidet zwei Konstellationen voneinander, zum einen „interpretative Unterbestimmtheit" (ebd.: 624 ff.), zum anderen „kulturelle Interferenzen" (ebd.: 629 ff.). *Interpretative Unterbestimmtheit* entsteht auf zweierlei Art und Weise: Erstens, wenn Akteur_innen über kein passendes (bzw. nur teilweise passendes) Schema verfügen. Zweitens, wenn mehrere nur teilweise passende Schemata gleichzeitig anwendbar scheinen (ebd.: 627 ff.). In beiden Fällen entsteht Unsicherheit darüber, wie eine Situation, das Verhalten von Mitmenschen oder ein Objekt zu deuten wäre.

Die zweite Konstellation, die der *kulturellen Interferenzen*, liegt vor, wenn sich im „einzeln[n] Akteur als – körperlich-mentale[m] – *Träger* [Hervorhebung im Original] von kollektiven Praktiken [...] unterschiedliche, womöglich gar inkompatible Wissensordnungen kreuzen" (ebd.: 632). Unbestimmtheit kann die Folge sein, muss aber nicht. Denn wir alle haben immer schon Anteil

---

[9] Auch das Skriptkonzept ist, nicht selten verbunden mit dem des Critical Incidents, häufig in interkulturellen Lehrbüchern anzutreffen, s. z. B. Broszinsky-Schwabe 2011: 33; Erll, Gymnich 2010: 119 f.; Thomas 2016: 94 f.

an verschiedenen Wissensordnungen. Es sind Situationen denkbar, in denen uns zunächst die Schemata zweier unterschiedlicher Wissensordnungen anwendbar scheinen, wir aber ganz routiniert entscheiden können, welches Schema vorzuziehen ist. Reckwitz nennt das – unter Rückgriff auf Naomi Quinn und Claudia Strauss – „Kompartmentalität" von Schemata (ebd.: 633). Gedacht ist hier unter anderem auch an die soziale Vielfalt, die aufgrund funktionaler Differenzierung alltäglich ist (vgl. ebd.: 636). Erst wenn eine solche Sortierung nicht möglich ist, kommt es zu „kulturellen Interferenzen im engeren Sinne" (ebd.: 634). Welche Folgen zeitigen diese? Wieder gibt es zwei Möglichkeiten: Entweder wird eine der beiden Sinnzuschreibungen, die auf inkompatiblen Schemata beruht, eliminiert oder entwertet (Versuch der „Rekompartmentalisierung") oder es kommt zur Innovation-qua-Rekombination, das heißt, auf Grundlage der Sinnzuschreibungen, die auf den inkompatiblen Schemata beruhen, wird eine neue generiert, die durch Internalisierung ebenfalls Schemacharakter erhalten kann (ebd.: 635).

Soweit lässt sich zweierlei anmerken: Erstens, dass Reckwitz all dies *intra*personal konzipiert, während die interkulturelle Literatur (u. a. im Sinne der oben genannten Szenen) vor allem *inter*personale Situationen im Sinn hat, in denen mehrere Akteur_innen in ihren Sinnzuschreibungen dessen, was das Gegenüber tut, auf zueinander nicht passende Schemata zurückgreifen. Die interpersonale Perspektive eröffnet die Möglichkeit, dass Akteur_innen Deutungen aushandeln (grundlegend: Blumer 1969).[10] Zweitens, dass Reckwitz uns kaum Kriterien an die Hand gibt, um die beiden Konstellationen (Unterbestimmtheit und Interferenz) zu unterscheiden. Zweierlei ließe sich jedoch schlussfolgern: Erstens, dass ein Desorientierungserlebnis (mit positiven oder negativen Folgen) das Resultat ist. Zweitens, dass diese Erfahrung nicht an die Kreuzung von Wissensordnungen (Kulturen) gebunden ist – und erst recht nicht an Internationalität, -ethnizität oder -religiosität.

1.2.2 Anwendung der Reckwitz'schen Konzeption auf die interkulturellen Szenen

Mit Reckwitz ließe sich die interkulturelle Urszene so interpretieren, dass die Akteur_innen Schemata unterschiedlicher Wissensordnungen verwenden, wobei ich an dieser Stelle noch offen lassen möchte, inwieweit eine Wissensord-

---

[10] Freilich ließe sich auch der Aushandlungsprozess rekonstruieren als eine durch die Interaktion gesteuerte Sequenz von intrapersonalen Vorgängen der Art, wie Reckwitz sie beschreibt.

nung national geprägt sein könnte (dazu 3., 4.). In der zweiten Szene verwendet ein_e Akteur_in eine bestimmte Art von Schema, nämlich ein Nationalstereotyp (s. Klauer 2008: 23), beziehungsweise eine bestimmte Art von Schemakomplex, nämlich eine nationalstereotype Alltagstheorie, die freilich auch irgendeiner Wissensordnung entnommen ist, ergo einer Kultur. So, wie ich das Beispiel hier skizziert habe, dient das Stereotyp dazu, eine Unbestimmtheit zu beseitigen. Insoweit ist anzumerken, dass der routinierte Einsatz von Stereotypen ebenso den Effekt zeitigen kann, Unbestimmtheiten gar nicht erst entstehen zu lassen.

Was passiert, wenn eine Situation deshalb unbestimmt ist, weil zwei Akteur_innen auf unterschiedliche Schemata zurückgreifen? Ich möchte darauf zumindest exkursartig eingehen, um das integrative Potential des praxeologischen Ansatzes anzudeuten. Zu diesem Zweck ist Reckwitz' intrapersonales Gedankenspiel auf die interpersonelle Ebene zu übertragen. Dabei sollten grob zwei zeitliche Dimensionen unterschieden werden. Zunächst die unmittelbare, situative. In der Situation wären *prima facie*, analytisch vier Möglichkeiten denkbar, was die Akteur_innen tun. Erstens, die mächtigere Akteurin setzt sich mit ihrer Sinnzuschreibung beziehungsweise Situationsdefinition durch (vgl. Thomas 2016: 191 ff.). Zweitens, die Akteur_innen brechen die Interaktion ab. Drittens, die Akteur_innen einigen sich auf eine der beiden Sinnzuschreibungen. Diese ersten drei Möglichkeiten scheinen mir mit Reckwitz nicht vollständig erfassbar, weil er kein Vokabular für die Interaktion anbietet. Wir können aber ein Stück weit mit dem Rekompartmentalisierungsgedanken arbeiten, weil die Situation jeweils zugunsten einer der beiden Sinnzuschreibungen aufgelöst wird. Denkbar ist, dass Akteur_innen – gerade bei Beziehungsasymmetrie oder Kontaktabbruch – der Handlung ihres Gegenübers, die auf einem ihnen fremden Schema basiert, einen Sinn zuschreiben, der Handlung und gegebenenfalls Person entwertet, zum Beispiel, im Sinne der Stereotypszene, natio- beziehungsweise ethnozentrisch oder in Form von Klassendünkel. Die vierte Möglichkeit wäre besagte Innovation-qua-Rekombination. Das dürfte in etwa dem entsprechen, was im interkulturellen Diskurs als „Interkultur" und „Synergie" gefasst wird (s. z. B. Bolten 2012: 40 f.).

Was aber geschieht – hier beginnt die zweite zeitliche Dimension – mittel- oder langfristig mit einer solchen Synergie oder Innovation? Wieder ganz schematisch gedacht gibt es dafür drei Möglichkeiten: Erstens, die „Innovation" bekommt den Status eines Versehens und wird in Folgesituationen nicht mehr angewandt. Zweitens, sie wird in Folgesituationen angewandt, aber nur zwischen den Akteur_innen, die sie ausgehandelt haben. Für diese beiden ersten Möglichkeiten kann man mit Reckwitz sagen: Die Innovation bleibt ephemer oder idiosynkratisch (ebd.: 637). Anders im dritten Fall, hier wird die Innovation erfolgreich von den Akteur_innen weitergetragen. Es findet soziale Se-

lektion und Stabilisierung statt. Das ist umso wahrscheinlicher, wenn die Akteur_innen über Kapitalien verfügen, um ihre Innovation zu verbreiten. Dann entsteht kultureller Wandel (ebd.: 637, 642, Fn. 123).[11]
Damit möchte ich Exkurs und ersten Abschnitt beenden. Freilich war das keine detaillierte Rekonstruktion der Vielfalt interkultureller Interaktionsdynamiken. Insbesondere stand hier eine Verständigungsorientierung im Vordergrund, die man nicht umstandslos zum Paradigma jeglicher Form von Interaktion erklären sollte. Mir ging es darum, zu skizzieren, wie sich klassische interkulturelle Konstellationen praxeologisch erfassen lassen, ohne Kultur auf die Kollektive zu beziehen, die die klassische interkulturelle Kommunikation im Sinn hat.

2 Was heißt hier „kollektiv"? Schemaerwerb und Bezugskollektive

Dennoch spricht auch Reckwitz von „kollektiven Wissensordnungen". Worauf bezieht er „kollektiv", wenn nicht auf Klassen, Ethnien, Nationen oder Ähnliches? An mehreren Stellen setzt er kollektiv mit *shared* gleich. Kulturen sind *shared knowledge* (z. B. ebd.: 85 f., 149, 612, 613). Dieses *shared* ist aber – so hat es den Anschein – weniger interaktiv zu verstehen als klassifikatorisch. „Kollektiv" heißt nur, dass alle Akteur_innen einer Praxis auf ähnliche Schemata zurückgreifen. Das bedeutet aber weder, dass sie derselben sozialen Kategorie angehören, noch dass sie allesamt untereinander interagieren würden. Was sie teilen, ist eine abstrahierte Gemeinsamkeit. Es handelt sich – in kollektivwissenschaftlichen Termini – um ein Abstraktionskollektiv (s. Hansen 2009: 26).

Indes entsteht hier gegenüber der interkulturellen Urszene eine Erklärungslücke (s. Marschelke 2019: 86 ff.). Wo in dieser von „Prägung" die Rede ist, liegt die Annahme zugrunde, dass die Akteur_innen die Schemata durch nationalspezifische Enkulturation (oder Sozialisation) erworben haben. Wie

---

[11] Es lohnt sich, insoweit zu unterscheiden zwischen einer eher makrosoziologischen Ebene kulturellen Wandels (die Reckwitz im Sinn hat) und der eher mikro- oder mesosoziologischen Ebene, die zum Beispiel im interkulturellen Management thematisiert wird (z. B. Barmeyer, Davoine 2016). Zwar ist auch bei Letzterer Selektion erforderlich, damit eine interkulturelle Synergie oder Innovation, die etwa im Brainstorming eines Teams einer Entwicklungsabteilung entsteht, Unternehmensentscheidungen beeinflusst. Aber ein solcher, größtenteils intraorganisational ablaufender Prozess ist natürlich in der Regel leichter nachzuvollziehen als ein Selektions- und Stabilisierungsprozess auf Makroebene.

aber erwerben die Akteur_innen in einer Praxeologie wie der Reckwitz'schen ihre Schemata?[12]

Entsprechend hat der Praxeologiekritiker Stephen Turner schon 1994 gefordert: Wenn ich die beobachtbare übersubjektive Musterhaftigkeit von Verhalten erklären will, benötige ich eine Theorie, wie kulturelles Wissen erworben (und weitergegeben) wird (Turner 1994: 44 ff.). Es bedarf einer „Sozialisationstheorie des Wissens" (Reckwitz 2000: 170).

Eine solche lässt Ausführungen zu Sozialisations-, Lern- und Kommunikationstheorien erwarten. Diese Erwartungen werde ich größtenteils enttäuschen. Mir geht es in diesem Aufsatz darum, an dieser Stelle die Kollektivität ins Spiel (zurück) zu bringen.

2.1 Schemaerwerb in sozialen Kleinkollektiven

Ontogenetisch erwerben wir Schemata innerhalb von sich Stück für Stück ausweitenden Bezugskollektiven (zusammenfassend zu diesen: Gukenbiehl 1999) – und zwar durch wiederholte Interaktion. Am Anfang stehen hier die „signifikanten Anderen", insbesondere der Familie (Berger, Luckmann 2009: 51, 141 ff. mit Verweis auf G. H. Mead). Wie sich diese Kollektive ausweiten und wie weit sie das tun, ist kontingent. Hier und heute mögen es Familie, Krippen- und Kindergartengruppe, Schulklasse, Freundeskreis, Partnerschaften, Vereinsmitglieder, Ausbildungs- und Berufskolleginnen et cetera sein. Indes, Kindergärten, Schulen, Vereine et cetera gibt und gab es nicht überall. Konstatieren lässt sich aber, dass diese Kollektive sich allesamt auf Mikro- oder Mesoebene befinden, nicht auf der Makroebene des Nationalen. Es sind soziale Kleingruppen, in denen unmittelbar miteinander interagiert wird (statt vieler zusammenfassend: Henecka 2009: 146 ff.).

Warum ist der Schemaerwerb durch diese Kollektive geprägt? Zunächst einmal sind wir angewiesen auf soziale Anerkennung. Als Kleinkind hängt sogar unser Überleben davon ab. Die vielen mikrosoziologisch und sozialpsychologisch erforschten Mechanismen, wie Gruppen auf ihre Mitglieder einwirken, kann ich hier nicht ausführen. Kursorisch seien zwei Richtungen skizziert (zu-

---

[12] Ich weise daraufhin, dass dieser Aufsatz nicht die jüngeren Arbeiten von Reckwitz thematisiert, etwa die zum Subjekt (2006) und die „Gesellschaft der Singularitäten" (2017), in der Klassen, Schichten und „Neogemeinschaften", mithin soziale Kollektive, vorkommen.

sammenfassend: Stegbauer 2016: 80 ff.)[13]: Einerseits Mechanismen wie sozialer Druck, Reduktion kognitiver Dissonanz und so weiter, andererseits Identifikation mit bestimmten Kollektiven: Ich will dazugehören, ich bin bereit, mein Verhalten an gemeinsamen Urteilen auszurichten, mich auf den Standpunkt eines „Wir" zu stellen. Das heißt nicht, dass ich jedes einzelne Mitglied dieses Kollektivs besonders mag. Aber das, was ich in diesen Kollektiven mit seinen Mitgliedern erlebe, ist für mich wichtig und maßgebend. Normative Schemata verinnerliche ich hier, welche Umgangsformen man beachten sollte, welche Dinge des Alltagskonsums, welche Lebens- oder Lebensabschnittsziele erstrebenswert sind und welche Meinungen zu überpersönlichen Themen (z. B. Politik) als legitim gelten.

Fünf weitere Überlegungen schließen sich an: Erstens sind wir multikollektive Wesen, gehören also vielen Kollektiven an (Hansen 2009: 20 ff., Rathje 2014, Marschelke 2017). Zweitens: Jeder Mensch importiert die Schemata, die er in einem Kollektiv erwirbt, in alle anderen, denen er angehört – zumindest latent. Wird aus Latenz Virulenz (vgl. Hansen 2009: 31 ff.), sprich, aktiviert ein_e Akteur_in Wissen, das die anderen Mitglieder eines Kollektivs bislang nicht geteilt haben, transportiert sie/er es von einem Kollektiv in ein anderes. Drittens bedeutet das für einzelne Akteur_innen: Die Gesamtheit der Schemata, auf die sie in diesen Kollektiven treffen, stellt keine kohärente Wissensordnung dar. Vielmehr partizipieren sie an vielen Wissensordnungen. Mit meinen Eltern teile ich andere Wissensordnungen als mit meiner Schulklasse und wieder andere sind es im Kreise meiner Skaterfreund_innen und Fußballmannschaft et cetera. Für Kultur folgt daraus viertens: Qua Multikollektivität besteht bereits ein Mindestmaß an Multi(praxis)kulturalität in diesen Kollektiven. Insoweit ist es adäquater, von den diversen (Praxis-)Kulturen eines Kollektivs, das heißt von seinen Wissens*beständen* oder seinem *Kulturenprofil* zu sprechen als von der einen Kultur beziehungsweise Wissens*ordnung* eines Kollektivs. Wie die Wissens*ordnungen* auf die Mitglieder verteilt und welche vielleicht besonders bedeutsam – womöglich gar hegemonial – sind, ist in erster Linie eine empirische Frage. Das hängt nicht zuletzt von den Gruppendynamiken und Machtkonstellationen im Kollektiv ab. Fünftens: Wenn ich Interkulturalität darin verorte, dass Schemata aus Wissensordnungen divergieren und

---

[13] Stegbauers Buch ist übrigens im netzwerktheoretischen Spektrum zu verorten. Dass er auf Arbeiten aus Gruppensoziologie und Sozialpsychologie rekurriert, lässt vermuten, dass Netzwerktheorien (ebenso wie Praxeologien) darauf achten müssen, die besonderen Einflüsse beziehungsweise Schließungseffekte von sozialen Gruppen angemessen zu berücksichtigen (vgl. auch Fuhse 2006, wo allerdings die Multikollektivität unterbeleuchtet bleibt).

das zu zumindest situativer Desorientierung führt, dann geschieht das schon in dem überschaubaren Rahmen, den ich soeben aufgespannt habe. Interkulturalität ist insofern alltäglich.

2.2 Exkurs: Mediatisierte Kommunikation: Kollektive und kommunikativer Konstruktivismus

Was unter 2.1 skizziert wurde, legt nahe, dass es hier vor allem um Face-to-Face-Kommunikation geht. Inwiefern ändert sich die Einschätzung dadurch, dass man die Eigenheiten mediatisierter Kommunikation einbezieht? Mediatisierte Kommunikation ist im weitesten Sinne natürlich schon jeder sprachliche Austausch (weil Sprache ein Medium ist). Hier interessiert vor allem die Frage: Ist der Schemaerwerb nicht entscheidend durch Massenmedien beeinflusst? Die Antwort hierauf lautet: ja. Es schließt sich eine zweite Frage an: Sprengt die große Reichweite von Massenmedien und die Unübersichtlichkeit ihrer Wirkungen nicht den Rahmen dessen, was unter 2.1 skizziert wurde, also den Einfluss sozialer Kleinkollektive auf den Schemaerwerb jeder und jedes Einzelnen?

Diese zweite Frage würde ich mit „nein" beantworten wollen. Warum, kann ich nur exkursweise andeuten. Mir ist wichtig zu betonen, dass sowohl auf der Produktions- als auch auf der Rezeptions- und Wirkungsseite von Medien (individuelle, korporative) Akteur_innen stehen, die in Lebens- und Umwelten eingebettet sind. Insoweit tendiert mein Beitrag zu der unlängst angedeuteten Verbindung von Mediatisierungsforschung und kommunikativem Konstruktivismus (dazu insgesamt Reichertz, Bettmann 2018, konkret 2018: 4). Dem würde aber hier, wie unter 2.1 skizziert, als Akzent hinzugefügt, dass es vor allem Kollektive sind, die diese Lebens- und Umwelten prägen – und zwar wieder sowohl auf Produktions- (vgl. 3.2) als auch auf Wirkungsseite (vgl. 2.1, 3.1). Insoweit ließe sich – in gröbster Weise heruntergebrochen – von der Verbreitung von Schemata zwischen Produktionskollektiven einerseits und Kollektiven, in denen Medien wirken, andererseits sprechen.

Daran ändert sich meines Erachtens auch nichts Grundlegendes im Hinblick auf das Internet. Auch hier findet machtvolle (siehe auch Fn. 21) Kollektivierung statt. Sie mag teilweise anders anmuten als im analogen Raum, insbesondere mag sie dessen Bedeutung relativieren ebenso wie die Grenzen von „Gesellschaften". Das ist aber für die hier eingenommene sozialtheoretische Perspektive zweitrangig. Entscheidend ist, dass erstens Kollektivierung stattfindet und zweitens kollektive Effekte der unter 2.1 genannten Art zeitigt. Davon abgesehen wird auch online erworbene Information durch die analogen lebensweltlichen Kollektive gefiltert. Sie bleiben eine entscheidende Instanz, wenn es um die Frage geht, welche Information letztlich im Alltag handlungswirksam, das heißt vor allem internalisiert und schematisiert, wird.

2.3 Zwischenfazit: Alltägliche Interkulturalität auf Mikroebene

Die in Ur- und Stereotypszene skizzierte Interkulturalität lässt sich auf den Einsatz von Schemata zurückführen, die gegebenenfalls unterschiedlichen Wissensordnungen entstammen. Welche Schemata jemand erwirbt, hängt stark von ihren oder seinen Bezugskollektiven ab. Die Multikollektivität des Menschen sorgt für Offenheit, sowohl was persönliche Kontakte als auch die Verbreitung von Wissensordnungen über Sozialkollektivgrenzen hinaus angeht. In diesem Sinne ist Interkulturalität ein alltäglicher Bestandteil der Interaktion in verschiedenen kollektiven Mikro- und Mesogebilden. Es schließt sich die Frage an, welche Rolle das Nationale spielen könnte, das man intuitiv der Makroebene zuordnen würde und das entscheidend ist für Ur- und Stereotypszene?

3 Nationalismen als Humandifferenzierungsprojekte mit wechselndem Erfolg

3.1 Was war nochmal die Frage? Das Nationale in Ur- und Stereotypszene

Gibt es nationale Wissensordnungen beziehungsweise Praxiskulturen? Die Frage klingt pointiert, bedarf aber – ausgehend vom bisher Gesagten – in viererlei Hinsicht der Präzisierung.

Erstens müssen wir uns die Unterschiede vergegenwärtigen, die das Nationale in Urszene einerseits und Stereotypszene andererseits spielt. Die Urszene operiert mit zwei Hypothesen: Zum einen, dass P1 und P2 in einer gemeinsamen Situation auf unterschiedliche Wissensordnungen beziehungsweise Praxiskulturen zurückgreifen. Zum anderen, dass das an ihrer jeweiligen nationalen Sozialisation beziehungsweise Enkulturation liegt. Anders ausgedrückt: Die differente Handlungsorientierung beruht auf der jeweiligen nationalen Kollektivmitgliedschaft. Diese zweite Hypothese ist in der Urszene die eines/r wissenschaftlichen Beobachter_in. Sie beruht auf der Annahme, dass es ein Nationalkollektiv „gibt". Wird diese Annahme nicht sorgfältig reflektiert und begründet, liegt ein Fall von Gruppismus (Brubaker 2007) beziehungsweise von methodologischem Nationalismus (Wimmer, Glick Schiller 2002: 219 ff.) vor. Die Stereotypszene teilt die erste Hypothese, betrachtet aber die zweite nicht mehr aus Beobachter_innen-, sondern aus Teilnehmer_innenperspektive. Die Unterschiede zwischen P1 und P2 könnten auf andere (kollektive) Einflüsse (z. B. berufliche) zurückgehen. Dass es ein Kollektiv namens „Nation" tatsächlich „gibt", wird nicht vorausgesetzt. P1 glaubt nur (in stereotyper Weise), dass dem so sei und der Unterschied zu P1 auf nationaler Prägung beruhe. Dieses Nationalstereotyp ist ein Kollektivschema. Ihm liegen zwei gedankliche Operationen zugrunde. Zum einen kategorisiert der/die Akteur_in, teilt die Welt in Nationen (Kollektive) ein und ordnet diesen Menschen (inkl. sich selbst) zu (Mitglieder). Zum anderen macht der/die Akteur_in pauschale Zuschreibungen, die besagen, dass die Kollektivmitgliedschaft bestimmte Handlungsorientierungen bedinge. Wenn wir mit Reckwitz Schemata als kulturelle Elemente von Praxen betrachten, folgt daraus, dass Nationalstereotype nichts anderes sind als die kulturellen Elemente von bestimmten Kategorisierungs- und Zuschreibungspraxen. Es sind Kollektivierungspraxen und die zugehörigen Wissensschemata Teile von *Kollektivierungskulturen* (Marschelke 2019).[14]

Zweitens müssen wir die gerade eingeführte Perspektive der Bezugskollektive berücksichtigen und zwar auf dreierlei Art und Weise. 1. Akteur_innen erwerben Nationalstereotype – wie alles andere Wissen auch – in ihren Bezugskollektiven. Wer in rassistischen oder chauvinistischen Kreisen aufwächst und sich bewegt, nimmt vermutlich andere Schemata auf, als jemand, der von liberal und kosmopolitisch denkenden Menschen umgeben ist.[15] Die alltäglichen Bezugskollektive stellen, mit Rogers Brubaker (2007: 44) gesagt, „Biotope" dar, in denen (ethno-)nationale Kategorien und Zuschreibungen entweder „Artenschutz" genießen (und daher gedeihen) oder eben nicht (dann verschwinden sie). 2. Offensichtlich können sich Menschen nicht nur mit Kleinkollektiven wie der Familie, dem Freundeskreis et cetera identifizieren, sondern auch mit sozialen Kategorien wie zum Beispiel der Arbeiterklasse oder dem Bildungsbürgertum oder eben mit einer Nation. Auch solche Kategorien sind Bezugskollektive, an denen wir uns ausrichten (bzw. Bezugskategorien, s. Gukenbiehl 1999: 123). Doch im Unterschied zu den oben erwähnten Kleinkollektiven findet mit der allergrößten Zahl der Mitglieder dieser Kategorien keine unmittelbare Interaktion statt. Eben das ist der Ausgangspunkt von Benedict Andersons Definition der Nation als „imagined community" (2005). Ein Kollektiv wie die Nation muss ich mir vorstellen, weil ich die allermeisten der anderen Mitglieder niemals kennen werde (ebd.: 15 f.). Es ist eine *„imaginierte Bezugskatego-*

---

[14] Reckwitz spricht in einem an seine Monographie anschließende und diese ergänzenden Aufsatz von den „Selbstbeschreibungsdiskursen von Kollektiven" (2001: 190, 193 ff.).

[15] Diese Einschätzung entspricht letztlich nur den grundlegenden konstruktivistischen Einsichten zur „Internalisierung der Wirklichkeit" (s. Berger/Luckmann 2009: 139 ff., insbesondere 141) sowie klassischen Erklärungsansätzen zum Stereotypenerwerb (Übersicht z. B. bei Jonas/Schmid Mast 2007: 71).

rie". 3. Es bleibt die Frage offen: Woher wissen die, von denen ich über solche Kategorien und ihre Zuschreibungen lerne, etwas darüber? Natürlich können wir darauf verweisen, dass unsere signifikanten Anderen das, was sie uns mitgeben, von ihren Bezugskollektiven erfahren haben. Wenn wir hier nicht in einen infiniten Regress geraten wollen, müssen wir die Frage historisieren: *Wie haben sich nationalistische Kollektivierungskulturen in den Bezugskollektiven der Mikro- und Mesoebene verbreitet, und wie reproduzieren sie sich?*

Diese Frage müssen wir noch um eine weitere ergänzen, wenn wir – das wäre der *dritte Präzisierungsschritt* – den Unterschied zwischen Praxiskulturen/Wissensordnungen und Kulturenprofilen/Wissensbeständen berücksichtigen. Denn die Urszene bezieht sich nicht auf Differenzen in Bezug auf nationalistische Kollektivierungskulturen, sondern auf diverse Praxen wie die Begrüßung, den Restaurantbesuch oder das Verhandeln. Die ergänzende Frage lautet dann: *Gab und gibt es nationale Makroprozesse (insbesondere nationbuilding und -reproducing), die bestimmte (Varianten von) sonstige Praxiskulturen in den Bezugskollektiven der Mikro- und Mesoebene verbreiten?* Genauer: Beeinflussen solche nationale Makroprozesse die Wissensbestände, die Verbreitung, Verteilung und den Status von Wissensordnungen in den Bezugskollektiven, führen sie möglicherweise gar vorübergehend zu Hegemonien bestimmter Praxiskulturen?

Viertens: Die oben (2, insbesondere 2.2) angedeutete Perspektive, setzt voraus, dass auch Makroprozesse – vorsichtig formuliert – mit dem Handeln von Akteur_innen (v. a. korporativen) in Verbindung gebracht werden. Unsere beiden Fragen müssen insofern ergänzt werden: *Wer* nimmt in maßgeblicher Weise Einfluss auf diese Verbreitungsprozesse (so sie denn feststellbar sind)?

Beide Fragen zielen auf die Identifikation von Homogenisierungsprozessen ab. Ich möchte auf sie unter (sehr selektivem und skizzenhaftem) Rückgriff auf die Nationalismusforschung eingehen. Zunächst ziehe ich – vor allem modernisierungstheoretische[16] – Argumente heran, denen zufolge *nation-building* und

---

[16] Gemeint sind Theorien, welche Nationalismus – und als dessen Ergebnis Nationen – als Phänomene der Moderne ausweisen. Diese chronologische Aussage ist gebunden an strukturelle Erklärungen, dass nämlich erst die ökonomischen, politischen und soziokulturellen Transformationen, die unter dem Sammelbegriff „Modernisierung" gefasst werden (etwa der Siegeszug des Kapitalismus, Industrialisierung, Urbanisierung, Säkularisierung, Bürokratisierung), Nationalismus und Nation möglich (manche sagen: notwendig) gemacht hätten (Özkırımlı 2017: 81). Welche Faktoren im Einzelnen als entscheidend angesehen werden, variiert je nach Autorin und Autor – und zwar durchaus stark (ebd.). Das ist ein Grund, warum die typologische Zusammenfassung all dieser Ansätze sehr umstritten ist, ebenso wie die weit verbreitete, daran anschließende kontrastierende Typologisierung von Nationalismus-

-reproducing Homogenisierungseffekte zeitigen (3.2). Diese Argumente (und die ihnen zugrunde liegenden Theorien) sind indes umstritten. Entsprechend relativierende Anmerkungen mache ich unter 3.3. Eine kurze Bilanz ziehe ich unter 3.4.

3.2 Homogenisierung durch Eliten: drei Überlegungen aus der Nationalismusforschung

Als Ausgangspunkt kann ein Satz des Historikers Thomas Mergel dienen: „Diese Nationen sind Homogenisierungsmaschinen [...]." (Mergel 2005: 284) Eine von vielen Nationalismusforscher_innen geteilte Überzeugung lautet, dass *nation-building* von ausgeprägten, häufig gewaltsamen Versuchen kultureller Homogenisierung und Hegemonisierung begleitet wird. Diese Grundaussage möchte ich anhand dreier Überlegungen in zweifacher Hinsicht konkretisieren. Zum einen in Hinsicht darauf, was da eigentlich wie homogenisiert wird (Überlegungen 2 und 3). Zum anderen ist zu fragen: Wer sind denn diese Nationen beziehungsweise wer homogenisiert da wen?

Dazu die *erste Überlegung*. Viele Ansätze der Nationalismusforschung – insbesondere die sogenannten „instrumentalistischen" Positionen – heben die Rolle bestimmter Kollektive bei der Verbreitung von Nationalismen hervor, nämlich die von Eliten (s. z. B. Özkırımlı 2017: 97, 136 f., Calhoun 2007: 155), seien es einflussreiche Mitglieder aufstrebender Bürgerschichten, Industrielle oder (koloniale) Verwaltungskader. Nationalismen waren Teil ihrer Strategien, entsprachen ihren Interessen, etwa an Delegitimation alter Herrschaft (z. B. absolutistischer, kolonialer) und Legitimation neuer (s. insbesondere Breuilly 1982). Gestützt auf Nationalismen ließ (und lässt) sich legitimieren, mobilisieren, koordinieren, homogenisieren, administrieren, konsolidieren. Dazu musste nationales Bewusstsein geschaffen und verbreitet werden.

Indes – *zweite Überlegung* – wie konnten die den Nationalismus propagierenden Kollektive „aus Bauern Franzosen machen" (Weber 1976)? Überpointiert formuliert: Wie bringt man weit verstreute, lokale und bäuerliche Kollektive, die sich Jahrhunderte mit Clan, Dorf und Religion identifiziert haben, dazu, Solidarität mit Fremden zu empfinden, die hunderte Kilometer weit weg wohnen, deren Sprache oder Dialekt sie nicht verstehen und die womöglich gar einen anderen Glauben pflegen? Entweder man überzeugt die Mitglieder der vielen verschiedenen Kollektive, die zu einer Nation gehören sollen, davon,

---

theorien in postmoderne, primordiale, ethnosymbolistische und perennialistische Stränge (s. ebd.: 229 ff.).

dass sie mehr miteinander gemeinsam haben als gedacht (gerade im Vergleich zu „anderen Nationen"), oder man macht sie gleich. Diese beiden Stoßrichtungen wurden verfolgt durch eine Fülle von Maßnahmen, einerseits Vernichtung, Vertreibung, Zwangsassimilation, andererseits Aufbau von „nationalen" Infrastrukturen (Post, Eisenbahn etc.[17]), die zumindest indirekt das Entstehen nationaler Imaginationen förderten. Das wohl bekannteste Werkzeug nationaler Identitätskonstruktion sind die von Eric Hobsbawm und Terence Ranger so genannten „invented traditions" (Hobsbawm, Ranger 1986), also das strategische Einführen von Praktiken samt ihrer Symbole, der Orte und Denkmale, Helden und Geschichten, die die Vorstellung nationaler Gemeinsamkeit, insbesondere gemeinsamer Vergangenheit, suggerieren. Nationale Geschichtserzählungen sind das vielleicht prominenteste Beispiel. Eine Methode, um „invented traditions" effektiv zu verbreiten, war die Einführung der allgemeinen Schulpflicht (Hobsbawm 1986b: 271). Die Rolle von schulischer Erziehung für nationalkulturelle Homogenisierung hat etwa auch Ernest Gellner ins Zentrum seiner Theorie gestellt (1983: 26 ff.). Mit ihren hoheitlich verordneten, ideologisch aufgeladenen Lehrinhalten, mit ihren – um es mit Foucault zu sagen – disziplinierenden Selbst- und Körpertechniken, ist sie potentiell ein sehr mächtiger Apparat, um Schemata zu produzieren.

Die *dritte Überlegung* berücksichtigt die Unterscheidung zwischen der Verbreitung nationalistischer Kollektivierungskulturen einerseits und dem Kulturenprofil, also der Verbreitung bestimmter (Varianten von) Praxiskulturen, andererseits. Ich beginne mit den nationalistischen Kollektivierungskulturen. Ihr dienten insbesondere die „invented traditions" (s. auch Reckwitz 2001: 193). Zugleich sollten sie auf dreierlei Weise die Identifikation mit dieser neuen Bezugskategorie fördern: 1. indem sie das vermeintliche Alter (und damit die quasitranszendentale Qualität der Nationen) betonten; 2. indem sie die Einzigartigkeit der Nation, ihrer Geschichte, ihres Charakters (bzw. des Charakters ihrer Mitglieder)[18] hervorhob; 3. indem sie die Zuschreibungen zur „eigenen" Nation positiv wertete und zwar in Kontrast zu den negativ gewerteten Feinden – im Inneren (Fremde) wie im Äußeren (andere Nationen). Die Botschaften der „invented traditions" sind kultur- und soziohistorisch häufig weder plausibel noch belegbar (vgl. Hobsbawm 1986a: 7). Das ändert aber nichts daran, dass diese Inhalte zum handlungsanleitenden Wissen der Menschen werden können (z. B. Calhoun 2007: 40 f.). Das Beispiel Schule eignet

---

[17] Aber auch die Vereinheitlichung der Zeit, der Abbau von Binnenzöllen, die Einführung nationaler Statistiken und des Zensus et cetera (s. Mergel 2005: 283 f.).

[18] Ein schönes Beispiel ist die Erfindung des „Deutschen Michels" mit seinen Eigenschaften der Gutmütigkeit und Stärke (s. Hobsbawm 1986b: 276).

sich zudem zur Illustration, inwiefern die Institutionen eines Nationalkollektivs bestimmte (Varianten von) Praktiken verbreiten, die zwar nicht national einzigartig sind (in Deutschland derzeit zum Beispiel Lesen und Schreiben im lateinischen Alphabet, Argumentieren für Demokratie; Wissen und Meinungen vor anderen kundtun, Bücher lesen und exzerpieren; nach günstiger Bewertung durch Autoritäten streben), aber zum Wissensbestand einer Vielzahl derjenigen wird, die derart geschult werden. Dieser Wissensbestand mag sich unterscheiden von dem derjenigen, die keine oder eine andere Schulung durchlaufen haben. In diesem Sinne können sich auch die Kulturenprofile von Nationalkollektiven unterscheiden.

Das heißt indes keinesfalls, dass alle Mitglieder eines Nationalkollektivs qua Schule gleich werden. Schon die Homogenität nationaler Schulen muss man bezweifeln. Insbesondere aber – um in der obigen (2.1, 3.1) Terminologie zu bleiben – hängt das, was mit den vermittelten Praktiken geschieht, entscheidend von der Kombination der weiteren Bezugskollektive ab – und zwar sowohl in puncto Kollektivierungskulturen (z. B. wenig positive Identifikation mit „Deutschland" bei politisch stark links gesinnten Bezugskollektiven oder aufgrund von Diskriminierungserfahrungen) als auch in puncto sonstige Praxiskulturen (z. B. Abhängigkeit der schulischen Wissensinternalisierung von der Bildungsaffinität der Familie o. Ä.). Das führt zur Relativierung der Homogenisierungsannahmen.

3.3 Relativierung der Homogenisierungsannahmen

Gegen die – teils sehr unterschiedlichen – Positionen des modernisierungstheoretischen Paradigmas sind eine ganze Reihe von Kritikpunkten angeführt worden (zusammenfassend z. B. Özkırımlı 2017: 130 ff., 182 f.), insbesondere die Tendenz dazu, die Homogenität von Nationalkulturen überzubetonen (zusammenfassend ebd.: 182). Ich werde hier nicht die im interkulturellen Diskurs anerkannten Argumente für die Heterogenität von Nationen und „ihren" Kulturen wiederholen, sondern nur drei kursorische Relativierungen der eben genannten Annahmen aus der (v. a. historischen) Nationalismusforschung vorstellen.

Erstens: Es gab und gibt nicht einmal eine homogene national(isierend)e Elite, sondern stets mehrere, jeweils auch untereinander konkurrierende Macht-, Funktions- und Gegeneliten. Eliten, die eine Form von Nationalismus propagierten, sahen sich sowohl der Opposition antinationalistischer Gegner_innen (z. B. konservativer Aristokrat_innen) gegenüber als auch der Konkurrenz von Verfechter_innen anderer Formen von (liberaleren, radikaleren etc.). Nationalismen (dazu in Bezug auf griechisches und türkisches *nation-building* Özkırımlı, Sofos 2008).

Zweitens wäre es ein Fehler, die Analyse einseitig auf die Eliten zu beschränken (so Hobsbawm schon 1990, s. 2005: 21 ff.; Özkırımlı 2017: 136 f., 219 ff.). Denn am Ende steht der Internalisierungsvorgang der einzelnen Akteur_innen, der notwendig ist, damit sich Schemata, ein „nationaler Habitus" (Moosmüller 1997: 32 f., Schumacher 2013) bilden. Der „homo nationalis" bedarf der Pflege „from cradle to grave" (Balibar 1988b: 93). Dazu müssen Bezugskollektive mit Biotopqualität vorhanden sein (s. o. 2.1, 3.1). Ob die Eliten, die nationalistischen *entrepreneurs*, bestimmte Akteur_innen und ihre Bezugskollektive erreichen, und welche Resonanz sie erzeugen (Gleichgültigkeit, Enthusiasmus, Ablehnung?) (vgl. Brubaker 2007, Brubaker et al. 2006: 339 ff.), ist eine offene, empirisch zu beantwortende Frage. Wie im Hinblick auf die Effektivität von Schulung schon angemerkt, wirkt sich hier zum einen die Vielfalt der Kollektivitäten (Polykollektivität, s. Hansen 2011: 174 ff.) aus, die man entdecken muss, wenn man etwa einen Nationalstaat betrachtet, zum anderen das jeweilige Multikollektivitätsprofil (s. o. 2.1) einzelner Akteur_innen.[19]

In diesem Sinne muss man, *drittens*, davon ausgehen, dass – so beeindruckend, brutal und fundamental Modernisierungsprozesse im Allgemeinen und *nation-building* im Besonderen gewesen sein mögen – die Homogenisierung der polykollektiven Vielfalt niemals in dem Maße gelungen ist, wie man angesichts des unter 3.2 Gesagten meinen könnte. Zumal Macht Widerstand erzeugt. In den Worten von Özkırımlı: „However potent the dominant nationalist discourse may be, the society, precisely due to its internal diversity, produces alternative projects (identities, values and so on) in defiance of the much-desired homgeneneity" (2017: 224).

---

[19] Bedenkenswert ist freilich Tenbrucks Skepsis (1990) im Hinblick auf die ideologisch gefärbte, allzu umfassende Umstellung von Hoch- auf Massenkulturkonzepte. Nicht wegen der Normativität jener, die wissenschaftlich unhaltbar ist. Vielmehr weil Tenbruck Zweifel an der Vorstellung anmeldet, kulturelle Praktiken würden bottom-up entstehen und sich massenhaft verbreiten, ohne dass es ihrer expliziten und massenmedialen Artikulation bedürfe (vgl. ebd.: 47). Tenbrucks Fokus auf die „Intellektuellen" (auch bei ihm schon in Anführungsstrichen) mag dabei noch der prä-digitalen Zeit des Beitrags geschuldet sein. Aber auch in Bezug auf das Internet wird die Frage laut, ob in ihm nicht letztlich ähnliche Mechanismen wirken, die schon in prädigitalen Zeiten dafür ausschlaggebend waren, ob etwas Einfluss gewinnt oder nicht, nämlich entsprechende Ressourcen (vgl. Beuerbach 2018; allgemein zur „Selektion": Reckwitz 2012: 642, Fn. 123).

3.4 Zwischenfazit: Nationalismen als Humandifferenzierungsprojekte

Tentativ möchte ich die Erkenntnisse dieses dritten Abschnitts wie folgt verallgemeinern. Nationalismen lassen sich als Humandifferenzierungs- (vgl. Hirschauer 2014, 2017) und Grenzziehungsprojekte bestimmter Akteur_innen *(entrepreneurs)*, insbesondere der Eliten, lesen, die je nachdem über welche Kapitalien (ökonomische, soziale, kulturelle) sie verfügen und wer sich ihnen entgegenstellt, unterschiedliche Erfolge zeitigen (vgl. im weitesten Sinne Wimmer 2008, 2013). Sie beruhen auf Kategorisierungs- und Zuschreibungspraxen und dem diese konstituierenden Wissen (Kollektivierungskulturen). Dieses Wissen müssen die *entrepreneurs* unter denen verbreiten, die sie beeinflussen wollen. Schaffen sie es, derart Herrschaft zu legitimieren, können sie gegebenenfalls weitere kulturelle Homogenisierungsprozesse anstoßen (s. auch Reckwitz 2001: 193 f.).

Nationalismen sind ein kontingentes historisches Beispiel für solche Humandifferenzierungen, Rassismen wären ein anderes – wobei beide sich historisch bis an die Grenze der Unauflöslichkeit miteinander verbunden haben (dazu etwa Balibar 1988a). Auch Versuche, eine europäische Identität zu schaffen, lassen sich deskriptiv als Praktiken der Humandifferenzierung (Europäer_innen vs. Nichteuropäer_innen) interpretieren, mögen wir diese auch normativ erstrebenswerter finden, weil sie häufig gerade als Alternative zu Nation und Rasse gedacht sind. In diesem deskriptiven und begrifflichen Sinne tun bestimmte proeuropäische Eliten nichts Anderes als die nationalistischen *entrepreneurs* seinerzeit: Sie schlagen eine neue Kategorisierung von Menschen vor, machen Attributionsvorschläge und fordern, diese neue Kategorie möge wichtiger sein als die bisher verwendeten, zum Beispiel eben die nationalen.

Man wird wohl sagen können, dass der Erfolg *nationalistischer Kollektivierungskulturen* groß gewesen ist und bis heute andauert. Als Ergebnis des hier nur äußerst oberflächlich skizzierten *nation-building* (und *-reproducing*) denken in sehr vielen Regionen der Welt – Globalisierung hin oder her – Menschen in nationalen Kategorien. Sehr viele von ihnen sind keine chauvinistischen, aber kognitive Nationalist_innen. Das liegt daran, wie Michael Billig in „Banal Nationalism" (1995) hervorgehoben hat, dass der Alltag erfüllt ist von Nationen und Nationalität repräsentierenden Erzählungen, Symbolen (etwa Fahnen, Münzen, Briefmarken, Denkmälern Straßennamen etc.), Denk- und Sprechweisen („Wir", „hier", „die; zu den Nationalstereotypen s. ebd.: 78 ff.).

Davon zu unterscheiden ist die Frage, inwieweit die mithilfe von Nationalismus geschaffenen Nationalkollektive über homogene Kulturen verfügen. Übertragen wir die Überlegungen zum *Kulturenprofil* (2.1) auf die Nation, gilt auch hier: Infolge von Institutionalisierungen mag es vorkommen, dass bestimmte Praxiskulturen zu einem gewissen Zeitpunkt und vorübergehend statistisch häufiger vorkommen und/oder einen besonderen symbolischen Status innehaben. Theoretisch sind sogar Hegemonien denkbar. All dies ist aber statistisch relativ, stets umstritten und unterliegt ständigem Wandel. Zudem besteht ein kontingentes nationales Kulturenprofil zum allergrößten Teil aus Praxiskulturen, die jenseits der nationalen Grenzen auch vorkommen. Das Kulturenprofil hat insofern bestenfalls eine relative Spezifität: Besonders sind nicht die Praxen beziehungsweise Praxisvarianten sondern ihre vorübergehende statistische Verteilung und symbolische Bedeutung. Das Kulturenprofil ist ein „Unikatskonglomerat" (Hansen 2009: 114).

4 Fazit und Ausblick: Interkulturelle Kommunikation mit den Mitteln von Praxeologie, Kollektivwissenschaft und Nationalismusforschung

Was folgt aus dem Vorstehenden für die Ur- und die Stereotypszene und die Schizophrenie (s. Einleitung), die man bisweilen in der Interkulturellen Kommunikation beobachten kann, wenn es um das Nationale, insbesondere „Nationalkultur" geht? Mit Reckwitz' Praxeologie könnte man Kulturen als *Praxiskulturen* denken. Nationalistische *Kollektivierungskulturen* (Kategorisierung, Zuschreibung) stellen eine besondere Art solcher Praxiskulturen dar. Kollektivität – hier kommen vor allem kollektivwissenschaftliche Erkenntnisse ins Spiel – beeinflusst, welche Praxiskulturen Akteur_innen teilen und damit auch wie verbreitet diese sind. Das Bedürfnis nach sozialer Anerkennung, Interessen und Machtkonstellationen spielen hierbei eine besondere Rolle, wobei ich beides nur kursorisch thematisiert habe (Anerkennung nur in Bezug auf die Bezugskollektive der Mikro- und Mesoebene, Interesse und Macht fast nur in Bezug auf *nation-building/-reproducing*). Als Ergebnis dieser Konzeptualisierung haben Kollektive – kleine wie große – niemals eine homogene Kultur, sondern stets nur ein mehr oder weniger heterogenes *Kulturenprofil* (kontingente statistische Verteilung und variierende symbolische Bedeutungen von Praxiskulturen), das den Kollektiven eine relative kulturelle Spezifität verleiht. Interkulturalität ist demnach ein Alltagsphänomen, das ganz ohne nationale Bezüge zustande kommen, aber auch national kodiert und unter Umständen auch beeinflusst sein kann.

Was bedeutet das für Ur- und Stereotypszene? Beraubt man „die Nationalkultur" der Homogenität und erklärt den umstandslosen Schluss von nationaler Makro- auf situative Mikroebene für ungültig, wird die Urszene zu einer zwar theoretisch denkbaren, aber forschungspraktisch anspruchsvollen Angelegenheit. Es mögen sich ja Differenzen in den Praxen/Praxisvarianten zwischen (Gruppen von) Personen mit unterschiedlicher Nationalität/nationalstaatlicher

Wider die Schizophrenie 223

Sozialisierungsgeschichte/nationaler Selbstkategorisierung konstatieren lassen. Diese müssten aber erstens mit statistisch signifikanten Unterschieden nationaler Kulturenprofile in Bezug auf die differierende Praxis korrelieren. Zweitens müsste ausgeschlossen werden, dass das Interkulturalitätserlebnis auf anderen Kollektivmitgliedschaften aus dem Multikollektivitätsprofil der Akteur_innen beruht (vgl. auch Hansen 2009: 191 ff.). Schließlich müsste man, drittens, die statistische und nicht durch andere Kollektivmitgliedschaften der Personen erklärbare Differenz kultur- und sozialtheoretisch (und -historisch) auf bestimmte machtvolle, unter Umständen gar hegemoniebildenden Prozesse des *nationbuilding* oder -*reproducing* zurückführen können, wie sie vor allem von der Nationalismusforschung untersucht werden.[20]

Die Konstruktion von Stereotypszenen ist indes kein Problem. Der anhaltende Erfolg der Nationalismen hat zu einer weiten Verbreitung der entsprechenden Kollektivierungskulturen geführt: Sehr viele Menschen glauben an nationalspezifische, kulturelle Homogenitäten und Differenzen. Diesen Glauben auf (wissenschaftlich) plausible Ausmaße zu stutzen, bleibt eine Aufgabe der Interkulturellen Kommunikation.[21] Sie beginnt bei den Lehrenden und Forschenden selbst, die so selektiv suchen und wahrnehmen wie alle anderen Menschen auch. Sie dürfen sich weder methodologischem Nationalismus hingeben, weil sie letztlich selbst an nationalkulturelle Differenzen glauben (wollen[22]),

---

[20] Bleibt ein solcher Versuch unterkomplex (wie z. B. der Vorschlag, eine „Autoritätsorientierung" französischer Manager auf Frankreichs Zentralismus zurückzuführen, s. Thomas 2011: 107, 111 f.), haben wir es mit nichts anderem als einem (wissenschaftlichen) Nationalstereotyp zu tun, das der Forderung, die Lücke zwischen Makro- und Mikroebene zu füllen, nicht gerecht wird. – Zwei weitere, teils miteinander verbundene Probleme stellen sich, auf die ich hier nicht eingehen kann: Zum einen die klassische Frage, inwieweit man Kultur von Struktur unterscheiden kann/ sollte (dazu z. B. Haferkamp 1990). Zum anderen wie man etwas wissenschaftlich als „national" spezifiziert, bedenkt man, dass die meisten Makrophänomene eher inter- oder transnationalen Charakter haben (wie „deutsch" ist z. B. die deutsche Einheit angesichts der Bedeutung US-amerikanischer oder sowjetischer Politik für ihr Zustandekommen?). Dass solche Spezifizierungen problematisch sind, ist eines der Kernargumente transkultureller Kritik an Teilen des interkulturellen Diskurses (s. z. B. Welsch 2010).

[21] Das Stutzen dieses Glaubens ist nicht zwingend auf wissenschaftlich belegte Urszenen angewiesen, sonst übertrügen sich deren Schwierigkeiten auf die Dekonstruktion der Stereotype. Es dürfte insofern ausreichen, den Glauben durch skeptische Argumente zu erschüttern.

[22] Nicht nur, weil auch Forschende dem Billig'schen „banal nationalism" ausgesetzt sind oder sich als nationale „Patriot_innen" verstehen, sondern zum Beispiel auch, weil das Fach Interkulturelle Kommunikation *prima facie* davon zu profitieren

noch die Folgen machtvoller *nation-building-/-reproducing*-Prozesse ignorieren, weil sie gerne in einer postnationalen Welt leben würden.

Literatur

Anderson, Benedict 2005: Die Erfindung der Nation. 3. Aufl. Frankfurt am Main.
Balibar, Étienne 1988a: Racism and Nationalism. In: ders., Immanuel Wallerstein: Race, Nation, Class. Ambiguous Identities. London, 37–67.
Balibar, Étienne 1988b: The Nation Form. History and Ideology. In: ders., Immanuel Wallerstein: Race, Nation, Class. Ambiguous Identities. London, 86–106.
Barmeyer, Christoph, Eric Davoine (2016): Konstruktives interkulturelles Management – Von der Aushandlung zur Synergie. In: Intercultural Journal 26: 97–116.
Berger, Peter L., Thomas Luckmann 2009: Die gesellschaftliche Konstruktion der Wirklichkeit. 22. Aufl. Frankfurt am Main.
Beuerbach, Jan (2018): Kollektive ohne Masse: Das Verhältnis von User*innen-Datenbanken und Individuum. In: Zeitschrift für Kultur- und Kollektivwissenschaft 4, 1: 101–127.
Billig, Michael 1995: Banal Nationalism. London.
Blumer, Herbert 1969: Symbolic Interactionism: Perspective and Method. Englewood Cliffs (New Jersey).
Bolten, Jürgen 2012: Interkulturelle Kompetenzen. 5. Aufl. Erfurt.
Breuilly, John 1982: Nationalism and the State. Manchester.
Broszinsky-Schwabe, Edith 2011: Interkulturelle Kommunikation. Missverständnisse – Verständigung. Wiesbaden.
Brubaker, Rogers 2007: Ethnizität ohne Gruppen. In: ders.: Ethnizität ohne Gruppen. Hamburg, 16–45.
Brubaker, Rogers, Margit Feischmidt, Jon Fox, Liana Grancea 2006: Nationalist Politics and Everyday Ethnicity in a Transylvanian Town. Princeton (New Jersey).
Calhoun, Craig 2007: Nations Matter. London.

---

scheint, wenn es dem nationalistischen *common sense* Belege liefern kann. Nur kann das natürlich auch zum Verlust wissenschaftlicher Reputation führen, wenn sich Forschung zu interkultureller Kommunikation methodologischen Nationalismus und/oder Stereotypenbildung vorwerfen lassen muss.

Erll, Astrid, Marion Gymnich 2010: Interkulturelle Kompetenzen. Erfolgreich kommunizieren zwischen den Kulturen. 4. Aufl. Stuttgart.
Fuhse, Jan 2006: Gruppe und Netzwerk – eine begriffsgeschichtliche Rekonstruktion. In: Berliner Journal für Soziologie 16, 2: 245–263.
Geertz, Clifford 1987: Dichte Beschreibung. Bemerkungen zu einer deutenden Theorie von Kultur. Frankfurt am Main.
Gellner, Ernest 1983: Nations and Nationalism. London.
Gukenbiehl, Herrman L. 1999: Bezugsgruppen. In: Bernhard Schäfers (Hg.): Gruppensoziologie. 3. Aufl. Wiesbaden, 113–134.
Haferkamp, Hans (Hg.) 1990: Sozialstruktur und Kultur. Frankfurt am Main.
Hall, Edward T. 1980: The Silent Language. 3. Aufl. (Wiederabdruck). Westport.
Hansen, Klaus P. 2009: Kultur, Kollektiv, Nation. Passau.
Hansen, Klaus P. 2011: Kultur und Kulturwissenschaft. 4. Aufl. Tübingen.
Henecka, Hans P. 2009: Grundkurs Soziologie. 9. Aufl. Konstanz.
Henze, Jürgen 2016: Vom Verschwinden des (Inter)Kulturellen und Überleben der (Inter)Kulturalität. In: Intercultural Journal 26: 59–74.
Hirschauer, Stefan 2014: Un/doing Differences. Die Kontingenz sozialer Zugehörigkeiten. In: Zeitschrift für Soziologie 43, 3: 170–191.
Hirschauer, Stefan (Hg.) 2017: Un/doing Differences. Praktiken der Humandifferenzierung. Weilerswist.
Hobsbawm, Eric 1986a: Introduction: Inventing Traditions. In: ders., Terence Ranger (Hg.): The Invention of Tradition. London, 1–14.
Hobsbawm, Eric 1986b: Mass-Producing Traditions: Europe, 1870–1914. In: ders., Terence Ranger (Hg.): The Invention of Tradition. London, 263–307.
Hobsbawm, Eric 2005: Nationen und Nationalismus. Mythos und Realität seit 1780. 3. Aufl. Frankfurt am Main.
Hobsbawm, Eric, Terence Ranger (Hg.) 1986, The Invention of Tradition. London.
Jonas, Klaus, Marianne Schmid Mast (2007): Stereotyp und Vorurteil. In: Jürgen Straub, Arne Weidemann, Doris Weidemann (Hg.): Handbuch Interkulturelle Kompetenz und Kommunikation. Stuttgart, 69–76.
Klauer, Karl Christoph 2008: Soziale Kategorisierung und Stereotypisierung. In: Lars-Eric Petersen, Bernd Six (Hg.): Stereotype, Vorurteile und soziale Diskriminierung. Theorien, Befunde und Interventionen. Weinheim, 23–44.
Marschelke, Jan-Christoph 2017: Mehrfachzugehörigkeit von Individuen – Prämissen und Reichweite des Begriffs der Multikollektivität. In: Zeitschrift für Kultur- und Kollektivwissenschaft 3, 1: 29–68.

Marschelke, Jan-Christoph 2019: Doing collectivity. Annäherung an ein praxeologisches Verständnis von Kollektivität. In: Zeitschrift für Kultur- und Kollektivwissenschaft 5, 1: 79–113.
Mergel, Thomas 2005: Benedict Andersons Imagined Communities: Zur Karriere eines erfolgreichen Konzepts. Nachwort zur Neuauflage. In: Benedict Anderson: Die Erfindung der Nation. 3. Aufl. Frankfurt am Main, 281–306.
Moosmüller, Alois 1997: Kulturen in Interaktion. Deutsche und US-Amerikanische Firmenentsandte in Japan. Münster.
Özkırımlı, Umut 2017: Theories of Nationalism. A Critical Introduction. 3. Aufl. London.
Özkırımlı, Umut, Spiros A. Sofos 2008: Tormented by History: Nationalism in Greece and Turkey. London.
Rathje, Stefanie 2014: Multikollektivität. Schlüsselbegriff der modernen Kulturwissenschaften. In: Stephan Wolting (Hg.): Kultur und Kollektiv. Festschrift für Klaus P. Hansen. Berlin, 39–59.
Reckwitz, Andreas 2000: Der Status des Mentalen in kulturtheoretischen Handlungserklärungen. Zum Problem der Relation von Verhalten und Wissen nach Stephen Turner und Theodore Schatzki. In: Zeitschrift für Soziologie 29, 3: 167–185.
Reckwitz, Andreas 2001: Multikulturalismustheorien und der Kulturbegriff. Vom Homogenitätsmodell zum Modell kultureller Interferenzen. In: Berliner Journal für Soziologie 11, 2: 179–200.
Reckwitz, Andreas 2006: Das hybride Subjekt. Eine Theorie der Subjektkulturen von der bürgerlichen Moderne zur Postmoderne. 2. Aufl. Weilerswist.
Reckwitz, Andreas 2012: Die Transformation der Kulturtheorien. 3. Aufl. Weilerswist.
Reckwitz, Andreas 2017: Die Gesellschaft der Singularitäten. Zum Strukturwandel der Moderne. Berlin.
Reichertz, Jo, Richard Bettmann (Hg.) 2018: Kommunikation – Medien – Konstruktion. Braucht die Mediatisierungsforschung den Kommunikativen Konstruktivismus? Wiesbaden.
Reichertz, Jo, Richard Bettmann 2018: Braucht die Mediatisierungsforschung wirklich den Kommunikativen Konstruktivismus? In: dies. (Hg.): Kommunikation – Medien – Konstruktion Braucht die Mediatisierungsforschung den Kommunikativen Konstruktivismus? Wiesbaden, 1–24.
Schank, Roger C., Robert P. Abelson 1977: Scripts, Plans, Goals and Understanding: An Inquiry into Human Knowledge Structures. Hillsdale (New Jersey).
Schumacher, Florian (2013): Nationaler Habitus. Zur Entstehung und Entwicklung nationaler Identitäten. Konstanz.

Stegbauer, Christian 2016: Grundlagen der Netzwerkforschung. Situation, Mikronetzwerke und Kultur. Wiesbaden.
Tenbruck, Friedrich H. 1990: Repräsentative Kultur. In: Hans Haferkamp (Hg.): Sozialstruktur und Kultur. Frankfurt am Main, 20–53.
Thomas, Alexander 2011: Das Kulturstandardkonzept. In: Wilfried Dreyer, Ulrich Hößler (Hg.): Perspektiven interkultureller Kompetenz. Göttingen, 97–124.
Thomas, Alexander 2016: Interkulturelle Psychologie. Verstehen und Handeln in internationalen Kontexten. Göttingen.
Turner, Stephen 1994: The Social Practice Theory. Cambridge.
Weber, Eugen 1976: From Peasants to Frenchmen. The Modernization of Rural France, 1870–1914. Stanford.
Welsch, Wolfgang 2010: Was ist eigentlich Transkulturalität? In: Lucyna Darowska, Thomas Lüttenberg, Claudia Machold (Hg.): Hochschule als transkultureller Raum? Kultur, Bildung und Differenz in der Universität. Bielefeld, 39–66.
Wimmer, Andreas 1996: Kultur. Zur Reformulierung eines sozialanthropologischen Grundbegriffs. In: Kölner Zeitschrift für Soziologie und Sozialpsychologie 48, 3: 401–425.
Wimmer, Andreas 2008: The Making and Unmaking of Ethnic Boundaries: A Multilevel Process Theory. In: American Journal of Sociology 113, 4: 970–1022.
Wimmer, Andreas 2013: Ethnic Boundary Making. Institutions, Power, Networks. Oxford.
Wimmer, Andreas, Nina Glick Schiller 2002: Methodological Nationalism and the Study of Migration. In: European Journal of Sociology 43, 2: 217–240.

Die verleugnete Verwandtschaft traditioneller und kritischer Forschung um Interkulturalität – aufgedeckt durch den *moral turn*?

Dominic Busch

Der Paradigmenstreit zwischen Kulturalist_innen und Machtkritiker_innen

Was gibt es Neues in der Forschung zur interkulturellen Kommunikation? Wer diese berechtigte Frage unbedarft stellt, bekommt möglicherweise entweder eine Fülle neuer Ansätze präsentiert oder wird umgekehrt gleich mit einem eher ernüchternden Fazit konfrontiert: Das Fachgebiet ist seit mindestens gut zwei Jahrzehnten festgefahren in einem internen Paradigmenstreit zwischen den Menschen, die Kultur für etwas halten, was ihr soziales Leben und das Leben anderer auf irgendeine Weise prägt, und den Menschen, die Kultur (und die Beschäftigung damit) nur für einen Vorwand halten, mit dem bestehende soziale Ungleichgewichte verdeckt, legitimiert, weitergeführt und sogar ausgebaut werden können.

Alois Moosmüller hat diese paradigmatische Spaltung über die Jahrzehnte verfolgt und immer wieder die daraus resultierende Blockade gegenüber einer am fachlichen Gegenstand orientierten Weiterentwicklung der Disziplin interkultureller Kommunikation kritisiert: Schon 1989 sieht Moosmüller zwei miteinander konkurrierende epistemologische Herangehensweisen an das Phänomen Kultur: Ein *materialistisches* Verständnis von Kultur verortet Kultur *in* den Köpfen der Menschen und folgt dem Credo vom Sein, das das Bewusstsein bestimmt. Demgegenüber sieht ein *idealistisches* Verständnis von Kultur diese als öffentliches Gut *über* den Köpfen der Menschen und kontert mit dem Credo, das Bewusstsein bestimme das Sein (vgl. Moosmüller 1989: 13). Die erste Haltung ist von strukturalistischen Paradigmen geprägt, die zweite Haltung folgt eher handlungstheoretischen Überzeugungen. Das idealistische Kulturverständnis legt die Grundlage für die spätere Dekonstruktion der Rolle von Kultur, die Moosmüller in ihrer Radikalität als abträglich für die Erklärungskraft interkultureller Forschung empfindet. Zwar sieht Moosmüller zunächst noch in Clifford Geertz' Vorschlägen von einem Verständnis von Kultur als einem symbolischen Bedeutungssystem einen konstruktiven Vermittlungsversuch innerhalb dieses Schismas (vgl. Moosmüller 1989: 12–13). Geertz setzt in der Kulturanthropologie jedoch eine Entwicklung in Gang, mit der das dekonstruktivistische und interpretative Paradigma deutlich weiter vorangetrieben wird, als selbst Geertz dies mitgetragen hätte (Moosmüller 1989: 13).

Die (idealistische und konstruktivistische, interpretative) Kulturanthropologie, die fortan der reinen Deskription und Interpretation folgt, entfernt sich auf diese Weise immer weiter von der jetzt als positivistisch verteufelten kognitiven Anthropologie Goodenoughs, wodurch sie Moosmüller zufolge für die anwendungsmotivierten Forschungsfragen einer Disziplin interkulturelle Kommunikation immer unbrauchbarer wird, wenn es darum geht, umsetzbares Handlungswissen für Menschen zu entwickeln, die sich in einer neuen und für sie fremden Kultur zurechtfinden müssen. Gegeneinander ausgespielt werden nun epistemologische und methodische Präzision (interpretative Anthropologie) gegenüber einer Produktion anwendbaren Wissens (kognitive Anthropologie), wohingegen Moosmüller den größten Nutzen für die Disziplin interkulturelle Kommunikation darin sieht, diese beiden konkurrierenden Ansätze doch miteinander zu kombinieren (Moosmüller 1997: 25).

Die (interpretative) Kulturanthropologie hat jedoch längst das Interesse an einer Erforschung von interkulturellem Kontakt und kulturellen Überschneidungssituationen verloren und verurteilt die Vertreter_innen interkultureller Kommunikation für ihre positivistische Haltung gegenüber der vermeintlichen Rolle von Kultur. Zu ihrer Verteidigung erinnert Moosmüller (2004: 49–50) an die Forschungsmotivationen von Edward T. Hall als einem der Gründerväter einer wissenschaftlichen Beschäftigung mit interkultureller Kommunikation. Hall hatte demnach ein klares Anwendungsinteresse: Er wollte die Wahrnehmungsperspektive betroffener Individuen anstelle einer reinen Kulturbeschreibung ins Zentrum seiner Forschung rücken, um auf diese Weise Trainingsinhalte generieren zu können, auf deren Grundlage Trainees auch wirklich eine Transferleistung des Gelernten in die Praxis erbringen können. Diese Subjektfokussierung im interkulturellen Kontakt sollte sich in den darauffolgenden Jahrzehnten zu einem Charakteristikum interkultureller Forschung entwickeln, mit dem diese sich auch gegenüber benachbarten Disziplinen abgrenzen kann.

Die fortgeführte paradigmatische Spaltung des Fachs hat auch kulturpolitische Konsequenzen: Der ursprüngliche, materialistische Ansatz der kognitiven Anthropologie bildet in Zusammenschau mit der Anerkennungstheorie Charles Taylors die Grundlage für multikulturalistische Orientierungen, wie sie in Deutschland beispielsweise von der *Charta der Vielfalt* verkörpert wurden. Anhänger des vormals ideationalen, interpretativen Ansatzes werfen einer solchen positivistischen Haltung jedoch eine Fortschreibung und Verfestigung kultureller Differenz vor, der sie eine nun auch machtkritisch und ideologiekritisch informierte Haltung im Sinne des *postcolonial turn* entgegenhalten (vgl. Moosmüller 2017: 298).

Die macht- und ideologiekritischen Vertreter_innen einer sich als interkulturell interessiert bezeichnenden Forschung blasen derweil seit der Jahr-

Die verleugnete Verwandtschaft 231

tausendwende immer stärker zum Angriff gegen die nun immer häufiger als Traditionalist_innen in der interkulturellen Forschung bezeichneten Vertreter_innen eines materialistisch-essentialistischen Kulturverständnisses (vgl. Holliday 2011: 7, 13). Adrian Holliday hält die Speerspitze der Essentialismuskritik gegenüber den bisherigen Ansätzen beispielsweise schon für viel zu abgestumpft: Selbst neuere Ansätze, die sich offen zu interaktionstheoretischen und konstruktivistischen Weltzugängen bekannten, ließen kulturessentialistische Tendenzen im Verlauf ihrer Forschungen häufig durch die Hintertür unbemerkt wieder hinein, was Holliday als *Neoessentialismus* bezeichnet (vgl. Holliday 2011: 6), und womit zu allem Überdruss auch häufig noch eine gehörige Portion Ethnozentrismus einhergehe, wie Fred Dervin nachschiebt (vgl. Dervin 2016: 16).

Und überhaupt wird der traditionellen Forschung zur interkulturellen Kommunikation auch weiter und verstärkt vorgeworfen, was auch schon Geertz' Anhänger_innen gestört hatte: Das Handlungswissen, für das die Interkulturalisten_innen die materialistischen Ansätze so schätzen, dient bestenfalls der kurzfristigen Behandlung von Symptomen, (vgl. „quick fixes", Phipps 2007: 26), resümiert auch Ferri (2018: 18), und die Berücksichtigung von Machtungleichgewichten falle einer solchen Verkürzung in der Regel als Erstes zum Opfer. O'Regan und MacDonald (2007: 267–278) sehen in dem Wunsch nach der Möglichkeit des Fremdverstehens und der Eliminierung von Unverständlichkeiten sogar ein neokoloniales Machtgebaren. Kulturanthropologen in den 1990er Jahren debattierten entsprechend bereits einen Abschied vom Kulturbegriff (Abu-Lughod 1991, Stolcke 1995), woraufhin Dervin den Interkulturalisten_innen eine antikulturalistische Haltung empfiehlt (vgl. „anti-culturalism", Dervin 2016: 192, 194).

Der *moral turn* in der Forschung um Interkulturalität

Überraschenderweise kommt in diese Debatte jüngst ausgerechnet von Seiten der kritischen Interkulturalist_innen Bewegung – allerdings nicht um der Versöhnung mit den Traditionalist_innen Willen, sondern eher aus einer Sorge um die immer drängendere Frage, was Individuen im Hinblick auf Interkulturalität eigentlich tun sollen – zumal sich die Empfehlungen der Kritiker_innen bislang meist darauf beschränkt hatten, zumindest die Handlungsempfehlungen der Traditionalist_innen zu unterlassen. Die Philosophin Martha Nussbaum hatte sich (eigentlich im ursprünglichen Sinne der Kritiker_innen) gegen das kulturpolitische Paradigma des Multikulturalismus gewandt, weil dieser in die interkulturelle Isolation führe, wohingegen man sich eher (aktiv) um einen interkulturellen Dialog bemühen sollte (vgl. Nussbaum 1998). Während postkoloniale Tendenzen sich ebenfalls schon vom Multikulturalismus abgewandt hatten, konnten Anstrengungen zum Empowerment subalterner Ansätze hier nur selten den Sprung aus der Theorie in die Praxis vollziehen. Zwischenzeitlich wird das Label des *interculturalism* vielfach mit Ted Cantle assoziiert, der darunter Szenarien des Zusammenlebens für ein von *super-diversity* geprägtes Großbritannien skizziert hat (vgl. Cantle 2012).

Jenseits von Cantles spezifischer Definition haben auch zahlreiche Autor_innen des kritisch-interkulturalistischen Lagers die mit dem *interculturalism* assoziierte Aufforderung zur verstärkten Suche nach Wegen des interkulturellen Dialogs aufgegriffen. Giuliana Ferri bilanziert, dass bisherige Entwürfe, mit deren Hilfe das Dilemma zwischen Gemeinschaftsbildung und Wahrung von Partikularität überbrückt werden soll, meist zu grobmaschig ausfallen, als dass mit ihnen adäquate Haltungen für individuelle Situationen gefunden werden könnten: Modelle des *(world) citizenship* oder von ethischen Universalismen bleiben meist zu abstrakt und lassen den Handelnden mit seiner Situation am Ende doch allein (vgl. Ferri 2018: 51–52).

Ferri bilanziert einen bemerkenswerten Anstieg an handlungsorientierten theoretischen Konzepten in der jüngeren Forschung zur interkulturellen Kommunikation. Unter Beibehaltung kritischer Perspektiven öffnen sich Autor_innen hier für die Bearbeitung von Dilemmata, wie der scheinbaren Unüberwindbarkeit der zugrunde liegenden Dichotomie aus Struktur- vs. Handlungsparadigma, die aus ihrer Sicht insbesondere die traditionellen Schulen einer Erforschung interkultureller Kommunikation im Hinblick auf weitere Entwicklungsmöglichkeiten in eine Sackgasse getrieben hat. Metaphern und Wortneuschöpfungen wie beispielsweise *space-time*, *liquid modernity*, *languaging*, *situatedness* oder *decentering oneself* (Ferri 2014) sollen den Handlungsspielraum von Individuen in interkulturellen Kontexten ausloten, zu deren Ausschöpfung diese Individuen motiviert werden sollen. In ihrer Monographie *Intercultural Communication – Critical Approaches and Future Challenges* (2018) zeichnet Ferri nach, wie kritische Interkulturalisten_innen die klassische europäische Erkenntnisphilosophie nach alternativen Ansätzen durchsuchen, die sich auf die (angenommene) interkulturelle Praxis herunterbrechen und anwenden lassen. So arbeitete beispielsweise Alison Phipps (2007) Heideggers erkenntnistheoretische Metapher des Wohnens auf, die im Englischen als *dwelling* übersetzt wird. Demnach könne das Erlernen einer fremden Sprache (und das Kennenlernen einer fremden Kultur) so verstanden werden, wie sich beim Bau eines Hauses das Bauen und das Wohnen zueinander verhielten: Durch das Bauen werden Strukturen errichtet. Zusammen mit einem sofortigen Bewohnen (und einem Bauen für das Wohnen) wird aber deutlich, dass Struktur und Handlung in der Praxis kaum voneinander zu trennen sind, sondern sich gegenseitig bedingen und beeinflussen, beziehungs-

Die verleugnete Verwandtschaft 233

weise sogar eins sind. Auch Ferri begibt sich in der Erkenntnistheorie auf die Suche nach brauchbaren normativen Orientierungen und wird bei der dialogischen Ethik nach Levinas fündig: So verpflichte bereits die bloße Existenz eines Gegenübers zur Übernahme einer moralischen Verantwortung gegenüber dieser Person und damit zur aktiven Interaktion. Aktuelle Anwendungsfelder, wie beispielsweise Fragen nach dem adäquaten Umgang mit traumatisierten Flüchtlingen (vgl. Ferri 2018: 7), können die praktische Relevanz und den Stellenwert solcher normativen Anleitungen für die Gestaltung konkreter Handlungen verdeutlichen.

Die wissenschaftliche Beschäftigung der Moralphilosophie mit normativen Handlungsorientierungen erachten Vertreter_innen zahlreicher sozialwissenschaftlicher Disziplinen traditionell als inkompatibel mit ihren eigenen Verständnissen von Wissenschaftlichkeit. Caillé und Vandenberghe (2016) drehen diesen Spieß um und verweisen auf die normativen Wurzeln und Motivationen der Soziologie, der es immer schon um eine Beschreibung des Zustandekommens von sozialen Gruppen und Zusammenhalt als einem Gegenentwurf zu einem ökonomistischen Weltbild gegangen sei (vgl. Caillé, Vandenberghe 2016: 7-12). Derartige Orientierungen sind mit den jüngeren Ansätzen der kritischen Interkulturalist_innen, die Modelle entwickeln wollen, nach denen sich (interkulturelle) soziale Beziehungen etablieren und gestalten lassen, durchaus vergleichbar. Angesichts dieser normativen Nähe kritischer und (vermeintlich positivistischer) traditioneller Ansätze erscheint die Frage danach, wie traditionelle und kritische Ansätze interkultureller Forschung im Hinblick auf ihre sozialen Zielstellungen stehen, in einem neuen Licht: Haben die vermeintlich unvereinbaren Paradigmen am Ende mehr gemeinsam, als die Kritiker_innen für sich behaupten? Dieser Frage soll im vorliegenden Beitrag anhand einer Interpretation von Daten aus einer eigenen Meta-Analyse des Verfassers nachgegangen werden.

Wenn sich in der Forschung zur interkulturellen Kommunikation gegenwärtig eine neue und vor allem offen ausgetragene Suche nach normativen Handlungsorientierungen mit ethischer Tragfähigkeit beobachten lässt, so kann diese Bewegung auch treffend als *moral turn* bezeichnet werden. Ähnliche Hinwendungen zu einer offenen Auseinandersetzung mit Normativität hatten zuvor bereits Smith (1997) für die Geographieforschung und Cotkin (2008) für die Geschichtswissenschaft ausgerufen. Manifestationen dieses *moral turn* lassen sich methodisch am ehesten auf einer der Forschung übergeordneten Diskursebene entnehmen, so dass auch von einem Normativitätsdiskurs gesprochen werden kann. Rosenberg (2018: 27-33) beruft sich beispielsweise auf Ludwik Flecks Begriffe von „Denkstilen" und „Denkkollektiven", mit denen darauf angespielt werden soll, dass Wissenschaftsproduktion zuvorderst durch die sozialen Gefüge unter den Wissenschaftlern selbst gestaltet werde. Rosenberg sieht jedoch auch in Bourdieus Überlegungen zu kulturellem Kapital und struktureller Macht (vgl. Rosenberg 2018: 34) und in Foucaults Diskurstheorie Bestätigungen für diesen diskurstheoretisch informierten Blick auf die akademische Wissensproduktion (vgl. Rosenberg 2018: 36–37).

Forschungsstand: Meta-Analysen zur Erforschung von Interkulturalität

Tendenzen und paradigmatische Entwicklungen wurden bislang selbstverständlich auch in der Forschung zur interkulturellen Kommunikation bereits in Form von unterschiedlich gelagerten Forschungsüberblicken und Meta-Analysen herausgearbeitet. Diese Überblicke hatten meist zum Ziel, zentrale Begriffe (vgl. Arasaratnam 2013), Arbeitsfelder und Fragestellungen (vgl. Arasaratnam 2015), das Auf und Ab von Autor_innen und Themen (vgl. Young, Chi 2013), Forschungsperspektiven auf den Gegenstand (vgl. Jackson II 2014), beziehungsweise bisherige Systematisierungsversuche (vgl. Spitzberg, Changnon 2009) zu ordnen. Seltener finden sich interpretierende oder sogar diskurskritische Analysen der Publikationslandschaft: Scollon und Wong Scollon (1997) arbeiten den Utilitarismusdiskurs heraus, gehen aber eher exemplarisch als methodengeleitet vor, und Zotzmann (2011) bemängelt die Wirtschaftsgläubigkeit interkultureller Forschung, beschränkt sich in ihrer Studie aber auf den deutschsprachigen Raum.

Methode

Eine Analyse normativer Orientierungen in der Forschung zur interkulturellen Kommunikation erfordert einerseits eine inhaltlich-ergebnisoffene diskursanalytische Haltung und Perspektive auf das untersuchte Material an Veröffentlichungen, die im vorliegenden Fall ausschließlich nach Zitationshäufigkeiten (durch die auch fachlich irrelevante Machtasymmetrien berücksichtigt werden) sowie nach zentralen Begriffen der Diskurse zusammengestellt werden. Keine Relevanz für die Selektion des Samples haben demgegenüber Fragen nach der disziplinären Verankerung einzelner Texte oder nach deren Forschungs- vs. Anwendungsorientierung. Eine weitere, noch weitaus größere Herausforderung ergibt sich jedoch aus der fachlichen Involviertheit des Verfassers selbst: Wie kann die notwendige Distanz gegenüber dem Material gewahrt werden, die den Verfasser davor bewahrt, letztlich nur bereits vorhandene eigene Wahrnehmungen zu identifizieren und bestätigt zu sehen (vgl. Hua 2016: 17–18)? Ein sozialwissenschaftlich-methodengeleitetes Vorgehen kann hier zumindest ansatzweise zu einer Schaffung von Distanz beitragen. Die Verwendung quantitativ basierter Arbeitsschritte kann zusätzlich zu einer regelgeleiteten Aufbereitung der Daten dienen, auf die der Forscher selbst möglichst wenig Einfluss hat. Harden und Thomas (2010: 752) sprechen in diesem Fall von einem „systematic review", der von einer Forschungsfrage geleitet ist, mit einer Phase des Samplings beginnt und zu einer – vielfach auch als Synthese gestalteten – Analyse führt.

Es ergibt sich ein Ansatz mit dem Charakter einer Mixed-Methods-Studie, an dessen Ende interpretative Vorgehensweisen aus der Grounded Theory zu einer neuen Modellbildung beitragen sollen. Mixed-Methods-Ansätze passen ihre methodische Vorgehensweise bestmöglich an die Bearbeitung ihrer Fragestellungen an, was sich als pragmatischer Ansatz bezeichnen lässt (vgl. Biesta 2010: 96). Darüber hinaus heben Guetterman et al. (2017: 1) hervor, dass Mixed-Methods-Studien allein schon aufgrund der Kombination aus qualitativen und quantitativen Vorgehensweisen neue Einblicke generieren können, wie beispielsweise insbesondere die qualitative Auswertung quantitativ generierter und/oder aufbereiteter Daten größerer Samples. Dixon-Woods, Booth und Sutton (2007: 48) zufolge eignen sich Methoden der Grounded Theory darüber hinaus im Besonderen für die qualitative Auswertung quantitativer Daten im Rahmen einer Meta-Analyse wissenschaftlicher Publikationen, weil mit ihrer Hilfe einerseits übergeordnete Themen synthetisierend identifiziert werden können, wobei jedoch auch deren Genese und deren bereits existierender interpretativer Charakter im Blick behalten werden. In der vorliegenden Studie trägt diese Eigenschaft dazu bei, den Diskurscharakter des Materials durchgehend zu berücksichtigen und ihm Rechnung zu tragen.

Für die Studie, aus deren Ergebnissen im Folgenden berichtet wird, wurde in einem mehrschrittigen Verfahren zunächst (1) in quantitativer Vorgehensweise ein Sample an relevanten Publikationen aus dem Bereich interkultureller Kommunikation generiert. Dieses Sample wird (2) einer ersten qualitativen kritischen Lektüre unterzogen, wobei ein erstes Kategorienschema entsteht. Ein dritter, wiederum quantitativer Schritt unterstützt (3) die Analyse bei der Identifikation von Clustern in den Kategorien, die abschließend noch einmal (4) einer qualitativen Interpretation unterzogen werden.

Ergebnisse

Schritt 1: Quantitatives Sampling
In einem ersten, quantitativen Schritt wurden zur Generierung eines Samples die beiden Zitationsdatenbanken *Web of Science* und *Scopus* sowie die an Zitationshäufigkeiten orientierte Internetsuchmaschine *google scholar* verwendet (vgl. Harzing, Alakangas 2016). Die Suche wurde in der Zeit vom 4. bis

16. Juli 2017 durchgeführt. Um auch diachrone Entwicklungen nachvollziehen zu können, wurden allen drei Datenbanken jeweils getrennt nach einzelnen Jahrzehnten für den Zeitraum von 1960 bis 2017 durchsucht. Dabei wurden alle Suchen nacheinander mit den Freitextschlagwörtern *intercultural communication*, *cross-cultural communication* und *intercultural competence* durchgeführt, um auf diese Weise dem diskursiven Charakter des Phänomens Rechnung zu tragen, in dem benachbarte Begriffe häufig auch ohne Trennschärfe verwendet werden. Auf diese Weise sind 85 unterschiedliche Publikationen in das Sample eingegangen.

Schritt 2: Qualitatives Kodieren
In einem zweiten, qualitativen Schritt wurden die selektierten Publikationen einer kritischen Lektüre unterzogen, bei der das Material im Sinne einer durch Fragen geleiteten, qualitativen Inhaltsanalyse kodiert wurde. Für die Fragestellung des vorliegenden Beitrags erscheint in diesem Arbeitsschritt vor allem die Einsicht interessant, dass in allen untersuchten Epochen grundsätzlich eine Vielfalt an unterschiedlichen normativen Orientierungen vorgefunden werden kann. Vielfach wird Akteur_innen im interkulturellen Kontakt bereits durch die Anlage von Forschungsliteratur erstaunlich klar vorgegeben, wie sie sich zu verhalten und welche Ziele sie anzustreben haben. Sicherlich unterscheiden sich diese Kodes häufig erheblich im Grad ihrer Konkretheit vs. Abstraktheit, so dass teilweise klare Handlungsaufforderungen und teilweise eher allgemeine Zielorientierungen kommuniziert werden. Versucht man, diese normativen Anweisungen zumindest vorläufig zu gruppieren, so bietet sich das folgende Schema an: Grundsätzlich kann unterschieden werden zwischen normativen Orientierungen, die darauf hinwirken, vorgefundene oder angenommene kulturelle Differenzen zu verstärken, gegenüber Orientierungen, die eine Überwindung oder eine Zusammenführung kultureller Differenz im Sinne einer Verringerung von Differenz anstreben. In diesen beiden Orientierungen lassen sich darüber hinaus Anweisungen voneinander unterscheiden, die entweder kurzfristiges und situationsbezogenes Handeln fokussieren vs. Orientierungen, die langfristig ausgerichtete, allgemeinere Anweisungen geben. In einer dritten Unterkategorie lassen sich in jedem dieser vorgefundenen Bereiche noch einmal Orientierungen voneinander unterscheiden, die entweder einen *status quo* zementieren wollen, vs. Orientierungen, die zu ihrer Zielerreichung eine Veränderung von Situationen und/oder Verhalten erforderlich sehen. Tabelle 1 veranschaulicht mögliche und aufgetretene Kombinationen in Form von Kodes, von denen in der rechten Spalte jeweils ein Kode exemplarisch genannt wird. Besonders viele verschiedene Kodes fanden sich entsprechend in den Dimensionen, in der kulturelle Differenzen langfristig abgebaut und überwunden wer-

Die verleugnete Verwandtschaft 237

den sollen. 26 Kodes deuten hier darauf hin, dass dieses Ziel ohne größere zusätzliche Anstrengungen erreicht werden kann, 36 verschiedene Kodes sehen einen aktiven Handlungs- und Veränderungsbedarf:

Tab. 1: Gruppierung identifizierter Kodes nach ihrer normativen und zeitlichen Ausrichtung.

Norm-orientierung	Zeitorientierung	Handlungsdruck	Anzahl untersch. Kodes	Beispielkode
kulturelle Differenzen betonend und verstärkend	kurzfristig	zementierend	2 Kodes	1201 understand culture as dynamic and changing
		verändernd	0 Kodes	
	langfristig	zementierend	2 Kodes	4201 acknowledge cultural differences
		verändernd	1 Kode	5108 Yes, DO teach cultural differences and knowledge
kulturelle Differenzen abbauend und überwindend	kurzfristig	zementierend	7 Kodes	1202 People should know how communicative understanding works in general
		verändernd	7 Kodes	1154 find the appropriate discourse for the situation
	langfristig	zementierend	26 Kodes	1895 know yourself
		verändernd	36 Kodes	1889 change in behavior

Exemplarisch seien im Folgenden Beispiele für kodierte Zitate gemäß der in der Tabelle genannten Kodes aufgeführt. So manifestiert sich der Kode 1201 *understand culture as dynamic and changing* beispielsweise in der dem Kode gegenläufigen Kritik „one further criticism which can be made of this paradigm is that it tends to present cultures as relatively static" (Crozet, Liddicoat, Lo Bianco 1999: 9) – eine Forderung, die sich qua Einsicht in einen (bereits existierenden Zustand!) sofort umsetzen ließe. Der Kode 4201 *acknowledge cultural differences* kommt demgegenüber beispielsweise ebenfalls in einer dem Kode entgegengestellten Kritik zum Ausdruck: „interculturally naive persons make few distinctions between general competencies needed in intercultural contexts, and competencies required in specific intercultural contexts" (Martin, Hammer 1989: 327) und enthält eine Forderung nach einer langfristigen Akzeptanz. Der Kode 1154 *find the appropriate discourse for the situation* spricht aus Gertsen (1990: 353): „by improving their ability to adjust their own communicative behavior" und fordert eine unmittelbare und Differenzen überwindende Handlung. Der Kode 1895 *know yourself!* als „understand his or her own cultural roots" (Baxter 1983: 307) fordert ebenfalls zum Überwinden kultureller Differenz auf, setzt aber langfristig auf eine Perpetuierung bereits vorhandener Kompetenzen.

Für die Fragestellung des vorliegenden Beitrags weiterhin relevant erscheint die entstehende Einsicht in die diachrone Entwicklung des Normativitätsdiskurses in den Publikationen zur interkulturellen Kommunikation im Hinblick auf seine Auseinandersetzung mit der Problematik der Gefahr und der Überwindung ethnozentrischer Perspektiven: Im Verlauf des Untersuchungszeitraums lässt sich ein kontinuierlicher Anstieg an Kodierungen in diesem thematischen Bereich feststellen. Dieser Anstieg ist jedoch deutlich geringer als der Anstieg der absoluten Menge an Kodierungen im Zeitverlauf, der letztlich auch auf einen allgemeinen Anstieg der Publikationsmenge zurückzuführen ist. Daraus kann gefolgert werden, dass der Ethnozentrismusproblematik in den frühen Jahren der Forschung zur interkulturellen Kommunikation sogar ein deutlich zentralerer Stellenwert eingeräumt wurde als in den jüngeren Perioden. So stellen beispielsweise Ruben und Kealey (1979: 40) fest: „It is likely that for persons with this sort of epistemological orientation, interpersonal and cultural differences do not in any way represent a fundamental threat to their own perceptual, conceptual or personal stability, and may be easily dismissed." (vgl. Kode 1879 *Ethnocentrism makes you blind for your mistakes in intercultural contact*).

Schritte 3 und 4: Quantitatives Kategorisieren und qualitative Theoriebildung
In einem dritten, nun wiederum quantitativen Schritt wurden mit Hilfe einer *heatmap*, die mit dem Programm *R* generiert wurde, temporale Cluster unter den Kodierungen nach Kodes identifiziert. Innerhalb dieses Schrittes ergeben sich 19 Cluster, die im vierten Schritt einer abschließenden, qualitativen Interpretation zugeführt werden. Mit Blick auf die mehrschrittige Vorgehensweise beim Kodieren im Sinne der Grounded Theory beschränkt sich die Dokumentation im vorliegenden Beitrag dabei auf den ersten Schritt des *offenen Kodierens*, da aus diesem Arbeitsschritt die relevantesten Ergebnisse für die vorliegende Fragestellung hergeleitet werden können.

Anknüpfungspunkte ergeben sich in diesem Arbeitsschritt vor allem in Hinblick auf die zeitlichen Horizonte der normativen Orientierungen und Empfehlungen in den Diskursen. Von den insgesamt 19 Kategorien ließen sich vier grundsätzlich nicht sinnvoll deuten. Eine weitere Kategorie beinhaltet keinerlei Bezugnahme auf zeitliche Perspektiven. Übrig bleiben sechs Kategorien, in denen kurzfristige Handlungsempfehlungen fokussiert werden, und sieben Kategorien, die langfristige Handlungsorientierungen behandeln.

Die verleugnete Verwandtschaft

Kurzfristige Handlungsorientierungen (wie diejenigen, die dem traditionellen Paradigma vorgeworfen werden) werden beispielsweise in Kategorie 13 *take responsibility for a globalized world and make the most fit* gefordert. Expliziert wird dies beispielsweise in Kode 4104 *finding adequate synergies in the given situation*, nach der folgendes Zitat kodiert wurde: „Finally, a group of writers see intercultural competence as determined by the ability to display the appropriate communicative behavior" (Gertsen 1990: 345).

Langfristige Handlungsorientierungen (die das kritische Paradigma für sich beansprucht) finden sich beispielsweise in Cluster 10 *people should be willing to learn something and make an effort*, konkretisiert beispielsweise in Kode 1885 *willingness to learn*, in den die folgende Forderung eingruppiert wurde: „acquiring knowledge and understanding of cultural factors is the key to successful communication across cultures" (Beamer 1992: 302).

Diskussion: Normorientierungen in traditioneller und kritischer Forschung

Einleitend wurde die Debatte zwischen Traditionalist_innen und kritischen Interkulturalist_innen in der interkulturellen Forschung nachgezeichnet. Die Debatte erweckt den Eindruck, dass sie einerseits nur disziplinenintern ausgetragen wird und selbst Teil eines hegemonialen Kampfes um die Deutungsmacht ist und dass andererseits eine am Gegenstand der Interkulturalität orientierte paradigmatische Weiterentwicklung des Fachgebiets gebremst wird. Weiterhin fällt auf, dass diese Debatte fast nur von Seiten der kritischen Interkulturalist_innen aktiv ausgefochten wird, die sich immer neue Abgrenzungen gegenüber früheren Paradigmen auf die Fahnen schreiben. Gegenwehr von Seiten der Traditionalist_innen ist demgegenüber Mangelware: Ob diese mangels Argumenten ausbleibt oder sich die Traditionalist_innen in gutmütigem Schweigen üben, die oben angesprochene konstruktive Debatte bleibt jedenfalls aus. In diesem Beitrag wurde eine methodengeleitete Meta-Analyse des Fachgebiets interkulturelle Kommunikation durch den Verfasser im Hinblick auf die hier besprochenen Diskrepanzen ausgewertet. Dabei zielte die Meta-Analyse darauf ab, den der Forschung implizit zugrunde liegenden Normativitätsdiskurs nachzuzeichnen, der sich im Zuge des jüngst zu verzeichnenden *moral turn* im Fachgebiet inhaltlich stark stratifiziert hat und der zunehmend zu einer expliziten Fragestellung wird. Aufgrund der zeitlichen Anlage der Studie werden in ihr mehrheitlich Ansätze ausgewertet, die in der gegenwärtigen Debatte dem traditionellen Paradigma interkultureller Forschung zugeordnet werden würden. Die Beiträge der kritischen Interkulturalist_innen sind demgegenüber meist jüngeren Datums und stellen bibliometrisch quantitativ immer noch einen Minderheitenanteil gegenüber einer großen Publikationslandschaft traditioneller Forschung dar. Es wurde eingangs hypothetisiert, dass die normativen Zielstellungen von traditionellen und kritischen interkulturellen Forscher_innen eventuell einander ähnlicher sein könnten, als es der gegenwärtige, einseitige Schlagabtausch vermuten lässt, so dass einer konstruktiven wissenschaftlichen Zusammenarbeit im Grunde weniger im Wege stünde als gedacht. Die folgenden Gemeinsamkeiten und Unterschiede in den normativen Zielstellungen mit Bezug auf die zentralen Kritikpunkte lassen sich angesichts der hier dargelegten Analyse wie folgt zusammenfassen:

Nicht nur die kritische interkulturelle Forschung, sondern auch die traditionellen Ansätze weisen eine häufige Erwähnung einer sehr vielfältigen Breite an zugrunde liegenden normativen Orientierungen auf. Die Relevanz der Normorientierung sowie die Fülle an zur Verfügung stehenden Orientierungsmöglichkeiten ist demnach keine Neuerung. Die Auseinandersetzung mit dieser Fülle und einer potenziell daraus resultierenden Orientierungslosigkeit scheint jedoch gegenwärtig als besonders dringlich empfunden zu werden. Die Einseitigkeit normativer Orientierungen, die die Kritiker_innen den Traditionalist_innen vorwerfen, kann angesichts des vorliegenden Materials nicht bestätigt werden. Diese Vielfalt der normativen Orientierung entkräftet auch den Vorwurf der Kritiker_innen gegenüber den Traditionalist_innen, nur schnelle und kurzfristige Symptombehandlungen statt langfristige nachhaltige Orientierungen zu verfolgen. Die vorliegende Auswertung zeigt, dass die Thematisierung langfristiger Orientierungen in der traditionellen Forschung sich mit kurzfristig ausgerichteten Fokussierungen die Waage halten, beziehungsweise dass langfristige Orientierungen sogar leicht überrepräsentiert sind. Auch der Vorwurf, der Ethnozentrismusproblematik in der Vergangenheit nicht genügend Rechnung getragen zu haben, kann angesichts der vorliegenden Datenlage entkräftet werden.

Die Hypothese, dass traditionelle und kritische Ansätze zur Erforschung von Interkulturalität im Normativitätsdiskurs auf deutlich ähnlicheren Zielstellungen aufbauen, als es der Schlagabtausch an der Oberfläche vermuten lässt, kann größtenteils bestätigt werden. Zugleich deutet die Auswertung des Materials auch an, dass jenseits dieser internen Spaltung der Disziplinen durchaus noch zahlreiche Forschungsfragen offenstehen, denen sich die beteiligten Seiten in einem konstruktiven Diskurs durchaus konträr zuwenden könnten. So bleibt die offene Suche nach normativen Orientierungen im interkulturellen Handeln weiter bestehen.

Eine weitere potentielle und gemeinsame zukünftige Herausforderung könnte angesichts der Materiallage auf einer Rückbesinnung und einer neuen Erforschung der Rolle von Kultur und den damit einhergehenden Verwendungen von Kulturbegriffen in der Forschung identifiziert werden. Die Ergebnisse der hier ausgewerteten Studie deuten an, dass nur wenige normative Anweisungen sich überhaupt mit der Rolle von Kultur auseinandersetzen, beziehungsweise diese berücksichtigen, geschweige denn sich auf sie beziehen. Anweisungen, die in differenzierter Weise auf spezifische Verständnisse von Kultur eingehen, sind Mangelware, die in einer zukünftigen, gemeinsamen Forschung aufgestockt werden könnte.

Versteht man die wissenschaftliche Auseinandersetzung um Interkulturalität als Diskurs, der von hegemonialen Machtungleichgewichten gekennzeichnet ist, so kann der vorliegende Beitrag als ein Versuch, beziehungsweise zumindest als ein Beitrag, zur Thematisierung und zur Abmilderung dieses Machtungleichgewichts im Sinne einer Ermächtigung der in dieser Auseinandersetzung stilleren Seite, den traditionellen Interkulturalisten, verstanden werden. Dass diese methodische Vorgehensweise sich hierfür besonders eignet, bestätigen auch Guetterman et al. (2017: 6) im Hinblick auf die Kombination aus Mixed-Methods-Ansätzen und Überlegungen aus der Grounded Theory. Letztere eigne sich besonders dazu, anwendungsbezogene Handlungskonzepte und -anweisungen zu entwickeln, durch die soziale Gerechtigkeit in der Praxis gefördert werden kann. Als Praxis ist im vorliegenden Beitrag entsprechend die Forschung um Interkulturalität zu verstehen, nicht das interkulturelle Handeln selbst: In der forschungsorientierten Literatur werden implizit moralische Anweisungen dazu geäußert, wie interkulturelles Handeln beschaffen sein sollte. Dabei handelt es sich zunächst grundsätzlich um forschungsorientierte Studien, nicht um Ratgeberliteratur, in der explizite moralische Anweisungen zum Handeln letztlich im Vordergrund stehen.

Beschränkungen

Im Sinne einer Methodenkritik merken Guetterman et al. (2017: 2) an, dass die Dokumentation einzelner Forschungsschritte bei Mixed-Methods-Studien häufig intransparent bleibt, was auch in dem vorliegenden Beitrag nicht zuletzt der Fülle der Schritte und des Materials einerseits und dem eingeschränkten Dokumentationsraum andererseits geschuldet ist. Daran schließt sich eine wissenschaftstheoretische Kritik an, bei der danach zu fragen ist, inwieweit es Meta-Analysen der vorliegenden Art wirklich gelingen kann, bestehende Paradigmen durch innovative Sichtweisen und Modellbildungen zu transzendieren, beziehungsweise inwieweit die Erreichung eines solchen Ziels überhaupt überprüft werden kann. Damit geht auch die Frage einher, inwieweit nicht bereits durch die Studie und deren Modellbildung ein neues Paradigma mit ebenfalls impliziten normativen Zielstellungen geschaffen wird (vgl. Johnson, McGowan, Turner 2010: 65).

Fazit und Ausblick

Alois Moosmüller hat auf den unkonstruktiven Charakter der disziplinären Spaltung zwischen Traditionalist_innen und Kritiker_innen in der Forschung zur interkulturellen Kommunikation hingewiesen und sich für eine konstruktive Verschränkung der Stärken beider Ansätze im Sinne einer ergebnisorientierten Erforschung des Gegenstands eingesetzt. Angefangen bei der Dualität zwischen kognitiven und ideationalen, beziehungsweise interpretativen Grundverständnissen in der Kulturanthropologie über das traditionelle gegenüber dem machtkritischen Paradigma, die Debatte zwischen kulturellem Essentialismus und Konstruktivismus (und damit auch der Dekonstruktion von Kultur), einer Anwendungsorientierung des Fachs gegenüber einer reinen Deskription bis hin zu den Manifestationen der Paradigmen in kulturpolitischen Orientierungen, wie dem Multikulturalismus gegenüber dem Postkolonialismus, stellt Alois Moosmüller heraus, dass diese Debatten auf den beiden beteiligten Seiten häufig auf sehr unterschiedlichen Ebenen stattfinden, die nicht miteinander verbunden sind und die auf eine zeitnahe konstruktive Zusammenführung wenig hoffen lassen. Der vorliegende Beitrag bestätigt diese Sichtweise und pointiert sie: Festzustellen ist vor allem eine einseitige Angriffshaltung der Kritiker_innen gegenüber den Traditionalist_innen, ein Diskurs oder ein konstruktiver Austausch wird jedoch in der Tat vermisst. Fände ein solcher Austausch statt, so wären zahlreiche kontroverse Argumente schnell entkräftet, so lassen es zumindest die Einblicke in die hier dargestellte Studie hoffen. Es zeigt sich, dass die beiden Ansätze im gegenwärtig neu aufgeflammten Normativitätsdiskurs viele Zielstellungen miteinander teilen: Beide Ansätze zielen primär auf eine langfristig angelegte gesellschaftliche Transformation ab, und beiden ist klar, dass ein kompetenter Umgang mit der Problematik ethnozentrischer Perspektiven eine der zentralsten Herausforderungen des Fachgebiets in Forschung und Praxis ist. Weiterhin teilen beide Ansätze die Einschätzung, dass zur Erreichung dieser Ziele ein – wie auch immer gearteter – Handlungsbedarf besteht. In diesem Sinne trägt die vorliegende Meta-Analyse nicht nur zur Aufdeckung unkonstruktiver Scheingefechte in der Disziplin bei, sondern sie eröffnet auf diese Weise zugleich auch schon Perspektiven auf zukünftige, drängende und konstruktive Forschungsfragen. Noch immer ist die Frage nach der Rolle von Kultur und des Kulturbegriffs offen: Wofür braucht man ihn eigentlich? Ist er ersetzbar? Sind die Definitionen nicht zu beliebig, als dass man die bezeichneten Phänomene noch unter einen Begriff fassen könnte? Offen im Raum bleibt darüber hinaus auch im Zuge des *moral turn* weiterhin die Frage nach erforderlichen Übernahmen von Verantwortungen in interkulturellen Kontexten sowie nach Zusammenhängen zwischen einer Mikroebene individuellen Handelns und der Makroebene gesellschaftlicher Transformation. Kons-

Die verleugnete Verwandtschaft 243

truktive und zugleich konträre Debatten sind hier vorstellbar und wünschenswert. Sollten diese erneut auf ein paradigmatisches Schisma hinauslaufen, so lassen die vorliegenden Überlegungen zumindest auf eine Dialektik hoffen.

Literatur

Abu-Lughod, Lila 1991: Writing against Culture. In: Richard G. Fox (Hg.): Recapturing Anthropology: Working in the Present. Santa Fe, NM, 137–162.
Arasaratnam, Lily A. 2013: A Review of Articles on Multiculturalism in 35 Years of IJIR. In: International Journal of Intercultural Relations 37, 6: 676–685.
Arasaratnam, Lily A. 2015: Research in Intercultural Communication: Reviewing the Past Decade. In: Journal of International and Intercultural Communication 8, 4: 290–310.
Baxter, James 1983: English for Intercultural Competence: An Approach to Intercultural Communication Training. In: Dan Landis, Richard W. Brislin (Hg.): Handbook of Intercultural Training. Vol. II: Issues in Training Methodology: New York u. a., 290–324.
Beamer, Linda 1992: Learning Intercultural Communication Competence. In: Journal of Business Communication 29, 3: 285–303.
Biesta, Gert 2010. Pragmatism and the Philosophical Foundations of Mixed Methods Research. In: Abbas Tashakkori, Charles Teddlie (Hg.): The SAGE Handbook of Mixed Methods in Social & Behavioral Research. Second Edition. Los Angeles u. a., 95–117.
Caillé, Alain, Frédéric Vandenberghe 2016. Neo-Classical Sociology: The Prospects of Social Theory Today. In: European Journal of Social Theory 19, 1: 3–20.
Cantle, Ted 2012: Interculturalism: The New Era of Cohesion and Diversity. London.
Cotkin, George 2008: History's Moral Turn. In: Journal of the History of Ideas 69, 2: 293–315.
Crozet, Chantal, Anthony J. Liddicoat, Joseph Lo Bianco 1999: Introduction: Intercultural Competence: From Language Policy to Language Education. In: Joseph Lo Bianco, Anthony J. Liddicoat, Chantal Crozet (Hg.): Striving for the Third Place: Intercultural Competence Through Language Education. Melbourne, 1–20.
Dervin, Fred 2016: Interculturality in Education: A Theoretical and Methodological Toolbox. London.

Dixon-Woods, Mary, Andrew Booth, Alex J. Sutton 2007: Synthesizing Qualitative Research: A Review of Published Reports. In: Qualitative Research 7, 3: 375–422.
Ferri, Giuliana 2014: Ethical Communication and Intercultural Responsibility: A Philosophical Perspective. In: Language and Intercultural Communication 14, 1: 7–23.
Ferri, Giuliana 2018: Intercultural Communication – Critical Approaches and Future Challenges. Cham.
Gertsen, Martine C. 1990: Intercultural Competence and Expatriates. In: The International Journal of Human Resource Management 1, 3: 341–362.
Guetterman, Timothy C., Wayne A. Babchuk, Michelle C. H. Smith, Jared Stevens 2017: Contemporary Approaches to Mixed Methods–Grounded Theory Research: A Field-Based Analysis. In: Journal of Mixed Methods Research, online first.
Harden, Angela, James Thomas 2010: Mixed Methods and Systematic Reviews. Examples and Emerging Issues. In: Abbas Tashakkori, Charles Teddlie (Hg.): The SAGE Handbook of Mixed Methods in Social & Behavioral Research. Second Edition. Los Angeles u. a., 749–774.
Harzing, Anne-Will, Satu Alakangas 2016: Google Scholar, Scopus and the Web of Science: A Longitudinal and Cross-Disciplinary Comparison. In: Scientometrics 106, 2: 787–804.
Holliday, Adrian 2011: Intercultural Communication and Ideology. Los Angeles u. a.
Hua, Zhu 2016: Identifying Research Paradigms. In: Zhu Hua (Hg.): Research Methods in Intercultural Communication: A Practical Guide. Chichester, 3–22.
Jackson II, Ronald L. 2014: Mapping Cultural Communication Research. 1960s to the Present. In: Molefi K. Asante, Yoshitaka Miike, Jing Yin (Hg.): The Global Intercultural Communication Reader. Second Edition. New York, London, 76–91.
Johnson, R. B., Marilyn W. McGowan, Lisa A. Turner 2010: Grounded Theory in Practice: Is It Inherently a Mixed Method? In: Research in the Schools 17, 2: 65–78.
Martin, Judith N., Mitchell R. Hammer 1989: Behavioral Categories of Intercultural Communication Competence: Everyday Communicators' Perceptions. In: International Journal of Intercultural Relations 13, 3: 303–332.
Moosmüller, Alois 1989: Die pesantren auf Java. Zur Geschichte der islamischen Zentren und ihrer gegenwärtigen gesellschaftlichen und kulturellen Bedeutung. Frankfurt am Main u. a.
Moosmüller, Alois 1997: Kulturen in Interaktion. Deutsche und US-amerikanische Firmenentsandte in Japan. Münster, New York, München, Berlin.

Moosmüller, Alois 2004: Das Kulturkonzept in der interkulturellen Kommunikation aus ethnologischer Sicht. In: Hans-Jürgen Lüsebrink, Michel Grunewald, Bernd Krewer (Hg.): Konzepte der Interkulturellen Kommunikation. Theorieansätze und Praxisbezüge in interdisziplinärer Perspektive. St. Ingbert, 45-67.
Moosmüller, Alois 2017: Intercultural Challenges in Multinational Corporations. In: Xiaodong Dai, Guo-Ming Chen (Hg.): Conflict Management and Intercultural Communication. The Art of Intercultural Harmony. London, New York, 295-310.
Nussbaum, Martha C. 1998: Cultivating Humanity. A Classical Defense of Reform in Liberal Education. Cambridge, MA.
O'Regan, John P., Malcolm N. MacDonald 2007: Cultural Relativism and the Discourse of Intercultural Communication: Aporias of Praxis in the Intercultural Public Sphere. In: Language and Intercultural Communication 7, 4: 267-278.
Phipps, Alison M. 2007: Learning the Arts of Linguistic Survival: Languaging, Tourism, Life. Clevedon.
Rosenberg, Hannah 2018: Wissenschaftsforschung als Diskursforschung. Überlegungen zur Selbstreflexion wissenschaftlicher Disziplinen im Anschluss an Ludwig Fleck. In: Zeitschrift für Diskursforschung 1: 27-50.
Ruben, Brent D., Daniel J. Kealey 1979: Behavioral Assessment of Communication Competency and the Prediction of Cross-Cultural Adaptation. In: International Journal of Intercultural Relations 3, 1: 15-47.
Scollon, Ronald, Suzanne B. Wong Scollon 1997: Intercultural Communication. A Discourse Approach. Oxford, Cambridge.
Smith, David M. 1997: Geography and Ethics: A Moral Turn? In: Progress in Human Geography 21, 4: 583-590.
Spitzberg, Brian H., Gabrielle Changnon 2009: Conceptualizing Intercultural Competence. In: Darla Deardorff (Hg.): The SAGE Handbook of Intercultural Competence. Thousand Oaks u. a., 2-52.
Stolcke, Verena 1995: Talking Culture. New Boundaries, New Rhetorics of Exclusion in Europe. In: Current Anthropology 36, 1: 1-24.
Young, Jonathan, Ruobing Chi 2013: Intercultural Relations: A Bibliometric Survey. In: International Journal of Intercultural Relations 37, 2: 133-145.
Zotzmann, Karin 2011: Training Global Players. A Critical Discourse Analysis of the Field of Intercultural Business Communication. Saarbrücken.

Eine Analyse der neueren Kritik am Kulturbegriff in der Erziehungswissenschaft

Irina Mchitarjan

Das Phänomen „Kultur" ist Gegenstand vieler Fachdisziplinen: Mit Kultur, kulturellen Systemen, kulturellen Ähnlichkeiten und Unterschieden, mit der Interaktion von Personen und Gruppen unterschiedlicher kultureller Herkunft und so weiter befassen sich Anthropologen, Ethnologen, Evolutionsbiologen, Psychologen, Soziologen, Wirtschaftswissenschaftler, Kommunikationsforscher und nicht zuletzt Erziehungswissenschaftler. In der Deutschen Gesellschaft für Erziehungswissenschaft widmet sich sogar eine eigene Fachgruppe – die Sektion für Interkulturelle und International Vergleichende Erziehungswissenschaft – der Erforschung von kulturbezogenen Phänomenen im Bereich von Bildung und Erziehung.

Die Erforschung von Kultur findet in den genannten Fachgebieten schon seit Jahrzehnten statt und die Mehrheit der Forscherinnen und Forscher auf diesem Gebiet – zumindest außerhalb der Erziehungswissenschaft – sind nach wie vor der Ansicht, dass der Begriff Kultur für das Verständnis von menschlichen Gesellschaften von zentraler Bedeutung ist. Dementsprechend glauben sie, dass die Erforschung von Kultur einen wichtigen Beitrag zum Verständnis und zur Lösung zahlreicher gesellschaftlicher Probleme leisten kann (z. B. Aumüller 2009; Bisin, Verdier 2011; Berry, Phinney, Sam, Vedder 2006; Gezentsvey-Lamy, Ward, Liu 2013; Hofstede 1991; May 2005; Modood 2007; Schönpflug 2009; Verkuyten 2005; Zick 2010). Diese Probleme umfassen unter anderem den Umgang von Mehrheitsgesellschaften mit kulturellen Minderheiten, ethnische Konflikte, die Folgen von Migration, Flucht und Vertreibung und die Kommunikation von Personen mit unterschiedlichen Weltbildern.

Innerhalb der Erziehungswissenschaft – zumindest der deutschsprachigen Erziehungswissenschaft, auf die ich mich hier beschränke – zeigt sich allerdings ein etwas anderes Bild. Nicht nur ist der Kulturbegriff dort stärker umstritten als in den meisten anderen Disziplinen, die sich mit Kultur befassen; wenn man einigen radikal denkenden Fachkolleginnen und -kollegen Glauben schenken darf, dann ist die Erforschung von Kultur und Kulturen grundsätzlich fehlgeleitet (z. B. Kalpaka 2015; Mecheril 2010; Messerschmidt 2008; Radtke 2011, 2017). Der fundamentalste Grund, der dafür genannt wurde, ist, dass es den Gegenstand dieser Forschung – Kulturen und deren Träger, soziokulturelle Gruppen – eigentlich gar nicht gibt: Kulturen seien vielmehr bloße Konstruktionen im Geiste des Betrachters (z. B. Radtke 2011: 46–51; s. auch

Radtke 2017). Aus diesem, aber auch aus einer Reihe von weiteren Gründen (s. Abschnitt 2) hat „Kultur" nach Ansicht dieser Erziehungswissenschaftler weder als erklärender noch als beschreibender Begriff einen Platz in der Wissenschaft. Darüber hinaus habe die Erforschung von Kultur unerwünschte gesellschaftliche Auswirkungen, denn die damit verbundene, unvermeidliche Thematisierung von Kultur würde stereotype Vorstellungen über kulturelle Unterschiede verfestigen und damit dem kulturellen Rassismus Vorschub leisten (z. B. Diehm, Radtke 1999; Hamburger 1999, 2009; Kalpaka 2015; Mecheril 2004; Messerschmidt 2008; Radtke 2011, 2017).

1 Der Kulturbegriff: die traditionelle Sicht

Bevor ich diese Thesen ausführe und diskutiere, möchte ich kurz auf das Objekt der sozialkonstruktivistischen Kritik eingehen, den traditionellen Kulturbegriff. Eine allgemein geteilte Definition von „Kultur" gibt es zwar bis heute nicht (zur Diskussion siehe z. B. Brumann 1999; Kroeber, Kluckhohn 1952; Maletzke 1996; Thomas 2005; sowie in der Erziehungswissenschaft z. B. Göbel, Buchwald 2017; Gogolin, Krüger-Potratz 2006; Römhild 2018), die Mehrheit der vorgeschlagenen Definitionen läuft jedoch auf die folgende oder eine ähnliche Begriffsbestimmung hinaus (vgl. Esser 1999: 159; Maletzke 1996: 16; Thomas 2005: 21 ff.; Mchitarjan, Reisenzein 2013a: 141 f.):

- Kultur ist ein System von Normen und Werten, Überzeugungen, Einstellungen, Wahrnehmungs-, Denk- und Beurteilungsmustern einer sozialen Gruppe, das sowohl im Verhalten der Gruppenmitglieder als auch in ihren geistigen und materiellen Produkten (inkl. der Sprache) sichtbar wird.[1]

Dies ist genau genommen eine *Minimaldefinition* von Kultur. Sie wird häufig durch eine Reihe von weiteren Annahmen präzisiert und ergänzt, vor allem die Folgenden (siehe dazu u. a. Esser 1999; Henrich 2004; Hofstede 1991; Maletzke 1996; Mchitarjan, Reisenzein 2013a, 2014; Moosmüller 2009; Richerson, Boyd 2005; Thomas 2005; Verkuyten 1995; Wilson 2002):

- Kultur ist das Resultat der Auseinandersetzung von sozialen Gruppen mit ihren jeweiligen natürlichen, materiellen Lebensbedingungen sowie ihrer Interaktion mit anderen Gruppen.

---

[1] Einige Kulturdefinitionen betrachten die nach dieser Definition durch Kultur verursachten kulturellen Handlungen und ihre Produkte selbst als Bestandteile der Kultur. Für die folgende Diskussion ist dieser Unterschied jedoch von untergeordneter Bedeutung.

Eine Analyse der neueren Kritik am Kulturbegriff 249

- Kultur erfüllt wichtige Funktionen für den Einzelnen und die Gruppe. Diese Funktionen sind vor allem: Orientierung des Individuums im Alltag, Normierung des Verhaltens, Reduktion von Egoismus, „soziale Verortung" des Individuums durch Bereitstellung einer Gruppenidentität.
- Kultur ist nicht angeboren, sondern wird im Laufe der Sozialisation erlernt: Sie wird durch individuelle und soziale Lernprozesse (die Sozialisation/Enkulturation des Individuums) von einer Generation in die nächste transmittiert.
- Kulturelle Systeme – insbesondere ihre Kernelemente, bestimmte Normen und Werte sowie Überzeugungen über die Beschaffenheit der natürlichen und sozialen Umwelt – haben einen starken Einfluss auf das Handeln der Träger dieser Systeme, die Mitglieder von kulturellen Gruppen.
- Die existierenden kulturellen Gemeinschaften sind mehr oder weniger voneinander verschieden, weil ihre historisch – als Resultat ihrer Auseinandersetzung mit ihren jeweils unterschiedlichen materiellen und sozialen Lebensbedingungen – entstandenen Werte, Normen, Weltsichten und so weiter mehr oder weniger verschieden sind.

In einigen Kulturdefinitionen wird zudem noch folgender Punkt betont (z. B. Geertz 1973; Hall 2012; Mchitarjan, Reisenzein 2014):

- Zu den Inhalten kultureller Systeme gehört auch die Selbstdefinition der Mitglieder der kulturellen Gruppen (welche u. a. Herkunftsmythen enthalten kann) und ihre subjektive Abgrenzung von anderen Gruppen.

Der traditionelle Kulturbegriff – oder wie man richtiger sagen sollte, die traditionelle *Theorie der Kultur* beziehungsweise *der kulturellen Systeme* – hat wichtige Implikationen für die Humanwissenschaften: Wenn diese Theorie auch nur annähernd richtig ist, dann ist Kultur ein und wahrscheinlich sogar *der* Schlüsselbegriff der Humanwissenschaften. Das heißt, um zu verstehen, wie menschliche Gesellschaften funktionieren, müssen wir vor allem die kulturellen Systeme verstehen, in die Menschen sozialisiert werden – die Struktur dieser Systeme, ihre Entstehung, Weitergabe und Veränderung, die Ähnlichkeiten und Unterschiede zwischen verschiedenen kulturellen Systemen, die Mechanismen, durch die sich Kultur letztlich auf das Handeln von Individuen und Gruppen auswirkt und so weiter.

2 Die Kritik am Kulturbegriff

Kritik am traditionellen Kulturbegriff beziehungsweise der traditionellen Kulturtheorie wurde in der internationalen Diskussion spätestens ab den 1970er Jahren laut. Die meisten Kritiker argumentierten dabei aus einer (sozial-)konstruktivistischen oder einer dem (Sozial-)Konstruktivismus nahestehenden Perspektive (z. B. Geertz 1973, 1995; Luhmann 1995; Welsch 1995). Aber auch aus marxistischer Sicht (z. B. Adorno 1966, Balibar 1992, Hall 2018) und aus der Perspektive der Postcolonial Studies (zur Übersicht s. Castro Varela, Dhawan 2015) wurde die traditionelle Kulturtheorie kritisiert, wobei aber auch diese Kritik meistens sozialkonstruktivistische Elemente enthält. Eine weitere Strömung, die speziell für die Kritik am Kulturbegriff in der Erziehungswissenschaft wichtig ist, ist die Bestrebung zur Umsetzung der UN Charta der Menschenrechte (1948) in der Gesellschaft, denn diese fordert unter anderem die Beseitigung von Diskriminierung aufgrund von ethnischen und kulturellen Merkmalen. Der Kern der Kritik am Kulturbegriff aus dieser Perspektive ist, dass die Thematisierung von Kultur in Wissenschaft und Alltag zur Verfestigung von Stereotypen und damit von ethnisch-kulturellen Trennlinien führt (z. B. Balibar 1992).

In der deutschen Erziehungswissenschaft wurde die internationale Kritik am Kulturbegriff etwa ab Mitte der 1990er Jahre aufgegriffen und um eigene Elemente bereichert (z. B. Kalpaka 2015, Mecheril 2004, Messerschmidt 2008, Radtke 1995). Inzwischen scheint diese kulturkritische Sicht in Teilen der Erziehungswissenschaft bereits zur „herrschenden Lehre" beziehungsweise zum dominanten Paradigma im Sinne von Kuhn (1962) geworden zu sein.

Ich bezeichne die erziehungswissenschaftlichen Kritiker des Kulturbegriffs im Folgenden vereinfachend als „sozialkonstruktivistische Kritiker des Kulturbegriffs". Diese Vereinfachung scheint mir gerechtfertigt, weil (1) viele dieser Kulturkritiker explizit sozialkonstruktivistische Positionen vertreten und (2) auch bei denjenigen Kritikern, bei denen der Sozialkonstruktivismus nicht im Vordergrund steht, sozialkonstruktivistische Annahmen einen wichtigen Platz in der Argumentation einnehmen (vgl. dazu auch Auernheimer 2010, 2016). Wichtig ist an dieser Stelle jedoch der Hinweis, dass die erziehungswissenschaftlichen Kritiker des Kulturbegriffs – selbst solche, die den Kulturbegriff radikal in Frage stellen – im Unterschied zu den radikalen Sozialkonstruktivisten nicht behaupten, dass *alle* sozialen Kategorien Fiktionen sind. Dies erlaubt ihnen, Kultur als Fiktion zu „dekonstruieren" (z. B. Kalpaka 2015; Krüger-Potratz 1999; Krüger-Potratz, Lutz 2002; Mecheril 2004; Yildiz 2010) und gleichzeitig die reale Existenz und Wirksamkeit von zum Beispiel sozialen Machtverhältnissen zu betonen (z. B. Kalpaka 2015; Krüger-Potratz, Lutz 2002; Mecheril 2004; Messerschmidt 2008; Radtke 1995, 2011).

Die erziehungswissenschaftlichen Kritiker der traditionellen Kulturtheorie in der deutschsprachigen Erziehungswissenschaft haben diese Theorie mit unterschiedlichen Argumenten und mit unterschiedlicher Radikalität in Frage gestellt (z. B. Diehm, Radtke 1999; Gogolin, Krüger-Potratz 2006; Hamburger 1999, 2006, 2009; Kalpaka 2015; Krüger-Potratz 1999; Krüger-Potratz, Lutz 2002; Mecheril 2004; Messerschmidt 2008; Radtke 1995, 2011, 2017). Es ist

Eine Analyse der neueren Kritik am Kulturbegriff

hier nicht möglich, auf alle Nuancen dieser Kritik und ihre historischen Zusammenhänge einzugehen. Die Kernpunkte der Kritik können jedoch – in Bezug auf einige Autoren zugegebenermaßen etwas pointiert – in fünf Punkten zusammengefasst werden:

1. Kultur ist nichts Reales, sondern ein Konstrukt. Kulturen gibt es eigentlich gar nicht. Deshalb ist der Kulturbegriff sowohl als Beschreibungs- als auch Erklärungsbegriff unbrauchbar.
2. Kulturen sind intern heterogen und nach außen nicht scharf abgrenzbar.
3. Kulturen sind historisch nicht konstant, sondern befinden sich im ständigen Wandel.
4. „Kultur" (d. h. insbesondere kulturelle Überzeugungen, Normen und Werte) als Erklärung des Verhaltens von Individuen und Gruppen ist meistens falsch und wird oft für politische Zwecke instrumentalisiert.
5. Die Thematisierung von Kultur, zum Beispiel in der interkulturellen Erziehung und Bildung, hat unerwünschte soziale Folgen: Sie verfestigt kulturelle Stereotype und fördert den kulturellen Rassismus. Aus diesem Grund wäre der Kulturbegriff selbst dann abzulehnen, wenn er für Beschreibungs- und Erklärungszwecke brauchbar wäre.

Im Folgenden werde ich untersuchen, ob diese Kritik an der klassischen Kulturtheorie gerechtfertigt ist.

2.1 Kritik 1: „Kultur ist eine Konstruktion"

Der erste und fundamentalste Kritikpunkt am Kulturbegriff lautet genauer formuliert: Die im traditionellen Kulturbegriff enthaltenen Annahmen über die Merkmale von soziokulturellen Gruppen sind keine Beschreibungen der Realität, sondern das Produkt von gesellschaftlichen Konstruktionen (z. B. Kalpaka 2015; Krüger-Potratz 1999; Krüger-Potratz, Lutz 2002; Mecheril 2004; Radtke 2011). Dieser gesellschaftliche Konstruktionsprozess besteht darin, dass bestimmten Personengruppen „kulturelle" Merkmale zugeschrieben werden, die weitgehend fiktiv sind. Kulturen gebe es als reale Gebilde deshalb gar nicht; sie seien bloße gedankliche Fiktionen. Versuche, Kulturen zu beschreiben, ihre Besonderheiten zu analysieren, sie miteinander zu vergleichen, die Mechanismen der Kulturtransmission aufzuklären und so weiter seien deshalb von vornherein aussichtslos.

Ist Kultur wirklich eine bloße Fiktion? Zunächst: Dass ein Begriff durch subjektive oder soziale Konstruktionsprozesse zustande kam, bedeutet nicht, dass ihm in der Realität nichts entspricht. In einem gewissen Sinn sind *alle* Begriffe subjektive und/oder soziale Konstruktionen; dennoch enthält wahrscheinlich die Mehrheit der im Alltag verwendeten Begriffe („Tisch", „Haus",

„Automobil", ...) überwiegend zutreffende Annahmen über die Eigenschaften der dadurch beschriebenen Objekte. Ob ein Begriff einen Realitätsausschnitt korrekt beschreibt oder nicht, muss deshalb für jeden Begriff getrennt untersucht werden. Diese Auffassung wird übrigens auch von den erziehungswissenschaftlichen Kritikern des Kulturbegriffs geteilt; denn wie erwähnt, behaupten sie nicht, dass *alle* sozialen Kategorien fiktiv sind. Die Frage ist also: Wie sieht es diesbezüglich mit dem Kulturbegriff aus? Sind „kulturelle Merkmale" und „kulturelle Unterschiede" Fiktionen?

Dafür, dass dies *nicht generell* der Fall ist, spricht die Überlegung, dass der Kulturbegriff zumindest zum Teil auf individuellen und kollektiven Erfahrungen mit Mitgliedern der eigenen und von anderen sozialen Gruppen beruht. Tatsächlich ist kaum bezweifelbar, dass zumindest *einige* zentrale Merkmale von kulturellen Gruppen objektiv vorhanden sind. Dazu gehören insbesondere die Sprache, kulturelle Normen und Werte sowie Lebensgewohnheiten.

Richtig ist an dem ersten Kritikpunkt, dass bei der Beschreibung von sozialen Gruppen im Alltag zu ihren objektiv vorhandenen Merkmalen oft auch „erfundene" Merkmale hinzukommen. Diese können auf Übergeneralisierungen von Einzelbeobachtungen, auf historisch tradierten Gruppenstereotypen oder auf gezielter Propaganda gegen andere Gruppen beruhen. Deshalb ist es stets sinnvoll und notwendig, die eigene Sicht von anderen Kulturen (ebenso wie die der eigenen Kultur) kritisch zu hinterfragen. Trotz dieser Einschränkung kann der erste Kritikpunkt jedoch zurückgewiesen werden. Kulturen sind *keine* Fiktionen (s. auch Bayar 2009): Gruppen von Personen, die eine gemeinsame Sprache sprechen, die ein ähnliches Normen- und Wertesystem haben, die sich selbst als Mitglieder einer bestimmten soziokulturellen Gruppe definieren und anderes (vgl. Abschnitt 1) – solche Gruppen gibt es wirklich.

2.2 Kritik 2: „Kulturen sind intern heterogen und nach außen nicht scharf abgrenzbar"

Der zweite Kritikpunkt am Kulturbegriff kann als zusätzliches Argument zur Begründung des ersten Kritikpunkts („Kulturen gibt es nicht") verstanden werden oder auch als selbständiger Einwand gegen den Kulturbegriff. Er besagt: (1) Nach dem traditionellen Kulturbegriff sind Kulturen intern homogen und nach außen hin klar abgegrenzt und undurchlässig, ähnlich wie Behälter. Die Kritiker bezeichnen das traditionelle Kulturmodell deshalb oft als das „Container-Modell" von Kultur oder behaupten, die traditionelle Kulturtheorie würde Kulturen als „fest umrissene Entitäten" betrachten (z. B. Hamburger 1999; Kalpaka 2015; Krüger-Potratz 1999; Mecheril, Olalde, Melter, Arens, Romaner 2013; Messerschmidt 2008; Radtke 2011). (2) Diese Annahmen sind

Eine Analyse der neueren Kritik am Kulturbegriff 253

falsch; sie sind ebenfalls eine soziale Konstruktion. Innerhalb einer jeden Kultur gibt es nämlich Variationen, Subkulturen und sogar große Unterschiede; und zwischen verschiedenen Kulturen lassen sich keine klaren Grenzen ziehen (vgl. Gogolin, Krüger-Potratz 2006; Hamburger 1999; Kalpaka 2015; Messerschmidt 2008; Radtke 2010, 2011, 2017). Dies zeigt nach Meinung der Sozialkonstruktivisten erneut, dass Kulturen im traditionellen Sinn nicht existieren (vgl. Kritik 1). Aber auch dann, wenn man diese Auffassung nicht teilt, wäre die Unschärfe des Kulturbegriffs bereits Grund genug, ihn in der Wissenschaft nicht zu verwenden. Auch diese Kritik ist nicht überzeugend.

1. Das Argument ist potentiell in sich widersprüchlich: Unterschiede *zwischen* kulturellen Gruppen werden geleugnet oder minimiert; Unterschiede *innerhalb* von kulturellen Gruppen werden gleichzeitig betont oder maximiert. Es liegt nahe, diese Innergruppen-Unterschiede als Unterschiede zwischen *kulturellen Subgruppen* zu deuten. Dann würden aber kulturelle Unterschiede auf der Subgruppenebene behauptet, auf der Gruppenebene jedoch bestritten.
2. Ein striktes „Containermodell" von Kulturen wurde von den meisten Vertretern des klassischen Kulturbegriffs nicht vertreten. Die meisten klassischen Kulturtheoretiker akzeptieren nämlich durchaus, dass Kulturen nicht völlig homogen sind und dass die Übergänge zwischen verschiedenen Kulturen oft fließend und die Grenzen durchlässig sind (vgl. Maletzke 1996). In jedem Fall ist das Containermodell kein notwendiger Bestandteil des klassischen Kulturbegriffs; dieser verträgt sich auch mit fließenden Übergängen und durchlässigen Grenzen zwischen Kulturen. Tatsächlich sind durchlässige Grenzen erforderlich, um das historische Faktum der vielfältigen wechselseitigen Beeinflussung von Kulturen erklären zu können.
3. Heterogenität und fließende Übergänge finden sich praktisch bei allen Kategorien, die wir in unserer materiellen und sozialen Umwelt unterscheiden. Zum Beispiel ist die Kategorie *Planet* heterogen (es gibt sehr unterschiedliche Planeten) und der Übergang zu verwandten Kategorien *(Stern, Mond, Asteroid)* ist unscharf. Ebenso im Bereich des Sozialen: Die Kategorie *Schule* ist heterogen; zwischen verschiedenen Schulen und Schularten kann es fließende Übergänge geben. Die Unschärfe von alltagsweltlichen und wissenschaftlichen Begriffen ist für sich genommen jedoch kein Grund, sie über Bord zu werfen – sonst müssten wir wohl alle Begriffe über Bord werfen. Die Mehrheit unserer Begriffe ist jedoch trotz ihrer Unschärfe brauchbar, das heißt, sie haben einen gewissen Vorhersagewert und ermöglichen uns dadurch Orientierung in der Umwelt (Thomas 2005).

Wie steht es diesbezüglich mit dem Kulturbegriff? Die Antwort lautet: Die Unterscheidung zwischen verschiedenen kulturellen Gruppen hat Vorhersagewert, wenn die kulturelle Variation zwischen den Gruppen größer ist als die innerhalb der Gruppen. Solange dies der Fall ist, ist die Unterscheidung zwischen kulturellen Gruppen möglich und sinnvoll. Es ist dann legitim, von zwei mehr oder weniger verschiedenen Kulturen oder kulturellen Gruppen zu sprechen: Gemeint ist damit, dass sich die Gruppenmitglieder *im Durchschnitt* mehr oder weniger stark voneinander unterscheiden. Auf diese Weise werden „Kulturen" beziehungsweise kulturelle Gruppen in der interkulturellen Forschung anderer Fächer (z. B. Psychologie oder Soziologie) gewöhnlich voneinander abgegrenzt. In diesem *statistischen Sinn* unterscheiden sich aber ohne Zweifel zahlreiche Gruppen in ihren kulturellen Merkmalen (Sprache, Normen, Lebensweisen, Weltsichten usw.). Allein anhand der Sprache können weltweit etwa 6 500 Gruppen unterschieden werden.

2.3 Kritik 3: „Kulturen sind keine konstanten, unveränderbaren Entitäten"

Auch der dritte Kritikpunkt am Kulturbegriff kann als zusätzliches Argument zur Unterstützung des ersten Kritikpunkts oder als ein eigenständiger Einwand gegen den Kulturbegriff aufgefasst werden. Nach der Darstellung der sozialkonstruktivistischen Kritiker nimmt die klassische Kulturtheorie nicht nur an, dass Kulturen scharf voneinander abgrenzbar sind (vgl. Kritikpunkt 2), sondern auch, dass Kulturen konstante und unveränderbare Entitäten sind. Dies, so die Kritiker, sei ebenfalls falsch beziehungsweise eine bloße Konstruktion: Kulturen befänden sich vielmehr im ständigen Wandel (z. B. Gogolin, Krüger-Potratz 2006; Kalpaka 2015; Krüger-Potratz 1999; Krüger-Potratz, Lutz 2002). Dies zeige nochmals, dass Kulturen im traditionellen Sinn nicht existierten (vgl. Kritik 1). Auf jeden Fall sei dies ein weiterer Grund, weshalb der Kulturbegriff wissenschaftlich unbrauchbar sei. Auch dieser Kritikpunkt überzeugt nicht.

1. Dass sich Kulturen im Laufe der Zeit ändern können und dies auch oft tun, wird von den meisten Vertretern der traditionellen Kulturtheorie nicht bestritten. Es wird vielmehr betont: Kultur ist das zentrale Mittel zur Anpassung von sozialen Gruppen an ihre jeweiligen ökologischen, ökonomischen und sozialen Lebensbedingungen; ändern sich diese Lebensbedingungen, dann ändert sich deshalb oft auch die Kultur (z. B. Henrich 2004; Maletzke 1996; Mchitarjan, Reisenzein 2013a, 2014; Moosmüller 2009; Wilson 2002).
2. Die Wandelbarkeit von Kulturen hat die Erforschung von Kulturen nicht behindert. Im Gegenteil, die Veränderung von Kulturen über die Zeit ist selbst ein wichtiges Thema der Kulturforschung (z. B. Hepp, Lehmann-Wermser 2013).

3. Die ausschließliche Betonung von kulturellem Wandel würde zu einer fehlerhaften Analyse von kulturellen Phänomenen führen, denn für das Verständnis dieser Phänomene ist die Neigung kultureller Gruppen zur *Kulturbewahrung und Kulturtransmission* mindestens ebenso wichtig. Die Existenz einer solchen Neigung wird durch verschiedene Befunde belegt: (a) Es gibt zahlreiche kulturelle Gruppen, die Jahrhunderte lang trotz aller Widrigkeiten ihre kulturelle Identität bewahrt haben (z. B. die Sorben: Malink 2017, Kunze 2017). (b) Kulturelle Gruppen zeigen häufig enormen Widerstand gegen Assimilationsbestrebungen und entwickeln umfangreiche Aktivitäten, um den Erhalt der eigenen Kultur sicherzustellen (z. B. die Polen im Ruhrgebiet Ende des 19. bis Anfang des 20. Jahrhunderts; vgl. Hansen, Wenning 2003). (c) Schließlich wird die Existenz und Wirksamkeit eines Kulturerhaltungsmotivs auch durch direkte Befragungen der Mitglieder von soziokulturellen Gruppen bestätigt (Gezentsvey-Lamy, Ward, Liu 2013; Mchitarjan, Reisenzein 2013b, 2015).

2.4 Kritik 4: „Kultur als Verhaltenserklärung ist meistens falsch und wird oft missbraucht"

Kritikpunkt 4 bezieht sich auf die „kulturelle" Erklärung des Verhaltens von „anderskulturellen" Personen. Die Kritik lautet: (1) Das Verhalten dieser Personen, vor allem abweichendes oder problematisches Verhalten, wird häufig auf ihre „andere Kultur", insbesondere auf ihre unterschiedlichen kulturellen Überzeugungen, Werte- und Normensysteme zurückgeführt. (2) Die genauere Untersuchung dieser Fälle zeigt jedoch meistens, dass die Ursachen des fraglichen Verhaltens nicht in der *Kultur* der Anderen zu suchen sind, sondern in kulturunabhängigen psychischen, sozialen oder ökonomischen Faktoren (etwa in emotionalen Belastungen, finanziellen Notlagen oder dem Streben nach Macht). „Kultur" als Verhaltenserklärung ist deshalb meistens falsch. (3) Darüber hinaus sind „kulturelle" Handlungserklärungen gefährlich, insbesondere weil sie oft politisch missbraucht, das heißt, von politischen Akteuren für ihre Ziele instrumentalisiert werden (z. B. Diehm, Radtke 1999; Gogolin, Krüger-Potratz 2006; Hamburger 1999, 2006, 2009; Kalpaka 2015; Krüger-Potratz 1999; Krüger-Potratz, Lutz 2002; Mecheril 2010; Messerschmidt 2008; Radtke 2011, 2017), zum Beispiel wenn die Straftat eines bestimmten Migranten von einem rechtsgerichteten Politiker der „Kultur" des Migranten zugeschrieben wird, um damit Stimmung gegen Migranten allgemein zu machen.

An dieser Kritik ist soviel richtig: Die Fokussierung auf den Faktor „Kultur" kann den Blick auf die tatsächlichen, nichtkulturellen Ursachen einer Handlung verstellen. Es ist daher grundsätzlich immer sinnvoll, zu hinterfra-

gen, ob angeblich kulturell bedingten, problematischen Verhaltensweisen in Wahrheit nicht andere Ursachen zu Grunde liegen. Davon abgesehen ist dieser Kritikpunkt jedoch nicht überzeugend:
1. Die Tatsache, dass eine ungewöhnliche, erklärungsbedürftige Handlung einer Person aus einer anderen Kultur durch nichtkulturelle Faktoren verursacht sein *kann*, heißt nicht, dass „Kultur" als Erklärung immer oder auch nur in den meisten Fällen falsch ist. Tatsächlich ist der Hinweis auf eine bestimmte, in der Herkunftskultur einer Person vorhandene Handlungsnorm oder Verhaltensgewohnheit oft die plausibelste Erklärung für ein ungewöhnliches Verhalten dieser Person. Dementsprechend wirken Versuche, solche Handlungen alternativ „nichtkulturell" zu erklären, meist konstruiert. Zum Beispiel berichtet der deutsch-niederländische Erziehungswissenschaftler Rudolf Leiprecht (2004), dass er in Deutschland dazu neige, bei roten Fußgängerampeln die Straße zu überqueren, wenn kein Auto in Sicht ist – wie es in den Niederlanden üblich sei. Die naheliegende Erklärung dieses Verhaltens ist meines Erachtens, dass es Leiprecht schwerfällt, eine in den Niederlanden erworbene soziale Verhaltensnorm abzulegen; es ist für mich schwer zu sehen, welche nichtkulturellen (z. B. politischen, sozialen oder ökonomischen) Gründe oder Motive dieses Verhalten plausibler erklären könnten. Ebenso verhält es sich mit vielen anderen Verhaltensweisen: Welche nichtkulturellen Faktoren könnten das Verhalten eines gläubigen Moslems erklären, fünfmal am Tag zu beten oder kein Schweinefleisch zu essen? Welche Motive außer dem Wunsch, die eigene Kultur erhalten zu wollen, können den häufig enormen Widerstand von Minderheitengruppen gegen Assimilationsversuche erklären (Mchitarjan 2014)?
2. Die Gegenüberstellung von kulturellen und nichtkulturellen Ursachen von Handlungen ist außerdem oft schief, denn diese zwei Handlungsursachen schließen sich nicht aus. Zum Beispiel wird von Sozialkonstruktivisten argumentiert: Die „kulturelle" Erklärung der Verschleierung der Frau im Islam, oder die „kulturelle" Erklärung für die Praxis der Mädchenbeschneidung in einigen afrikanischen Ländern (BMFSFJ 2005) verstellt den Blick darauf, dass es dabei in Wahrheit um die Aufrechterhaltung der ungleichen Machtverhältnisse zwischen den Geschlechtern geht (vgl. z. B. Kalpaka 2015; Krüger-Potratz, Lutz 2002; Radtke 2011). Diese zwei Erklärungen – kulturelle Normen und Machterhalt – schließen sich in diesen Fällen jedoch nicht aus. Vielmehr dienen die genannten kulturellen Normen beziehungsweise Traditionen vermutlich gerade dazu, die Kontrolle des Mannes über das Sexualverhalten von Frauen sicherzustellen (vgl. dazu z. B. Buss 2016; Pazhoohi, Lang, Xygalatas, Grammer 2017).
3. Die sozialkonstruktivistischen Vertreter des „Kulturalisierungseinwands" laufen Gefahr, sich selbst zu widersprechen. Denn es ist eine Grundan-

nahme des Sozialkonstruktivismus, dass kulturelle Ideologien, Normen und Werte für das Verhalten von Individuen von entscheidender Bedeutung sind, und diese Annahme wird von Sozialkonstruktivisten in anderen Kontexten sehr häufig zur Erklärung sozialer Phänomene genutzt. Zum Beispiel wird (zu Recht) darauf hingewiesen, dass die soziale Ungleichheit in Gesellschaften zum Teil durch bestimmte kulturelle Normen und Traditionen aufrechterhalten wird (z. B. Bourdieu 1984, s. dazu Knoblauch 2003; Castro Varela, Dhawan 2015). Wenn es jedoch um die Erklärung eines ungewöhnlichen oder problematischen Verhaltens einer Person aus einer anderen Kultur geht, dann wird die Relevanz von sozialen Normen, kulturellen Ideologien und Traditionen bestritten.

2.5 Kritik 5: „Die Thematisierung von Kultur verfestigt Stereotype und begünstigt den kulturellen Rassismus"

Nach traditioneller Ansicht ist die Hauptaufgabe der interkulturellen Bildung die Vermittlung von *interkultureller Handlungskompetenz* (vgl. z. B. Nieke 2008, 2012): Sowohl jungen als auch erwachsenen Menschen mit und ohne Migrationshintergrund soll Wissen über andere Kulturen wie auch über die eigene Kultur, über historische und aktuelle, positive und negative Umgangsformen mit Mitgliedern anderer Kulturen vermittelt werden; es soll ihnen eine respektvolle Haltung gegenüber den Mitgliedern anderer Kulturen nahegebracht werden; und es soll ihre Fähigkeit zur kritischen Reflexion der eigenen kulturellen Eingebundenheit und zum interkulturellen Verstehen und interkulturellen Dialog gefördert werden (vgl. Auernheimer 2010, 2016; Nieke 2008, 2012; Kultusministerkonferenz 2013).

Gegen dieses, auf den ersten Blick plausibel erscheinende Programm der interkulturellen Bildung haben einige erziehungswissenschaftliche Kritiker eingewendet, dass bereits die *Erwähnung* von kultureller Differenz, wie sie in der interkulturellen Bildung geschieht, zur Verfestigung stereotyper Vorstellungen von anderen Kulturen und zu Ausgrenzung führe. Die Befürworter der interkulturellen Bildung würden deshalb ungewollt in die „Kulturalisierungsfalle" tappen und den kulturellen Rassismus fördern (z. B. Gogolin, Krüger-Potraz 2006; Hamburger 1999; Kalpaka 2015; Krüger-Potraz 1999; Mecheril 2004, 2010; Messerschmidt 2008; Radtke 1995; Scharathow 2015).

Um dies zu vermeiden, fordern die Kritiker, die interkulturelle Bildung in ihrer bisherigen Form aufzugeben. Was den interkulturellen *Erziehungswissenschaftlern* zu tun bleibt, ist, das Wissen über die Unbrauchbarkeit des klassischen Kulturbegriffs als Beschreibungs- und Erklärungsinstrument in der Gesellschaft zu verbreiten, um so den Diskurs über Kultur und kulturelle Unterschiede zu beenden. Und was die *praktisch tätigen pädagogischen Fachkräfte* in den Erziehungs- und Bildungseinrichtungen betrifft, so sollen diese die kulturelle Herkunft von Kindern und Jugendlichen am besten ausblenden beziehungsweise ignorieren, denn nur dadurch könnten sie die „Kulturalisierungsfalle" vermeiden (z. B. Kalpaka 2015; Krüger-Potratz 1999; Mecheril 2004; Messerschmidt 2008; Radtke 1995, 2010, 2017; Scharathow 2015). Diese Ausblendung von Kultur könne am besten dadurch erreicht werden, dass dem pädagogischen Personal keine Informationen über die angeblichen Besonderheiten anderer Kulturen vermittelt werden. Denn dieses „Wissen" sei weitgehend falsch und helfe nicht dabei, die in kulturell-heterogenen pädagogischen Praxisfeldern auftretenden Probleme zu lösen, sondern würde sie eher verstärken. Auch diese Argumente sind nicht überzeugend.

1. Der Hinweis auf die Gefahr möglicher Kulturalisierungen durch die Thematisierung von Kultur und von kulturellen Unterschieden in der pädagogischen Praxis ist grundsätzlich berechtigt. Aber die These, dass das Sprechen über Kultur, kulturelle Differenzen und so weiter *automatisch* beziehungsweise *zwangsweise* zur Verfestigung von Stereotypen und zu kulturellem Rassismus führt, ist nicht plausibel. Analog zur Antifaschismus-Erziehung, in der die Erinnerung an den Faschismus und die kritische Diskussion dieser Ideologie dazu dient, Schüler gegen den Faschismus zu „immunisieren", kann auch das Sprechen über Kultur und kulturelle Differenzen dazu dienen, kulturelle Vorurteile und Diskriminierungen aufzuzeigen und in Zukunft zu vermeiden. Zudem können die möglichen Gefahren der Thematisierung von Kultur und von kulturellen Unterschieden selbst Gegenstand der interkulturellen Bildung sein, und sie sollten das auch sein. Allgemeiner gesagt: Anders als diese Kritik unterstellt, sind Personen nicht passive Opfer der Begriffe, die sie verwenden. Welchen Effekt die Thematisierung von Kultur und kulturellen Unterschieden hat, hängt vielmehr davon ab, *wie* diese Thematisierung geschieht.
2. Die von den Kritikern geforderte Ignorierung der kulturellen Herkunft von Schülern im Schulalltag verweigert ihnen die Anerkennung ihrer kulturellen Identität und fördert ihre Assimilation an die Kultur der Mehrheitsgesellschaft. Wie die historische Forschung zeigt, führt bereits das bewusste Ignorieren einer Minderheitskultur zur impliziten Betonung der Mehrheitskultur und trägt damit zur allmählichen Assimilation der Minderheit bei (Mchitarjan 2014). Damit fördert diese Form der interkulturellen Pädagogik ungewollt eine assimilatorische (Bildungs-)Politik.
3. Die Forderung nach der Nichtbeachtung kultureller Unterschiede in der pädagogischen Praxis steht im Widerspruch zur Forderung – zum Teil derselben Autoren – in der interkulturellen Erziehung und Bildung die Herkunftsspra-

Eine Analyse der neueren Kritik am Kulturbegriff 259

chenkenntnisse der Migrantenkinder zu fördern (z. B. Bainski, Krüger-Potratz 2008; Gogolin 2015).
Wie steht es schließlich mit der Forderung nach „Kompetenzlosigkeits-Kompetenz" (Mecheril 2010) als neues Ausbildungsziel für pädagogische Fachkräfte (s. auch Kalpaka 2015; Mecheril 2004; Radtke 1995, 2017)? Nach den vorausgehenden Ausführungen wird es nicht überraschen, dass nach Meinung der Autorin in interkulturellen Interaktionen nach wie vor interkulturelle Handlungskompetenz im klassischen Sinn gefragt ist. Es gibt eben zu viele Situationen, in denen das Nichtwissen um die kulturellen Normen, Werte, Weltsicht, Gewohnheiten und so weiter des Anderen zu Missverständnissen und Konflikten führen kann. Die Gefahr der Kulturalisierung scheint mir demgegenüber beherrschbar; besonders deshalb, weil es, wie erwähnt, zur interkulturellen Kompetenz auch gehört, sich der „Kulturalisierungsfalle" bewusst zu sein und mit dieser Gefahr umzugehen (vgl. Nieke 2008, Auernheimer 2016). Zudem lassen sich vorschnell getroffene „kulturelle" Erklärungen und Vorhersagen im Verlauf der Interaktion mit einem Mitglied einer anderen Kultur meist wieder revidieren, wie es ja auch im Fall von nichtkulturellen Erklärungen und Vorhersagen im Alltag regelmäßig geschieht.

3 Fazit

Ich komme zum Schluss, dass keiner der fünf untersuchten Kritikpunkte am Kulturbegriff – obwohl sie alle richtige Einsichten enthalten – ein überzeugendes Argument dafür darstellt, dass der Kulturbegriff wissenschaftlich unbrauchbar ist oder seine Verwendung mehr gesellschaftlichen Schaden als Nutzen anrichtet. Der Kulturbegriff erfüllt nach wie vor wichtige Beschreibungs- und Erklärungsfunktionen.

Einen zusätzlichen Beleg für diese Schlussfolgerungen sehe ich in der Tatsache, dass der Kulturbegriff in anderen Disziplinen (siehe Einleitung) weiterhin als unverzichtbar betrachtet wird, obwohl er auch dort kritisch diskutiert wird. Außerdem hat sich, wie die sozialkonstruktivistischen Kritiker des Kulturbegriffs in der Erziehungswissenschaft selbst einräumen, durch ihre Kritik an der pädagogischen Praxis – im Unterschied zum wissenschaftlichen Diskurs – bisher nicht viel geändert (vgl. z. B. Gogolin, Krüger-Potratz 2006; Kalpaka 2015; Mecheril 2010; Messerschmidt 2008; Radtke 2017). Vielleicht liegt das auch daran, dass ihre Kritik die praktisch tätigen Pädagogen nicht überzeugt hat.

Abschließend möchte ich auf Folgendes hinweisen: Selbst wenn die erziehungswissenschaftliche Kritik am Kulturbegriff stichhaltig wäre und dieser Begriff deshalb als wissenschaftliches Konzept aufgegeben werden müsste, so würde das nichts an der Tatsache ändern, dass das Konzept der Kultur eine wichtige Rolle in der Alltagspsychologie spielt (s. auch Mchitarjan, Reisenzein 2015). Das heißt, Vorstellungen von Kultur, kulturellen Gruppen und kulturellen Unterschieden zwischen Gruppen sind in der Alltagspsychologie der meisten Personen präsent und beeinflussen sowohl ihre Erklärungen des Verhaltens von Personen aus anderen Kulturen und der eigenen Kultur, als auch ihr Verhalten gegenüber diesen Personen. Diese Tatsache wird von den erziehungswissenschaftlichen Kritikern des Kulturbegriffs selbst betont, wenn sie auf die Gefahr der Kulturalisierung bei Verhaltenserklärungen hinweisen (z. B. Kalpaka 2015; Mecheril 2010; Messerschmidt 2008; Radtke 1995, 2017). Doch mit diesem Hinweis ist es nicht getan. Wenn die Erklärungen des Verhaltens Anderer und das Verhalten ihnen gegenüber von alltagspsychologischen Annahmen über Kultur und kulturelle Unterschiede beeinflusst werden, dann müssen wissenschaftliche Theorien des sozialen Verhaltens dieser Tatsache Rechnung tragen. Das kann aber nur dadurch geschehen, dass die Wissenschaft das alltagspsychologische Konzept der Kultur in ihren Theorien berücksichtigt und es erforscht, anstatt es zu ignorieren. Zumindest *in diesem Sinn* ist das Konzept von Kultur in der Wissenschaft unverzichtbar.

Literatur

Adorno, Th. W. 1966: Negative Dialektik. Frankfurt.
Auernheimer, G. 2010: Pro Interkulturelle Pädagogik. In: Erwägen – Wissen – Ethik 21: 121–131.
Auernheimer, G. 2016: Einführung in die Interkulturelle Pädagogik. 8. Aufl. Darmstadt.
Aumüller, J. 2009: Assimilation. Kontroversen um ein migrationspolitisches Konzept. Bielefeld.
Bainski, Chr., M. Krüger-Potratz 2008: Handbuch Sprachförderung. Essen.
Balibar, E. 1992: Rasse, Klasse, Nation: Ambivalente Identitäten. 2. Aufl. Hamburg.
Bayar, M. 2009: Reconsidering Primordialism: An Alternative Approach to the Study of Ethnicity. In: Ethnic and Racial Studies 32: 1639–1657.
Berry, J. W., J. S. Phinney, D. L. Sam, P. Vedder 2006: Immigrant Youth: Acculturation, Identity, and Adaptation. In: Applied Psychology: An International Review 55: 303–332.
Bisin, A., T. Verdier 2011: The Economics of Cultural Transmission and Socialization. In: J. Benhabib, A. Bisin, M. O. Jackson (eds.): Handbook of Social Economics. Vol. 1A. Amsterdam, 339–416.

BMFSFJ (Bundesministerium für Familie, Senioren, Frauen und Jugend) 2005: Genitale Verstümmelung bei Mädchen und Frauen. Eine Informationsschrift für Ärztinnen und Ärzte, Beraterinnen und Berater unter Verwendung von Informationen der Weltgesundheitsorganisation der Vereinten Nationen. Berlin, Osnabrück.
Bourdieu, P. 1984: Die feinen Unterschiede. 3. Aufl. Frankfurt am Main.
Brumann, C. 1999: Writing for Culture: Why a Successful Concept Should not be Discarded. In: Current Anthropology 40: 1–27.
Buss, D. M. 2016: Evolutionary Psychology. The New Science of the Mind. 5th ed. London, New York.
Castro Varela, M. do Mar, N. Dhawan 2015: Postkoloniale Theorie. Eine kritische Einführung. 2. Aufl. Bielefeld.
Charta der Menschenrechte 1948: Resolution der Generalversammlung 217A(III). Allgemeine Erklärung der Menschenrechte. URL: http://www.un.org/depts/german/menschenrechte/aemr.pdf.
Diehm, I., F.-O. Radtke 1999: Erziehung und Migration. Eine Einführung. Stuttgart.
Esser, H. 1999: Soziologie: Allgemeine Grundlagen. 3. Aufl. Frankfurt am Main.
Geertz, C. 1973: The Interpretation of Cultures. Selected Essays. New York.
Geertz, C. 1995: After the Fact. Two Countries, Four Decades, One Anthropologist. Cambridge, Mass.
Gezentsvey-Lamy, M. A., C. Ward, J. H. Liu 2013: Motivation for Ethno-Cultural Continuity. In: Journal of Cross-Cultural Psychology 44: 1047–1066.
Göbel, K., P. Buchwald 2017: Interkulturalität und Schule. Migration – Heterogenität – Bildung. Paderborn.
Gogolin, I. 2015: Vervielfältigung von sprachlicher Vielfalt. Beobachtungen und Forschungsergebnisse zur sprachlichen Lage in Deutschland. In: Migration und Soziale Arbeit 37: 292–298.
Gogolin, I., M. Krüger-Potratz 2006: Einführung in die Interkulturelle Pädagogik. Opladen, Farmington Hall.
Hall, S. 2012: Rassismus und kulturelle Identität. Herausgeben und übersetzt von U. Mehlem u. a. (Ausgewählte Schriften 2). Hamburg.
Hall, S. 2018: Ideologie, Identität, Repräsentation. Herausgegeben von J. Koivisto & Andreas Merkens. 5. Aufl. (Ausgewählte Schriften 4). Hamburg.
Hamburger, F. 1999: Zur Tragfähigkeit der Kategorien „Ethnizität" und „Kultur" im erziehungswissenschaftlichen Diskurs. In: Zeitschrift für Erziehungswissenschaft 2: 167–178.
Hamburger, F. 2006: Konzept oder Konfusion? Anmerkungen zur Kulturalisierung der Sozialpädagogik. In: Neue Praxis, Sonderheft 8: 178–191.

Hamburger, F. 2009: Abschied von der Interkulturellen Pädagogik. Weinheim, München.
Hansen, G., N. Wenning 2003: Schulpolitik für andere Ethnien in Deutschland. Zwischen Autonomie und Unterdrückung. Münster.
Henrich, J. 2004: Cultural Group Selection, Coevolutionary Processes and Large-Scale Cooperation. In: Journal of Economic Behavior and Organization 53: 3–35.
Hepp, A., A. Lehmann-Wermser 2013: Transformationen des Kulturellen. Prozesse des gegenwärtigen Kulturwandels. Wiesbaden.
Hofstede, G. 1991: Culture and Organizations – Software of the Mind. London.
Kalpaka, A. 2015: Pädagogische Professionalität in der Kulturalisierungsfalle. Über den Umgang mit „Kultur" in Verhältnissen von Differenz und Dominanz. In: R. Leiprecht, A. Steinbach (Hg.): Schule in der Migrationsgesellschaft, Bd. 2. Schwalbach/Ts., 289–312.
Knoblauch, H. 2003: Habitus und Habitualisierung: zur Komplementarität von Bourdieu mit dem Sozialkonstruktivismus. In: B. Rehbein, G. Saalmann, H. Schwengel (Hg.): Pierre Bourdieus Theorie des Sozialen: Probleme und Perspektiven. Konstanz, 187–201.
Kroeber, A., C. Kluckhohn 1952: Culture – A Critical Review of Concepts and Definitions. Cambridge.
Krüger-Potratz, M. 1999: Stichwort: Erziehungswissenschaft und kulturelle Differenz. In: Zeitschrift für Erziehungswissenschaft 2: 149–165.
Krüger-Potratz, M., H. Lutz 2002: Sitting at a crossroads – rekonstruktive und systematische Überlegungen zum wissenschaftlichen Umgang mit Differenzen. In: Tertium Comparationis 8: 81–92.
Kuhn, Th. S. 1962: The Structure of Scientific Revolutions. Chicago, Ill.
Kultusministerkonferenz 2013: Interkulturelle Bildung und Erziehung in der Schule. Beschluss der Kultusministerkonferenz vom 25.10.1996 in der Fassung vom 05.12.2013. URL: https://www.kmk.org/themen/allgemein bildende-schulen/weitere-unterrichtsinhalte/interkulturelle-bildung.html.
Kunze, P. 2017: Die kurze Geschichte der Sorben. Ein kulturhistorischer Überblick. Bautzen.
Leiprecht, R. 2004: Kultur – was ist das eigentlich? (Arbeitspapiere IBKM (Interdisziplinäres Zentrum für Bildung und Kommunikation in Migrationsprozessen 7). Oldenburg.
Luhmann, N. 1995: Kultur als historischer Begriff. In: N. Luhmann: Gesellschaftsstruktur und Semantik. Studien zur Wissenssoziologie der modernen Gesellschaft, Bd. 4. Frankfurt am Main, 31–54.
Maletzke, G. 1996: Interkulturelle Kommunikation: Zur Interaktion zwischen Menschen verschiedener Kulturen. Opladen.

Eine Analyse der neueren Kritik am Kulturbegriff

Malink, J. (Hg.) 2017: Fünf Jahrhunderte: Die Sorben und die Reformation. Bautzen.
May, S. 2005: Language and Minority Rights. New York.
Mchitarjan, I. 2014: Educational Policies for Non-Russian Minorities in Russia. A Theoretical-Historical Case Study. In: InterDisciplines. Journal of History and Sociology 5: 163–200.
Mchitarjan, I., R. Reisenzein 2013a: Kulturtransmission: Proximate und ultimate Mechanismen. In: G. Jüttemann (Hg.): Die Entwicklung der Psyche in der Geschichte der Menschheit. Lengerich, 140–151.
Mchitarjan, I., R. Reisenzein 2013b: The Culture-Transmission Motive in Minorities: An Online Survey of Adolescents and Young Adults with an Immigrant Background in Germany. (ISNR International Scholarly Research Notices Education, Volume 2013, Article ID 929058). URL: http://dx.doi.org/10.1155/2013/929058.
Mchitarjan, I., R. Reisenzein 2014: Towards a Theory of Cultural Transmission in Minorities. In: Ethnicities 14: 181–207.
Mchitarjan, I., R. Reisenzein 2015: The Culture-Transmission Motive in Immigrants: A World-Wide Internet Survey. (PLOS ONE (Public Library of Science), 10 (11): e0141625). DOI: 10.1371/journal.pone.0141625.
Mecheril, P. 2004: Einführung in die Migrationspädagogik. Weinheim, Basel.
Mecheril, P. 2010: „Kompetenzlosigkeitskompetenz". Pädagogisches Handeln unter Einwanderungsbedingungen. In: G. Auernheimer (Hg.): Interkulturelle Kompetenz und pädagogische Professionalität. 3. Aufl. Wiesbaden, 15–34.
Mecheril, P., Th. Olalde, C. Melter, S. Arens, E. Romaner 2013: Migrationsforschung als Kritik? Erkundung eines epistemischen Anliegens in 57 Schritten. In: P. Mecheril, Th. Olalde, C. Melter, S. Arens, E. Romaner (Hg.): Migrationsforschung als Kritik? Konturen einer Forschungsperspektive. Wiesbaden, 7–58.
Messerschmidt, A. 2008: Pädagogische Beanspruchung von Kultur in der Migrationsgesellschaft. Bildungsprozesse zwischen Kulturalisierung und Kulturkritik. In: Zeitschrift für Pädagogik 54: 5–17.
Modood, T. 2007: Multiculturalism. Cambridge.
Moosmüller, A. 2009: Kulturelle Differenz: Diskurse und Kontexte. In: A. Moosmüller (Hg.): Konzepte kultureller Differenz. Münster, 13–45.
Nieke, W. 2008: Interkulturelle Erziehung und Bildung. Wertorientierungen im Alltag. 3. Aufl. Wiesbaden.
Nieke, W. 2012: Kompetenz und Kultur. Beiträge zur Orientierung in der Moderne. Wiesbaden.

Pazhoohi, F., M. Lang, D. Xygalatas, K. Grammer 2017: Religious Veiling as a Mate-Guarding Strategy: Effects of Environmental Pressures on Cultural Practices. In: Evolutionary Psychological Science 3: 118–124.
Radtke, F.-O. 1995: Interkulturelle Erziehung. Über die Gefahren eines pädagogisch halbierten Rassismus. In: Zeitschrift für Pädagogik 41: 853–864.
Radtke, F.-O. 2010: Wir Vertreter/innen der Interkulturellen Erziehung. Ein Programm kommt in die Jahre. In: Erwägen – Wissen – Ethik 21: 198–200.
Radtke, F.-O. 2011: Kulturen sprechen nicht. Die Kultur grenzüberschreitender Dialoge. Hamburg.
Radtke, F.-O. 2017: Kategorie Kultur. In: Th. Bohl, J. Budde, M. Rieger-Ladich (Hg.): Umgang mit Heterogenität in Schule und Unterricht. Bad Heilbrunn, 61–76.
Richerson, P. J., R. Boyd 2005: Not by Genes Alone. How Culture Transformed Human Evolution. Chicago.
Römhild, R. 2018: Kultur. In: I. Gogolin, V. B. Georgi, M. Krüger-Potratz, D. Lengyel, U. Sandfuchs (Hg.): Handbuch Interkulturelle Pädagogik. Bad Heilbrunn, 17–23.
Scharathow, W. 2015: Ich sehe was, was du nicht siehst. Rassismuserfahrungen in der Schule. In: R. Leiprecht, A. Steinbach (Hg.): Schule in der Migrationsgesellschaft, Bd. 2. Schwalbach/Ts., 161–178.
Schönpflug, U. (ed.) 2009: Cultural Transmission. Psychological, Developmental, Social, and Methodological Aspects. Cambridge.
Thomas, A. 2005: Kultur und Kulturstandards. In: A. Thomas, E.-U. Kinast, S. Schroll-Machl (Hg.): Handbuch Interkulturelle Kommunikation und Kooperation. Grundlagen und Praxisfelder, Bd. 1. Göttingen, 19–31.
Verkuyten, M. 2005: The Social Psychology of Ethnic Identity. Hove.
Welsch, W. 1995: Transkulturalität. Zur veränderten Verfasstheit heutiger Kulturen. In: Zeitschrift für Kulturaustausch 45: 39–44.
Wilson, D. S. 2002: Darwin's Cathedral: Evolution, Religion, and the Nature of Society. Chicago u. a.
Yildiz, E. 2010: Die ungewollten Folgen der Interkulturellen Pädagogik. In: Erwägen – Wissen – Ethik 21: 217–219.
Zick, A. 2010: Psychologie der Akkulturation: Neufassung eines Forschungsbereiches. Wiesbaden.

Forschung und Anwendung

Interkulturelle Kompetenz und soziolinguistisches Wissen[1]

Volker Hinnenkamp

„*Cultures do not talk to each other, individuals do.*"
(Scollon & Scollon 1994: 125)

1.

Die Debatte um interkulturelle Kompetenz hat das multiperspektivische Dilemma von Kultur durch ein ebensolches von Kompetenz noch multipliziert, wie man an den vielen Listen- und Strukturmodellen, Kreiseln oder Spiralen und anderen Darstellungsformen unschwer erkennen kann, die die Faktoren, Ingredenzien und Einwirkungskräfte interkultureller Kompetenz veranschaulichen sollen. Diese Ansätze und Versuche fordern aber auch gleichzeitig heraus, sich an Begriff und Konzept weiterhin zu versuchen. Was interkulturelle Kompetenz letztlich ausmacht, wird dennoch weiterhin „fuzzy" bleiben – einerseits konturiert, andererseits ohne klare Ränder, offen, wie wir es auch bei der Debatte um den Kulturbegriff zu lieben gelernt haben, eben ein Sowohl-als-auch. Vielleicht wäre es einfacher zu bestimmen, was interkulturelle Kompetenz nicht ist, parallel zu Kevin Avruchs sechs Punkten, was Kultur *nicht* ist (Avruch 1998: 12 ff.) – so bleibt interkulturelle Kompetenz ein Feld der produktiven Auseinandersetzung.

Um die Sache noch zu verkomplizieren, scheinbar zumindest, möchte ich der interkulturellen Kompetenzdebatte nun noch einen weiteren Aspekt hinzufügen, der meines Erachtens in den Blickpunkt der Diskussion um interkulturelle Kompetenz gehört, weil er nämlich eine unabdingbare Voraussetzung von interkultureller Kompetenz darstellt: die Rolle soziolinguistischen Wissens.

---

[1] Alois Moosmüller als Organisator der Arbeitstagung „Interkulturelle Kompetenz: Kritische Perspektiven" sei an dieser Stelle ausdrücklich für den genialen Ablauf und die warmherzige Atmosphäre gedankt, auch für seine streitbaren Diskussionsbeiträge, die mich stets inspiriert haben.

2.

Soziolinguistisches Wissen wird in Teilen der einschlägigen wissenschaftlichen Literatur mit „soziolinguistischer Kompetenz" gleichgesetzt. Somit wäre nur das Adjektiv vor „Kompetenz" ausgetauscht. Ich will hingegen bei dem Begriff des „soziolinguistischen Wissens" bleiben, denn Wissensformen, gleich welcher Art, sind immer eine Voraussetzung der Kompetenz, aber nicht mit derselben gleichzusetzen. Ein meines Erachtens sehr fruchtbarer erweiterter Begriff ist der, den der linguistische Anthropologe Michael Agar mit „languacultural knowledge" ins Spiel gebracht hat (Agar 1994). Das Nomen „languaculture" ist ein sogenanntes Kofferwort oder englisch *blend*, für das es kein entsprechendes deutsches Pendant gibt. *Languaculture*, so argumentiert Agar von einem interkulturellen und kommunikationsanthropologischen Standpunkt aus, bringe zum Ausdruck, dass Formen kommunikativen Handelns niemals von Kultur getrennt betrachtet werden können, dass in der Sprache, in performativen Akten jeglicher Art, immer beides aufgehoben sei.

In der nordamerikanischen anthropologischen Linguistik als auch in der soziologischen Alltagsphänomenologie hat diese Verbindung traditionell immer eine große Rolle gespielt. Mit der Auseinandersetzung um Noam Chomskys nativistischen Kompetenzbegriff (1965) als universalgrammatische Struktur und eben dem kritischen Widerhall aus der anthropologischen Linguistik und Soziolinguistik um Dell Hymes und John Gumperz, formierte sich das Modell einer „kommunikativen Kompetenz" als eine Art Bündelung soziolinguistischer Wissensvoraussetzungen, derer es bedarf um sich in einer *community* sprachlich-kommunikativ beziehungsweise *languaculture*-mäßig adäquat zu verhalten (vgl. Hymes 1972; Gumperz, Hymes 1972; Cazden 2011). Diese frühe Position spiegelte sich auch wieder in Kulturkonzepten der kognitiven Anthropologie, beispielhaft eines Ward Goodenough, der schrieb:

> „(...) die Kultur einer Gesellschaft besteht in all dem, was man wissen oder glauben muss, um so handeln zu können, dass es für die Mitglieder dieser Gesellschaft akzeptabel ist. Und zwar in jeder beliebigen Rolle, die diese Gesellschaft auch für jedes ihrer eigenen Mitglieder akzeptiert. (...) Deshalb ist alles, was die Menschen sagen oder tun, was sie untereinander als sozial vereinbaren, ein Produkt oder Nebenprodukt ihrer Kultur" (Goodenough 1964; meine Übersetzung, V. H.).[2]

---

[2] „(...) a society's culture consists of whatever it is one has to know or believe in order to operate in a manner acceptable to its members, and to do so in any role that they

Dell Hymes entwickelte mit seinem Programm der Ethnographie des Sprechens beziehungsweise Ethnographie der Kommunikation eine grundlegende Ausgangsbasis zur Erforschung der *languaculture*, in der linguistisches und soziokulturelles Wissen – *communicative competence* – nicht auseinanderdividiert werden kann.

„Communicative competence extends to both knowledge and expectation of who may or may not speak in certain settings, when to speak and when to remain silent, whom one may speak to, how one may talk to persons of different statuses and roles, what nonverbal behaviors are appropriate in various contexts, what the routines for turn taking are in conversations, how to ask for and give information, how to request, how to offer or decline assistance or cooperation, how to give commands, how to enforce discipline, and the like – in short, everything involving the use of language and other communicative dimensions in particular social settings" (Saville-Troike 1995: 363).

Kompetenz umfasst hier also implizite Wissensbestände, mit dem Philosophen Gilbert Ryle (1949) gesprochen, das *knowing how*, im Gegensatz zu explizitem Wissen, dem *knowing that*.[3] Das Wissen-Wie ist in der Saville-Troike'schen Aufzählung natürlich beispielhaft segmentiert. Und da die Erkenntnisse über die Interaktionsstruktur immer weiter verfeinert wurden, gibt es sozusagen eine infinite Zahl von *knowing hows*.

Den Hymes'schen Ansatz kann man heute als normativ kritisieren, zudem ist die Situation, der Kontext, das *social setting* das Kraftzentrum, auf das sich adäquates Verhalten bezieht. Insofern haftet diesen frühen Ansätzen noch etwas Monologisches an. Auch wenn in der Ethnographie der Kommunikation gerade die Performativität im Vordergrund stand, so waren alle *how tos* gerichtet auf das, was als soziale Situation betrachtet wurde.

Dieser Ansatz wurde erweitert oder flankiert von kognitiven Ansätzen in der Linguistik, vor allem von Konzepten zur Rahmung von Handlungen, semantischen *frames*, in denen zusammenhängendes, kulturrelevantes Wissen sozusagen vernetzt abgespeichert sei. *Frames* oder unter anderen Begrifflichkeiten Schemata, *scripts* oder *activity types* beinhalten ähnliche seman-

---

accept for any one of themselves. (...) As such, the things people say and do, their social arrangements and events, are products or by-products of their culture as they apply it to the task of perceiving and dealing with their circumstances" (1964: 36).

[3] Ryle trifft die Unterscheidung zwischen *knowing that* und *knowing how*, um aufzuzeigen, dass jedem Wissen ein Können vorausgeht.

tisch zusammengehörige und kookkurrente oder sequentielle Bedeutungs- und Handlungsbündel. *Frames* und *scripts* sind allerdings metaphorisierte Formen solcher Wissensbestände. Agar zum Beispiel geht davon aus, dass wenn *frames* aufgrund unterschiedlicher *languaculture* nicht kompatibel sind, Rahmenanpassungen oder Rahmenaushandlungen vorgenommen werden müssen. Dies, so Agar, ist typisch für interkulturelle Situationen. Die Rahmen können dabei unterschiedlich reichhaltig, *rich*, sein, also kulturell unterschiedlich aufgeladen, bedeutungsvoll sein (Agar 1994).

Die Akteure sind auch in diesen kognitiv-semantischen Ansätzen nicht im Vordergrund der Betrachtung, sondern unterstellte kognitive Konstrukte, eben Wissenskonstrukte, auf denen Rahmungen, Bedeutungszuschreibungen und Handlungen basieren. Wurde bei Hymes auf vorgegebene Kraftfelder wie die Situation, der Kontext, das *social setting* verwiesen, wird mit Rahmungen nun auf die Modelle in den Köpfen der Teilnehmer rekurriert – in Relation zum Setting und der Situation.

Erst mit der interaktionalen Soziolinguistik und der Dynamisierung von Strukturen von Kontext wird das Kraftzentrum der Akteure in die Interaktion selbst gelegt: Es gibt ein dialektisches Verhältnis von Aushandlungsprozessen mit sowohl kombinierten als auch elementarisierten Zeichen der Kommunikationsebene und der Konstruktion von Situation und Kontext über gemeinsam oder konkurrenzlich gemachte Schlussfolgerungen der geltenden oder dominanten Wissenskategorien – seien es *frames*, *scripts* oder *activity types*. Gumperz taufte diesen Prozess „Kontextualisierung": Werden *languaculture*-Konventionen geteilt beziehungsweise als geteilt verstanden, dann kann man im Sinne der Sprechakttheorie von geglückter Kommunikation sprechen; werden Konventionen nicht geteilt – vereinfacht gesprochen – kommt es zu *miscommunication* der verschiedensten Arten, wie Ablaufstörungen, Missverständnissen, Konflikten auf allen möglichen Ebenen der Interaktionsstruktur. Sie aufzuzählen wäre müßig. Kommunikationsabläufe sind nicht mehr *smooth*; Erwartungen werden nicht erfüllt; es kommt zu unterstellten Zuschreibungen; die Rechte- und Pflichtensets werden *fuzzy*. Auch dies zeigen die Analysen der interaktionalen Soziolinguistik, auch sie gehen ein in das eigentliche Kraftfeld: die handelnden und aushandelnden Interaktionspartner (Hinnenkamp 2018).

3.

Eines der zentralen Konzepte in Gumperz' Ansatz ist – wie erwähnt – die Verflüssigung von Kontext als eine nicht mehr (alleinige) Determinante auf die kommunikative Situation, sondern als eine von den Kommunikationsbeteiligten zumeist unbewusst und normativ konstruierte Rahmung und Inbezugsetzung. Damit wird eine Verlagerung von Kontext als etwas Äußeres, von außen die Kommunikationssituation beeinflussende Größe, auf die intersubjektive Ebene von Diskurs und ihre Interpretation vorgenommen (vgl. Gumperz 1982, 1992; Auer 1986, 1992, 2013; Hinnenkamp 2018).

Funktionierende Kommunikation basiert natürlich auf interpretativen Leistungen der Kommunikationsteilnehmenden, die in interaktives Handeln umgesetzt werden. Das heißt, die Kommunikationspartner kommen zu Deutungen und Schlussfolgerungen, wie das, was der/die jeweils andere sagt, tut, signalisiert, auf der inhaltlichen und beziehungsmäßigen Ebene zu verstehen ist. Dabei basieren sie ihre Deutungen nicht nur auf das Verbale, auf Worte, Textbausteine, Phrasen oder Genres, sondern erst recht auf kleinste und allerkleinste Hinweise, auf Indizien für das, was sie sagen und vermitteln wollen, was sie meinen zu verstehen, oder was sie meinen wie es der Kommunikationspartner versteht. Sie achten folglich auf alle möglichen Signale *(cues)*. Solche Signale können kookkurrent, im Huckepackverfahren und in Abfolge, auftauchen oder als saliente Details, also als spezielle *attention getter*. Gumperz (1982: 130 ff.) nennt diese Signale folglich „Kontextualisierungshinweise" *(contextualization cues)*.

Diese Kontextualisierungshinweise umfassen also neben der verbalen Ebene auch paraverbale Phänomene, zum Beispiel prosodische Merkmale wie Intonation, Konturierung, Tonhöhenverlauf, Lautstärke, Geschwindigkeit, Rhythmus, Gliederung in Tongruppen, Akzentsetzung, Dehnungen, Staccato oder Pausensetzung. Gleichfalls spielen aber auch interaktionsstrukturelle Kriterien wie Sprecherwechselorganisation, Überlappungen oder Unterbrechungen von Sprecherbeiträgen eine Rolle. Dazu kommt das gesamte Inventar von nonverbalen Zeichen, zum Beispiel aus den Bereichen der Kinetik, der Proxemik, des Blickverhaltens und weitere. In den späteren Arbeiten der interaktionalen Soziolinguistik erweitert Gumperz die linguistisch genannten Merkmale um die indexikalischen Zeichen, also auf die Verweismacht von interaktionsgeschichtlichen oder sozialen oder historischen Bezügen.[4]

Alle diese Signale, *cues*, gleichwohl identifizierbar, interpretierbar, stehen nicht für sich, haben keine isolierte Bedeutung, sondern verweisen auf geteilte (oder diskrepante) Wissensrahmen oder Schemata (vgl. Auer 1986). Die komplexe Interaktionsstruktur mit ihren vielen Schichten liefert unzählige Möglichkeiten, denn neben den genannten Ebenen kommen noch die Strukturierung von neuer und alter Information hinzu; dann natürlich (bei mehrsprachigen Akteuren) die Sprachwahl, weiterhin die verwendeten sprachlichen Varietäten und Merkmalbündel wie Dialekte, Register, Stile und Stilisierungen

---

[4] Vgl. dazu die Analysen in Hinnenkamp 2018.

und vor allem die Switches und Oszillationen zwischen diesen. Ebenen wie das Imitieren, Übertreiben, Necken, Frotzeln können ebenfalls als Kontextualisierungssignale fungieren (Artamonova 2016). Auer (1992: 4) fast zusammen:

> „In most general terms, contextualization therefore comprises all activities by participants which make relevant, maintain, revise, cancel (...) any aspect of context which, in turn, is responsible for the interpretation of an utterance in its particular locus of occurrence."

Es ist also in der Regel ein Ensemble von ganz unterschiedlichen kommunikativen Verweisen, die auf die Intention einer Handlung hinweisen. Werden einzelne oder Bündel von *cues* anders gedeutet als sie im Rahmen der Handlung intendiert war, handelt es sich im strengen Sinne des Wortes bereits um ein Missverständnis, wenn auch vielleicht nur um ein geringfügiges. Allerdings bleibt es zumeist im Sinne einer rekonstruktiven Bearbeitung von Missverständnissen unidentifiziert (vgl. Hinnenkamp 1998: 129 ff.). Folglich kann man auch nicht sagen, worin es besteht; man kann nicht aushandeln, worin seine Ursachen liegen, wie es ausgeräumt oder repariert werden kann. Es ist vielmehr kumulativ und zirkulär. Die Kommunikationsteilnehmer merken gleichwohl, dass das Gespräch „aus dem Ruder läuft", dass es womöglich unkontrollierbar wird. Die Folgen sind Verunsicherung, die kommunikativen Folgen werden gespürt, aber nicht behoben.[5] Diese zirkuläre Malaise benennt Gumperz im Interview:

> „When people do not share these linguistic conventions, the kind of minor misunderstanding which would hardly bother people with similar conventions become dangerous because the very means that you use to repair a misunderstanding or error are themselves misunderstood. So you may be wanting to repair a situation and you're really making it worse. [...] it's this *cumulative effect* in an interethnic conversation which is so difficult and damaging" (Interview with John Gumperz, in: Gumperz, Jupp, Roberts 1979: 48 f.; Hervorhebung V. H.).

Eine solche – scheinbar banale – Schlüsselsituation hat Gumperz mit seinem „Gravy?"-Beispiel gegeben, das inzwischen Legende ist. Gumperz beschreibt

---

[5] Diese bekannten Folgen können aber eben auch für eine strategische Ausnutzung des Wissens um die Rolle bestimmter Kontextualisierungskonventionen produziert werden (vgl. Hinnenkamp 1998: 271 ff.; 2003).

hier das intonatorische Missverständnis zwischen indischen und pakistanischen Bediensteten und den Flughafenangestellten als Kunden in einer gewöhnlichen mittäglichen Mensasituation. Letztere beklagen sich über das angeblich ruppige Verhalten der Servicekräfte:

> „Observation revealed that while relatively few words were exchanged, the intonation and manner in which these words were pronounced were interpreted negatively. For example, when a cargo handler who had chosen meat was asked whether he wanted gravy, a British assistant would say ‚Gravy?' using rising intonation. The Indian assistants, on the other hand, would say the word using falling intonation: ‚Gravy'" (Gumperz 1982: 173).

Wie sich in Workshops mit den Beteiligten herausstellt, sind es vor allem unterschiedliche Betonungskonventionen, die zur Beschwerde der Kunden führen.

> „‚Gravy,' said with a falling intonation, is likely to be interpreted as ‚This is gravy,' i. e. not interpreted as an offer but rather as a statement, which in the context seems redundant and consequently rude" (ebd.: 173).

Auch wenn es vordergründig kaum von Bedeutung erscheint, so können die Folgen solcher missverständlicher Attribuierungen Stereotypisierung und Diskriminierung von Eingewanderten verstärken, denn es ist besonders der kumulative Effekt von kommunikativ nicht geteilten Konventionen, die auf dem Hintergrund von Voreingenommenheit eine geeignete Folie dafür abgeben auch noch in kommunikativen Eigenschaften eine Bestätigung von Vorurteilen zu finden, mithin aufgrund der interpretierten Signale Kontexte zu inferieren, die auf das intentionale Ignorieren von Höflichkeitsstandards von Seiten der „suspekten Anderen" hinauslaufen.

Ich habe an anderer Stelle (Hinnenkamp 1989: 1) einen Zeitungsartikel zitiert, der darüber berichtete, wie ein vermeintlicher Raubüberfall für Aufregung in der Innenstadt einer deutschen Großstadt sorgte:

> „[n]ach Angaben der Polizei hatte ein Ausländer (...) eine Frau angesprochen und ihr eine Frage stellen wollen. Die ältere Dame war darüber aus unerklärlichen Gründen so erschrocken, dass sie offenbar an einen Raubüberfall glaubte und laut um Hilfe schrie. Passanten versuchten daraufhin, der Frau zu Hilfe zu eilen. Angesichts der herannahenden ‚Retter' bekam es der junge Mann mit der Angst zu tun und rannte weg. Nach einer Verfolgungsjagd quer durch die Fuß-

gängerzone rettete sich der vermeintliche Übeltäter (...) in eine Straßenbahn. Dort wurde er von der inzwischen alarmierten Polizei mit einem Aufgebot von vier Streifenwagen und einem Zivilfahrzeug gestellt und herausgeholt. Zu seinem Glück stellte sich seine Unschuld aber bald heraus."

Man kann an diesem Beispiel sehr gut die Folgen der Kontextdifferenz zwischen der Intention „eine Auskunft erfragen" und des Hineindeutens eines Überfalls sehen – zwei in Folge in der Tat sehr dramatisch verschiedene Handlungskontexte. Die Verfolger müssen ohne weitere Evidenz bereits ihr (Vor-)Urteil gefällt haben, denn hätte nicht die „ältere Dame", sondern „der junge Mann" geschrien, wäre die Verfolgungsbereitschaft mit großer Wahrscheinlichkeit anders ausgefallen. Natürlich ist es spekulativ hier Kontextualisierungshinweise des fragenden „jungen Mannes" zu insinuieren, aber vielleicht war die Kombination seiner verbalen und nonverbalen Eigenheiten – wie möglichweise der Akzent oder die forsche Annäherung – für die „ältere Dame" derartig missverständlich, dass sie um Hilfe schrie. Nur selten werden unterschiedliche Situationsdeutungen aufgrund differenter Signale so drastische Folgen haben, aber folgenreich sind sie oft, wie im folgenden kleinen Transkript deutlich wird.

Beim Beginn eines Telefongesprächs beziehungsweise der Übernahme des Gesprächs (S weiß bereits, wer am Apparat ist und übernimmt von der Vorrednerin) kommt es zu folgendem Begrüßungsaustausch (S ist männlich, X weiblich):[6]

S: ((freundlich)) ja hallo:
X: ja guten morgen
S: HAI
X: oder hai;

S begrüßt X mit „ja hallo:", worauf sie mit „ja guten morgen" antwortet. Es handelt sich hier um ein typisches Adjazenzpaar, wie die ethnomethodologische Konversationsanalyse es nennt. Es ist eine reziproke Begrüßung, allerdings in der Form nur teilsymmetrisch, das heißt, X antwortet nicht ebenso

---

[6] Die verwendeten Transkriptionszeichen haben folgende Funktionen: Kommentar steht in (( )); Vokal mit Doppelpunkt betont die Längung des Vokals; Großschreibung bedeutet deutliche Hervorhebung; das Semikolon am Ende von „hai;" signalisiert fallende Betonung; (.) steht für kurze Pause; „kopier-" signalisiert Abbruch beziehungsweise Stimme in der Schwebe.

mit „hallo", sie übernimmt zwar die rhematische Vorschaltpartikel „ja", aber schließt dem ein „guten Morgen" an. Diese Asymmetrie wird zumindest von S mit einem emphatischen „HAI" gekontert, was X im Folgeturn übernimmt: „oder hai". Das „oder" kann man als Bezugnahme auf das alternative Grußformatsangebot verstehen. Die Konversationsanalyse würde hier eindeutig von einer korrektiven Nebensequenz sprechen: S fremdkorrigiert den für ihn vielleicht zu formalen Gegengruß, indem er eine deutlich informellere Wahl trifft, diese zudem besonders betont – jedenfalls scheint X diesen Gruß genau so aufzufassen, da sie ihn wiederholend aufgreift.

Aus einer interaktionssoziolinguistischen Perspektive handelt es sich bei diesem Beispiel um einen Kontextkonflikt, denn das initiale freundliche „ja hallo:" will sozusagen dem freundschaftlichen Aspekt der Beziehung zur Anruferin betonen, folglich in diesem Kontext der Beziehung das Telefonat entgegennehmen. X wiederum ruft aber hier nicht auf dieser Freundschaftsebene an, sondern sie ist gleichzeitig studentische Hilfskraft bei S, damit kommen unterschiedliche Positionierungen ins Spiel. Ihr formalerer Gegengruß will diesen differenten Beziehungsaspekt betonen; aus dieser Position heraus deutet sie ein anderes Kontextverständnis an, was von S aber entweder nicht verstanden oder absichtlich konterkariert wird, wenn dieser mit seinem Gegengruß sein informelleres Kontextverständnis noch einmal besonders hervorhebt. Dass sich X dem fügt, ist der formalen Konstellation mit den dazugehörigen Positionierungen der beiden Interaktionspartner geschuldet. S ist Universitätsdozent, X seine Studentin und studentische Hilfskraft. In dieser Angelegenheit ruft sie an, was in der Fortsetzung sogleich deutlich wird:

X: oder hai; äh (.) es is wegen deiner arbeit (.) ich habe eben kopier-
     äh kopiert

S und seine Partnerin und X und ihr Partner sind trotz der Altersunterschiede und der unterschiedlichen Positionen auch gleichzeitig befreundet, da ihre Kinder beide den selben Kindergarten besuchen und „dicke" Freundinnen sind. Vor diesem Hintergrund, zudem noch nach dem vorangegangenen informellen Gespräch zwischen X und S' Partnerin, kommt es also zum besagten Konflikt: In welchem Kontext begegnen sich die Kommunikationspartner, welche Handlungsmodalitäten folgen daraus, was sind die bestimmenden Momente dabei, und wie und durch was werden die Interaktionspartner beeinflusst, ihre jeweilige Intention durchzusetzen?

Erkennbar werden diese unterschiedlichen Kontextverständnisse bereits in den Grußangeboten beziehungsweise den gezeigten Verständnissen durch die Kommunikationspartner. Die Signalisierung dieser unterschiedlichen Verständnisse fand auf der lexikalischen, der intonatorischen, lautstärkemäßigen und kontrastsetzenden Ebene statt, die allesamt Kontextualisierungsverfahren darstellen; aber sie fanden auch gleichzeitig statt im Grenzbereich von persönlicher und institutioneller interaktionsgeschichtlicher Beziehungsebene mit den ihnen je eigenen symmetrischen und asymmetrischen Positionierungen. Das Wissen um Interaktions- und Beziehungsgeschichte, die Situation des Telefonats und weitere Bedingungen des Handelns stellen ebenfalls einen Kontext dar. Die interaktionale Soziolinguistik will genau diese beiden Kontextebenen, die im Handeln konstituierte mit den sozusagen „äußeren" Kontextbedingungen in Beziehung setzen; will diese als nicht konkurrierende, sondern als sich in wechselseitig bedingenden – gelungenen wie missglückten – interaktionalen Aushandlungsprozessen nachweisen und damit die Trennung von sozialer Bedingtheit und interaktiver Konstitution und Reproduktion aufheben.

Innovativ im Gumperz'schen Ansatz einer interaktionalen Soziolinguistik ist also der mögliche akribische Aufweis von einzelnen oder kombinierten Elementen der Interaktionsstruktur, die die gemeinsame kooperative und/oder konkurrenzliche und unter Umständen auch missverständliche Aushandlung bestimmen, in welchem gemeinsamen beziehungsweise differenten Kontext des Handelns die Kommunikationsteilnehmenden sich befinden. Die Kontexte dabei beim Namen zu nennen, ist in der Tat schwer, auch weil die Kontexte sich im Duktus des Aushandelns ändern, sich durchaus nicht immer so scharf herauskristallisieren, wie das etwa beim missverstandenen Raubüberfall der Fall war. Beim analysierten Telefonat war es das konkurrenzliche Verständnis, ob es sich um einen freundschaftlichen oder professionellen Kontext handeln würde. Selbst für die Klärung dieser Kontexteinigung musste die Einbeziehung des linguistischen, konversationsstrukturellen, interaktionsgeschichtlichen und sozialpositionalen Wissens der Beteiligten mit berücksichtigt werden.

Auer (1986) hat in seiner Rezeption des Gumperz'schen Ansatzes schon sehr früh versucht, über bestimmte implizite Fragestellungen sich diesem Kontextbegriff zu nähern. Auer hat die scheinbar unendliche Liste möglicher Kontextualisierungsverfahren hinsichtlich ihrer Wirkung in Fragestellungen gebündelt, die sich auf damit getriggerte Schemata beziehen. Sie sind das Ergebnis der folgenden fünf Fragen, anhand derer die Kommunikationsteilnehmenden sich sozusagen in actu ständig orientieren, welche Handlungs- und Beziehungsschemata betroffen sind: „1. Reden wir (gerade) miteinander?" bezieht sich auf das Schema des fokussierten Interagierens. „2. Wer redet (gerade) mit wem?" betrifft Schemata der Teilnehmer- und Teilnahmekonstellation. „3. Was tun wir (gerade) miteinander?" impliziert eine Differenzierung von Handlungsrelevanzen (z. B. alltagsweltlich vs. institutionell). „4. Worüber reden wir (gerade) miteinander?" verweist auf Topoi, auf Verweise, auf Explizites wie Implizites und ist natürlich mit „5. Wie stehen wir (gerade) zueinander?" aufs Engste verknüpft. Es verweist auf Beziehungsschemata und Interaktionsgeschichte.

4.

Was bedeutet dieser Ansatz für interkulturelle Kommunikationssituationen? Gumperz selbst hat seine Erkenntnisse primär aus solchen Kommunikationssituationen geschöpft, in denen die Aushandlung eines geteilten Kontextverständnisses schwierig und kompliziert war, eben weil die jeweiligen Schlussfolgerungen, die von den an der Interaktion Teilnehmenden signalisiert wurden, unterschiedlich und widersprüchlich waren. Das zitierte *Gravy*-Beipiel macht deutlich, dass Kontextualisierungskonventionen nicht geteilt wurden. Die Wahrscheinlichkeit, dass kulturell unterschiedliches Wissen auch zu differenten Inferenzen führt, ist ja eine Standardannahme; dass kleinste Elemente der Interaktionsstruktur auch Verweise auf soziokulturelle Wissensbestände, auf individuelle wie kollektiv-unterstellte Beziehungsgeschichte liefern, ist eine der Leistungen des Ansatzes für die interkulturelle Kommunikation.[7]

Dass die interkulturelle Kompetenz ein solches Wissen, ein soziolinguistisches, soziokulturelles Wissen im Sinne eines *languaculture*-Ansatzes fruchtbringend auch in eine sinnvolle Praxis – etwa der interkulturellen Sensibilisierung – einbringen kann, will ich im Folgenden mit einem Beispiel belegen, dass ich zusammen mit der Kollegin Doris Fetscher[8] entwickelt habe und dass sich eng an das Gumperz'sche Modell anlehnt. Wir haben dieses Trainingsmodul „Interkulturelle Dyaden" getauft, weil es stets zu zweit gespielt wird. Es eignet sich bestens gerade als ein Modul zu Beginn eines Sensibilisierungskurses, da es Bewegung und kommunikatives Aushandeln spielerisch miteinander vereint, mithin sogleich auch Erfahrung in einem dialogischen Bereich erlebbar macht und für die restliche Zeit eines längeren Trainings zu einem wichtigen Bezugspunkt wird.

Die Mitspielenden werden paarweise bestimmt und jede/r Einzelne erhält eine Instruktion, die sich nur in der Anweisung unterscheidet, welche interaktionsstrukturelle, sprich verbale, non- oder paraverbale, Regel für die nächs-

---

[7] Ich habe das immer wieder anhand von Transkripten authentischer Begegnungssituationen aufgezeigt. Am bekanntesten ist hier vielleicht das Stegreifgespräch zwischen einem Passanten und einem um Geld bettelnden älteren Herrn, in dem mit der Erkenntnis der Zugehörigkeit des Passanten zur Kategorie der „Migranten", zudem einem aus der Türkei durch die Frage „Türkischmann Du?", der Kontext des Gesprächs sich radikal ändert. Hier wird der Passant zum repräsentativen Anderen. Im Grunde werden dabei alle Auer'schen fünf Fragen berührt (vgl. Hinnenkamp 1989, 1991).

[8] Doris Fetscher ist Professorin für das Fachgebiet „Interkulturelles Training mit dem Schwerpunkt romanischer Kulturraum und International Business Administration" an der Westsächsischen Hochschule Zwickau.

ten paar Minuten des Spiels befolgt werden soll. Man kann die Instruktionen nach dem Zufallsprinzip paarweise verteilen oder – um einen systematischeren Effekt zu erreichen – nach bestimmter Passfertigkeit auswählen. Die Instruktion klingt einfach, wird aber – wie die Erfahrung zeigt – nicht einfach umgesetzt und natürlich wie immer in solchen Verfahren mitunter auch unterlaufen. Die Instruktion erfolgt schriftlich in Form einer expliziten Arbeitsanweisung, nicht ohne vorher auch an Kooperativität und einige Bedingungen, die das ganze erleichtern, zu appellieren. Im Folgenden ist das Muster einer solchen Instruktion angeführt:

Guten Tag! Diese Arbeitsanweisung ist nur für Sie persönlich bestimmt.
Bitte unterhalten Sie sich mit Ihrem Partner/Ihrer Partnerin im Stehen über das folgende Thema:
„Was erwartet uns wohl bei diesem Seminar?"[9]
Bitte befolgen Sie dabei konsequent die folgende Anweisung:

Halten Sie während des ganzen Gesprächs mindestens einen Meter Abstand zu Ihrem Partner/Ihrer Partnerin!

<u>Achtung</u>: *Sie dürfen weder vor dem Gespräch, noch während des Gesprächs und auch nicht danach über diese Anweisung mit Ihrem Mitspieler/Ihrer Mitspielerin oder anderen sprechen!*

Das Fettgedruckte ist nur eine von vielen möglichen Anweisungen. Untenstehend ist eine ganze Anzahl weiterer Regeln aufgelistet, aus denen man auswählen kann. Sie berühren verbale, nonverbale und paraverbale Aspekte der Kommunikation, aber auch solche, die etwas mit der Organisation von Konversation oder mit Höflichkeit zu tun haben. Einige der Anweisungen sind anspruchsvoller als andere.

Wenn die Spielenden sich paarweise auf eine größere Fläche verteilen, muss die Spielleitung darauf Acht geben, dass sich die Spieler/innen an die Regel halten. So muss etwa vorher deutlich gemacht werden, dass man die Instruktion nach dem Lesen einsteckt oder der Spielleitung aushändigt, dass man sich zudem weder während des Spiels hinsetzt noch an eine Wand anlehnt. So kommen im Grunde genommen zu den Regeln des Spiels noch andere des „guten Mitspielens" dazu – keine leichte Aufgabe für Spieler/innen und Spielleiter.

---

[9] Diese Frage dient als Platzhalter. Es ist gut, aktuelle Fragen als Gesprächsanlass zu nehmen, etwa bei Studierenden Fragen zum Studienverlauf, zum Nebenjob oder auch zu Tagesgeschehnissen.

- Verringern Sie den Abstand zu Ihrem Partner/Ihrer Partnerin – auch wenn er/sie zurückweicht. Gehen Sie nah dran!
- Unterbrechen Sie Ihren Partner/Ihre Partnerin. Fallen Sie ihr/ihm immer wieder ins Wort – auch wenn es gegen Ihre Gewohnheit ist!
- Antworten Sie nicht sofort, sagen Sie sich im Stillen „einundzwanzig" (ca. 1 Sek.) und antworten erst dann!
- Lächeln Sie Ihren Partner/Ihre Partnerin immerzu an! Sie sind eben ein besonders freundlicher Mensch!
- Berühren Sie Ihren Partner/Ihrer Partnerin während des Gesprächs immer wieder wie selbstverständlich am Ellbogen, an den Schultern und anderswo!
- Schauen Sie Ihrem Partner/Ihrer Partnerin bitte auf keinen Fall in die Augen!
- Starren Sie Ihren Partner/Ihre Partnerin immerzu auffällig an; weichen Sie nicht aus!
- Halten Sie während des Sprechens unauffällig die Hand vor Ihrem Mund (als würden Sie Ihr Gegenüber vor schlechtem Mundgeruch schützen wollen).
- Sprechen Sie auffällig leise mit Ihrem Partner/Ihrer Partnerin. Wenn eine Rückfrage dazu kommt, sagen Sie, das sei normal.
- Hören Sie Ihrem Partner/Ihrer Partnerin einfach nur sehr konzentriert zu! Sagen Sie selbst möglichst wenig – am besten gar nichts! – und geben Sie auch keine Feedbacksignale wie „Mhm", „Aha", „Ja ja".
- Geben Sie im Gespräch intensiv Feedback, indem Sie öfters laut und im hohen Ton „eeeh" sagen (anstelle von „mhm", „genau" etc.).
- Hören Sie Ihrem Partner/Ihrer Partnerin einfach sehr konzentriert zu. Geben Sie ihm bzw. ihr intensiv Feedback, indem Sie mindestens doppelt so oft wie sonst „Ja ja", „Mhm", „Aha" usw. sagen.
- Wiederholen Sie alle Äußerungen Ihres Partners/Ihrer Partnerin, bevor Sie sprechen, also etwa „Also Du erwartest also, dass es langweilig wird" etc.
- Lassen Sie sich ruhig auf das Gespräch ein, aber machen Sie Ihrem Partner/Ihrer Partnerin dabei so viele Komplimente wie möglich! „Wie schön Du das jetzt sagst", „Du hast wie immer recht", „Deine Meinung war mir immer wichtig!" usw. usf.
- Stimmen Sie allem, was Ihr Partner/Ihre Partnerin sagt, deutlich zu. Etwa: „Genau, so seh ich das auch", „Bin völlig einer Meinung mit Dir" etc.
- Wechseln Sie im Gespräch die Anrede von Du auf Sie oder umgekehrt!
- Nennen Sie Ihren Partner/Ihre Partnerin so oft es geht ganz deutlich beim Namen: „Ja, Frank, natürlich Frank, und, Frank, ich sehe das auch so, Frank …".

- Stellen Sie alles, was Ihr Partner/Ihre Partnerin sagt, in Frage: „Wieso? Das sehe ich nicht so!" oder „Wie kommst Du darauf?" oder „Da bin ich wirklich ganz anderer Meinung" etc.
- Worüber auch Ihr Partner/Ihre Partnerin sprechen wird, versuchen Sie immer das Thema auf Ihre Gefühle, Ihre Befindlichkeit zu lenken.
- Was immer Ihr Partner/Ihre Partnerin sagt – versuchen Sie besonders bescheiden und zurückgenommen zu sein, z. B. „Ach ich weiß da gar nichts", „In der Hinsicht bin ich sehr ungeschickt". Entschuldigen Sie sich immer wieder mal für das, was Sie sagen: „Entschuldigen Sie, ich will Ihnen nicht zu nahe treten ...", „Entschuldige, das ist jetzt sicher blöd, was ich sage ..."

Die Erfahrung zeigt, dass immer nur einige Spielende wirklich den instruierten Regeln voll und ganz Folge leisten. Und natürlich können durch die Anweisungen auch paradoxe Situationen entstehen. Aber auch diejenigen, die nicht den Instruktionen folgen, verhalten sich – bedingt durch die künstliche Situation des Spiels – oft irgendwie unnatürlich, zum Beispiel mit verkrampft verschränkten Armen, oder die Hände tief in die Taschen vergraben et cetera. Dies hat ebenfalls einen Effekt in der Wahrnehmung.

Nach Auflösung dieser ersten Spielrunde – über die instruierten Regeln wird noch nicht gesprochen – sitzen die Spieler/innen erneut zusammen und die Urteile und Eindrücke zu dem jeweiligen Mitspieler/innen werden mit möglichst wenigen und pointierten Worten festgehalten. Es ist interessant, dass durch Instruktionen und spielbedingte Unsicherheiten Zuschreibungen an den Spielpartner/die Spielpartnerin vorgenommen werden wie „total unsicher", „schlapp", „irgendwie unhöflich", „irgendwie bemüht".

Es folgt nun eine Diskussion, wieso solche Zuschreibungen zustande kommen, obwohl doch vermutlich alle irgendwie nur wenig anders gemacht haben als sonst. Das eröffnet ein breites Feld bis hin zu Verfahren des „Otherization". Auch kommt es zur Diskussion über die Schwierigkeit, einer neuen Regel zu folgen; Verkrampftheit und Unnatürlichkeit kommen zur Sprache. Oft mündet dies in Reflektionen über die Schwierigkeit der Anpassung, selbst wenn man nur eine einzige Regel konsequent durchhalten will – etwa stets dem Partner nicht in die Augen zu schauen, weil es als Dominanzverhalten verstanden wird. Zudem wird evident, dass jede Verhaltensänderung andere nach sich zieht: Wenn man es gewohnt ist, beim Sprechen dem Gegenüber in die Augen zu schauen, hat es massive Folgen auf das gesamte natürliche Verhalten, wenn man es nun nicht mehr darf. Das führt zu Fragen, inwieweit Anpassung und in welchem Maße sinnvoll sei: Bleibt die eigene Selbstverständlichkeit erhalten? Was bedeutet es für die Identität? Was bedeutet dann die Haltung „Die sollen sich gefälligst anpassen!"?

In der nächsten Runde werden die einzelnen Instruktionen offengelegt und die Paare berichten noch einmal von ihren Erfahrungen. Ein weiterer möglicher Schritt ist es, aus diesen Anweisungen ein *languaculture*-Modell oder ein Kompetenzmodell zu entwickeln, in denen Fragen des impliziten und expliziten Wissens, der Rolle von Regeln und Konventionen der Kommunikation diskutiert werden. Theoretisierungen sind natürlich gruppenabhängig. Aber der Erkenntnisgewinn aus diesem Spiel ist allemal hoch, da in der Regel alle Mitspieler/innen irgendwie verblüfft sind über die Bedeutung von einzelnen Regeln – oft ja nur Kleinigkeiten, die aber beim Gegenüber zu – mitunter gar stereotypen – Zuschreibungen aufgrund minimer Verhaltensänderungen geführt haben. In fortgeschritteneren Kursen kann dann auch eine Verbindung hergestellt werden zur interaktionalen Soziolinguistik und zur Rolle dessen, wie wir als Kommunizierende mit all den Mitteln der Interaktionsstruktur und dem soziokulturellen Wissen – und dem Nicht- beziehungsweise Anderswissen, weil das Wissen eben different ist – in der Kommunikationssituation operieren.

* * *

„Cultures do not talk to each other, individuals do", so Scollon und Scollon (1994: 125). Die Rolle des soziolinguistischen Wissens zeigt, dass Individuen mit ihren ihnen selbstverständlichen Repertoires an Signalen und Konventionen an der Herstellung von interkultureller Kommunikation beteiligt sind – „doing culture", wie es so schön heißt. Dies in der Praxis – und auch in der gespielten Praxis – zu lernen ist bereits ein wichtiger, vielleicht eines der wichtigsten Erkenntnisse für eine interkulturelle Kompetenz, die ja nicht nur das Ensemble all der unterschiedlichen Erkenntnisse sein will, sondern immer auch eine Praxis impliziert, die die Erkenntnisse umsetzt, die dann dem ethischen Anspruch von Interkulturalität gerecht wird. Moosmüller hat in einem frühen Aufsatz dazu prägnant festgestellt, dass die „interkulturelle Kommunikation als anwendungsorientierte Wissenschaft" sich nicht damit begnügen dürfe, „kommunikative Prozesse zu verstehen und zu analysieren, sondern sie will an deren Verbesserung mitarbeiten. Praxisrelevanz wird damit zum Kriterium ihrer Legitimation als Wissenschaft" (Moosmüller 1996: 274).

Literatur

Agar, Michael 1994: The Intercultural Frame. In: International Journal of Intercultural Relations 18: 221–237.
Artamonova, Olga 2016: „Ausländersein" an der Hauptschule: Interaktionale Verhandlungen von Zugehörigkeit im Unterricht. Bielefeld.

Auer, Peter 1986: Kontextualisierung. In: Studium Linguistik 19: 22–47.
Auer, Peter 1992: Introduction: John Gumperz' Approach to Contextualization. In: Peter Auer, Aldo di Luzio (Hg.): The Contextualization of Language. Amsterdam, Philadelphia, 1–37.
Auer, Peter 2013 [1999]: Kontextualisierung. John J. Gumperz. In: ders.: Sprachliche Interaktion. Eine Einführung anhand von 22 Klassikern. 2. Aufl. Berlin, Boston, 169–180.
Avruch, Kevin 1998: Culture and Conflict Resolution. Washington D.C.
Cazden, Courtney 2011: Dell Hymes's Construct of „Communicative Competence". In: Anthropology & Education Quarterly 42, 4: 364–369.
Chomsky, Noam 1965: Aspects of the Theory of Syntax. Cambridge, MA.
Goodenough, Ward H. 1964: Cultural Anthropology and Linguistics. In: Dell H. Hymes (Hg.): Language in Culture and Society. A Reader in Linguistics and Anthropology. New York, 36–39.
Gumperz, John J. 1982: Discourse Strategies. Cambridge.
Gumperz, John J. 1992: Contextualization Revisited. In: Peter Auer, Aldo di Luzio (Hg.): The Contextualization of Language. Amsterdam, Philadelphia, 39–53.
Gumperz, John J., Tom Jupp, Celia Roberts 1979: Crosstalk. A Study of Cross-Cultural Communication. Background Material and Notes for the BBC Film. Southall.
Gumperz, John J., Dell H. Hymes (Hg.) 1972: Directions in Sociolinguistics: The Ethnography of Communication. New York.
Hinnenkamp, Volker 1989: Interaktionale Soziolinguistik und Interkulturelle Kommunikation. Tübingen.
Hinnenkamp, Volker 1991: Talking a Person into Interethnic Distinction. A Discourse Analytic Case Study. In: Jan Blommaert, Jef Verschueren (Hg.): Intercultural and International Communication: Selected Papers from the 1987 International Pragmatics Conference (Part III) and the Ghent Symposium on Intercultural Communication. Amsterdam, Philadelphia, 91–109.
Hinnenkamp, Volker 1998: Missverständnisse in Gesprächen. Eine empirische Untersuchung im Rahmen der Interpretativen Soziolinguistik. Opladen, Wiesbaden.
Hinnenkamp, Volker 2003: Misunderstandings: Interactional Structure and Strategic Resources. In: Juliane House, Gabriele Kasper, Steven Ross (Hg.): Misunderstanding in Social Life. Discourse Approaches to Problematic Talk. Harlow, 57–81.
Hinnenkamp, Volker 2018: Interaktionale Soziolinguistik. In: Frank Liedtke, Astrid Tuchen (Hg.): Handbuch Pragmatik. Stuttgart, 149–162.

Hymes, Dell H. 1972: On Communicative Competence. In: John B. Pride, Janet Holmes (Hg.): Sociolinguistics: Selected Readings. Harmondsworth, 269–293.
Moosmüller, Alois 1996: Interkulturelle Kompetenz und interkulturelle Kenntnisse. Überlegungen zu Ziel und Inhalt im auslandsvorbereitenden Training. In: Klaus Roth (Hg.): Mit der Differenz leben. Europäische Ethnologie und Interkulturelle Kommunikation. Münster, New York, 271–290.
Ryle, Gilbert 1949: The Concept of Mind. Chicago (dt.: Der Begriff des Geistes).
Saville-Troike, Muriel 1995: The Ethnography of Communication. In: Sandra Lee McKay, Nancy H. Hornberger (Hg.): Sociolinguistics and Language Teaching. Cambridge, 351–382.
Scollon, Ron, Scollon, Suzanne Wong 1994: Intercultural Communication. A Discourse Approach. Oxford, UK, Cambridge, MA.

Interkulturelle Kompetenz aus Sicht der Gesprächsforschung

Katharina von Helmolt

So selbstverständlich die Relevanz interkultureller Kompetenz in Zeiten globaler und digitaler Vernetzung auf den ersten Blick erscheinen mag, so wenig scharf ist auch nach mehreren Jahrzehnten der Interkulturalitätsforschung das Profil dieses Begriffs geblieben. Dabei sind die Ansätze für seine wissenschaftliche Bestimmung und anwendungsorientierte Umsetzung zahlreich. Einen interessanten Einblick in den deutschsprachigen Diskurs vermittelt nach wie vor die in der Zeitschrift „Erwägen, Wissen, Ethik" veröffentlichte Kontroverse zum Thema (Benseler, Blanck, Keil-Slawik, Loh 2003). Diese Kontroverse aus dem Beginn der 2000er Jahre zeigt bereits deutlich das Unbehagen vieler Autor*innen an essentialistischen Auslegungen des Kulturbegriffs. Jüngere Publikationen bilden noch stärker die Bemühungen um eine Paradigmenverschiebung von strukturorientierten hin zu prozessorientierten oder „mehrwertigen" Sichtweisen auf Kultur und Interkulturalität ab (Bolten 2016). Die Versuche der Neuausrichtung in der Interkulturalitätsforschung stehen vor der Herausforderung, die in den letzten Jahren vermehrt in den Fokus gerückten Aspekte der Entgrenzung und Fluidität von Kultur einerseits und die in den Anfängen der Interkulturalitätsforschung stärker betonten Differenzen zwischen Handlungs- und Denkmustern andererseits definitorisch in den Griff zu bekommen.

Im Zusammenhang mit Kompetenzbestimmungen geht es darüber hinaus auch immer um die Frage, was richtiges und effektives Handeln ist und wie dieses in didaktischen Ansätzen zu vermitteln ist. In Anbetracht der Komplexität dieser Herausforderung ist eine disziplinenübergreifend konsensfähige Bestimmung interkultureller Kompetenz auch in Zukunft nicht zu erwarten (Straub 2007), dennoch ist zu hoffen, dass ein interdisziplinärer Austausch über das Thema auch für die Praxis der Vermittlung interkultureller Kompetenz verwertbare Anregungen generiert. Wie sich interkulturelle Kompetenz aus der Perspektive einer empirischen Forschungsrichtung wie der Gesprächsforschung und unter Berücksichtigung der Paradigmenverschiebung in der Interkulturalitätsforschung fassen lässt, ist das Thema dieses Beitrags. Nach einem Blick auf einige grundsätzliche Schwierigkeiten der wissenschaftlichen Bestimmung interkultureller Kompetenz wird dargestellt, welchen Beitrag die Gesprächsforschung zur Klärung des Begriffs leisten kann und bisher auch schon geleistet hat.

Interkulturellen Kompetenz – Herausforderungen der Begriffsbestimmung

Aus der Sichtweise eines empirischen Forschungsansatzes besteht eine grundsätzliche Problematik des Kompetenzbegriffs darin, dass Kompetenz selbst einem empirischen Zugriff nicht direkt zugänglich ist. Dies gilt auch für interkulturelle Kompetenz. Empirisch zu erfassen ist immer nur die jeweilige Performanz in konkreten Interaktionssituationen. Diese kann jedoch von einer im Prinzip nicht eingrenzbaren Menge an Kontextfaktoren beeinflusst werden. Zu diesen Faktoren gehören beispielsweise die Vorgeschichte der Interaktion, institutionell vorgegebene Aufgaben, Machtkonstellationen, offene oder verborgene Ziele und vieles mehr. Alle Variablen mit potentieller Relevanz für den Verlauf und das Ergebnis einer Interaktion erfassen zu können, ist eine Illusion. Kompetenzbestimmungen müssen daher bis zu einem gewissen Grade vage bleiben. Dazu kommt, dass ein und dasselbe beobachtbare Handeln theoretisch durch ganz unterschiedliche Kompetenzkonzepte erklärt werden kann. So lässt sich die Interaktion zwischen Ingenieuren einer international zusammengesetzten Arbeitsgruppe beispielsweise nach den Kriterien eines technisch-ingenieurwissenschaftlich orientierten, eines handlungspsychologisch basierten oder eines fremdsprachendidaktischen Kompetenzmodells beurteilen. Jedes der in der Beurteilung zugrunde gelegten Kompetenzmodelle wirft ein spezifisches Schlaglicht auf die Interaktion und lässt andere Elemente des komplexen Gesamtgeschehens in den Hintergrund treten.

Ein anderer Grund für die definitorische Widerständigkeit des Begriffs der interkulturellen Kompetenz liegt in seinen normativen Implikationen, die als kulturell verankerte Selbstverständlichkeiten sowohl in praktischen Anwendungsfeldern als auch in Forschungsarbeiten oft unreflektiert bleiben. Die Vorstellung von einer interkulturellen Kompetenzentwicklung basiert – zumindest in deutsch- und englischsprachigen Publikationen – in der Regel auf einem humanistisch geprägten Bild vom Menschen, dem das Streben nach Entwicklung und Selbstverwirklichung immanent ist. Interkulturelle Kompetenzentwicklung wird dementsprechend als Entwicklung hin zu etwas Positivem gedacht. Das Unterlassen der Reflexion dieser Prämisse ist jedoch aus erkenntnistheoretischer Sicht problematisch, weil dadurch unerwünschte Entwicklungseffekte forschungspraktisch ausgeblendet werden können (Weidemann 2007: 494).

Klärungsbedürftig ist schließlich auch der Geltungsanspruch interkultureller Kompetenz. Können Anforderungen an unterschiedliche Handlungskontexte von einem einzelnen Konzept interkultureller Kompetenz umfassend abgebildet werden oder erfordern variierende Kontexte jeweils bestimmte Segmente eines Gesamtkonzeptes beziehungsweise ganz neue Konzepte? Gelten Konzepte interkultureller Kompetenz für Face-to-face-Interaktionen genauso wie für internetbasierte zwischenmenschliche oder auch Mensch-Maschine-Interaktionen?

Nicht zuletzt stellt das Adjektiv *interkulturell* eine definitorische Herausforderung dar. Es wirft die eingangs erwähnte Frage nach der Auslegung des Kulturbegriffs auf und zieht durch das Determinans *inter-* den Verdacht des kulturalistischen Reduktionismus auf sich, da ein Zwischenraum nur zwischen voneinander getrennten Teilen bestehen kann (Földes 2003: 54). Das *inter-* mit seiner Implikation der Abgrenzbarkeit kultureller Einheiten wird nach dieser Lesart als unangemessene Beschreibung einer Lebenswirklichkeit gesehen, die aufgrund technologischer, ökonomischer und politischer Entwicklungen nicht als abgegrenzt, sondern als hybrid und vernetzt erlebt wird.

Paradigmenverschiebung in der Interkulturalitätsforschung

Kritische Reflexionen wie die genannten stehen im Zentrum jüngerer Publikationen, die sich mit der Paradigmenverschiebung in der Interkulturalitätsforschung befassen. Als Gemeinsamkeiten dieser Publikationen nennt Bolten die Aspekte „Mehrwertigkeit", „Relationalität" und „Perspektivenreflexivität" (Bolten 2016: 78). Der Begriff der Mehrwertigkeit wird von Bolten im Anschluss an Beck (1999) für die Bezeichnung multiperspektivischer Denkweisen verwendet, die Struktur- und Prozesshaftigkeit von Kultur(en) ebenso wie die kulturelle Mehrfachzugehörigkeit von Individuen berücksichtigen. Relationalität steht für die besonders infolge kommunikationstechnologischer Entwicklungen erhöhten Vernetzungsaktivitäten, die sich sowohl auf die Konstituierung kultureller Gefüge als auch auf die kontinuierliche Modellierung individueller Identitäten auswirken. Perspektivenreflexivität bezeichnet die Bewusstheit und sprachliche Dokumentation der Relativität von Sichtweisen auf Kultur und Interkulturalität.

Die Aspekte Mehrwertigkeit, Relationalität und Perspektivenreflexivität, die von Bolten als Merkmale kritischen „Neudenkens" von Kultur, Interkulturalität und interkultureller Kompetenz ausgemacht werden, bieten vielfache Anschlussmöglichkeiten an Erkenntnisinteressen und Methoden der Gesprächsforschung. Die Gesprächsforschung hat sich unter anderem aus der Ethnomethodologie (Garfinkel 1967), der Pragmatik (Austin 1972) und diverser ethnographischer Ansätze (Gumperz, Hymes 1972) entwickelt und wird seit mehreren Jahrzehnten im Rahmen von teils stärker soziologisch und teils stärker linguistisch ausgerichteten Forschungsrichtungen angewendet, um den Vollzug interaktiver Wirklichkeitskonstituierung empirisch zu untersuchen. Im Kontext von Überlegungen zur Neubestimmung von Interkulturalität und interkultureller Kompetenz ist es lohnenswert, das Potenzial der Gesprächsforschung für die Verknüpfung von Theorie- und Modellbildung mit empirischer Beobachtung zu betrachten. Denn gesprächsanalytische Untersuchungen haben immer sowohl prozessuale als auch strukturelle Aspekte des Handelns im Blick. Diese für die Gesprächsforschung charakteristische mehrwertige Sichtweise soll im Folgenden mit Blick auf die Begriffe Kompetenz, Interkulturalität und interkulturelle Kompetenz gezeigt werden.

Kompetenz aus Sicht der Gesprächsforschung

In der linguistischen Forschung ist der Kompetenzbegriff historisch eng mit der generativen Transformationsgrammatik Chomskys (1965) verbunden. Chomsky führt das Begriffspaar Kompetenz und Performanz ein, um das theoretisch verfügbare Regelwissen eines idealen Sprechers, die Kompetenz, von der konkreten Sprachanwendung, der Performanz, abzugrenzen. Kompetenz umfasst für Chomsky ein mental repräsentiertes System von Regeln und Prinzipien, das es einem Sprecher erlaubt, „einen beliebigen Satz zu verstehen und einen Satz, der seinen Gedanken ausdrückt, hervorzubringen" (Chomsky 1981: 203). Für Chomsky ist Sprache als System regelbasiert. Das natürliche Sprechen, die Performanz, kann jedoch von den Regeln des Sprachsystems abweichen und damit fehlerhaft sein. Entgegen dieser Auffassung von Performanz als defizitär im Vergleich zur Kompetenz eines idealen Sprechers ist für Hymes (1964) nicht nur das Sprachsystem, sondern auch die natürliche Kommunikation von Regeln geleitet, diese sind jedoch kontextspezifisch. Kommunikation orientiert sich nach Hymes an den impliziten Regeln einer Kommunikationsgemeinschaft, die auch nonverbale Elemente, Mittel des Aufbaus von Äußerungen oder die Wortwahl einschließen. Kommunikative Kompetenz betrachtet Hymes als die Fähigkeit, in sozialen Situationen im Sinne der Regeln einer Gemeinschaft angemessen zu kommunizieren. Angemessenheit kann dabei durchaus auch Abweichungen vom abstrakten Regelsystem implizieren. Damit ist sein Kompetenzbegriff nicht wie der von Chomsky an eine idealisierte Beherrschung von Sprachproduktion und -rezeption geknüpft, sondern an die Performanz im Kontext einer Kommunikationsgemeinschaft. Im Zentrum des von Hymes in Zusammenarbeit mit Gumperz begründeten empirischen Ansatzes der „Ethnographie der Kommunikation" (1972) steht die Idee der Wechselwirkungen zwischen sozialen Strukturen und ihrer kommunikativen Hervorbringung. Die Ethnographie der Kommunikation fokussiert den Handlungsvollzug, sie betrachtet das *Wie* und die lokale *Wirkung* von Kommunikation.

Die Performanzperspektive der Ethnographie der Kommunikation hat in der Folge Einfluss auf die Entwicklung verschiedener empirischer Forschungsrichtungen genommen, die hier unter dem Sammelbegriff der Gesprächsforschung zusammengefasst werden. Dazu gehören unter anderem die aus der amerikanischen Conversation Analysis hervorgegangene Konversationsanalyse (Kallmeyer, Schütze 1976; Bergmann 1981), die den Blick insbesondere auf die Sequenzialität von Interaktionen legt, die in der deutschen linguistischen Forschung entwickelte Diskursanalyse, die vor allem an institutionellem Handeln interessiert ist (Ehlich, Rehbein 1986; Wunderlich 1972) sowie die auch im Rahmen der Interkulturalitätsforschung rezipierten Ansätze der interaktionalen Soziolinguistik (Gumperz 1982; Cook-Gumperz, Gumperz 1976) und der ethnographischen Gesprächsanalyse (Deppermann 2000). Trotz einiger Differenzen hinsichtlich des Erkenntnisinteresses und des methodischen Vorgehens, die an anderen Stellen bereits ausführlich dargestellt wurden,[1] haben diese Ansätze zentrale Gemeinsamkeiten, die im Kontext dieses Artikels relevant sind. Dazu gehört die Annahme, dass soziale Ordnung und Wirklichkeit erst durch die handelnden Individuen hergestellt werden. Unter Bezugnahme auf ethnomethodologische Annahmen gilt das Forschungsinteresse der „Frage danach, wie die Welt als eine sinnhaft strukturierte, geordnete (...) Welt im alltäglichen Handeln erfahren, beschrieben, erklärt und sichtbar gemacht wird" (Bergmann 1988: 21). Wirklichkeit liegt danach nicht außerhalb menschlichen Handelns, sondern wird im alltäglich-praktischen Handeln interaktiv konstruiert. Die meist unbewusste Regelhaftigkeit dieses Handeln gilt es aufzudecken. Dabei liegt der Fokus auf natürlicher Kommunikation. Zu den methodischen Prinzipien gehört es, authentische Kommunikationssituationen mit Video- oder Tonaufnahmen aufzuzeichnen und zu transkribieren, damit sie für die Analyse verfügbar bleiben. An die Datenanalyse werden keine normativen Kriterien angelegt. Es geht nicht um die Fragestellung, welches Handeln richtig und welches falsch ist, sondern um die Form und situative Funktionalität des Handelns.

In Anbetracht der skizzierten deskriptiv-empirischen Ausrichtung der Gesprächsforschung wird deutlich, dass sich diese mit der oben erwähnten impliziten Normativität des Begriffs der interkulturellen Kompetenz nur schwer vereinbaren lässt. „Gesprächsforschung ist eine Beobachtungswissenschaft, die faktisches Handeln untersucht. Kompetenz ist dagegen ein Potenzialitätsbegriff" (Deppermann 2004: 18). Dennoch ermöglicht auch die Gesprächsforschung gewisse Aussagen über Kompetenz. Die Analyse von Interaktion in natürlichen Kontexten behandelt den Kompetenzbegriff zunächst als offene Frage und ohne normative Vorannahmen. Sie nimmt Ausschnitte menschlichen Handelns unter die gesprächsanalytische Lupe und beschreibt, auf welche Weise Beteiligte kommunikativ handeln und welche Konsequenzen ihr Handeln für den weiteren Verlauf der Interaktion hat. So kann erfasst werden, welche Handlungsweisen für die Erreichung der von den Beteiligten selbst

---

[1] Vgl. u. a. Brinker et al. 2001.

veranschlagten Ziele mehr oder weniger förderlich sind und welche Handlungsweisen Folgen haben, die von den Beteiligten nicht erwünscht sind. Insofern kann Gesprächsforschung kontextbezogen „deskriptive Normen" (Fiehler 1999: 32) für kompetentes kommunikatives Handeln herausarbeiten.

Kultur und Interkulturalität aus Sicht der Gesprächsforschung

Wie Kompetenz sind auch Kultur und Interkulturalität aus Sicht der Gesprächsforschung nur kontextspezifisch zu bestimmen. Das deskriptive und induktive Vorgehen der Gesprächsforschung impliziert, dass keine der Kommunikation vorgängigen Kulturkategorien an die Interpretation herangetragen werden. Nicht die Forscherin entscheidet aus der Außenperspektive, ob in einer Kommunikationssituation Interkulturalität vorliegt. Vielmehr ist es ausschlaggebend, ob Kultur und Interkulturalität in den aufgezeichneten Daten zum Ausdruck kommen. Es wird betrachtet, ob Kultur als „communicative achievement" von den Beteiligten geschaffen und im Kommunikationsverlauf relevant gesetzt wird (Hausendorf 2007: 404). Das gleiche gilt für Interkulturalität. Interkulturell ist Kommunikation aus Sicht der Gesprächsforschung dann, wenn Kultur und Interkulturalität im Sinne der Erfahrung, Inszenierung oder Konstruktion von kultureller Zugehörigkeit und kultureller Differenz in den Gesprächsdaten manifest werden.

Den Spuren von Kultur und Interkulturalität in der Kommunikation sind in der Vergangenheit zahlreiche Gesprächsforscher*innen nachgegangen, sie haben sich dabei besonders auf ethnographisch orientierte Ansätze der Gesprächsforschung wie die Interaktionale Soziolinguistik und die Ethnographische Gesprächsanalyse bezogen, die im Unterschied zur Konversationsanalyse auch ethnographische Zusatzdaten in die Interpretation einbeziehen. Die Vorgeschichte und die Kontextfaktoren eines Kommunikationsereignisses werden als handlungs- und deutungsleitend angesehen. Das macht diese Ansätze für die Interkulturalitätsforschung interessant. Ähnlich wie bei Geertz' ethnographischer Methode der „dichten Beschreibung" (Geertz 1983) zielt die Analyse auf die Rekonstruktion des „Bedeutungsgewebes", das die Beteiligten in ihrer Interaktion schaffen und stetig modifizieren. Demensprechend werden multimethodische Zugänge wie Interviews, Feldforschungen oder Dokumentenanalysen zur Erhebung von Kontextwissen eingesetzt. Die so gewonnenen ethnographischen Daten werden in die Interpretation von Interaktionsereignissen einbezogen. Dies erleichtert das Aufdecken auch solcher Relevanzen, die im Gespräch implizit bleiben, weil sie beispielsweise innerhalb eines kulturellen Kontextes als normal aufgefasst werden.

Auf diese Weise sind im Rahmen der Gesprächsforschung unterschiedliche Analysen mit Bedeutung für die Interkulturalitätsforschung durchgeführt worden. Gemeinsam ist ihnen ein mehrwertiger Blick, der sowohl den Prozess der interaktiven Hervorbringung von Kultur als auch dessen Anbindung an sedimentierte Strukturen von Wissen und konventionalisierten Praktiken berücksichtigt. Forschungen, die sich an der interaktionalen Soziolinguistik ausrichten, zeichnen in mikroanalytischen Studien nach, wie Kommunizierende sich wechselseitig aneinander ausrichten, indem sie subtile Signale auf der verbalen, paraverbalen und nonverbalen Ebene austauschen. Diese Signale oder „Kontextualisierungshinweise" (Gumperz 1982) haben kontextspezifische Bedeutung und kontextschaffende Wirkung, sie aktivieren bei den Beteiligten Wissensschemata, die handlungs- und deutungsleitend wirken. Als empirische Evidenz von Interkulturalität werden nach diesem Ansatz Kommunikationsdaten gesehen, die Nachweise über Irritationen dieses gemeinschaftlichen Kontextualisierungsprozesses enthalten. Diese können zum Beispiel darauf hinweisen, dass die Beteiligten Kontextualisierungshinweise unterschiedlich deuten. Zwar gehören Interpretationsdifferenzen zur Normalität von Kommunikation, wie Schütz (1971) gezeigt hat, da jede Person auf der Grundlage des eigenen Hintergrundwissens wahrnimmt und interpretiert und es zwischen Individuen nie eine exakte Überschneidung von Erfahrungen geben kann. Verständigung basiert deshalb nach Schütz auf der Unterstellung der „Reziprozität der Perspektiven", die für die praktischen Zwecke der Kommunikation auch in der Regel ausreicht. Jedoch kann diese Reziprozitätsunterstellung irritiert werden, wenn Handlungen außerhalb des erwarteten Spektrums von „Normalität" liegen. Führt dies dazu, dass den Kommunizierenden die wechselseitig aufeinander bezogene Ausrichtung aneinander mit Hilfe von Kontextualisierungshinweisen nicht gelingt, kann dies ausschlaggebend dafür sein, dass sie einander als fremd wahrnehmen. Schlägt sich dies im Gesprächsverlauf nieder, ist es für gesprächsanalytische Methoden erschließbar.

Ein weiterer für die Interkulturalitätsforschung relevanter Fokus der Gesprächsforschung liegt auf der interaktiven Hervorbringung, Reproduktion und Neuaushandlung kulturell-gesellschaftlicher Strukturen. So ist die Verteilung von Macht und Teilhabechancen in den meisten Gesellschaften nicht durch explizite Regeln begründet. Gesprächsanalytisch lässt sich zeigen, dass die von bestimmten Personengruppen habitualisierten Muster kommunikativen Handelns gesellschaftlich niedriger bewertet werden als die von anderen Gruppen. Daraus ergeben sich unterschiedliche Zugangschancen. Dieses von Gumperz (1982) vielfach untersuchte Phänomen verweist darauf, dass die einer Gesellschaft inhärente Dynamik von Machtunterschieden und Zugehörigkeitsoptionen auch auf der Mikroebene von Kommunikation wirksam ist. Fragen von Macht, Zugehörigkeit und Ansehen fließen in das kommunikative Handeln ein und werden hier von den Beteiligten in situ immer wieder reproduziert oder aber neu verhandelt. Auch Untersuchungen dieser Dynamik erfordern eine mehrwertige Betrachtungsweise, die Strukturen der Machtverteilung ebenso wie den Prozess ihrer Hervorbringung in die Analyse einbezieht.

Relationalität und Perspektivenreflexivität als Analyseperspektiven der Gesprächsforschung

Während eine mehrwertige Betrachtungsweise als grundlegendes Prinzip der Gesprächsforschung bezeichnet werden kann, stellen die Aspekte Relationalität und Perspektivenreflexivität optionale Fokusse der Analyse dar. Erkenntnisgewinn bieten sie beispielsweise bei der Untersuchung von Konstruktionen kultureller Zugehörigkeit und Abgrenzung. Dabei wird häufig auf das von Sacks entwickelte Konzept der „membership categorization device" (Sacks 1964) zurückgegriffen. Dieses Konzept bezieht sich auf den Zusammenhang zwischen sozialen Kategorien und kategoriengebundenen Merkmalen. Bestandteil jeder Kommunikation sind die Fragen: *Wer bin ich? Zu wem gehöre ich? Wer sind die anderen Beteiligten?* Zur Beantwortung dieser Fragen beziehen sich Kommunizierende auf geteiltes Wissen über soziale Kategorien und Regeln des Verweisens auf diese Kategorien. Zusammengehörigkeit und Abgrenzung werden dabei lokal markiert oder auch neu bestimmt. Durch die sequenzielle Analyse von Interaktionen unter der Analyseperspektive der Relationalität lässt sich rekonstruieren, wie Personen sich und andere im Rahmen eines Interaktionsereignisses ganz unterschiedlich identitätsbezogen verorten und welche der Zugehörigkeitsoptionen zu unterschiedlichen Netzwerken sie wann als relevant ansehen. Dies kann durch die explizite Nennung von Kategorien erfolgen. Viel häufiger werden jedoch Zugehörigkeit und Abgrenzung implizit markiert, etwa durch Verweise auf Merkmale, die als typisch für eine soziale Kategorie gelten. Wie das aussehen kann, soll nachfolgend an zwei Kommunikationsbeispielen gezeigt werden.

Beim ersten, von Wolff und Schönefeld (2011: 140) vorgestellten Beispiel,[2] handelt es sich um den Ausschnitt aus einer Kommunikation zwischen einem Trainer und einer Gruppe von Trainingsteilnehmern im Rahmen einer Qualifizierungsmaßnahme in einem Unternehmen.

---

[2] Die Transkriptionen der Kommunikationsbeispiele entsprechen dem Transkriptionssystem GAT 2 nach Selting et al. 2009.

Interkulturelle Kompetenz aus Sicht der Gesprächsforschung

Kommunikationsbeispiel 1

01 A	(...) und dann möchte ich noch gern wissen von euch.
02 A	(.) wer (.) mag kein schweinefleisch
03 Gruppe	((15 von 36 Teilnehmern melden sich wortlos))
04 A	so das noch der küche mitteilen (...)

Der Kommunikationsteilnehmer A ist Trainer einer Gruppe von Auszubildenden, von denen einige im Vorfeld des zitierten Ausschnitts von ihrer türkischen Staatsbürgerschaft erzählt haben. Der Aspekt der Relationalität bietet einen möglichen Analysefokus auf diesen Kommunikationsausschnitt: Mit dem Begriff „schweinefleisch" nimmt A Bezug auf eine Zugehörigkeitskategorie, indem er indirekt die religiöse Norm des Verzichts auf den Verzehr von Schweinefleisch anspricht. Wolff und Schönefeld interpretieren die Wortwahl des Trainers als eine Form, die aus praktischen Gründen notwendige Frage nach der Essenswahl zu stellen, ohne dabei die grenzziehende Zugehörigkeitsthematik weiter zu forcieren. Hätte A das Verb „dürfen" gewählt und damit die Essenswahl als eine Frage religiöser Normen kontextualisiert, wäre er im Kontext der Zugehörigkeitsdifferenzierung verblieben. Das Verb „mögen" bringt die Essenswahl mit individuellem Geschmack in Verbindung, der Kontext der religiösen und nationalen Zugehörigkeit wird damit gewissermaßen „neutralisiert".

Aus der Interpretationsperspektive der Relationalität lässt sich auch das zweite Kommunikationsbeispiel analysieren. Der von Androutsopoulos und Hinnenkamp (2002: 30) publizierte Datenausschnitt stammt aus einer Chatkommunikation unter Jugendlichen auf dem Chatkanal #helos. Es zeigt, wie von den Jugendlichen Praktiken des Kode-Switching eingesetzt werden, um in rascher Abfolge Zugehörigkeiten zu unterschiedlichen Netzwerken anzuzeigen. Im spielerischen Wechsel von Relevantsetzungen diverser Zugehörigkeiten und der lokalen Verhandlung entsprechender Regeln wird gleichzeitig die flüchtige Kulturalität einer digitalen Community generiert.

Kommunikationsbeispiel 2

192.	<simos>	kaneis apo frankfurt?
		jemand aus frankfurt?
196.	**<Faraway>**	**nein**
198.	<simos>	ti nein gamw thn trela mou....
		was nein verdammt nochmal
201.	**<Telis>**	**ja**
204.	**<simos>**	**ja????**

205. <Telis>	**ja!**
209. <Faraway>	**Stuttgart grüsst Frankfurt!**
210 <Faraway>	**:)**
211. <Telis>	**'lo**
212. <simos>	**ebenfalls!!!!!**
213. <Faraway>	**danke :)**
215. <stratos>	**kopse ta germanika re!**
	hör auf mit deutsch, he!
217. <Faraway>	**nai re!**
	ja, he!
219. <PATRA>	**KOPSTE TIS MALAKIES ME TO DEUTSCH!!!!!**
	hört bloß mit dem scheissdeutsch auf!

Im Chat geht es zunächst um Fragen der Ortsreferenz. Durch die Wahl des Griechischen wird zusätzlich von <simos> implizit der Zugehörigkeitsaspekt „griechischer Migrationshintergrund" relevant gesetzt. Von <Faraway> und <Telis> wird diese Relevantsetzung jedoch nicht ratifiziert, sie antworten auf Deutsch und fokussieren gemeinsam den Zugehörigkeitsaspekt der Ortszugehörigkeit. Nachdem <simos> sich auf den Sprachwechsel eingelassen hat, formuliert <stratos> auf Griechisch explizit seinen Protest gegen die Wahl des Deutschen und erreicht damit wieder einen Kode-Switch ins Griechische. Kodeswitching-Praktiken wie diese zeigen die Prozesshaftigkeit der identitären Verortung in einer Vielfalt von Netzwerken sowie den Konstruktcharakter und die Verhandelbarkeit kultureller Grenzziehungen. Gleichzeitig schlägt sich in diesem Dialog auch der Prozess der Aushandlung konstituierender Regeln und Zugehörigkeitsrelevanzen einer Chatkultur nieder.

Der Analysefokus der Perspektivenreflexivität erlaubt die Rekonstruktion von Verfahren, die Kommunizierende einsetzen, um Zugehörigkeitsaspekte zum Ausdruck zu bringen und damit ihre Perspektive auf ein Thema zu erklären. Eine Variante dieses „perspektivenreflexiven Sprechens" (Nazarkiewicz 2010, von Helmolt 2016) zeigt das dritte Kommunikationsbeispiel. Der Datenausschnitt ist einem Online-Diskussionsformat mit dem Titel „Wir müssen reden" entnommen.[3] In der Online-Diskussion geht es um Fragen religiöser, kultureller und nationaler Zugehörigkeit. Der Kommunikationsausschnitt ist Teil der Antwort des Vorsitzenden des Vereins JUMA (jung, muslimisch, aktiv) auf eine Publikumsfrage nach der Einstellung junger Muslime zu den Rechten von Homosexuellen.

---

[3] Die von der Friedrich-Ebert-Stiftung produzierte Talkshow wurde 2016 durchgeführt und live über ein Datenportal übertragen (https://sagwas.net).

Kommunikationsbeispiel 3

```
01 Y   (...) äh grundsätzlich hat ja jeder mensch
02 Y   quasi ehm die freiheit quasi
03 Y   so zu leben wie er möchte
04 Y   ich als religiöser mensch äh
05 Y   bin natürlich der auffassung quasi
06 Y   ehm dass es nicht umsonst
07 Y   äh quasi so ist
08 Y   dass es mann und frau gibt
09 Y   äh das heißt ehm
10 Y   ich als religiöser mensch argumentiere so
11 Y   dass dass gott sich wohl was dabei gedacht haben KANN
12 Y   aber das ist meine persönliche meinung
13 Y   und äh ich bin hier auch kein äh
14 Y   gewiefter gelehrter quasi islamischer gelehrter
15 Y   der seine position dazu abgibt
16 Y   aber mich stört es nicht (...)
```

Y positioniert sich zunächst als konform mit menschen- und verfassungsrechtlichen Positionen. Ab der Zeile 04 wechselt er in die Perspektive eines bekennenden Muslimen („ich als religiöser mensch"). Durch die Wahl und besondere Betonung des Verbs „KANN" relativiert er seine Aussage, indem er sie als Potentialität kennzeichnet. Ab Zeile 13 expliziert er, dass er seine Aussage als Privatperson und nicht als Funktionsträger getroffen hat. Durch die lokale Relevantsetzung unterschiedlicher Zugehörigkeitsaspekte expliziert Y den Hintergrund, vor dem seine Argumentation für andere Interaktionsbeteiligte nachvollziehbar wird. Mit dieser Form des perspektivenreflexiven Sprechens dokumentiert Y sein Bewusstsein für die Relativität von Standpunkten und Betrachtungsweisen. Die Bindung einer Aussage an eine Sprechperspektive impliziert gleichzeitig einen Hinweis auf ihre Verhandelbarkeit und eröffnet damit einen Raum für weitere Sichtweisen und Schlussfolgerungen.

Bestimmung und Vermittlung interkultureller Kompetenz aus Sicht
der Gesprächsforschung

Die drei Kommunikationsausschnitte erlauben eine jeweils kontextspezifische Deskription interkulturell kompetenten Handelns. Im ersten Datenausschnitt kann das Kommunikationsverhalten des Trainers als interkulturell kompetent beurteilt werden, wenn man voraussetzt, dass die Vermeidung von Grenzziehungen zwischen den Lernenden im institutionellen Kontext einer Qualifizierungsmaßnahme zu den Kommunikationszielen des Trainers gehört. Durch seine Formulierung berücksichtigt der Trainer kulturelle Zugehörigkeit und damit verbundene potenzielle Handlungsnormen, gleichzeitig neutralisiert er sie, indem er die Verknüpfung zwischen Entscheidungen und Zugehörigkeitsoptionen offenlässt.

Eine ganz andere Ausprägung interkultureller Kompetenz zeigt das zweite Beispiel. Wenn in Betracht gezogen wird, dass es den Jugendlichen genau darum geht, Themen der identitären Verortung kommunikativ zu bearbeiten und sich wechselseitig Zugehörigkeit und Gemeinschaft zu bestätigen oder aber sich von Personen außerhalb des Chatforums abzugrenzen und gerade damit zur Konstituierung einer digitalen Community beizutragen, können auch ihre Praktiken des Kode-Switching kontextspezifisch als Ausdruck interkultureller Kompetenz gesehen werden.

Das dritte Kommunikationsbeispiel ist ein Ausschnitt aus einem Online-Format, das sich durch den Titel „Wir müssen reden" und auch durch eine entsprechende Anmoderation zu dem Ziel bekennt, wechselseitiges Verstehen zu fördern. In einem solchen Kontext kann die von Y praktizierte Explikation der kulturell-religiösen Gebundenheit seiner Perspektive ebenfalls als eine Variante interkulturell kompetenten Handelns aufgefasst werden. Denn sie bewahrt seine Aussage vor dem Anschein eines apodiktischen Anspruchs und ermöglicht es anderen, seine Perspektive nachzuvollziehen.

Der Weg zur Bestimmung interkultureller Kompetenz ist – wie die Interpretationen der drei Kommunikationsbeispiele zeigen – aus Sicht der Gesprächsforschung ein deskriptiver, induktiver und kontextbezogener. Sowohl (Inter-)Kulturalität als auch Kompetenz lassen sich aus der sequenziellen Analyse von Kommunikationsverläufen ableiten. Diese bieten Hinweise darauf, ob und wie sich Kultur und Interkulturalität in der Interaktion manifestieren, wie die Beteiligten in wechselseitiger Bezugnahme aufeinander damit umgehen und wie sich dies auf die Erreichung ihrer Ziele auswirkt.

Für die Vermittlung eines in diesem Sinne kompetenten kommunikativen Handelns hat die angewandte Gesprächsforschung seit den 1990er Jahren eine Reihe von didaktischen Konzepten erarbeitet (Brünner, Fiehler, Kindt 1999; Becker, Mrotzek 2004). Sie zielen darauf ab, Gesprächsforschung nicht nur als eine theoretisch-wissenschaftliche, sondern auch als eine „anwendungsorientierte Disziplin" (Brünner, Fiehler, Kindt 1999: 8) zu verstehen und die Ergebnisse und die Methodik der Gesprächsforschung für Qualifizierungsmaßnahmen zu nutzen. Das didaktische Prinzip besteht darin, authentische Kommunikation – idealerweise solche, in denen die Teilnehmenden selbst kommunizieren – aufzuzeichnen und auf strukturelle Besonderheiten, typische Kommunikationsprobleme und Bewältigungsstrategien hin zu analysieren. Unter Berücksichtigung des spezifischen Kontextes und der gegebenenfalls institutionellen Anforderungen oder Probleme des Kommunikationsanlasses kann in Lehr-/Lernsituationen anhand der aufgezeichneten Kommunikationsereignisse herausgearbeitet werden, welche Handlungsweisen der Kommunikationsteilnehmer*innen für die Erreichung welcher Ziele mehr oder weniger förderlich sind und welche Handlungsweisen unerwünschte Konsequenzen nach sich ziehen. Darüber hinaus kann die Frage erörtert werden, welche Handlungsalternativen die Beteiligten hätten. Ob empirisch nachvollziehbare Manifestationen von Kultur und Interkulturalität analyserelevant sind, ist dabei eine zunächst offene und erst im Verlauf der Analyse zu beantwortende Frage. So lassen sich auf den Kontext bezogene deskriptive Normen der interkulturellen Kommunikation identifizieren. Im Sinne systemischer Lernkonzepte kann dieser Ansatz als interkulturelles Lernen „zweiter Ordnung" bezeichnet werden (Arnold 2006; Otten, Hertlein, Teekens 2013). Das didaktische Ziel besteht in der Aneignung der Fähigkeit zur Reflexion über Formen und Wirkungen des eigenen kommunikativen Handelns unter Berücksichtigung möglicher Ausdrucksformen von Kultur und Praktiken der Konstruktion von kultureller Zugehörigkeit und Differenz.

Fazit

Mehrwertige Sichtweisen, wie sie in der aktuellen Interkulturalitätsforschung gefordert werden, bieten vielfache Anschlussmöglichkeiten an die theoretischen Prämissen und methodischen Verfahren der Gesprächsforschung. So rekonstruieren gesprächsanalytische Studien etwa, wie Kultur in Interaktionsformen zum Ausdruck kommt und gleichzeitig dadurch hervorgebracht wird, oder sie zeigen die kommunikativen Praktiken auf, die einerseits soziale Kategorien als geteilte Wissensstrukturen voraussetzen und mit denen andererseits Fragen kultureller Zugehörigkeiten und Grenzziehungen immer wieder neu verhandelt werden. Damit werden Aspekte von Strukturalität und Prozessualität gleichermaßen in den Blick genommen. Aus der Perspektive eines solchen auf den Vollzugscharakter sozialer Wirklichkeit orientierten Forschungsansatzes ist interkulturelle Kompetenz jeweils nur kontextspezifisch und deskriptiv zu bestimmen. Das im Fokus der Betrachtung stehende Interaktionsereignis gibt Hinweise darauf, ob und inwiefern Kultur und Interkulturalität in der Kommunikation manifest werden und welche kommunikativen Handlungsweisen sich unter dieser Bedingung als kompetent im Sinne der Erreichung veranschlagter Ziele zeigen.

Auf Fragen der Bewertung dieser Ziele unter ethischen, moralischen, politischen oder rechtlichen Gesichtspunkten gibt Gesprächsforschung jedoch keine Antworten. Wie Deppermann mit Verweis auf Weber ausführt, ist dies auch nicht ihre Aufgabe (Deppermann 2004: 26, Weber 1930). Denn Fragen nach richtigem und falschem Handeln sind letztendlich im gesellschaftlichen oder idealerweise auch gesellschafts- und kulturübergreifenden Diskurs zu klären. Zu diesem kann Gesprächsforschung jedoch beitragen, indem sie aufzeigt, welche kommunikativen Handlungsweisen welche Konsequenzen nach sich ziehen und wie sich diese zu angestrebten Zielen verhalten.

Literatur

Androutsopoulos, Jannis, Volker Hinnenkamp 2002: Code-Switching in der bilingualen Chat-Kommunikation: Ein explorativer Blick auf #hellas und #turks. In: Michael Beißwenger (Hg.): Chat-Kommunikation. Sprache, Interaktion, Sozialität & Identität. Perspektiven auf ein interdisziplinäres Forschungsfeld. Band 2. Stuttgart, 367–402.

Arnold, Rolf 2006: Erwachsenenpädagogik: Die Wissenschaft von der Erwachsenenbildung. Einführender Studienbrief in das Fernstudium Erwachsenenbildung. Kaiserslautern, 71–78.

Austin, John Langshaw 1972: Zur Theorie der Sprechakte (How to do things with words). Stuttgart.

Beck, Ulrich 1999: Was ist Globalisierung? Frankfurt am Main.

Becker-Mrotzek, Michael, Gisela Brünner (Hg.) 2004: Analyse und Vermittlung von Gesprächskompetenz. (forum ANGEWANDTE LINGUISTIK, Band 43). Frankfurt am Main.

Benseler, Frank, Bettina Blanck, Reinhard Keil-Slawik, Werner Loh 2003: Interkulturelle Kompetenz – Grundlagen, Probleme und Konzepte. In: Erwägen, Wissen, Ethik 14, 1: 137–228.

Bergmann, Jörg R. 1981: Ethnomethodologische Konversationsanalyse. In: Peter Schröder, Hugo Steger (Hg.): Dialogforschung. Jahrbuch 1980 des Instituts für Deutsche Sprache. Düsseldorf, 9–51.

Bergmann, Jörg R. 1988: Ethnomethodologie und Konversationsanalyse. Studienbriefe (1–2). Hagen.

Bolten, Jürgen 2016: Interkulturelle Trainings neu denken. In: Jürgen Bolten (Hg.): (Inter-)Kulturalität neu denken! interculture journal 15, 26, Sonderausgabe: 75–92.

Brinker, Klaus, Gerd Antos, Wolfgnag Heinemann, Sven F. Sager (Hg.) 2001: Text- und Gesprächslinguistik. Ein internationales Handbuch zeitgenössischer Forschung. 2. Halbband: Gesprächslinguistik. Berlin, New York.

Brünner, Gisela, Reinhard Fiehler, Walther Kindt (Hg.) 1999: Einführung in die Bände. Angewandte Diskursforschung. Band 1: Grundlagen und Beispielanalysen. Opladen, Wiesbaden, 7–17.
Chomsky, Noam 1965: Aspects of the Theory of Syntax. Cambridge, Massachusetts.
Chomsky, Noam 1981: Regeln und Repräsentationen. Frankfurt am Main.
Cook-Gumperz, Jenny, John J. Gumperz 1976: Context in Children's Speech. Papers on Language and Context = Working Paper No 46, Language Behaviour Research Laboraty. Berkeley.
Deppermann, Arnulf 2000: Ethnographische Gesprächsanalyse: Zu Nutzen und Notwendigkeit von Ethnographie für die Konversationsanalyse. In: Gesprächsforschung. Online-Zeitschrift zur verbalen Interaktion 1: 96–124. URL: http://www.gespraechsforschung-ozs.de/heft2000/ga-deppermann.pdf (27.10.2018).
Deppermann, Arnulf 2004: Gesprächskompetenz – Probleme und Herausforderungen eines möglichen Begriffs. In: Michael Becker-Mrotzek, Gisela Brünner (Hg.): Analyse und Vermittlung von Gesprächskompetenz. (forum Angewandte Linguistik, Band 43). Frankfurt am Main, 15–28.
Ehlich, Konrad, Jochen Rehbein 1986: Muster und Institution. Untersuchungen zur schulischen Kommunikation. Tübingen.
Fiehler, Reinhard 1999: Kann man Kommunikation lehren? Zur Veränderbarkeit von Kommunikationsverhalten durch Kommunikationstrainings. In: Gisela Brünner, Reinhard Fiehler, Walther Kindt (Hg.): Angewandte Diskursforschung. Band 2: Methoden und Arbeitsbereiche. Opladen, 18–35.
Földes, Csaba 2003: Interkulturelle Linguistik. Vorüberlegungen zu Konzepten, Problemen, Desiderata. In: Studia Germanica 1: 7–77.
Friedrich-Ebert-Stiftung: sag was.net. URL: https://sagwas.net (20.6.2019).
Garfinkel, Harold 1967: Studies in Ethnomethodology. Englewood Cliffs, New Jersey.
Geertz, Clifford 1983: Dichte Beschreibung. Frankfurt am Main.
Gumperz, John J. 1982: Discourse Strategies. Cambridge.
Gumperz, John J., Dell H. Hymes (Hg.) 1972: Directions in Sociolinguistics: The Ethnography of Communication. New York.
Hausendorf, Heiko 2007: Gesprächs-/Konversationsanalyse. In: Jürgen Straub, Arne Weidemann, Doris Weidemann (Hg.): Handbuch interkulturelle Kommunikation und Kompetenz. Grundbegriff – Theorien – Anwendungsfelder. Stuttgart, Weimar, 403–415.
Helmolt, Katharina von 2016: Perspektivenreflexives Sprechen über Interkulturalität. In: Jürgen Bolten (Hg.): (Inter-)Kulturalität neu denken! interculture journal 15, 26, Sonderausgabe: 33–42.
Hymes, Dell H. 1964: Language in Culture and Society. New York.

Hymes, Dell 1979: Soziolinguistik. Zur Ethnographie der Kommunikation. Eingeleitet und herausgegeben von Florian Coulmas. Frankfurt am Main.

Kallmeyer, Werner, Fritz Schütze 1976: Konversationsanalyse. In: Studium Linguistik 1: 1–28.

Nazarkiewicz, Kirsten 2010: Interkulturelles Lernen als Gesprächsarbeit. Wiesbaden.

Otten, Matthias, Sandra Hertlein, Hanneke Teekens 2013: Hochschullehre als interkulturelles Lernsetting. In: Katharina von Helmolt, Gabriele Berkenbusch, Wenjian Jia (Hg.): Interkulturelle Lernsettings. Konzepte – Formate – Verfahren. Stuttgart, 243–266.

Sacks, Harvey 1964 [1992]: Lectures on Conversation. Vol I. Edited by Gail Jefferson. Oxford, Cambridge.

Schütz, Alfred 1971: Gesammelte Aufsätze. Band 1. Den Haag.

Selting, Margret et al. 2009: Gesprächsanalytisches Transkriptionssystem 2 (GAT 2). In: Gesprächsforschung. Online-Zeitschrift zur verbalen Interaktion 10: 353–402. URL: http://www.gespraechsforschung-ozs.de/heft2009/px-gat2.pdf (14.11.2019).

Straub, Jürgen 2007: Kultur. In: Jürgen Straub, Arne Weidemann, Doris Weidemann (Hg.): Handbuch interkulturelle Kommunikation und Kompetenz. Grundbegriff – Theorien – Anwendungsfelder. Stuttgart, Weimar, 7–24.

Weber, Max 1930: Vom inneren Beruf zur Wissenschaft. In: ders.: Wissenschaft als Beruf. Berlin, 11–37.

Weidemann, Doris 2007: Akkulturation und interkulturelles Lernen. In: Jürgen Straub, Arne Weidemann, Doris Weidemann (Hg.): Handbuch interkulturelle Kommunikation und Kompetenz. Grundbegriff – Theorien – Anwendungsfelder. Stuttgart, Weimar, 488–497.

Wolff, Stephan, Daniel Schönefeld 2011: Der konversationsanalytische Zugang zu Interkulturalität. In: Elke Bosse, Beatrix Kreß, Stephan Schlickau (Hg.): Methodische Vielfalt in der Erforschung interkultureller Kommunikation an deutschen Hochschulen. Frankfurt am Main u. a., 131–144.

Wunderlich, Dieter (Hg.) 1972: Linguistische Pragmatik. Frankfurt am Main.

Zwischen Problemanzeige und Lösung: das Dilemma der interkulturellen Kompetenz

Kirsten Nazarkiewicz

1 Über Kollektive sprechen: eine Herausforderung

Im Zusammenhang mit interkultureller Kompetenz und insbesondere in entsprechenden Kompetenzmaßnahmen wird erwartungsgemäß von Kultur und über Kulturen gesprochen. Die zugrundeliegenden Kulturverständnisse, Hintergrundtheorien und Begriffe können dabei unterschiedlich sein, stets sollen Offenheit, Mehrperspektivität und Verständnis für Verschiedenheit, also eine Erweiterung des eigenen Referenzhorizontes (Roth 2002) mit erweiterten Handlungsoptionen entstehen. Unter Hinzuziehung macht- oder rassismuskritischer Theorien erweitern sich die Lernziele unter anderem um die Reflexion eigener privilegierter Sprechpositionen (z. B. Ogette 2017). Ein Sprechen jenseits präreflexiver kultureller Unschuld birgt dabei ein zentrales Dilemma. Es besteht in dem Phänomen, dass bei der Thematisierung von mit Kulturen verbundenen Werten und Moralvorstellungen Gruppendynamiken und bewertende bis exkludierende moralische Kommunikationsformen initiiert und damit genau jene Verständnisgrenzen und Sprachmuster aufgerufen werden, deren Überwindung angestrebt wird. Denn notwendig unterscheidet interkulturelle Kompetenz Kollektive, ordnet also Menschen in den Kontext von Gemeinschaften. Dadurch werden kommunikativ gerade diejenigen Differenzen (re-)produziert, welche interkulturelle Kompetenz zu überwinden sucht. Die Grenze zwischen Kultur als Erklärungsmuster für das Handeln von Individuen und dem auch Kulturrassismus genannten „Othering", das andere zu Repräsentanten der ihnen zugeordneten Gemeinschaft macht, ist haarscharf. Kultur und Kulturrassismus weisen strukturelle Ähnlichkeiten auf, denn kulturelle Unterschiede werden als zentrales Kriterium der Differenz genommen, die individuelle Identität wird durch die Zugehörigkeit zu einem Kollektiv definiert, Einzelne dadurch zu Repräsentanten gemacht und die Verfestigung des Status des anderen als nicht zugehörig rückt nah. All dies geschieht mit den besten Absichten.

Dass gute Absichten nicht hinreichen, zeigt auch aus machtreflexiver Perspektive das aktuell viel diskutierte Buch von Reni Eddo-Lodge „Warum ich nicht länger mit Weißen über Hautfarbe spreche" (2019). Die These: Heimtückischer als offene rassistische Abwertungen sei geäußertes oberflächliches Verständnis bei gleichzeitiger Selbstdistanzierung vom Gesagten und dabei legitimiert mit dem Hinweis, dass man keineswegs rassistisch denke. Bei Eddo-Lodges Publikationen bewirkte – hier im öffentlichen und medial vermittelten Diskurs – das Aufgeben, der angekündigte Abbruch des Gesprächs eine (ungeplante) Intervention. Denn paradoxerweise hat bereits ihr gleichnamiger Blog und nachfolgend das Buch zu umfänglichen Diskussionen und Verständigungsbemühungen geführt.

Sprechen oder nicht sprechen halte ich jedoch nicht für eine ernstzunehmende Frage, sondern es kommt darauf an, wie wir mit- und übereinander sprechen. In diesem Artikel möchte ich die aus Gesprächsanalysen gewonnenen Dilemmata als kritische Perspektiven aufgreifen und nach Auswegen fragen. Dazu werde ich zunächst interkulturelle Kompetenz als Performanzkategorie einführen (1). Dann gebe ich einige zusammengefasste Einblicke bereits erfolgter Gesprächsanalysen (2 und 3). Bei den Ergebnissen wird deutlich werden, dass im Kontext interkultureller Kompetenzvermittlung die Thematisierung von Moral und moralische Kommunikation selbst eng verschränkt sind. Auch der Versuch, beim Reflektieren von Rassenkonstruktionen alle Kategorien und Sprechhandlungen zu problematisieren, führt zurück in jene Herkunftskategorisierungen, zu deren Überwindung die interkulturelle Kompetenz antritt. Das Dilemma: Die Kommunikation führt nicht notwendig zur Erhöhung der interkulturellen Kompetenz, Schweigen jedoch auch nicht. Es gibt Lösungen. Doch das Navigieren zwischen moralisierenden Gesprächsmustern und verdächtig gewordenen Kategorien ist eine Herausforderung für die interkulturelle Kompetenz. Ihr könnte man – so der Vorschlag – mit performanzorientierten Gesprächsstrategien beggnen, die ich kulturreflexives Sprechen nenne, und im Ausblick als Gesprächsführungskompetenz und hilfreiche Intervention in kollektive Dynamiken einführe.

2 Interkulturelle Kompetenz als Performanzkategorie

Schon viele Jahre interessiere ich mich daher dafür, wie miteinander gesprochen wird, wenn es um „Kulturen", also um auf Kollektive bezogene Sinnzusammenhänge, Erwartungen oder Praktiken geht. Wie werden „andere" zu solchen gemacht und wie wird dann über „die anderen" oder mit „ihnen" gesprochen? Wie wird miteinander gesprochen, wenn über „andere" gesprochen wird? Wie wird Verständigung und Verständnis erzielt und was macht beides schwierig? Und gäbe es kommunikative Mittel, welche Sensibilität für Unbekanntes, Unverstandenes und Asymmetrien auszudrücken vermögen, ohne diese festzuschreiben? Wie sähe Sprechen mit einem prozessualen dynamischen Kulturverständnis aus?

Ich verorte interkulturelle Kompetenz als beschreibbares sowie analysierbares Sprachhandeln. Im Gespräch werden Kategorien zuallererst indexikal und kontextbezogen relevant gemacht (Bergmann 2010). Dass man sich als Mainzerin outet, mag in der Relation zur nahe gelegenen anderen Landeshaupt Wiesbaden wichtig sein, auf einem europäischen Kongress ist es gegebenenfalls bedeutsamer, sich als Deutsche zu identifizieren und in den USA genügt vielleicht die Gegenfolie „aus Europa" zu kommen. Kategorien sind kognitiv netzwerkartig organisiert und bilden Cluster. Wer Familie sagt, impliziert damit meist eine bestimmte Geschlechterkonstellation, umgekehrt verweisen die Kategorien „Vater" oder „Mutter" auf Familie, ohne dass das Kind bereits benannt wäre. Kollektivbezeichnungen sind daher niemals neutrale Klassifizierungen, sondern in sich und im Verbund moralisch aufgeladen. Sie sind „inference rich", wie Sacks (1992) erläuterte. Sie machen die so Bezeichneten zu Repräsentanten, enthalten Erwartungen bezüglich des Verhaltens und können Diskriminierungen enthalten. Interkulturell kompetentes Sprechen würde hier entsprechende Reflexivität und Sensibilität zeigen. Eine Formulierung wie zum Beispiel „Die Franzosen (oder „Geflüchteten" oder „Tarifgegner" usw., die Kategorie ist hier austauschbar) haben sich nicht an die mühsam verhandelten Vereinbarungen gehalten" erzeugt eine andere Wirklichkeit und verweist auf eine andere Sprechperspektive als die Formulierung „Die mühsam verhandelten Vereinbarungen wurden von unseren Verhandlungspartnern nicht eingehalten". Im ersten Fall ist – mit dem Kompetenzmodell von Bennett (2004) gesprochen – eine die Parteien trennende (in Bennetts Modell „ethnozentrische") Perspektive erkennbar, im zweiten Fall wird durch die Subsumtion der eigenen Perspektive unter eine gemeinsame Kategorie („Verhandlungspartner") und das Possessivpronomen sowie die Passivformulierung eine wechselseitige Bezogenheit und Zugehörigkeit und damit eine gemeinsame Verantwortlichkeit ausgedrückt. Kurz: Im ersten Fall haben die anderen „Schuld", im zweiten Fall werden Verursacher einer Situation genannt, die der eigenen Handlungen und Involvierung bedarf. Der implizit bleibende Rückverweis auf die eigenen Handlungserfordernisse kann mit Bennett eine „ethnorelative" Aussage genannt werden. Doch dies ist nur die individualistische Sicht, wie sie aus der psychologischen Perspektive von Bennett ausreichend erscheint. Diesen Zusammenhang bildet allein der Satzbau, nicht die Kategorie selbst. Es geht um einen mikroskopischen Blick bei der Thematisierung von Kollektivbezügen.

Betrachtet man nämlich die Anschlüsse weiterer Gesprächspartner, werden die Analysen ungleich komplexer. Denn damit werden die Deutungen des Geschehens aus den sprachlichen Kooperationsformen der Beteiligten abgeleitet und wiederkehrende Muster eines kollektiven Repertoires im Kontext von Kulturthematisierungen rekonstruiert. Eine ethnomethodologische Herangehensweise fokussiert nicht auf die Kompetenz einzelner Handelnder, sondern beruht auf dem vorausgesetzten Wissen und kommunikativen Haushalt als Reziprozität der Perspektiven. Deren wechselseitige Verschränkungen „leben quasi in allen Subjekten" (Stegbauer 2002: 123). Dieser genuin soziologische Gedanke im Anschluss an Husserl, Schütz, Mead sowie Berger und Luckmann geht davon aus, dass die Idealisierung der Wechselseitigkeit und Standortaustauschbarkeit Beziehungen hervorbringt und sie steuert, wobei sie durch die Kommunikation immer auch veränderbar sind. Es ist der in der Beziehungsdimension über das reine ökonomische Tauschverhältnis enthaltene Überschuss, der bei Stegbauer den normativen Maßstab begründet (Stegbauer 2002: 158). Implizit ist hier der Maßstab der wechselseitigen Verständigung enthalten. Da man damit nach den kulturreflexiven Optionen im kommunikativen Haushalt fragen kann, nenne ich diesen Zusammenhang interkulturelles Lernen als Gesprächsarbeit (Nazarkiewicz 2010).

Auch in Boltens (2017) Konzept der interkulturellen Kompetenz ist der Begriff der Reziprozität zentral als Fähigkeit beschrieben, eine wechselseitige Beziehung aufzubauen: „Interkulturelle Kompetenz besteht dementsprechend auch in der Kompetenz, Fremdes in das eigene Reziprozitätsnetzwerk aufzunehmen ohne es zu vereinnahmen" (Bolten 2017: 91). Zwei Begriffe sind bei Bolten zentral: kontextualisiert und holistisch. Ganzheitlich hat mehrere Bedeutungen. Es meint zunächst, dass Kultur als Netzwerk verstanden wird. Neben sozialen Reziprozitätsdynamiken werden auch selbstimaginative und umweltbezogene wechselseitige Beziehungen in ihrem Zusammenspiel betrachtet. Dies schließt also auch den Umgang mit sich selbst sowie mit den Umwelten und mit Ressourcen ein. Bolten löst Gruppenkategorien in Richtung Mehrwertigkeit und Unschärfe auf („fuzzy") und unterscheidet im Grunde zwischen mehr oder weniger intensiven (Reziprozitäts-)Beziehungen. Folglich gibt es kein außen, sondern es geht darum, Beziehungen aufzubauen, um dadurch das Unvertraute zum Vertrauten zu machen – ein gradueller Prozess. Da dieser Prozess stets kontextualisiert geschieht, differieren für ihn die Kompetenzbegriffe innerhalb der Disziplin. Holistisch meint aber noch mehr: Boltens Kompetenzmodell sieht interkulturelle Kompetenz nicht als Spezialfall, sondern als Erweiterung und Zusammenspiel von fachlichem, strategischem, individuellem und sozialem Handeln, die jeweils kulturreflexiv werden, also denen das Adjektiv interkulturell vorangestellt wird.

Das Fremde ist also jener Standpunkt, mit dem wir noch zu wenig Reziprozitätsbeziehungen gepflegt haben, dessen Perspektive oder Relevanzstrukturen noch zu wenig von uns berücksichtigt werden können. Vor diesem Hintergrund sind Stellen in Gesprächen und Daten interessant, wo Verständigung schwierig wird, Perspektivenübernahme misslingt, sich Perspektivendivergenzen verhärten und so fort. Der Vorteil einer reziprozitätsbasierten rekonstruierenden Betrachtungsweise besteht darin, keinen äußerlichen normativen Maß-

Zwischen Problemanzeige und Lösung

stab von interkultureller Kompetenz anlegen zu müssen, sondern man kann in den Gesprächen selbst nachverfolgen, ob mehrere Perspektiven, unterschiedliche Deutungen und Werte angenommen oder gar antizipiert werden.

2.1 Kommunikation über Moralvorstellungen führt zu moralischer Kommunikation

Um Anhaltspunkte zu finden, worin interkulturelle Kompetenz im Sprechen zu erkennen ist, habe ich in aufgezeichneten Gesprächen analysiert, welche regelmäßig wiederkehrenden Kommunikationsmuster in interkulturellen Kompetenzmaßnahmen zu finden sind und dafür kulturübergreifende, kulturspezifische und antirassistische Veranstaltungen konversationsanalytisch untersucht (vgl. dazu genauer Nazarkiewicz 2010). Besprochen werden in diesen Daten handlungsleitende Werte unterschiedlicher Kulturen, kulturübergreifende Fachbegriffe der interkulturellen Kommunikation und auch Ansätze zu Stereotypen und Rassismus, kurz, eine typische Bandbreite von Inhalten interkultureller und antirassistischer Trainings.

Die zunächst ernüchternde Erkenntnis langjähriger Auswertungen war, dass so gut wie keine Perspektivenverschmelzungen kommuniziert werden. Gesucht hatte ich beschreibbare kommunikative Elemente, welche von interkultureller Deutungsmustererweiterung zeugen, gefunden habe ich das Gegenteil. Stets führten die Gespräche in Dynamiken der moralischen Kommunikation, in Bewertungen, Abwertungen, Stereotypisierungen. Im Folgenden fasse ich einige Ergebnisse exemplarisch zusammen.

Zur Vermittlung von stil- und wertegebundenen Verhaltensweisen gibt es ein ganzes Repertoire von sprachlichen Mitteln, das ich transkulturelles Sprechen genannt habe (Nazarkiewicz 2010: Kapitel 4.1). Der zentrale Referenzpunkt ist die konsequente Anerkennung der Differenz als Darlegung unterschiedlicher kollektiver Normen beziehungsweise Normalität(en). Diese werden unter anderem durch wissenschaftliche Fachbegriffe zweiter Ordnung beschrieben wie beispielsweise die Kommunikationsstile High-/Low-Context-Kommunikation, aber auch in kleinen Geschichten bis zum szenischen Spiel dargestellt. Die Erläuterung von Wertevorstellungen an Alltagsbeispielen führt allerdings zu einer Prononcierung zum Beispiel in Form kategorischer Formulierungen wie im Folgenden bei der Erläuterung eines speziellen Registers im Japanischen:[1]

---

[1] Da in diesem Rahmen für ausführlichere Gesprächsanalysen nicht genügend Platz ist, illustriere ich die Kerngedanken an ausgewählten und gestrafften Datensegmen-

L: Als Frau setzt man sich nochmal tiefer (1,25) Beispiel, wir als Frau dürfen eigentlich nicht Sake sagen, sondern wir müssen immer Osake, also der verehrte Sake, der verehrte Reiswein (sagen).

Ähnlich kategorisch ist die Formulierung: „also in der indischen Höflichkeit is ähm Usus, dass man mehrfach ablehnt, bevor man dann doch zusagt". Sie ist die elliptisch verkürzte Form von „wenn man etwas angeboten bekommt, muss man mehrfach ablehnen, bevor man zusagt".

In ihrer Gattungsanalyse kategorischer Formulierungen in Formaten, wie unter anderem „wer/der" oder „wenn/dann", beschreibt Ayaß (1996) diese als Vehikel und indirekte Form moralischer Kommunikation in der Face-to-Face-Interaktion. Normen und Werte konservierend und transportierend bilden diese Formate zugleich die Grundlage für die Herausbildung von Sprichwörtern und sind mit ihnen verwandt.

Als Erläuterung und Illustration folgt stets ein Exempel oder eine Beispielgeschichte. Als vermittelndes Element werden die Exempel kombiniert mit einer Perspektivierung (die Sprecherin in Beispiel 1 gibt Auskunft aus der Binnenperspektive der weiblichen japanischen sprechenden Sprachgemeinschaft („wir müssen immer Osake [...] sagen").

Dieses Sprechen ist nicht auf Weiterbildungskontexte beschränkt, auch in der Alltagskommunikation, so hat Günthner (1999) in ihrer Analyse der Thematisierungsvarianten moralischer Normen in der interkulturellen Kommunikation herausgearbeitet, werden abstrakte kulturelle Regeln mit Beispielrekonstruktionen unter affektiver Beteiligung der Anwesenden reinszeniert.

Von der Intention oder Haltung her mag das Sprechen im kulturellen Vergleichsmodus darauf abzielen, ein Nebeneinander von verschiedenen kollektiven Präferenzen und Praktiken zur Geltung und Anerkennung zu bringen, de facto berühren die Alternativen die soziale Konstruktion der Wirklichkeit der Anwesenden, deren vertraute Bewertungen und stellen die Frage nach der eigenen Perspektive. Sie basiert auf gemeinschaftlich konstruierten „Plausibilitätsstrukturen" (Berger, Luckmann 1969) der sozialen Wirklichkeit, denn „Kultur und kulturelle Differenz sind keine Abbildungen von Realität, sondern Konstrukte, die im Zusammenhang mit den jeweiligen Kontexten und Diskursen zu

---

ten und Interpretationen. Die Transkripte wurden dafür stark vereinfacht, von den verwendeten Transkriptionskonventionen ist nur ein = für schnellen Anschluss sowie die Hinweise auf Auslassungen (...) und Pausen (1,25) erhalten geblieben. Auch die interaktionsorientierten Feinanalysen sind zusammengefasst. Zudem lasse ich bewusst die konkreteren Settings als Kontexte weg, da sie für das Verständnis des Aufgezeigten nicht ausschlaggebend sind.

Zwischen Problemanzeige und Lösung

sehen sind" (Moosmüller 2009: 13). Gesprächsanalytisch ausgedrückt: Indem spezifische, zunächst nicht verallgemeinerbare Vorgehensweisen und Werte den Gesprächen als Referenzpunkte zugrunde liegen, sind Bewertungen durch die Anwesenden erwartbar. Bewertungen machen Bewertungen relevant, wie wir von Pomerantz' (1984) Analysen wissen. Im Kontext interkultureller Kompetenzthematisierungen elizitieren geschilderte Verhaltensnormen wie im Beispiel oben, sich dazu kommunikativ bewertend zu verhalten. Die Bandbreite reicht von Ausdrücken des Erstaunens bis hin zu Abwertungen, wie „unnormal", „umständlich" oder „rückständig" etwas sei. Diese Bewertungen finden dann jeweils weitere Sprechende, die sich diesen Urteilen anschließen.

Am Fall der Stereotypenkommunikation habe ich die Bewertungs- und vor allem Entrüstungsdynamiken aufgezeigt, die entstehen, wenn eine Nichtnachvollziehbarkeit bezüglich vermittelten alternativen Orientierungen (an anderen Kulturstandards) gegeben ist. Irritation oder Störung der eigenen natürlichen Weltsicht werden mit erhöhter Interaktionsdynamik verteidigt (vgl. hierzu genauer Nazarkiewicz 1997, 1999, 2000, 2010: Kap. 4.3). Interaktive Stereotypisierungen sind heutzutage allerdings reflexiv, das heißt, ihre mögliche Unangemessenheit, Einseitigkeit und Kritisierbarkeit wird antizipiert. Es braucht daher die Ratifizierung interaktiver, mehr oder weniger subtiler „Einladungen" oder Bewertungs- und Moralisierungsangebote wie zum Beispiel:

A: ist es nicht so, dass sie einem lieber den falschen Weg zeigen als zuzugeben, dass se nicht wissen, wo es ist?
B: das is sehr schwirig
A: das=ne Katastrophe

Auf die geschlossene Informationsfrage von A äußert Sprecherin B nicht mit ja oder nein, sondern mit einer vagen Bewertung der Komplexität des Sachverhaltes. Daraufhin steigert A sofort zur Extrembewertung „Katastrophe". Typischerweise enthält die Sequenz rund um Stereotypen dann Affektmarkierungen und Extremformulierungen (wie „furchtbar" oder „schlimm" etwas sei), Hyperbolisierungen, Inszenierungen und Entrüstungssequenzen. Hier besteht die Tendenz, mehrere Gruppen als Entrüstungsobjekte „durchzuhecheln". Wenn an solchen Stellen Gleichgesinnte gefunden werden, also bei sozialer Beteiligung in der Bewertung, entsteht eruptiv eine komplexe kollektive Bewertungsdynamik mit mehreren Beteiligten.

Die flankierenden Sprechaktivitäten, deren Anordnung und Dynamik bei der Kommunikation von Stereotypisierungen führen schließlich zu interaktiv ratifizierten und auch kollaborativ geäußerten Urteilen, hier an einem weiteren Beispiel illustriert:

E: *starr, völlig starr*
L: *ja, deutscher Formalismus*
E: *=ja*

Man kann sehen, Differenzen zu benennen oder auch nur zu erfragen, kann bereits starke Bewertungen hervorrufen. In der kommunikativ orientierten interkulturellen Kompetenzerweiterung steht man angesichts bewertender Kommunikationsmuster vor einem Dilemma. Mitmachen bei den Bewertungen und Moralisierungen ist keine Option, gar nicht erst über Differenzen sprechen auch keine. Was also tun beziehungsweise sagen? Als nicht weiterführend im Gespräch erwiesen sich die Unterdrückung von Bewertungen, politische Korrektheit oder die Unterbrechung des Gesprächsthemas. Ebenso wenig hilfreich scheinen Aufklärungssequenzen in Mitten der Dynamik zu sein oder sich erst gar nicht zu beteiligen und abzuwarten. Da ich auf Dilemmata fokussiere, erläutere ich die möglichen kulturreflexiven Interventionen an dieser Stelle nicht weiter. Kurz gesagt, bestehen sie in einem die Interaktionsdynamiken antizipierenden navigierenden Vorgehen im Gespräch.

2.2 Kritik an ideologieverdächtigen Sprechhandlungen führt zu deren Reproduktion

Interaktiv gesehen, macht es einen Unterschied, ob interkulturelles Deutungswissen wie in klassischen kulturspezifischen oder -übergreifenden Seminaren und Trainings vermittelt wird oder ob jegliches Deutungswissen selbst unter Verdacht gerät und daraufhin die hegemonialen Voraussetzungen von Wissen reflektiert werden. Im ersten Fall wird vorhandenes Wissen reflektiert und ergänzt, im zweiten Fall wird angenommen, dass von diesem Wissen so deutliche Verzerrungen ausgehen, dass sogar der eigenen Wahrnehmung und Handlungsauswahl misstraut werde muss. In beiden Fällen werden zwar Selbstverständlichkeiten kollektiver Identitäten berührt, was, wie oben beschrieben wurde, zu moralischen Kommunikationsformen führt. Im Fall einer ideologiekritischen Herangehensweise kommt jedoch noch hinzu, dass die Frage der eigenen sozialen Positionierung relevant wird und unter den Kommunikationsbeteiligten zu Angriffen und Rechtfertigungen führen kann. Theoretisch ist dies wenig verwunderlich, für eine gesprächsbasierte interkulturelle Kompetenz ist die empirische Rekonstruktion der Muster daher notwendig und aufschlussreich.

Das ausgewählte illustrierende Beispiel besteht aus Auszügen aus einem circa 45-minütigen Gespräch im Plenum einer größeren Gruppe. Zuvor hatte es eine Arbeitsgruppendiskussion auf der Basis einer kleinen Textlektüre zum

Thema Rassismus gegeben. Die Sequenz besteht aus mehreren Phasen. Zunächst wird über die Texte und die Begriffe Rasse und Rassismus diskutiert sowie über die Frage, ob man sich auf das unterschiedliche Äußere von Menschen beziehen dürfe oder besser nicht. Ich will drei Stationen und Elemente des Diskussionsverlaufs aufgreifen: 1. die initiierte Reflexionstiefe als Problematisierung von Kategorien und Prämissen, welche die Wahrnehmung lenken, 2. die Diskussion um die Legitimität der Frage nach der Herkunft, 3. den kategorialen Bezug auf die Anwesenden, hier speziell auf eine Beteiligte mit Migrationshintergrund.

I: (...) is=also dass mer dann halt immer eher nach Identifikationsmerkmalen sucht. Aha, die Haarfarbe (Fingerschnippen) kommt wahrscheinlich=also sofort und das passiert ja grad in unserer Gesellschaft ganz oft, mer kuckt halt erstmal hin, ähm ja, was weiß ich, wie ist des äußere und dann weiß ich schon und dann hängt aber einiges dran. = also dann weiß ich=weiß=ich kommt vielleicht aus Afrika= Afrika=Emotionalität und und, also dass dass diese Kategorien überhaupt nicht so wertneutral sein können, ja? Also dass sie schon gesetzt sind mit Vorstellungen und Bildern.

Die Beschreibung der vielen Strategien und Wirkungen in diesem Redebeitrag würden mehrere Seiten füllen, aus Platzgründen muss ich eine Auswahl treffen. Die Sprecherin I demonstriert eine subsumtionslogische Ausgrenzung quasi „in flagranti". Sie beschreibt, was („man") typischerweise tut: Identifikationsmerkmale im Äußeren suchen und finden, Kategorien anwenden, die mit Werten und Assoziationen aufgeladen sind. Sie skizziert dies als gesellschaftliches Muster (daher gibt es keine Schuld, es „passiert"). Dabei formuliert sie präzise die Reflexion ihres „Wissens"-Vorgangs, der als Attribution oder Ideologie markiert wird. Ein Gegenüber taucht in diesem Beitrag einer Diskursrekonstruktion gar nicht erst nicht auf, sie rekonstruiert einen inneren Bewusstseinsstrom, eine Kette von Assoziationen. Alles passiert im Kopf, in dem die Vorstellungen und Bilder als Identifikationsmerkmale schon gesetzt sind und sich bestätigen. Das Fingerschnippen und die unterschiedlichen Redetempi unterstreichen non- und paraverbal den beschriebenen Automatismus. Dabei macht sie sich zur repräsentativen Sprecherin, die wie jede andere „erstmal hinkuckt und dann schon weiß". Ohne dass es direkt angesprochen würde, wird die Frage „wo kommst du her" damit aufgeworfen und zugleich ideologiekritisch problematisiert.

Wenn der Wirkmechanismus von Rassenkonstruktionen, wie hier, verallgemeinert und in elliptischem Sprechen aufgebracht wird, entsteht eine Art Generalverdacht. Dieser führt dazu, dass kategoriale Zugehörigkeiten ein Kommunikationsproblem werden (Nazarkiewicz 2010: Kap. 4.4). Die Folge ist das gehäufte Auftreten von Blamings[2] in Form von Self-Blamings („es geht trotzdem was in dir vor"), We-Blamings („und auf die Frage, wer übt Macht aus? Wir können uns alle ankucken") und Other-Blamings: „B: was ihr macht, ist eben nicht differenziert und des ist des, was mich daran stört."

Zum Vergleich ist es wichtig zu wissen, dass die Analysen zeigen, dass die kommunikative Aufforderung, ein Stereotyp oder ein Vorurteil zu reflektieren, deutliche andere Interaktionskonsequenzen zur Folge hat als der Generalverdacht gegenüber jeglichem Wissen. Sequentiell erwartbar sind im ersten Fall Gegenreden inhaltlicher Art („ja, aber") als Ausdruck einer anderen Perspektive und damit das Festhalten an bestimmten Bewertungen, Einsichtsäußerungen („ach so") und Modalisierungen als Ausdruck der Selbstdistanzierung von der zuvor noch eingenommenen Bewertungsperspektive. Richtet sich die Reflexionsaufforderung jedoch wie in diesem Fall darauf, das gesamte Alltagswissen selbst als hoch implikationsreich im Sinne des Ideologieverdachts zu reflektieren und gegebenenfalls Sprachhandlungen wie die Frage „Wo kommst du her" zu unterlassen, entstehen untereinander Blamings. Im hier ausgewählten Datensegment bilden sich im Verlauf der weiteren Diskussion zwei Fraktionen in der Kommunikation. Die kleinere verwendet die Reflexion der kategorialen Implikationen der Frage und verschmilzt die Fremd- und die Eigenperspektive:

V: dass dann immer diese Kategorien wieder mittransportiert werden und direkt sagt ja=aber du kannst doch eigentlich gar nicht hier geboren sein, ja? Also, dass da ganz viel mitschwingt
B: es ist ein Unterschied, ob ich im Ausland bin und gefragt werde, wo ich herkomm, ja weil=ich da als Touristin mich ähm drei Wochen irgendwo an der Südsee freu, es is n Unterschied, ob ich in diesem Land lebe seit dreißig Jahren und trotzdem immer wieder gefragt werde, wo kommst=n du her?

Beide zitierten Sprecherinnen sind selbst keine – so wurde im Verlauf der Diskussion deutlich – von der Frage Betroffenen, das ist den Äußerungen jedoch nicht anzusehen. Die Austauschbarkeit der Standorte, die Reziprozität ist mit-

---

[2] In einer Untersuchung über die kommunikative Realisierung von Beschuldigungen *(blamings)* zeigt Pomerantz (1978), dass bei der Beschreibung einer Handlung ohne Akteur die Aufforderung zur Verantwortungsübernahme entsteht: „If an event can be turned into a *consequent event*, an attribution of responsibility is performable" (Pomerantz 1978: 119, Hervorhebung im Original).

Zwischen Problemanzeige und Lösung 311

tels verschiedener sprachlicher Formulierungen vollzogen. Bei V dominieren Passivformulierungen, etwas „wird mittransportiert" oder „schwingt mit", (etwas) „sagt", wodurch eine Wirkung beschrieben wird, ohne dass es – außer der Sprache – Verursacher gäbe. B spricht aus zwei verschiedenen Positionen aus der Ich-Perspektive, zum einen in der Kategorie der reisenden Deutschen, die im Ausland nach ihrer Herkunft gefragt wird, und als (deutsche) Touristin, wobei hier die Tilgung nationaler Bezüge interessant ist, und zum anderen spricht sie im nächsten Atemzug als lange in „diesem" Land lebende Migrantin, die sich der Frage ausgesetzt sieht, wo sie herkommt.

Die zweite, weitaus größere Fraktion der Anwesenden hält an den primären Rahmen der Erfahrungsorganisation fest.[3] Das würde sich von der Reflexion von Vorurteilen noch nicht groß unterscheiden. Das Besondere der Formulierungen ist der Bezug auf die Legitimität dessen, ob und was gesprochen wird, also der Kommunikationsbezug selbst (was „darf" wer sagen/nicht sagen):

R: wieso ist das jetzt so schlimm? (...) das ist doch eigentlich dann ganz interessant zu wissen und des ist doch eigentlich berechtigt.
M: es kommt doch auch darauf an, was ich hinter mit der Frage verbinde. [sie nennt Neugierde, Interesse an Kultur]
C: Ich bekunde Interesse, ich will was wissen (...) diese Form der Fragestellung müssen erlaubt sein (...) ich denke man darf schon differenzieren.
D: dann wird's unheimlich kompliziert, wenn ich erstmal denken muss, darf ich das fragen, weil meine Frage möglicherweise bei denen diese und diese Reaktion zur Folge hat. So ne Spontaneität ist dann ja eigentlich nicht mehr gegeben, ne? Also dann wird es einfach unheimlich schwer.

Die Sprecherinnen heben die Berechtigung der Frage hervor (R), die dahinterliegende Intention (M), das angenommene „Sprechverbot" (C: „das muss erlaubt sein") und die Kompliziertheit sowie fehlende Spontaneität (D), wenn man eine Reflexionsschleife einlegt, welche Wirkung die Frage nach der Herkunft auf das jeweilige Gegenüber in einem gegebenen Kontext hat. Wir finden in der Diskussion ein konfligierendes Schema, das sich bis in einzelne Sprechbeiträge durchzieht. Verblüffend ist in diesem Zusammenhang das Nebenein-

---

[3] Nach Goffman (1993) bilden Rahmen die Organisationsprinzipien, mit denen wir unseren Interpretationen Sinn verleihen, soziale Rahmen bilden den Hauptbestandteil der Kultur einer sozialen Gruppe.

ander verschiedener Wissensformen sogar in einem einzigen Beitrag einer der Beteiligten. Eine Sprecherin führt als Beispiel den einstigen Vorsitzenden des Zentralrats der Juden in Deutschland, Ignaz Bubis, an, den sie zitiert:

> S: Er [Bubis] wird andauernd darauf angetickt, was denn da schon wieder in seinem Land los sei (...), dass er wieder wieder aufgefordert wird, irgendwelche Vorgänge in Israel zu rechtfertigen. Und ähm trotzdem ja eigentlich fast jeder wissen sollte, also ich mein er ist ne große Person öffentlichen Lebens, dass er eigentlich ja doch hier in Deutschland lebt. Und trotzdem kommt diese Frage regelmäßig und heftig immer wieder auf ihn zu, also er wird ähm ja, ich denke, das is eine Form von Rassismus, *die meisten von uns wahrscheinlich würden ihn zwar vom vom Typus her, ah von von seiner Physiognomie her nicht als Juden identifizieren, aber man weiß es halt.* (...) und das is genau die der Punkt, wo wo=s notwendig is als als derjenige, der dann unter Umständen der Ausgrenzung unterliegt zu sagen, Hoppla, so nicht.

Zum einen transferiert die Sprecherin die diskutierte Problematik der Frage nach der Herkunft auf einen konkreten Fall und kategorisiert dieses Verhalten als „Form von Rassismus". Damit wendet sie eine der im Raum stehenden Reflexion von Dominanzperspektiven an. Zum anderen und zugleich, stellt sie einen möglichen Bezug her zwischen der Physiognomie und der Zuordnung zu einem Kollektiv, hier den Juden. Das widerspricht dem zu reflektierenden Wissen, um das es im Grunde geht. Am Ende ihres Beitrags spricht sie dann wieder aus der Perspektive einer potenziell betroffenen Person, die sich gegen eine derartige Ausgrenzung „notwendig" verwehren kann, sogar in direkter Rede „Hoppla, so nicht". Diese Unverbundenheit zeugt von einem perspektivischen Selbstwiderspruch und fehlender Perspektivenkonvergenz.

Auch im folgenden Ausschnitt ist interessant, wann die Dynamik ansteigt. Die Diskussion hat phasenweise starke Emotionalitätsmarkierungen und an der nun folgenden Stelle zudem eine hohe Beteiligung, die hier nicht dargestellt werden kann. Überlappungen, Einwürfe und Parallelgespräche machen einiges Gesprochene unverständlich. Dargestellt ist hier nur der verständliche Hauptstrang der Kommunikation. S. greift eine Formulierung aus den Zeilen davor auf und fragt mehrfach bei einer anderen Anwesenden genau nach.

> S: Welches ist das eigene Land.
> G: wir ham überhaupt keins, ach so, ich bin Italiene'= ich bin Sizilienerin. Interessant, ne?
> S: und das ist dein eigenes Land.

Zwischen Problemanzeige und Lösung

G: ich bin äh mein=la' ich=hab überhaupt, ich fühle mich als Mensch.
(...)
G: ich kann dir keine Antwort geben, weil ich wirklich so äh (...) diese Gespräche führe ich sehr oft, weil wirklich das ist so, wir sind wie in zwei Stühlen.

Begonnen hatte das Gespräch mit der Problematisierung der Harmlosigkeit der Herkunftsfrage und nun endet es gegenüber der einzigen Anwesenden mit Migrationshintergrund in genau dieser Frage, ohne dass es auf das Ausgangsthema einen metakommunikativen Bezug gibt.

Die Sprecherin G entkommt dem örtlichen und nationalen Zuordnungsdruck der Fragen durch regionalen und transkulturellen Bezug. Sie kategorisiert sich nach einem Äußerungsabbruch und einer Selbstkorrektur nach der präferierten Antwort im üblichen Diskurs („ich bin Italiene'") in der kollektiven Identität als „Sizilienerin" und als „Mensch". Die metakommunikative Einleitung vor der Formulierung „wir sind wie in zwei Stühlen" mag ich kaum als fehlende Sprachkompetenz hinsichtlich deutscher Idiome interpretieren, sondern hinsichtlich des kreativen Gehalts beschreiben, neue Verortungen zu finden.

Doch die kulturreflexive und eine Gemeinsamkeit anbietende Selbstkategorisierung von ihr „als Mensch" wird nicht aufgegriffen, also quasi „überhört".[4]

Wie in Kapitel 2.1, in dem dargelegt wurde, dass die Kommunikation über Moralvorstellungen zu moralischer Kommunikation führt, fand auch hier der kommunikative Austausch zwar zwischen Problemanzeige und kulturreflexiven Lösungsansätzen statt, reproduzierte jedoch die problematisierten Ausgrenzungshandlungen noch einmal in situ. Judentum wurde an der Physiognomie festgemacht, die problematisierte Frage nach der Herkunft der einzigen Person mit Migrationshintergrund und Akzent im Raum gestellt.

---

[4] Hartung (2002) gibt dafür zwei mögliche Ursachen an: 1. Die Perspektiven-Divergenz wird nicht wahrgenommen, 2. sie wird zwar wahrgenommen, aber nicht weiter berücksichtigt, weil man die Macht hat, sich darüber hinwegzusetzen – und dies als soziale Konstruktion „Man muss nicht nur von der eigenen Überlegenheit oder alleinigen ‚Richtigkeit' der eigenen Perspektive überzeugt sein, sondern diese Überzeugung in der kommunizierenden Gruppe auch durchgesetzt haben oder widerspruchslos durchsetzen können" (Hartung 2002: 67).

2.3 Entwicklungen

Bei diesem Thema erscheint es mir nicht unerheblich, aus welcher Zeit die Daten stammen. Wir haben es hier mit Aufnahmen von vor 15 bis 25 Jahren aus geschlossenen interkulturellen und antirassistischen Weiterbildungsveranstaltungen zu tun. Das macht Daten und Analyseergebnisse jedoch umso spannender, denn viele der beschriebenen kommunikativen Formen können nun im Alltag beobachtet werden. Interkulturalität, interkulturelle Kompetenzen und kulturelle Beschreibungen und Selbstbeschreibungen sind inzwischen im deutschsprachigen kommunikativen Haushalt keine Unbekannten mehr. Es besteht vermehrt heterogenes Vorwissen zum Thema Kultur und interkulturelle Kompetenz bei Sprechenden, *critical incidents* werden kulturreflexiv und verbreitet ohne Empörung kommuniziert. Auch neue Phänomene sind dazugekommen wie eine weit verbreitete erhöhte Sensibilität gegenüber Verallgemeinerungen und Stereotypen. Empfindsame Reaktionen auf einzelne Worte oder Äußerungen zeugen von teilweise schmerzvollen persönlichen Vorerfahrungen mit kulturellen Verortungen. Auch ist bei dem Thema stets mit (tages-)politischen Aufladungen zu rechnen. Inzwischen kann zum Thema Interkulturalität in manchen Personenkonstellationen anders gesprochen werden als noch vor zwanzig Jahren, differenzierter auf der einen, jedoch auch tabuverletzender auf der anderen Seite. All das wird dabei explizit reflektiert und mitkommuniziert.

Doch manches im kollektiven Haushalt verändert sich nur äußerst langsam. Wer in Lehre und Weiterbildung tätig ist, kennt die Diskussionen um die Problematisierung der Frage „Wo kommst du her?" im Erstkontakt. Die interaktiven Abläufe der Argumente, kommunikativen Muster in den Diskussionen und kollektiven Lernhürden ähneln sich sehr. Und das ebenfalls bei jungen Studierenden der Soziologie mit Schwerpunkt interkulturelle Beziehungen, die eine der Zielgruppen der Lehre sind. Auch sie bedienen sich aus den begrenzten Repräsentationen des kommunikativen Haushalts.

Gleichgeblieben sind zentrale Muster, verändert hat sich indes die Ubiquität. Die kommunikativen Phänomene im Kontext interkultureller Kompetenzentwicklung sind nun nicht mehr auf spezielle Gesprächssituationen wie Trainings oder Weiterbildungsveranstaltungen beschränkt, sie lassen sich überall finden. Zum Beispiel: Die kritische Reflexion der Herkunftsfrage ist kein alleiniges Thema mehr von antirassistischen Veranstaltungen oder ideologiekritischer Fachliteratur, sondern in den sozialen Medien präsent. In der Zeit, in der dieser Beitrag fertig geschrieben wird, geht das Thema viral. Das Online-Medium Perspective daily verweist auf den Tweet des Journalisten Malcolm Ohanwe. Er hatte Mitte Februar 2019 eine Szene aus der Unterhaltungsshow „Das Supertalent" hochgeladen, bei der Melissa, eine in thailändischer

Zwischen Problemanzeige und Lösung

Tracht gekleidete 5-jährige, die Implikationen dieser Kennenlernfrage schon nicht mehr verstand.⁵ Auf die Frage von Dieter Bohlen, einem der Juroren, wo sie herkäme, antwortete sie „aus Herne" und als weitergefragt wurde, wo die Eltern herkämen und sogar eine Antwort angeboten wurde („von den Philippinen") blieb sie bei „aus Herne" und als schließlich gefragt wurde, aus welchem Land sie gebürtig herkäme, oder „Oma, Opa", antwortete sie: Ich weiß es nicht.⁶ Bemerkenswert ist daran vor allem, dass die öffentliche Kritik in den Medien dem penetrant nachhakenden Juror galt. Die Sendung „Hart aber fair" widmete sich unter dem stark kritisierten Titel „Heimat" ebenfalls der Frage nach der Herkunft. Die Bezeichnungspraxen werden mitreflektiert. Die Diskussion wurde im Hashtag „#von hier" fortgesetzt und von Zeitungen wie der taz oder ZEIT aufgegriffen. Ein Artikel der deutschen Journalistin Vanessa Vu in DIE ZEIT Campus titelte „Herkunft. Keine Antwort schuldig" und zieht das Fazit, sie spreche über ihre Herkunft nur noch „zu meinen Bedingungen".⁷ Über Herkunft, Hautfarbe oder Kultur und was dafür gehalten wird, zu sprechen, bleibt weiterhin heikel.

3 Ausblick: Kulturreflexives Sprechen als interkulturelle Kompetenz

Wenn interkulturelle Kompetenz eine Lösung ist, was war dann noch gleich das Problem? Die Antwort auf diese Frage wird je nach Disziplin und theoretischer Verortung unterschiedlich lauten. Für mich zeigt sich interkulturelle Kompetenz in den Bewegungen an der Schnittstelle des Einübens neuer Reziprozitätsbeziehungen und nirgendwo kann dies genauer betrachtet werden als in der Kommunikation. Welche Perspektiven können übernommen werden, wo endet Verstehensbereitschaft und Verständigungsfähigkeit, also die Perspektivenkonvergenz – und wo bleibt sie aus. Gesprächsanalysen zeigen, auf der Performanzebene produziert die Thematisierung von Kategorien und Wissensbeständen rund um Kultur und Kollektive zunächst neue Probleme. Bewertungsdynamiken, moralische Diskurse, Verteidigung primärer Rahmen, naive

---

5 https://www.zeit.de/campus/2019-02/herkunft-identitaet-diskriminierung-rassismus-selbstbestimmung.

6 Zu den Chancen des Nichtverstehens in der interkulturellen Kommunikation vgl. Nazarkiewicz (2018).

7 Auf Youtube findet man unter anderem eine Poetry-Slam-Szene von Yasmin Hafedh sowie zahlreiche Clips und Dokumentationen über die Erfahrungen Jugendlicher in verschiedenen Formaten. Und dies ist nur ein kleiner Auszug öffentlich vorhandener Materialien.

Rassenkonstruktionen, Ausgrenzungen. Und solange Kultur im Rahmen von Differenz thematisiert wird, besteht wenig Aussicht darauf, dass die Moralisierungsdynamiken reduziert oder konstruktiv gewendet werden können. Es ist in diesem Fall Baecker (2000) und Radtke (2011) zuzustimmen, dass Kultur eine Vergleichstechnik ist, die immer wieder neue Vergleiche hervorbringt. Interkulturell kompetent wäre, sich zu diesen interaktiven und kommunikativen Dynamiken derart zu verhalten, dass Differenzen nicht reproduziert und perpetuiert würden. Kultur oder Fremdheit kann dann als Chiffre betrachtet werden, um Sinnbrücken und neue Rahmen zu bilden, die Agar (1994) den „intercultural frame" nennt. Gibt es Sprechpositionen und Gesprächsstrategien die von kollektiven Kohärenzen ausgehen können und welche Kommunikationsformen würden dabei verwendet, sind hier weiterführende Fragen.

Denn unser Fremdheitserleben hat mit der konkreten Begegnung mit „kulturell Anderen" nicht nur meiner Einschätzung nach wenig bis gar nichts zu tun. Wir leben in einer Zeit, in der die eigene symbolische Weltdeutung potenziell gefährdet ist. So charakterisierte schon Georg Simmel Anfang des letzten Jahrhunderts in seinem Exkurs über den Fremden Fremdheit als Symbol für die Wechselwirkungen und Verhältnisse der Menschen untereinander (Simmel 1992). Damit ist Fremdheit – wie Hahn in Anlehnung an Simmel interpretiert, „allgemeines Los" in einer Gesellschaft geworden, die mehr als einen Deutungshorizont, mehr als eine Handlungsrationalität, Identitätsressource und Interessenslage kennt (Hahn 1994: 163). Es ist zur unhintergehbaren Aufgabe geworden, eigene kollektive Bezugssysteme zu hinterfragen, zu überschreiten, verbindende Werte und moralische Gemeinschaften neu auszuhandeln. Haltung und Fähigkeiten hierzu nenne ich kulturreflexives Sprechen.

Kulturreflexives Sprechen ist keine Vorgabe in politischer Korrektheit, in dessen Kontext jegliches sprachreflexive Handeln gerne gestellt wird, sondern ein bewusstes Umgehen mit Kategorien und ihren Implikationen, Perspektiven und Rahmen eingedenk bereits empirisch rekonstruierter und damit bekannter sozialer Verlaufsformen im kommunikativen Austausch. Es ist ein perspektiven- und rahmenreflexives Hinwirken in der sprachlichen Interaktion auf einen geteilten Bedeutungsraum, in dem ein Verständnis vom guten (Zusammen-)Leben auf Augenhöhe ausgehandelt werden kann. Wie kann das aussehen?

Vereinzelt sind wörtliche Hinweise hinsichtlich konstruktiver Gesprächsstrategien im Kontext des demokratieorientierten Antipopulismus zu finden. Da es sich hierbei um als hilfreich erachtete Reaktionen auf Parolen handelt, können potenzielle Umgangsformen dekontextualisiert und schematisch katalogisiert werden (z. B. Büttner et al. 2017). Auch humorvolle Varianten zum Umgang mit zum Beispiel schriftlichen Beleidigungen im Internet und originelle Chatantworten werden zur Diskussion gestellt (vgl. Kazim 2018). Im Zusammenhang mit interkulturellem Lernen sind jedoch komplexere Strategien erforderlich, die sich zudem nicht auf individuelle Einzeläußerungen beziehen, sondern es vermögen, in Interaktionsmuster wie die kollektive Kommunikation von Stereotypen zu intervenieren. Auflisten lassen sich auf der Basis von Analysen bereits zahlreiche verschiedene Strategien. Dazu gehört zum Beispiel Bewertungen nur zu zitieren, Moralisierungsangebote zu erkennen, Kategorisierungen von Stereotypisierungen zu unterscheiden oder Rahmenmanagement zu betreiben und vieles mehr. Einen transferorientierten Ansatz habe ich mit dem Modell für Gesprächsstrategien versucht, das vier Sprechaktivitäten beinhaltet: Moderieren, Solidarisieren, Erläutern und perspektivenreflexiv intervenieren (Nazarkiewicz 2013). Deren kontextsensitiver Einsatz ist jedoch voraussetzungsreich. Er beruht auf der Kenntnis von typischen Verlaufsformen potenziell ethnisierender Kommunikationsmuster, wofür zunächst jedoch mehr Voraussetzungen zu schaffen wären. Bewusstheit und Kenntnisse darüber, welche Interaktions- und Kommunikationsformen welche Rede potenziell bewirken, müssten als eine Form von Sozialkompetenz erheblich ausgebaut werden – mit und ohne Kulturbezügen. Wiederholt kritisiert Müller-Jacquier zurecht, der verbreiteten grammatischen Kategorisierungskompetenz stehe ein „armselig anmutendes Inventar an Beschreibungsmitteln interpersonalen Handelns gegenüber" (2019: 65). Der Ausbau eines Performanzrepertoires als kulturreflexive Gesprächsführungskompetenz steht noch aus.

Literatur

Agar, Michael 1994: The Intercultural Frame. In: International Journal of Intercultural Relations 18, 2: 221–237.
Ayaß, Ruth 1996: „Wer das verschweigt, handelt eigentlich in böser Absicht". Zu Form und Funktion Kategorischer Formulierungen. In: Linguistische Berichte 162: 137–160.
Baecker, Dirk 2000: Wozu Kultur? Berlin.
Bennett, Milton 2004: Becoming Interculturally Competent. In: J. S. Wurzel (ed.): Toward Multiculturalism: A Reader in Multicultural Education. Newton, MA. URL: http://www.idrinstitute.org/allegati/IDRI_t_Pubblicazioni/1/FILE_Documento.pdf.
Berger, Peter L., Thomas Luckmann 1969: Die gesellschaftliche Konstruktion der Wirklichkeit. Eine Theorie der Wissenssoziologie. Frankfurt am Main.
Bergmann, Jörg 2010: Die kategoriale Herstellung von Ethnizität – Ethnomethodologische Überlegungen zur Ethnizitätsforschung. In: Marion Müller, Darius Zifonun (Hg.): Ethnowissen: Soziologische Beiträge zu ethnischer Differenzierung und Migration. Wiesbaden, 155–169.

Bolten, Jürgen 2017: Interkulturelle Kompetenz. Erfurt.
Büttner, Frauke, E. Wiebke, L. Gutsche, J. Lang 2017: Haltung Zeigen. URL: https://www.rosalux.de/publikation/id/37599/haltung-zeigen.
Eddo-Lodge, Reni 2019: Warum ich nicht länger mit Weißen über Hautfarbe spreche. Stuttgart.
Goffman, Erving 1993: Rahmen-Analyse: Ein Versuch über die Organisation von Alltagserfahrungen. Frankfurt am Main.
Günthner, Susanne 1999: Thematisierung moralischer Normen in der interkulturellen Kommunikation. In: Jörg Bergmann, Thomas Luckmann (Hg.): Kommunikative Konstruktion von Moral. Opladen, 325–351.
Hahn, Alois 1994: Die soziale Konstruktion des Fremden. In: Walter M. Sprondel (Hg.): Die Objektivität der Ordnungen und ihre kommunikative Konstruktion. Frankfurt am Main, 140–166.
Hartung, Wolfdietrich 2002: Perspektiven-Divergenzen als Verständigungsproblem. In: Reinhard Fiehler (Hg.): Verständigungsprobleme und gestörte Kommunikation. Radolfzell, 63–79.
Kazim, Hasnain 2018: Post von Karlheinz. Wütende Mails von richtigen Deutschen und was ich ihnen antworte. München.
Moosmüller, Alois 2009: Kulturelle Differenz: Diskurse und Kontexte. In: ders. (Hg.): Konzepte kultureller Differenz. (Münchener Beiträge zur Interkulturellen Kommunikation 22). Münster, 13–45.
Müller-Jacquier, Bernd 2019: Missverstehen. Zur Analyse von Gesprächen unter der Bedingung von Interkulturalität. In: Der Deutschunterricht 1: 65–74.
Nazarkiewicz, Kirsten 1997: Moralisieren über Ethnien. Die Reflexivität der Stereotypenkommunikation. In: Zeitschrift für Soziologie 3: 181–201.
Nazarkiewicz, Kirsten 1999: Moralmanagement in Trainings zur interkulturellen Kommunikation. In: Jörg Bergmann, Thomas Luckmann (Hg.): Kommunikative Konstruktion von Moral. Bd. 2: Von der Moral zu den Moralen. Opladen, 141–168.
Nazarkiewicz, Kirsten 2000: Keine Angst vor Stereotypen! Hilfestellungen zum Umgang mit ethnischen Stereotypisierungen in Interkulturellen Trainings. In: Olga Rösch (Hg.): Stereotypisierung des Fremden. (Wildauer Schriftenreihe Interkulturelle Kommunikation). Berlin, 161–189.
Nazarkiewicz, Kirsten 2010: Interkulturelles Lernen als Gesprächsarbeit. Wiesbaden.
Nazarkiewicz, Kirsten 2013: Hürden und Lösungen in interkulturellen Lernsettings. In: Katharina von Helmolt, Wenjian Jia (Hg.): Interkulturelle Lernsettings: Konzepte – Formate – Verfahren. Stuttgart, 43–84.
Ogette, Tupoka 2017: Exit Racism. Rassismuskritisch denken lernen. Münster.

Pomerantz, Anita 1978: Attributions of Responsibility: Blamings. In: Sociology, Nr. 12: 115–121.

Pomerantz, Anita 1984: Agreeing and Disagreeing with Assessments: Some Features of Preferred/Dispreferred Turn Shapes. In: John M. Atkinson, John C. Heritage (Hg.): Structures of Social Interaction. Cambridge, 57–101.

Radtke, Frank-Olaf 2011: Kulturen sprechen nicht: Die Politik grenzüberschreitender Dialoge. Hamburg.

Roth, Hans-Joachim 2002: Kultur und Kommunikation. Systematische und theorie-geschichtliche Umrisse interkultureller Pädagogik. (Interkulturelle Studien). Opladen.

Sacks, Harvey 1992: Lectures on Conversation.Herausgegeben von Gail Jefferson. 2 Bde. Oxford.

Simmel, Georg 1992 [1908]: Exkurs über den Fremden. In: ders.: Soziologie. Untersuchungen über die Formen der Vergesellschaftung. Frankfurt am Main, 764–771.

Stegbauer, Christian 2002: Reziprozität. Einführung in soziale Formen der Gegenseitigkeit. Wiesbaden.

Grenzen der Toleranz

Was bedeutet interkulturelle Kompetenz in einer Zuwanderungsgesellschaft?

Jutta Berninghausen

Ein Fallbeispiel

In meiner interkulturellen Lehre bereite ich Studierende auf ihren einjährigen Auslandsaufenthalt in Schwellenländern Asiens, Lateinamerikas und Afrikas mit dem Ziel vor, in der fremden Kultur handlungsfähig zu sein und die Beweggründe für fremdes Verhalten verstehen zu können. Eine Voraussetzung dafür ist für mich zunächst einmal eine Verortung in den eigenen Werten. Es geht darum, ein Bewusstsein für die Relativität und Kulturgebundenheit dieser Werte und Wahrheiten zu erlangen.

Um dies zu verdeutlichen, ließ ich kürzlich meine Studierenden die Vor- und Nachteile unterschiedlicher Familienmodelle diskutieren. Ich stellte ein kollektivistisches, hierarchisches Familienmodell einem individualistischen, egalitären Familienmodell gegenüber.

Auf der einen Seite zeichnete ich ein Familienmodell, in dem die Eingebundenheit in die Familie oberste Priorität hat, Eltern Respektpersonen und Traditionen wichtig sind. Auf der anderen Seite beschrieb ich eine Familie, in der Erziehung zur Selbstständigkeit oberstes Ziel ist, Eltern die Freunde ihrer Kinder sein wollen und die Selbstverwirklichung jedes Einzelnen wichtiges Ziel ist. Beabsichtigt hatte ich damit eine Diskussion, in der sowohl die positiven Werte jedes Modells als auch dessen negative Extreme herausgearbeitet werden und deutlich werden sollte, dass es hier unterschiedliche Herangehensweisen an gesellschaftliche Probleme gibt, die alle, entsprechend dem jeweiligen gesellschaftlichen Kontext, ihre Berechtigung haben können.

In der anschließenden Diskussion war ich erschrocken über das große Maß an verstecktem Rassismus und Homophobie, das einige Studierende zeigten. Auf meine Frage, ob sie bereit wäre im Alter ihre Eltern zu sich zu nehmen, sagte Lena, eine deutsche Studentin, ganz ohne Hintergedanken, nein, sie würde sich dann später eine Polin für die Pflege ihrer Eltern „holen". Ihre polnische Freundin und Sitznachbarin war entrüstet nur aufgrund ihrer Herkunft auf eine dienstleistende Funktion reduziert zu werden.

Auch Fragen zu möglichen Reaktionen der verschiedenen Familienmodelle auf gemischtreligiöse Ehen provozierten sehr kontroverse Diskussionen. Die drei christlichen indonesischen Studierenden wollten auf keinen Fall einen Muslim in der Familie akzeptieren, die Hälfte der sechs aus der Türkei stammenden Studierenden gab an, keine Andersgläubigen in ihrer Familie zu dulden. Eine von ihnen meinte, dass dieses Problem bei ihr nicht auftrete, da Christen sowieso nicht in ihr „Beuteschema" passten. Die Diskussion wurde hitzig, als Orhan, der bereits selber Familienvater war, offensiv die Ansicht vertrat, dass er seinen Sohn verstoßen würde, wenn herauskäme, dass dieser homosexuell sei. Eine andere Studierende bekannte, selber einen schwulen Bruder zu haben, der sehr darum kämpfen müsse, vom Vater akzeptiert zu werden. Andere Studierende waren empört über die Homophobie der „Orhans", wie sie ihre aus der Türkei stammenden Kommilitonen daraufhin abfällig nannten. Orhan aber meinte: „Wieso, Frau Berninghausen hat doch immer wieder gesagt, es gäbe bei den unterschiedlichen Werten kein Richtig oder Falsch, sondern nur unterschiedliche Lösungswege. Ich möchte, dass hier toleriert wird, dass ich einen schwulen Sohn nicht in meiner Familie dulden würde."

Auch wenn ich es nicht, wie in diesem Beispiel, durch gezielte Fragen provoziere, sind kontroverse Diskussionen über Kopftuchverbot, Todesstrafe für Terroristen oder Grenzen der Toleranz bei offen zur Schau gestellter Homosexualität in meiner Lehre an der Tagesordnung, um nur ein paar Beispiele aus jüngster Vergangenheit zu nennen.[1]

Prinzipien interkultureller Kompetenz, wie Offenheit, Akzeptanz und die Toleranz gegenüber unterschiedlichen Werten und Lebensweisen sind leicht zu vertreten in der Vorbereitung auf ein fremdes Land. Was aber, wenn es um interkulturelle Kommunikation in der eigenen, zunehmend multikulturellen und diversen Gesellschaft geht? Kann und soll ich als Lehrende dann unparteiisch bleiben?

Wie kann es gelingen hier eine klare Haltung zu finden, ohne die Grundsätze von Offenheit und Toleranz zu missachten? Wie kann man AFD-nahen Studierenden mit Toleranz begegnen, was der lesbischen Trainerin raten, die Angst hat, sich vor ihren homophoben Teilnehmern zu outen?

Gesellschaftspolitischer Hintergrund

Migrationsbewegungen nehmen zu. Entfernungen können immer leichter überbrückt werden und moderne Kommunikationstechnologien lassen die Welt zu-

---

[1] Glücklicherweise hat die AFD in Bremen kaum Zulauf, so dass ich in meiner Lehre noch nie mit rechtsextremen Äußerungen konfrontiert wurde. Das ist aber in anderen Bundesländern sicher anders.

Grenzen der Toleranz

sammenwachsen. Flucht vor wirtschaftlicher Not oder politischen Konflikten sind weitere Quellen steigender Migrationsbewegungen, die den Bedarf nach gelingenden Akkulturationsstrategien dringlicher werden lassen.

Die Potentiale, die in der Vielfalt von Menschen unterschiedlicher Überzeugungen, Traditionen und Vorstellungen des Zusammenlebens liegen, sind unter dem Begriff Diversity in den letzten Jahrzehnten in vielen Studien untermauert worden (Cox, Beale 1997; Ely, Thomas 1996, 2001; Krell 2003). Das Diversity-Paradigma beschreibt Vielfalt als Bereicherung und wertvolle Quelle für Synergieeffekte und geht davon aus, dass man in einer vielfältig zusammengesetzten Gesellschaft kreativere Lösungen für Probleme finden kann und so den Anforderungen der Globalisierung besser standhalten kann. Page konnte mit seinem „diversity trumps ability"-Paradigma nachweisen, dass heterogene Gruppen bessere Lösungswege finden, allerdings nur, wenn sie in einem Klima arbeiten können, das Diversity wertschätzt (Page 2007). Adler brachte schon 1991 den Beweis, dass heterogene Teams effektiver sein können und bessere Lösungen produzieren können, gleichzeitig aber auch anfälliger für Störungen sind (Adler 1991). Auch Stahl et al. betonen, dass Diversity in Organisationen sowohl die Kreativität und Fähigkeit zum Perspektivwechsel fördern kann, gleichzeitig aber auch anfälliger macht für Konflikte, fehlendes Zusammengehörigkeitsgefühl und geringere Produktivkraft (Stahl et al. 2010).

Vielfalt muss also auch gesteuert werden, damit sich das in ihr steckende Potential optimal entfalten kann. Dies gilt nicht nur für Teams und Organisationen, sondern auch für eine multikulturelle Gesellschaft insgesamt. „In the end, it is not diversity per se that defines multiculturalism or determines its positive or negative consequences for nations, neighborhoods, schools or organizations; rather it is more about how diversity and equitable inclusion are managed or accommodated, which leads us to examine multicultural policy" (Berry, Ward 2016: 444).

Ein gelungenes Diversity-Management auf gesellschaftlicher Ebene wird eine der großen Herausforderungen der Zukunft sein.

Diversity-Prozesse erfordern von der Gesellschaft und den beteiligten Personen die Bereitschaft, althergebrachte Gewohnheiten zu hinterfragen, um sie eventuell zu verwerfen oder neu zu gestalten. Dies schafft auch Verunsicherung. „Aber wieviel Diversität, Heterogenität, Pluralität verträgt ein System in dieser Dynamik? Welche Ressourcen werden gebraucht, um auf Veränderungsanforderungen nicht regressiv oder aggressiv sondern entwicklungsorientiert reagieren zu können?", fragen Verena Bruchhagen et al. (2016: 142).

Denn die einerseits gewollte und geförderte Vielfalt provoziert auch Polarisierungen und extreme Haltungen, wie wir überall in Europa im Erstarken der ultrarechten Parteien, aber auch in der Zunahme konservativer und fundamentalistischer Religionsauslegungen erfahren. Gruppen, die die demokratischen Grundrechte unserer Gesellschaft ablehnen, haben in den letzten Jahren zugenommen. Ausländisch aussehende Menschen müssen Angst haben, wenn sie einer Gruppe Neonazis auf der Straße begegnen, LGBT-Menschen fürchten um ihre Unversehrtheit und fühlen sich sowohl von Pegida-Anhängern und Neonazis als auch von konservativen Muslimen bedroht. Die AFD schürt die Ausländerfeindlichkeit und Vorurteile gegenüber Muslimen, die Diskriminierung von Juden ist bei muslimischen Jugendlichen gleichermaßen ein ernstzunehmendes Problem geworden und spätestens seit der Silvesternacht 2016 haben mehr Frauen wieder Angst vor sexueller Belästigung und fühlen sich in ihrer Bewegungsfreiheit eingeschränkt.

Auch soziale Ungleichheit verstärkt die Herausforderungen, die sich einer gelungenen Integration in den Weg stellen. Menschen mit Existenzängsten, die von strukturellem Wandel und sozioökonomischen Problemen belastet sind, sind anfälliger für extremistische Ideen (Schulte 2016). Während Islamisten das Kalifat predigen und konservative Muslime nach der Scharia leben möchten, suchen Rechtsextreme Sicherheit in nationalistischen Strukturen. Die Extremismusforscherin Juliana Ebner hat sowohl rechtsextreme als auch islamistische Gruppen untersucht. In ihrem Buch „Wut", beschreibt sie, wie sich die Weltbilder in beiden Gruppen ähneln (Ebner 2018). Beide extreme Gruppen halten den Krieg zwischen Muslimen und Nichtmuslimen für unausweichlich und ihre eigene Gruppe den Fremden gegenüber überlegen. Beide Gruppen verteidigen eine männlich dominierte Familie, in der Gleichberechtigung, Homosexualität und gemischtrassige Beziehungen keinen Platz haben. In beiden Gruppen geht es darum, die „eigenen" Frauen gegen Übergriffe der anderen Seite zu beschützen. Die in diesem Eigentumsanspruch implizierte Frauenfeindlichkeit wird dabei oft nicht erkannt.[2]

Die größte Gefahr sind hierbei nicht die Extremisten selber, sondern das Klima der Angst, das dadurch in unserer Gesellschaft geschaffen wird und dazu beiträgt, die Polarisierung weiter zu schüren, statt sie zu befrieden, womit dann genau das erreicht wird, was die Extremisten beabsichtigen. Es verlangt Mut, sich nicht von rechten Narrativen Angst machen zu lassen, genauso wie es Mut verlangt, sich als Muslim dem versteckten moralischen Druck beispielsweise in Bezug auf Kleiderordnungen oder religiös motivierten Verurteilungen entgegenzustellen. Wir stehen vor dem Problem, dass einerseits die

---

[2] Denn letztendlich ist es das alte, schon in vielen Kriegen erprobte patriarchalische Prinzip: Man (Mann) verteidigt den eigenen Besitz (die eigenen Frauen) und bemächtigt sich des Besitzes der „Feinde" (der Frauen der Anderen). Die vielen Vergewaltigungen in Kriegsgebieten weltweit bezeugen dies. In beiden Fällen wird die Frau als Objekt im Besitz des Mannes gesehen.

Grenzen der Toleranz 325

Notwendigkeit besteht für mehr Toleranz in einer Zuwanderungsgesellschaft eintreten zu wollen und gleichzeitig die Grenze zu finden, wo Toleranz gegenüber intolerantem Verhalten selbstzerstörerisch wird.

Akkulturationsstrategien

Der Migrationsforscher John Berry hat bereits vor 30 Jahren idealtypische Vorlieben und Orientierungen in interkulturellen Kontakten beschrieben (Berry 1990). Das daraus entstandene Modell der Akkulturationsstrategien betont darüber hinaus die Strategien und inneren Einstellungen zum Integrationsprozess (Berry 1997; Berry, Ward 2016).

		Intensität der Kontakte zu der Kultur des Gastlandes	
		niedrig	*hoch*
Orientierung an der Herkunftskultur	*niedrig*	Marginalisierung	Assimilierung
	hoch	Separation	Integration

Akkulturationsstrategien nach John Berry

Liebkind et al. beschreiben diese Präferenzen als Identifikationsprozesse. Individuen ethnischer Minderheiten, die ihre eigene kulturelle Identität bewahren und sich gleichzeitig mit der aufnehmenden Gesellschaft identifizieren, werden als *integriert* bezeichnen. Sie haben eine bikulturelle Identität. Diejenigen, die ein starkes kulturelles Zugehörigkeitsgefühl zu ihrer Herkunftskultur bewahren, ohne sich mit der Mehrheitskultur zu identifizieren, leben in *Separation*. Minderheiten, die ihre eigene ethnisch-kulturelle Identität aufgeben und sich mit der Mehrheitsgesellschaft identifizieren, sind demnach *assimiliert*. Und Individuen, die sich weder mit der Herkunftskultur, noch mit der aufnehmenden Kultur identifizieren, haben eine *marginalisierte* Identität (Liebkind et al. 2016). Dieses Modell schließt nach Meinung der Autoren aber nicht aus, dass man auch situativ oder entsprechend unterschiedlicher Lebensphasen zwischen den Präferenzen wechseln kann und sich auch gleichzeitig mit mehreren Minderheits- oder Mehrheitskulturen identifizieren kann.

Der Fokus auf Strategien der Akkulturation verdeutlicht das Dilemma, dass Präferenzen nicht immer mit dem übereinstimmen, was tatsächlich möglich ist. Berry hat sein Modell daher auch den politischen Strategien der Mehrheitsgesellschaft gegenübergestellt. Auf die gesellschaftspolitische Ebene angewendet erfolgt demnach entweder eine *Exklusion* (Marginalisierung im obigen Modell), eine *Segregation* (Separation) von Migrantengruppen, oder Gruppen leben in einem *Melting Pot* (Assimilation). Gelungene Integration wäre für Berry dort, wo beide Kulturen in einer *multikulturellen Gesellschaft* gelebt werden können (Berry 2016). Sabatier et al. zitieren Studien, nach denen es hier einen offensichtlichen Widerspruch zwischen Mehrheits- und Minderheitskulturen gibt. Während die Mehrheitsgesellschaften das Modell der Assimilierung favorisieren, präferieren die Minderheiten das Modell der Integration (Sabatier et al. 2016).

Brauchen wir eine Leitkultur?

„Über ‚Parallelgesellschaft' und ‚Leitkultur' wird seit einigen Jahren intensiv und vor allem sehr emotional gestritten" (Schiffauer 2008: 7). „Wieviel Wertekonsens braucht unsere Gesellschaft?", fragt er in seinem Buch „Parallelgesellschaften."

Konservative Sichtweisen auf der Seite der Mehrheitsgesellschaft sind in erster Linie an der Bewahrung der eigenen kulturellen Identität orientiert und fordern mit dem Schlagwort „Leitkultur" einen Konsens über grundlegende Werte für eine Gesellschaft.

Demgegenüber sieht Berry keinen grundlegenden Widerspruch zwischen einer erfolgreichen kulturellen Integration und der Aufrechterhaltung ethnisch-kultureller Vielfalt. Seine These ist, dass Individuen, die in ihrer Identität gefestigt sind, psychologisch besser gewappnet sind, kulturelle Differenzen zu akzeptieren. Immigranten sollten daher im Rahmen ihrer Eingliederung über Möglichkeiten verfügen, relevante Bestandteile ihrer Kulturen aufrechtzuerhalten und weiterzuentwickeln (Berry, Ward 2016).

Auch Schiffauer hinterfragt, ob ein Konsens über grundlegende Werte in einer Gesellschaft unabdingbar ist. Kulturelle Zugehörigkeiten seien viel offener, widersprüchlicher und dynamischer als oft angenommen. Ständige Hinweise auf die Gefahren von Parallelgesellschaften und das Bestehen auf die Übernahme der Leitkultur der Mehrheitsgesellschaft seien daher eher kontraproduktiv für die Ausbildung einer Gemeinwohlorientierung bei Migranten (Schiffauer 2008).

Einen neuen interessanten Beitrag zu diesem Diskurs leistet Axel Schulte, der in der Integrationspolitik für eine deutlichere Orientierung an den Menschenrechten plädiert (Schulte 2016). Er stellt nicht die Differenz, sondern die Ungleichheit in den Fokus seiner Überlegungen, wobei er ethnisch-kulturelle Heterogenität grundsätzlich als legitim betrachtet und die Bedeutung der kulturellen Grundrechte betont. „Zentraler Ausgangspunkt ist hierbei die Annahme, dass sich die Integration von Einwanderern an denselben Grundsätzen orientieren sollte wie die Integration der Gesellschaft beziehungsweise des politischen Gemeinwesens insgesamt" (Schulte 2016: 216). Maßgebend sollten hierfür die verfassungsrechtlich verankerten Grundsätze der Menschenwürde, Menschenrechte und sozialstaatlichen Demokratie sein. Menschenrechte garantieren die Würde, Freiheit und Gleichheit aller Individuen und stellen damit ein umfassendes und offenes normatives Ideal dar.

Eine menschenrechtsbasierte Politik würde nicht nur Ungleichheiten in der Integrationspolitik thematisieren, sondern wäre auch Maßstab für einen angemessenen Umgang mit anderen Kategorien von Diversity. Neben der ethnischen und kulturellen Differenz könnten so auch beispielsweise Geschlecht, Alter, Religion, sexuelle Orientierung oder soziale Schicht thematisiert werden. Solch ein Bewertungsraster könnte Diskriminierungen und Ausgrenzungen benennen und eindeutige Grenzen ziehen, wenn beispielsweise rassistisch diskriminierte Personen selber sexistische oder homophobe Ansichten hätten.

Um die migrationspolitische Debatte zu entpolarisieren, erscheint es mir sinnvoll, nicht nationale, ethnische oder religiöse Differenzen in den Blick zu nehmen, sondern stärker die unterschiedlichen Wertewelten zu thematisieren, die sich in der Gesellschaft herausbilden. Wenn man das Modell Berrys nicht auf den Akkulturationsprozess von Migranten, sondern auf die allgemeine Bereitschaft, sich zu einem menschenrechtsbasierten Wertekanon zu bekennen, beziehen würde, könnten widersprechende, aufeinanderprallende Wertvorstellungen, unabhängig von ethnischen Zugehörigkeiten, diskutiert werden. Solch ein Modell könnte fragen, inwieweit Menschen demokratische Werte, Gleichheit, individuelle Freiheit, Menschenrechte und das Grundgesetz akzeptieren oder sich mit abweichenden, undemokratischen Werten von Parallelstrukturen identifizieren.

Marginalisiert wären dann Personen, die von strukturellem Wandel und sozioökonomischen Problemen belastet sind, unter Identitätskrisen und Existenzängsten leiden und sich von der Gesellschaft abgekoppelt fühlen. Separation wäre der Begriff für Gruppen, die demokratische Werte ablehnen und sich mit den konservativen beziehungsweise extremen Werten einer Parallelstruktur identifizieren. Das können rechtsextreme Weltbilder sein aber genauso extrem konservative islamistische Werte. Dort wo Menschen das Grundgesetz akzeptieren, demokratische Werte, Gleichheit, individuelle Freiheit und Menschenrechte vertreten, wären sie an eine demokratische Gesellschaft assimiliert. Die Rubrik Integration wäre in diesem Fall eher ein Aufgabenfeld als eine Ist-Beschreibung. Menschen, die sich generell mit Menschenrechten und unserer demokratischen Grundordnung identifizieren, sich gleichzeitig jedoch traditionellen Weltbildern und Familienstrukturen, beispielsweise ihrer Herkunftskulturen, zugehörig fühlen, sind am ehesten offen für einen interkulturellen Dialog.

| | | Orientierung an Menschenrechten, Gleichheit, individueller Freiheit und Akzeptanz des Grundgesetzes ||
		niedrig	hoch
Orientierung an undemokratischen Werten von Parallelgesellschaften	*niedrig*	Marginalisierung Ausgrenzung und Entwurzelung in unserer Gesellschaft (Potential für die Rekrutierung von separatistischen Gruppen)	Assimilierung Übernahme der oben genannten Werte
	hoch	Separation Ablehnung humanistischer, demokratischer Werte (z. B. rechtsextreme Gruppierungen, AFD, Pegida etc., konservative Muslime und andere fundamentalistische Religionsauslegungen)	Integration *** Arbeitsfeld von IKK *** Aushandlungsprozesse zwischen bereichernden Unterschieden, Gemeinsamkeiten und Grenzen von sich widersprechenden Werten

Orientierung an den Menschenrechten – eine etwas andere Interpretation des Akkulturationsmodells von Berry

Was bedeutet das für die interkulturelle Lehre?

Das Fach der Interkulturellen Kommunikation wird sich in Zukunft nicht mehr nur mit nationalkulturellen Unterschieden oder der Bekämpfung von Rassismus beschäftigen können, sondern ebenso, unabhängig von nationalen Zugehörigkeiten, mit dem Thematisieren und Austauschen über unterschiedliche Werte, die innerhalb nationaler Grenzen die Bevölkerung spalten. Interkulturelle Lehre sollte daher auch Differenzerfahrungen im eigenen Land aufgreifen. Dies wird auch ein politisches Bekenntnis verlangen, oder Fragen, wie die von Armin Pongs (2007) „In welcher Welt wollen wir leben?" ins Zentrum rücken.

Wie können wir also den sich überlappenden und verwobenen Ebenen von Diskriminierungen in unserer Einwanderungsgesellschaft begegnen? Wie kann es in der interkulturellen Lehre gelingen, verschiedene Meinungen und Einstellungen wertschätzend und tolerant zu moderieren und sich gleichzeitig als politisch agierender Mensch gegen Rechtspopulismus, religiösen Fanatismus jedweder Art, gegen Rassismus, Sexismus, Homophobie und andere Formen

Grenzen der Toleranz 329

von Diskriminierung und Ausgrenzung einzusetzen? Wo gibt es Grenzen zwischen religiöser Freiheit und politischem Bekenntnis? Wo werden private Lebensformen zu öffentlichem Interesse? Welche berechtigten Bedürfnisse stehen hinter undemokratischen Überzeugungen? Wo sind andere Lebensweisen bereichernd? Welche Toleranzspielräume gibt es? Wo sind die Grenzen der Toleranz?

Die Aufgabe wird zunehmend in diesem Aushandlungsprozess zwischen bereichernden Unterschieden, Gemeinsamkeiten aber auch Grenzen von sich widersprechenden Werten bestehen. Plurale kulturelle Zugehörigkeiten von Menschen mit migrantischen Wurzeln bezeichnet Homi Bhabha als den „dritten Raum", ein Raum zwischen verschiedenen kulturellen Zugehörigkeiten, der durch Brüche und das Manövrieren zwischen sich feindlich gegenüberstehen Lebenswelten und Überforderungen gekennzeichnet ist, aber auch kreatives Potenzial birgt (Bhabha 1999). Eine Politik der Einbindung vermeidet Eindeutigkeitszwänge und nutzt dieses Potenzial (Mecheril 2003). Schiffauer plädiert deshalb für eine Kultur des genauen Hinsehens, denn die Aufrechterhaltung von kulturellen Austauschprozessen ist seiner Meinung nach entscheidend für den inneren Zusammenhalt einer Gesellschaft (Schiffauer 2008). Das bedeutet für ihn auch, den anderen in seinem kulturellen Dilemma zu sehen und zu respektieren.

Integration braucht Perspektivwandel, ist die These von Bruchhagen et al. Ein guter Umgang mit Komplexität ist für sie entscheidend bei der Bewältigung von gesellschaftlichen wie persönlichen Veränderungsprozessen. Sie verweisen in diesem Zusammenhang auf den Begriff der Resilienz, in der die Erfahrung der Selbstwirksamkeit *(self-efficiency)* zur Herstellung eines Kohärenzgefühls beiträgt.[3] Die Erfahrung mit Diversität kann ihrer Meinung nach die Resilienzfähigkeit stärken, jedoch nur dann, wenn sie mit der Fähigkeit zum Perspektivwechsel einhergeht. „Können sich Personen darauf einlassen, dass es höchst unterschiedliche Wirklichkeiten in anderen Kontexten, Kulturen und sozialen Sinnsystemen gibt, besteht die Möglichkeit, einen resilienzstärkenden Perspektivwechsel einzunehmen" (Bruchhagen et al. 2016: 142). Welche Disziplin wäre geeigneter, einen Perspektivwechsel einzuüben, als die der Interkulturellen Kommunikation?

---

[3] Resilienz geht auf den von Antonovsky geprägten Ausdruck der Salutogenese zurück, mit dem er einen Zustand selbstwirksamer Gesundheit beschreibt, der es ermöglicht, stressauslösende Situationen eher positiv zu bewältigen. Zentrale gesundheitserhaltende Kraft ist das sogenannte Kohärenzgefühl, das wesentlich auf den Faktoren Verstehbarkeit, Bewältigbarkeit und Sinnhaftigkeit basiert (Antonovsky 1997).

Kirsten Nazarkiewicz betont, dass in Konflikten von „kollektiven Lernblockaden", wie sie polarisierte und verhärtete Diskussionen nennt, „Interkulturalisten" die Rolle von Mediatoren einnehmen können und in dieser Rolle alle Tugenden der interkulturellen Kompetenz selber leben müssen: Spannungen ertragen können, also Ambiguitätstoleranz zeigen, aktives Zuhören, Metakommunikation, Neurahmen und Perspektivwechsel. Es wäre somit die Aufgabe interkultureller Lehre in diesen Situationen Erfahrungen von Differenz zu ermöglichen und trotzdem in Beziehung zu bleiben (Nazarkiewicz 2017). Hinzufügen könnte man, dass es in kulturell gemischten Gruppen, wie in dem eingangs beschriebenen Fallbeispiel, auch wichtig ist, Wertediskussionen proaktiv anzustoßen. Diskussionen von Tabuthemen, wie beispielsweise die Parallelen von rechtsextremen und islamistischen Weltbildern, versteckte Frauenfeindlichkeit und Homophobie in Workshops sollten gesucht und nicht vermieden werden. Es wäre wichtig, hierfür Konzepte zu entwickeln, die Impulse zur kritischen Selbstreflexion unterschiedlicher Werte geben können. Eine wertschätzende wie ehrliche und streitbare Dialogfähigkeit ist hierfür entscheidend. Das hieße, wo immer es geht, gelassen zu bleiben, zu entpolarisieren und Kompromisse zu suchen, wo es nicht weh tut, aber gleichzeitig auch, den Mut aufzubringen und deutlich zu machen, welche an Menschenrechten orientierte Werte unverhandelbar sind und wo Grenzen der Toleranz sind.

Literatur

Adler, Nancy 1991: International Dimensions of Organizational behavior. Boston.
Antonovsky, Aaron 1997: Salutogenese. Tübingen.
Berry, John W. 1990: Psychology of Acculturation: Understanding Individuals Moving between Cultures. In: R. Brislin (Hg.): Applied Cross-Cultural Psychology. Newbury Park, 232–253.
Berry, John W. 1997: Immigration, Acculturation and Adaptation. In: Applied Psychology: An International Review 46: 5–68.
Berry, John W., David L. Sam 2016: Theoretical Perspectives. In: David K. Sam, John W. Berry 2016 (ed.): The Cambridge Handbook of Acculturation Psychology. Second edition. St. Ives, United Kingdom, 11–29.
Berry, John W., Colleen Ward 2016: Multiculturalism. In: David K. Sam, John W. Berry (ed.): The Cambridge Handbook of Acculturation Psychology. Second edition. St. Ives, United Kingdom, 441–463.
Bhabha, Homi K. 1999: The Postcolonial and the Postmodern. The Location of Culture. London, New York, 171–197.

Bruchhagen, Verena, Iris Koall, Sabine Wengelski-Strock 2016: Zur Bedeutung von Resilienz im Diversity Handeln. In: Petia Genkova, Tobias Ringeisen (Hg.): Handbuch Diversity. Band 1: Perspektiven und Anwendungsfelder. Wiesbaden.

Cox, Taylor, R. L. Beale 1997: Developing Competency to Managing Diversity. San Francisco.

Ebner, Julia 2018: Wut – Was Islamisten und Rechtsextreme mit uns machen. Darmstadt.

Ely, Robin J., David A. Thomas 1996: Making Difference Matter: A New Paradigm for Managing Diversity. In: Harvard Business Review, September–October: 79–89.

Ely, Robin J., David A. Thomas 2001: Cultural Diversity at Work: The Moderating Effects of Work Group Perspectives on Diversity. In: Administrative Science Quarterly 46: 229–273.

Genkova, Petia, Tobias Ringeisen (Hg.) 2016: Handbuch Diversity. Band 1: Perspektiven und Anwendungsfelder. Wiesbaden.

Krell, Gertraude 2003: Personelle Vielfalt in Organisationen als Herausforderung für die Praxis. In: H. Wächter, G. Vedder, M. Führing (Hg.): Personelle Vielfalt in Organisationen. 1. Aufl. (Trierer Beiträge zum Diversity Management 1). München.

Liebkind, Karmela, Tuuli Anna Mahönen, Sirkku Varjonen, Inga Jasinskaja-Lahti 2016: Acculturation and Identity. In: David K. Sam, John W. Berry (ed.): The Cambridge Handbook of Acculturation Psychology. Second edition. St. Ives, United Kingdom, 30–49.

Mecheril, Paul 2003: Prekäre Verhältnisse. Über natio-ethno-kulturelle Mehrfach-Zugehörigkeit. Münster, New York, München, Berlin.

Nazarkiewicz, Kirsten 2017: Im Gespräch bleiben – zum Umgang mit kollektiven Lernblockaden. In: mondial. Sietar Journal für Interkulturelle Perspektiven 23, 1: 16–19.

Page, Scott E. 2007: The Difference. How the Power of Diversity Creates better Groups, Firms, Schools, and Societies. 3. Aufl. Princeton, NJ.

Pongs, Armin 2007: In welcher Welt wollen wir leben? US-amerikanische Konzeptionen der Gegenwartsgesellschaft und europäische Perspektiven. In: Caroline Y. Robertson-von Trotha (Hg.): Kultur und Gerechtigkeit. (Reihe Kulturwissenschaft interdisziplinär, Bd. 2). Baden-Baden.

Sabatier, Colette, Karen Phalet, Peter F. Titzmann 2016: Acculturation in Western Europe. In: David K. Sam, John W. Berry (ed.): The Cambridge Handbook of Acculturation Psychology. Second edition. St. Ives, United Kingdom, 417–438.

Sam, David K., John W. Berry (ed.) 2016: The Cambridge Handbook of Acculturation Psychology. Second edition. St. Ives, United Kingdom.

Schiffauer, Werner 2008: Parallelgesellschaften. Wie viel Wertekonsens braucht unsere Gesellschaft? Für eine kluge Politik der Differenz. Bielefeld.

Schulte, Axel 2016: Diversity, ethnisch-kulturelle Vielfalt und Integrationspolitik. In: Petia Genkova, Tobias Ringeisen (Hg.): Handbuch Diversity. Band 1: Perspektiven und Anwendungsfelder. Wiesbaden.

Stahl, Günther K., Martha L. Maznevski, Andreas Voigt, Karsten Jonsen 2010: Unravelling the Effects of Cultural Diversity in Teams: A Meta-analysis of Research on Multicultural Work Groups. In: Journal of International Business Studies 41: 690–709.

Tayler, Charles 2009: Multikulturalismus und die Politik der Anerkennung. Frankfurt am Main.

Interkulturelle Kompetenz: ein Konzept für die frühe Kindheit?

Miriam Morgan

1 Einleitung

Interkulturelle Kompetenz hat im Zuge von Globalisierung und gesellschaftlicher Multikulturalisierung an Relevanz gewonnen. Dabei beschränken sich Forderungen der interkulturellen Kompetenzvermittlung bei weitem nicht mehr nur auf Expats und Mitarbeitende internationaler Firmen, sondern werden im Hinblick auf ganz unterschiedliche Personengruppen formuliert. Auch die jüngsten Mitglieder der Gesellschaft werden dabei nicht ausgeschlossen. Der Bayerische Bildungs- und Erziehungsplan für Kinder in Tageseinrichtungen bis zur Einschulung erklärt beispielsweise: „Mit der EU-Erweiterung, der Globalisierung der Wirtschaft und dem Anstieg internationaler Mobilität benötigen Kinder heute zusätzlich zu ihrer sozialen und kulturellen Einbettung auch interkulturelle und Fremdsprachenkompetenz" (Bayerisches Staatsministerium für Arbeit und Sozialordnung, Familie und Frauen/Staatsinstitut für Frühpädagogik München 2012: 6).

Laut Christoph Barmeyer (2012: 89) zeigen Kinder im jungen Alter sogar von sich aus verschiedene Aspekte interkultureller Kompetenz:

„Auch scheinen hinsichtlich der emotionalen Komponenten [...], Kinder in ihren frühen Entwicklungsjahren viele Eigenschaften interkultureller Kompetenz aufzuweisen: Offenheit, Vertrauen, Dinge und Ereignisse mit Interesse, Freude und Neugierde betrachten und erforschen sowie auf Situationen und Menschen tolerant und flexibel reagieren. Im Rahmen der Sozialisation scheinen sich diese Eigenschaften jedoch sukzessive zu verlieren."

Allerdings zeigen junge Kinder auch gegensätzliche Tendenzen: eine Furcht vor Fremdem, wie sie etwa im so genannten „Fremdeln" deutlich wird.

Trotz seiner Popularität in der Gesellschaft ist das Konzept der interkulturellen Kompetenz in den Wissenschaften teils starker Kritik ausgesetzt. Besonders scharf wird diese auch aus dem Bereich der Pädagogik formuliert. Im folgenden Beitrag werde ich daher der Frage nachgehen, ob interkulturelle Kompetenz im Hinblick auf die frühe Kindheit (d. h. bis zur Einschulung) ein sinnvolles Konzept und Bildungsziel darstellt. Dazu gliedert sich der folgende

Beitrag in zwei Teile. Kapitel 2 gibt einen Überblick über den Stand der Forschung. In Kapitel 3 werde ich darauf aufbauend drei Thesen formulieren, die Antwort auf die hier fokussierte Fragestellung geben.

2 Stand der Forschung

Zur Beantwortung der Frage, ob interkulturelle Kompetenz ein sinnvolles Konzept für die frühe Kindheit darstellt, erscheint ein Blick in verschiedene Forschungsbereiche sinnvoll. Abschnitt 2.1 fokussiert sich auf die Definition und Kritik des Begriffs der interkulturellen Kompetenz. Abschnitt 2.2 beleuchtet die Praxis interkulturellen Lernens in der Kita-Praxis. In Abschnitt 2.3 werden theoretische Ansätze zum interkulturellen Lernen von Kindern dargestellt und Abschnitt 2.4 geht auf die Entwicklung von Vorurteilen im frühen Kindesalter ein.

2.1 Interkulturelle Kompetenz – Definition und Kritik

Zahlreiche Wissenschaftler*innen verschiedener Disziplinen befassen sich mit dem Begriff der interkulturellen Kompetenz (für einen Überblick: Straub 2007; Deardorff 2009; Moosmüller, Schönhuth 2009). Wie die Diskussion um einen Beitrag von Alexander Thomas (2003) in der Zeitschrift „Erwägen – Wissen – Ethik" sehr anschaulich zeigt, herrscht jedoch keine Einigkeit über dessen Definition. Einer viel zitierten Definition Darla Deardorffs (2006: 15) zufolge bezeichnet interkulturelle Kompetenz die „Fähigkeit, effektiv und angemessen in interkulturellen Situationen zu kommunizieren, auf Grundlage eigenen interkulturellen Wissens, eigener Fähigkeiten und Einstellungen". Etwas offener definieren Rainer Leenen et al. (2013: 114) den Begriff: „Interkulturelle Kompetenz besteht [...] in einem Bündel von Fähigkeiten, die einen produktiven Umgang mit der Komplexität kultureller Überschneidungssituationen erlauben." Im Hinblick auf junge Kinder bis zur Einschulung und ihre Lebenswelt erscheinen diese Definitionen wenig geeignet. Statt „Effektivität" oder „Produktivität" des eigenen Handelns liegt der Fokus in dieser Lebensphase vielmehr auf dem gemeinschaftlichen Spiel sowie einem friedlichen Miteinander. Übergeordnete Ziele in der Frühpädagogik sind darüber hinaus die Vorbereitung der Kinder auf ein friedliches Zusammenleben in einer multikulturellen Gesellschaft sowie die Herstellung von Chancengerechtigkeit.

Neben definitorischen Uneinigkeiten ist das Konzept der interkulturellen Kompetenz auch mit umfangreicher Kritik konfrontiert. Vorgeworfen wird Forschern der interkulturellen Kompetenz beispielsweise eine „technologische

Denkweise", mit der man versuche, Kommunikationsprobleme „nach dem Muster instrumenteller Rationalität" (Auernheimer 2010: 35, vgl. Mecheril 2013: 24 ff.) zu lösen. Auch ein mit dem interkulturellen Kompetenzbegriff verbundener naiver Kulturalismus, die Verfestigung kultureller Stereotype (Kiesel, Volz 2013: 80 ff.; Mecheril 2013: 19 ff.) und die Vernachlässigung anderer Ursachen für Konflikte, wie insbesondere soziale Ungleichheit, Machtasymmetrie oder institutionelle und strukturelle Diskriminierung, werden kritisiert (Hamburger 2012; Radtke, Gomolla 2009; Kiesel, Volz 2013: 80 ff.; Mecheril 2013: 19 ff.). Paul Mecheril erklärt zudem, dass der Begriff der „Kompetenz" sowie die darunter in der Regel gefasste Teilkompetenz des „Wissens über andere Kulturen" irreführend sei. Bedeutend seien vielmehr die Grenzen des eigenen Wissens, die den Menschen bewusst sein sollten (Mecheril 2013: 29). Beanstandet wird schließlich auch der Bezug auf Nationalkulturen in der didaktischen Umsetzung, der Fokus auf Probleme und Missverständnissen statt auf die positiven Aspekte interkultureller Begegnungen (Mecheril 2013: 23) sowie die Exotisierung der interkulturellen Situation (Mecheril 2013: 20 f.). Schließlich bemerken einige Wissenschaftler*innen, dass eine allgemeine Definition interkultureller Kompetenz nicht sinnvoll sei. Diese solle vielmehr spezifisch und handlungskontextbezogen gefasst werden (Straub 2007: 44, Herzog 2003: 179, Leenen et al. 2013: 116, Moosmüller 2000: 25 ff.).

2.2 Interkulturelles Lernen in der Kita-Praxis

Den konzeptionellen Rahmen für die praktische Arbeit in vorschulischen Bildungseinrichtungen stellen die sogenannten Bildungs- und Orientierungspläne[1] der jeweiligen Bundesländer dar. Interkulturelle Kompetenz (in der Pädagogik oft auch bezeichnet als „interkulturelles Lernen") wird in mehreren der 16 Pläne als Bildungsziel benannt, dabei aber unterschiedlich stark gewichtet. Vor allem im Hinblick auf die praktische Umsetzung bleiben die Pläne häufig sehr abstrakt und allgemein (Borke 2013: 57). Der Bayerische Bildungs- und Erziehungsplan, der hier beispielhaft etwas näher erläutert werden soll, setzt sich vergleichsweise umfangreich mit der Thematik auseinander. An die theoretischen Ausführungen schließt sich die Darstellung eines Projektbeispiels an. Im Rahmen dieses Projekts wurden den Kindern drei Länder (Russland, Türkei, Vietnam) mithilfe verschiedener Aktivitäten vorgestellt. Die Kinder lokalisier-

---

[1] Die Pläne tragen in den verschiedenen Bundesländern unterschiedliche Bezeichnungen: Bildungsplan, Bildungsvereinbarung, Orientierungsplan, Bildungskonzeption, Bildungs- und Erziehungsplan et cetera.

ten die Länder auf dem Globus und malten die Landesflaggen aus. Eltern und Fachkräfte stellten landestypische Feste, Sitten und Bräuche, Musik, Speisen, Spielsachen und Tänze vor. Man sprach über Tiere, die das jeweilige Land bewohnen sowie über Sprache und Schrift. Auch der Islam wurde thematisiert. Abgerundet wurde das Projekt, das in Zusammenarbeit mit den Familien der Einrichtung vorbereitet und durchgeführt wurde, mit einem sogenannten „Fest der Kulturen" (Bayerisches Staatsministerium für Arbeit und Sozialordnung, Familie und Frauen/Staatsinstitut für Frühpädagogik München 2012: 137 ff.).

Deutliche Parallelen zu diesem Projektbeispiel zeigt die interkulturelle Arbeit in drei bayerischen Kindertagesstätten, wie sie im Rahmen eines Forschungsprojekts (Morgan 2016: 287 ff.) untersucht wurde.[2] Hier kristallisierten sich drei Schwerpunkte der interkulturellen Arbeit heraus. Dies war erstens die Wertschätzung von Mehrsprachigkeit, etwa indem Willkommensplakate auf verschiedenen Sprachen aufgehängt wurden, die Kinder das Zählen in verschiedenen Sprachen lernten oder auch zweisprachiges Vorlesen angeboten wurde. Zweitens gab es in allen Einrichtungen sogenannte „interkulturelle Buffets", in denen die Eltern angeregt wurden, bei Festen landestypische Gerichte mitzubringen. Den dritten Schwerpunkt stellten interkulturelle Projekte dar, die dem oben genannten Projektbeispiel des bayerischen Bildungsplanes stark ähnelten.

Festzustellen ist dabei zum einen, dass sich die thematisierten Aspekte von Kultur überwiegend auf oberflächliche, das heißt sichtbare oder sinnlich wahrnehmbare Aspekte von Kultur (Symbole und Handlungen) beschränken. Zudem wird Kultur beziehungsweise kulturelle Differenz in der Regel explizit thematisiert und dabei als Nationalkultur konzipiert. Festzustellen ist außerdem, dass die Thematisierung von kultureller Vielfalt zu einem großen Teil als „Spezialfall der pädagogischen Arbeit" (Morgan 2016: 290; vgl. Wojcik 2016: 113) zu klassifizieren ist. Interkulturelles Lernen wird von den interviewten pädagogischen Fachkräften überwiegend nicht als selbstverständlicher Aspekt der alltäglichen pädagogischen Arbeit verstanden, sondern konzentriert sich häufig auf einzelne, klar definierte und zeitlich begrenzte Projekte.

---

[2] Dies legt die Vermutung nahe, dass es für Fachkräfte leichter ist, sich an Praxisbeispielen zu orientieren, als die theoretischen Ausführungen selbstständig auf die Praxisebene zu übertragen.

Interkulturelle Kompetenz: ein Konzept für die frühe Kindheit?

2.3 Theoretische und didaktische Ansätze zum interkulturellen Lernen in der frühen Kindheit

Der Umgang mit kultureller Diversität im Bildungsbereich hat sich seit den defizitorientierten Ansätzen der Ausländerpädagogik, in denen ab den 1950er Jahren versucht wurde, auf die so genannten „Gastarbeiterfamilien" einzugehen, stark verändert. Im Laufe der vergangenen Jahrzehnte kristallisierten sich dabei insbesondere die interkulturelle Pädagogik (Auernheimer 1990), die reflexive interkulturelle Pädagogik (Hamburger 2012) und die Migrationspädagogik (Mecheril 2010) heraus. Viele der unter diesen Begriffen subsummierten Einzelkonzepte befassen sich jedoch mehr mit der Frage, wie mit Kindern und Familien mit Migrationshintergrund umgegangen werden kann und wie auf sie eingegangen werden soll, als mit der Frage, wie interkulturelles Lernen für alle Kinder sinnvoll konzipiert und umgesetzt werden kann. Im Folgenden werde ich drei Ansätze darstellen, die für die hier fokussierte Fragestellung bedeutsam sind.

2.3.1 Kultursensitive Frühpädagogik

Ein sehr bekannter Ansatz in der deutschen Frühpädagogik stellt die kultursensitive Frühpädagogik dar, die von der Osnabrücker Entwicklungspsychologin Heidi Keller und ihren Mitarbeitenden, insbesondere Jörn Borke, Bettina Lamm und anderen vertreten wird (Borke, Keller 2014; Lamm 2017; Keller 2013; Borke et al. 2011). Kern des Ansatzes sind drei Dimensionen: erstens das Wissen (der frühpädagogischen Fachkräfte) über unterschiedliche kulturelle Hintergründe und Entwicklungsverläufe, zweitens die Haltung der Pädagog*innen, die unter anderem von Selbstreflexivität, Empathie und Wertschätzung für Diversität geprägt sein soll und drittens das Leben von Diversität. Mit letzerem ist die Notwendigkeit gemeint, dass frühpädagogische Fachkräfte über ein Repertoire verschiedener Handlungsoptionen verfügen, mit deren Hilfe sie „sensibel und situationsangemessen auf die jeweiligen kulturellen Hintergründe [der Kinder und ihrer Familien] eingehen [...] können" (Borke, Keller 2014: 99 ff.). Kulturelle Unterschiede werden dabei mithilfe des von Heidi Keller entwickelten Kulturmodells erklärt, das zwischen den zwei Prototypen „psychologische Autonomie" und „relationale Hierarchie" (Keller 2011: 10, Keller 2007) unterscheidet.[3] Der Fokus des Ansatzes bleibt jedoch

---

[3] Dabei wird angenommen, dass die Sicht der pädagogischen Fachkräfte dem Modell der psychologischen Autonomie entspricht, die Sicht der Migrantenfamilien dage-

auf den pädagogischen Fachkräften, das interkulturelle Lernen von Kindern spielt kaum eine Rolle.

2.3.2 Die Pädagogik der Vielfalt

Ein schon als klassisch zu bezeichnender Ansatz, der jedoch nach wie vor höchst aktuell ist, stammt von Annedore Prengel (2006). Im Zentrum ihrer Pädagogik der Vielfalt steht der Begriff der „egalitären Differenz". Gefordert wird damit die Gleichzeitigkeit von Gleichheit und Differenz, denn „Differenz ohne Gleichheit bedeutet gesellschaftlich Hierarchie, kulturell Entwertung, ökonomisch Ausbeutung. Gleichheit ohne Differenz bedeutet Assimilation, Anpassung, Gleichschaltung, Ausgrenzung von ‚Anderen'" (Prengel 2006: 184).

Prengel vertritt dabei einen sehr offenen Differenzbegriff. Darunter fallen Unterschiede zwischen inferiorisierten und dominanten gesellschaftlichen Gruppen (etwa auf Basis von Kultur, Gender oder Behinderung/Nichtbehinderung) ebenso wie zwischen deren Untergruppen oder auch die Diversität zwischen Einzelpersonen (Prengel 2006: 182). Die Pädagogik der Vielfalt verzichtet im Übrigen „auf Konstruktionen wie Symmetrie, Polarität, Komplementarität, denn diese schaffen binäre Strukturen, wie die zwei Seiten einer Medaille, die sich einander bedingen und voneinander abhängen. Differenz hingegen will vielfältiges ‚anderes' unabhängig von dem ‚Einen', also beide als heterogene beschreiben" (Prengel 2006: 181).

Konkrete Ziele der Pädagogik der Vielfalt umfassen unter anderem „Selbstachtung und Anerkennung der Anderen" (Prengel 2006: 185), eine „‚dialogische' Annäherung" an die eigene Umwelt, „Aufmerksamkeit für die individuelle und kollektive Geschichte" von Menschen oder auch „Aufmerksamkeit für gesellschaftliche und ökonomische Bedingungen" (Prengel 2006: 192) von Gesellschaften.

Das erklärte Ziel der Pädagogik der Vielfalt ist der „gleichberechtigte Zugang zu den materiellen und personellen Ressourcen der Schule" und damit verbunden die Entfaltung der „je besonderen, vielfältigen Lern- und Lebensmöglichkeiten" aller Schüler*innen. Somit stellt auch die Pädagogik der Vielfalt folglich keinen expliziten Ansatz zur interkulturellen Kompetenz von Kindern dar. Dennoch enthält sie äußerst interessante Anstöße für die Konzeption einer interkulturellen Kompetenz junger Kinder.

---

gen dem Modell der relationalen Hierarchie (Keller 2011: 140; Borke, Keller 2014: 105 ff.).

2.3.3 Anti-bias-education

Der Ansatz der *anti-bias-education* geht auf Louise Derman-Sparks und Julie Olsen Edwards zurück (Derman-Sparks 1989; Derman-Sparks, Edwards 2010; Derman-Sparks 2017). Er wird in Deutschland von Petra Wagner (2017) auch unter der Bezeichnung der vorurteilsbewussten Bildung und Erziehung vertreten. Der Anti-Bias-Ansatz kann den antirassistischen Ansätzen zugerechnet werden und fokussiert sich – anders als die kultursensitive Frühpädagogik – direkt auf die Kinder.

Es werden vier zentrale Ziele verfolgt. Erstens soll jedes Kind Selbstbewusstsein und Stolz auf seine Familie demonstrieren sowie über positive soziale Identitäten verfügen. Zweitens soll jedes Kind Wohlbehagen und Freude im Umgang mit menschlicher Diversität ausdrücken, menschliche Differenz sprachlich korrekt benennen und fürsorgliche und tiefe Beziehungen zu anderen unterhalten. Drittens soll jedes Kind zunehmend in der Lage sein, Ungerechtigkeit zu erkennen, über die Fähigkeit verfügen, diese sprachlich zu benennen, und verstehen, dass Ungerechtigkeit verletzend wirkt. Viertens soll jedes Kind Empowerment demonstrieren, und in der Lage sein, sich alleine oder zusammen mit anderen gegen Vorurteile und diskriminierende Handlungen zu wehren (Derman-Sparks, Edwards 2010: 4 f.).

Eine zentrale Forderung des Anti-Bias-Ansatzes ist es darüber hinaus, dass pädagogische Arbeit „alle Aspekte sozialer Vielfalt berücksichtigen [müsse], mit denen sich Kinder auf dem Weg zur Entwicklung ihrer sozialen Identitäten und Haltungen gegenüber anderen beschäftigen" (Derman-Sparks 2017: 281). Er beschränkt sich dabei daher nicht auf kulturelle Diversität, sondern schließt neben Kultur auch Diversität auf Basis von Sprache, *„racial identity"*, Gender, sozio-ökonomischen Verhältnissen, Familienstrukturen, Fähigkeiten und Traditionen mit ein.

2.4 Vorurteile in der frühen Kindheit

Ein sehr wichtiger Forschungsbereich im Hinblick auf die Frage nach dem Sinn einer interkulturellen Kompetenzvermittlung in der frühen Kindheit bezieht sich auf die Entwicklung von Vorurteilen im Kindesalter. In einer Metaanalyse untersuchten Tobias Raabe und Andreas Beelmann (2011) weltweit 113 Studien zur Entwicklung von ethnischen, rassischen oder nationalen Vorurteilen von Kindern und Jugendlichen. Bei Untersuchungen von Vorurteilen von Kindern und Jugendlichen gegenüber Gruppen mit geringerem Status[4] zeigte sich, dass die Vorurteile zwischen der Altersgruppe der 2–4-Jährigen und der Gruppe der 5–7-Jährigen stark ansteigen und anschließend einen leichten Rückgang verzeichnen[5] (Raabe, Beelmann 2011: 1722).

Sehr wichtig für die hier verfolgte Fragestellung ist, dass diese Entwicklung beeinflussbar ist. Einen zentralen Faktor stellen Kontakte zu der potentiell mit Vorurteilen behafteten Gruppe dar: „If children were growing up with lower status out-group members, we found that prejudice increases signicifantly less intensive [...] and decreases during elementary school age" (Raabe, Beelmann 2011: 1730).

Ohne entsprechende Kontaktmöglichkeiten dagegen blieb die Intensität der Vorurteile während der Grundschulzeit auf gleichem Niveau (Raabe, Beelmann 2011: 1727). Und auch während der Jugendzeit konnte keine weitere systematische Entwicklung der Vorurteile festgestellt werden (Raabe, Beelmann 2011: 1729).

Raabe und Beelmann folgern daher, dass sich die Dynamik in der Vorurteilsentwicklung auf die Kindheit konzentriert, wobei dem Altersabschnitt zwischen mittlerer und später Kindheit, das heißt zwischen 5–7-Jährigen und 8–10-Jährigen Kindern eine besondere Bedeutung zukomme: „the divergence of developmental pathways in this age period was considerably higher, because [...] we found both increases and decreases at this age. We assume that it is particularly the absence of a decline that may have dramatic consequences for further developmental pathways" (Raabe, Beelmann 2011: 1731).

Glenda MacNaughton, eine bekannte australische Forscherin auf dem Gebiet der Vorurteilsentwicklung im Kindesalter, weist allerdings darauf hin, dass der Kontakt zwischen den Gruppen allein für die Minderung von Vorurteilen nicht ausreicht: „mere exposure to diversity may be insufficient to modify the racial biases of children 3 to 5 and, in some instances, may even increase them. [...] However, a combination of exposure to diversity and appropriate

---

[4] Die Entwicklung von Vorurteilen gegenüber Gruppen mit höherem Status verläuft unterschiedlich (vgl. Raabe, Beelmann 2011), worauf an dieser Stelle aber nicht näher eingegangen werden kann.

[5] An anderer Stelle bemerken Raabe und Beelmann jedoch, dass sich dieser Rückgang lediglich auf explizite Äußerung von Vorurteilen bezieht. Forschungen, die den Fokus auf implizite Vorurteile richten, zeigen einen solchen Rückgang nicht. Zudem zeigt sich der Rückgang lediglich für rassisch oder ethnisch begründete Vorurteile, die Intensität nationaler Vorurteile bleibt konstant (Raabe, Beelmann 2011: 1729 f.).

curriculum and teaching aids did accomplish a positive shift in attitudes" (Mac Naughton 2006: 5).
In Bezug auf die angemessenen Lehrmittel erklärt sie weiter: „Superficial or short-term approaches may increase rather than reduce children's stereotyping and prejudice" (Mac Naughton 2006: 49).

3 Interkulturelle Kompetenz in der frühen Kindheit – drei Schlussfolgerungen

Aufbauend auf dem oben dargestellten Forschungsstand möchte ich nun drei Thesen formulieren, die diesen gedanklich weiterführen und damit eine Antwort auf die Frage nach dem Nutzen des interkulturellen Kompetenzkonzeptes in der frühen Kindheit geben.

Schlussfolgerung 1: Interkulturelles Lernen in der frühen Kindheit ist sinnvoll und lohnenswert.
Interkulturelle Kompetenz als Bildungsziel und seine Umsetzung in Form von interkultureller Bildung sind bereits in der frühen Kindheit sinnvoll. Mehr noch als das ist festzustellen, dass sich gerade in der frühen Kindheit besonders große Chancen bieten: So kann die interkulturelle Bildung einerseits an die grundsätzliche Offenheit junger Kinder (Barmeyer 2012: 89) anknüpfen. Insbesondere zeigt aber die Vorurteilsforschung, dass das Vorschul- und beginnende Grundschulalter eine besonders sensible Phase für die Vorurteilsentwicklung darstellt. Der Kontakt mit Angehörigen von kulturellen Minderheiten, wie sie der heutigen deutschen multikulturellen Gesellschaft in fast allen Kitas Selbstverständlichkeit sind, in Kombination mit einer angemessenen pädagogischen Einflussnahme, bieten Chancen zur Entwicklung interkultureller Kompetenz, die sich in späteren Entwicklungsphasen nicht mehr finden lassen.
Allerdings muss das Verständnis interkultureller Kompetenz an die Zielgruppe angepasst werden (vgl. Schlussfolgerung 2) und auch die pädagogische Einflussnahme muss der Zielgruppe und dem Forschungsstand entsprechend konzipiert werden (vgl. Schlussfolgerung 3).

Schlussfolgerung 2: Interkulturelle Kompetenz in der frühen Kindheit muss als Vielfaltkompetenz konzipiert werden. Ziel ist, dass Kinder (kulturelle) Diversität als Normalität begreifen.
Die große Chance und damit auch das zentrale Ziel interkultureller Bildung in der frühen Kindheit liegt darin, dass Kinder kulturelle Vielfalt von Anfang an als (nicht zu bewertende) Normalität erleben und begreifen lernen (Morgan et al. 2018, vgl. Prengel 2006). Die Fähigkeit, sich für sich selbst und andere einzusetzen, wenn Diversität nicht als Normalität angenommen wird und es

deshalb zu Diskriminierung kommt (Derman-Sparks, Edwards 2010; Derman-Sparks 2017), ist dabei selbstverständlicher Teil einer so verstandenen interkulturellen Kompetenz. Das Aufwachsen in einer multikulturellen Gesellschaft und die Begleitung durch kompetente Pädagog*innen stellen dabei ideale Voraussetzungen dar.

Interkulturelle Kompetenz in der frühen Kindheit sollte darüber hinaus als Vielfaltskompetenz konzipiert werden. Das heißt, sie sollte verschiedene Ursprünge von Diversität wie etwa Kultur, Sprache, Aussehen, Gender, Religion, Behinderung et cetera gemeinsam in den Blick nehmen. Dies basiert auf drei Begründungen: Erstens birgt die Fokussierung auf Kultur immer auch die Gefahr der Kulturalisierung mit sich (vgl. Mecheril 2013: 19 ff.; Kiesel, Volz 2013: 80 ff.). Da junge Kinder, wie gezeigt wurde, für Vorurteile und Kategorisierungen besonders anfällig sind, gilt es, auf diese Gefahr besonders Rücksicht zu nehmen. Eine Vielfaltskompetenz basiert auf der Erkenntnis, dass die Gemeinsamkeit und Verschiedenheit von Menschen durch verschiedene Einflussfaktoren hervorgerufen wird und Herkunftsgruppen daher auch in sich stark heterogen sind. Die Bedeutung des Einflussfaktors „Kultur" soll dabei nicht negiert werden, vielmehr aber in Bezug auf diese spezifische Zielgruppe in den größeren Rahmen einer Vielfaltskompetenz eingebettet werden.

Ein zweiter Grund, der für die Konzeption von interkultureller Kompetenz als Vielfaltskompetenz spricht, besteht darin, dass das Bildungsziel „Vielfalt als Normalität begreifen" neben der kulturellen auch anhand von anderen Diversitätsdimensionen vermittelt und gelernt werden kann. Besondere Bedeutung kommt dabei der Vermittlung einer Kommunikations- und Fragekompetenz zu, die mit der Idee von Vielfalt als Normalität eng verwoben ist. Analog zu Paul Mécherils Konzept der „Kompetenzlosigkeitskompetenz" (Mecheril 2013) ist es wichtig, den Kindern zu vermitteln, dass sie, statt von vermeintlichen Normalitäten (Türkinnen tragen Kopftuch, japanische Kinder mögen Sushi, Mädchen spielen mit Puppen, Mütter kochen) auszugehen, offen fragen, wie Themen wie Ernährung, Rollenverteilung oder Religion in dem Leben des andern Kindes oder seiner Familie gestaltet werden.

Eine dritte Begründung liegt darin, dass der Aspekt „Kultur" schwer gesondert behandelt werden kann, ohne dass eine Grenzziehung zwischen Personengruppen stattfindet (vgl. Prengel 2006: 181). Da das Ziel von Bildung in einer multikulturellen Gesellschaft jedoch Inklusion und nicht Abgrenzung sein muss, muss auch dies bei der Konzeption interkultureller Kompetenz für junge Kinder beachtet werden. Wird beispielsweise die „polnische Kultur" in einer Kindergruppe explizit thematisiert, geht damit unvermeidlich eine Grenzziehung zwischen „polnischen" und den anderen Kindern einher. Nur die Einbettung des kulturellen Aspekts in die Vermittlung einer Vielfaltskom-

Interkulturelle Kompetenz: ein Konzept für die frühe Kindheit? 343

petenz ermöglicht es folglich, kulturelle Vielfalt als Normalität zu vermitteln, ohne dass Grenzziehung stattfindet.

Schlussfolgerung 3: Interkulturelle Kompetenzvermittlung mit Bezug auf die frühe Kindheit muss alltagsintegriert, konsequent und kontinuierlich stattfinden.

Ebenso wie die Definition interkultureller Kompetenz mit Bezug auf junge Kinder an diese Zielgruppe angepasst werden muss, unterscheidet sich auch die Didaktik der Kompetenzvermittlung an junge Kinder deutlich von jener an Erwachsene. Während interkulturelle Kompetenzvermittlung an Erwachsene überwiegend im Rahmen von interkulturellen Trainings stattfindet, ist die Vermittlung interkultureller Kompetenz an junge Kinder eingebettet in die Aktivitäten der von ihnen tagtäglich besuchten Bildungseinrichtungen.

Wie der Abgleich des Forschungsstandes mit der Praxis interkulturellen Lernens in der Frühpädagogik zeigt (vgl. Kap. 2.2), ist auch eine Abkehr von bislang populären Methoden interkulturellen Lernens vonnöten. Insbesondere muss sich das Verständnis von interkulturellem Lernen als Ziel einzelner Projekte entwickeln hin zu einem Verständnis interkulturellen Lernens als selbstverständlicher Teil des gesamten Bildungsgeschehens im Kita-Alltag. Denn eine interkulturelle Kompetenz, die zum Ziel hat, Kindern kulturelle Vielfalt als Normalität zu vermitteln, darf nicht ausschließlich im Rahmen von „Sonderfällen", wie es die Projektarbeit darstellt, vermittelt werden. Interkulturelle Bildung muss vielmehr alltagsintegriert, konsequent und kontinuierlich stattfinden (vgl. Mac Naughton 2006: 49). Möglich wird dies beispielsweise durch sprachliche Formulierungen, die Freiraum lassen für verschiedene „Normalitäten", durch Heranziehung von (bislang) eher untypischen Beispielen, das Angebot von Büchern, Liedern und Spielmaterialien, die kulturelle und andere Vielfalt widerspiegeln oder das Aufgreifen von interkulturell bedeutsamen Situationen der Kindertageseinrichtung.

Sinnvoll erscheint darüber hinaus eine Differenzierung zwischen landeskundlichem sowie interkulturellem Lernen. Während gegenüber einer Vermittlung landeskundlichen Wissens über andere Regionen der Welt nichts einzuwenden ist, sofern dabei keine stereoypen Bilder vermittelt werden, sollte dies jedoch nicht mit einem interkulturellen Lernen vermischt werden, dass den Fokus auf die kindliche Lebenswelt in der eigenen (multikulturellen) Gesellschaft legt. Von letzterem ist in diesem Beitrag die Rede.

4 Ausblick

Die Forderung nach einer kontextspezifischen Definition interkultureller Kompetenz ist nicht neu. Alois Moosmüller (2000: 25 ff.) plädiert bereits für eine Differenzierung zwischen dem internationalen Kontext und dem der multikulturellen Gesellschaft. Wolf Rainer Leenen et al. (2013: 116) fordern die Spezifizierung interkultureller Kompetenz im Hinblick auf die Anforderungen beruflicher Handlungsfelder. Trotz dieser Forderungen bleiben spezifische Konzepte interkultureller Kompetenz bislang selten und der Fokus wissenschaftlicher Forschung verbleibt auf einem allgemeinen Verständnis interkultureller Kompetenz.

Das hier dargestellte Beispiel junger Kinder unterstreicht jedoch die dringende Notwendigkeit einer solchen Spezifizierung, indem es verdeutlicht, dass allgemeine Konzepte den verschiedenen Lebensrealitäten unterschiedlicher Zielgruppen nicht gerecht werden können. Deutlich wird dabei auch, dass es einer Spezifizierung interkultureller Kompetenz nicht nur in Bezug auf Kontext oder Berufsfeld, sondern im Hinblick auf insgesamt drei Aspekte bedarf: 1. Kontext (internationale Bezüge oder multikulturelle Gesellschaft), 2. Zielgruppe (Alter, Gender, Biographie etc.), 3. Handlungsfelder sowie damit verbundene Aufgaben und Ziele.

Ein weiterer gewichtiger Grund, der für die dringend notwendige Spezifizierung der Definitionen interkultureller Kompetenz spricht, beruht auf der umfangreichen und teilweise gut begründeten Kritik an interkultureller Kompetenz (vgl. Abschnitt 2.1). Wie anhand des Beispiels junger Kinder gezeigt werden konnte, bietet die Definition spezifischer (kontext-, zielgruppen- und handlungsfeldspezifischer) Konzeptionen interkultureller Kompetenz die Möglichkeit, dieser Kritik zu begegnen.

Der vorliegende Beitrag eröffnet darüber hinaus den Blick auf weitreichende Forschungsdesiderate. So gilt es insbesondere, die Forderung nach kontext-, zielgruppen- und handlungsfeldspezischen Konzepten interkultureller Kompetenz in Tat umzusetzen. Da sich interkulturelle Bezüge in fast allen Lebens- und Handlungsfeldern einer multikulturellen Gesellschaft wiederfinden, sollten dabei auch eher „ungewöhnliche" oder von der interkulturellen Kompetenzforschung bislang weigehend unbeachtete Personengruppen (z. B. Geflüchtete, Bewohner*innen eines Seniorenwohnheims oder Gefängnisinsass*innen) Beachtung finden. Ein weiteres zentrales Desiderat liegt in der dringend notwendigen Forschung zur Didaktik interkulturellen Lernens in der frühen Kindheit. Der in Abschnitt 2.2 angestellte Abgleich der Praxisbeobachtungen mit den theoretischen Ausführungen des Bayerischen Bildungs- und Erziehungsplans verdeutlicht, dass pädagogische Fachkräfte nach Orientierung suchen, wie sie auf das Thema kulturelle Vielfalt eingehen können, aber auch, dass sie mit einer eigenständigen Umsetzung theoretischen Inputs in didaktische Methoden überfordert sind. Ohne konkrete didaktische und methodische Konzepte werden Frühpädagog*innen weiterhin auf oberflächliche und zum Teil stereotypisierende und kulturalisierende oder auch auf Kultur negierende Methoden zurückgreifen.

Literatur

Auernheimer, Georg 1990: Einführung in die interkulturelle Erziehung. Darmstadt.
Auernheimer, Georg 2010: Interkulturelle Kommunikation, mehrdimensional betrachtet, mit Konsequenzen für das Verständnis von interkultureller Kompetenz. In: Georg Auernheimer (Hg.): Interkulturelle Kompetenz und pädagogische Professionalität. Wiesbaden, 35–65.
Barmeyer, Christoph 2012: Taschenlexikon Interkulturalität. Göttingen u. a.
Bayerisches Staatsministerium für Arbeit und Sozialordnung, Familie und Frauen/Staatsinstitut für Frühpädagogik München 2012: Der Bayerische Bildungs- und Erziehungsplan für Kinder in Tageseinrichtungen bis zur Einschulung. Berlin.
Borke, Jörn 2013: Der interkulturelle Aspekt in den Bildungs- und Orientierungsplänen. In: Heidi Keller (Hg.): Interkulturelle Praxis in der Kita. Freiburg im Breisgau, 54–64.
Borke, Jörn, Paula Döge, Joscha Kärtner 2011: Kulturelle Vielfalt bei Kindern in den ersten drei Lebensjahren. Anforderungen an frühpädagogische Fachkräfte. Eine Expertise der Weiterbildungsinitiative Frühpädagogische Fachkräfte (WiFF). München.
Borke, Jörn, Heidi Keller 2014: Kultursensitive Frühpädagogik. Stuttgart.
Deardorff, Darla K. 2006: Policy Paper zur Interkulturellen Kompetenz. Gütersloh.
Deardorff, Darla K. (Hg.) 2009: The SAGE Handbook of Intercultural Competence. Thousand Oaks.
Derman-Sparks, Louise 1989: Anti-Bias Curriculum. Tools for Empowering Young Children. Washington D.C.
Derman-Sparks, Louise 2017: Anti-Bias Education for Everyone – Vorurteilsbewusste Bildung und Erziehung für alle. In: Petra Wagner (Hg.): Handbuch Inklusion: Grundlagen vorurteilsbewusster Bildung und Erziehung. Freiburg im Breisgau, 279–294.
Derman-Sparks, Louise, Julie Olsen Edwards 2010: Anti-Bias Education for Young Children and Ourselves. Washington D.C.

Hamburger, Franz 2012: Abschied von der Interkulturellen Pädagogik. Weinheim.
Herzog, Walter 2003: Interkulturelle Kompetenz – Grundlagen, Probleme und Konzepte. In: Erwägen – Wissen – Ethik 14, 1: 178-190.
Keller, Heidi 2007: Cultures of Infancy. New York.
Keller, Heidi 2011: Kinderalltag: Kulturen der Kindheit und ihre Bedeutung für Bindung, Bildung und Erziehung. Berlin u. a.
Keller, Heidi (Hg.) 2013: Interkulturelle Praxis in der KiTa: Wissen – Haltung – Können. Freiburg im Breisgau.
Kiesel, Doron, Fritz Rüdiger Volz 2013: „Anerkennung und Intervention": Moral und Ethik als komplementäre Dimensionen interkultureller Kompetenz. In: Georg Auernheimer (Hg.): Interkulturelle Kompetenz und pädagogische Professionalität. Wiesbaden, 71-84.
Lamm, Bettina (Hg.) 2017: Handbuch interkulturelle Kompetenz: Kultursensitive Arbeit in der Kita. Freiburg u. a.
Leenen, Wolf Rainer, Andreas Groß, Harald Grosch 2013: Interkulturelle Kompetenz in der Sozialen Arbeit. In: Georg Auernheimer (Hg.): Interkulturelle Kompetenz und pädagogische Professionalität. Wiesbaden, 105-126.
Mac Naughton, Glenda M. 2006: Respect for Diversity. An International Overview. In: Working Papers in Early Childhood Development 40.
Mecheril, Paul 2010: Migrationspädagogik. Hinführung zu einer Perspektive. In: Paul Mecheril, Maria do Mar Castro Varela, Inci Dirim, Annita Kalpaka, Claus Melter (Hg.): Migrationspädagogik. Weinheim, Basel, 7-22.
Mecheril, Paul 2013: „Kompetenzlosigkeitskompetenz": Pädagogisches Handeln unter Einwanderungsbedingungen. In: Georg Auernheimer (Hg.): Interkulturelle Kompetenz und pädagogische Professionalität. Wiesbaden, 15-35.
Moosmüller, Alois 2000: Die Schwierigkeit mit dem Kulturbegriff in der interkulturellen Kommunikation. In: Rainer Alsheimer, Alois Moosmüller, Klaus Roth (Hg.): Lokale Kulturen in einer globalisierten Welt. Berlin, 15-32.
Moosmüller, Alois, Michael Schönhuth 2009: Intercultural Competence in German Discourse. In: Darla K. Deardorff (Hg.): The SAGE Handbook of Intercultural Competence. Thousand Oaks, 209-232.
Morgan, Miriam 2016: Erziehungspartnerschaft und Erziehungsdivergenzen. Die Bedeutung divergierender Konzepte von Erzieherinnen und Migranteneltern. Wiesbaden.
Morgan, Miriam, Anne Antrup, Nadine Hambrecht, Sarah Köksal, Julia Mittermüller, Verena Schmid, Sapir von Abel 2018: Interkulturelles Lernen

mit Kinderbüchern. Eine Literatur-Analyse zur Unterstützung interkulturellen Lernens in der Kita. URL: https://www.ikk.uni-muenchen.de/download/service/kinderbuchprojekt.pdf.

Prengel, Annedore 2006: Pädagogik der Vielfalt: Verschiedenheit und Gleichberechtigung in Interkultureller, Feministischer und Integrativer Pädagogik. Wiesbaden.

Raabe, Tobias, Andreas Beelmann 2011: Development of Ethnic, Racial, and National Prejudice in Childhood and Adolescence: A Multinational Meta-Analysis of Age Differences. In: Child Development 82, 6: 1715-1737.

Radtke, Frank-Olaf, Mechtild Gomolla 2009: Institutionelle Diskriminierung. Die Herstellung ethnischer Differenz in der Schule. Wiesbaden.

Straub, Jürgen 2007: Kompetenz. In: Jürgen Straub, Arne Weidemann, Doris Weidemann (Hg.): Handbuch interkulturelle Kommunikation und Kompetenz: Grundbegriffe, Theorien, Anwendungsfelder. Stuttgart, 35-46.

Straub, Jürgen, Arne Weidemann, Doris Weidemann (Hg.) 2007: Handbuch interkulturelle Kommunikation und Kompetenz: Grundbegriffe, Theorien, Anwendungsfelder. Stuttgart.

Thomas, Alexander 2003: Interkulturelle Kompetenz – Grundlagen, Probleme und Konzepte. In: Erwägen – Wissen – Ethik 14, 1: 137-149.

Wagner, Petra (Hg.) 2017: Handbuch Inklusion: Grundlagen vorurteilsbewusster Bildung und Erziehung. Freiburg im Breisgau.

Wojcik, Eliza 2016: Kitas interkulturell gedacht. Chancen und Grenzen der interkulturellen Öffnung in Kitas. Wiesbaden.

Kultursensible Beratungskompetenz im Hochschulkontext

Gundula Gwenn Hiller

Einleitung

Angesichts aktueller gesellschaftlicher Diskurse und Entwicklungen scheinen Begrifflichkeiten, die im Kontext des Felds der interkulturellen Kommunikation verwendet werden, teilweise nicht mehr zeitgemäß. So bedarf auch der Begriff „interkulturelle Kompetenz" einer Revision und kontextgebundener Spezifizierungen. Im vorliegenden Beitrag möchte ich darlegen, dass eine möglichst detaillierte zielgruppenspezifische Anpassung des Konzepts interkulturelle Kompetenz notwendig ist. Dies soll am Beispiel „kultursensibler Beratung im hochschulischen Kontext" geschehen.

Interkulturelle Kompetenz stellt sich sowohl in der Forschungsliteratur als auch im gesellschaftlichen Diskurs als ein normatives Konstrukt dar (Busch 2014) dar, als ein Desiderat, als etwas zu Erwerbendes. Zu erwerbende Kompetenzen implizieren einen Lernprozess und zu definierende Lernziele. Da der Begriff interkulturelle Kompetenz letztlich viel zu allgemein und unscharf ist, werde ich im Folgenden aufzeigen, wie dieses Konstrukt immer wieder neu an die entsprechende Zielgruppe beziehungsweise deren Aufgabenstellungen angepasst werden muss. An einem solchen Prozess möchte ich die LeserInnen teilhaben lassen, indem ich versuche, auf Basis vorliegender Forschung spezifische Kompetenzen für Personen, die an der Hochschule kultursensible Beratungsinteraktionen durchführen sollen beziehungsweise wollen, zu definieren. Ziel dabei ist es, ein theoretisches Rahmenkonzept zu erstellen, auf dessen Grundlage dann realistische Lernziele für Trainings zum entsprechenden Kompetenzerwerb formuliert werden können.

Interkulturelle Beratungskompetenz im hochschulischen Kontext scheint zunächst ein klar abgegrenztes Anforderungsfeld zu sein. Vertieft man sich darin, stellt man jedoch fest, dass dieser Interaktionstyp sehr komplexe Anforderungen mit sich bringt, sowohl auf sozialer als auch auf kognitiver und besonders auf kommunikativer Ebene. Wie in diesem Beitrag gezeigt werden wird, spielt auch die innere Haltung bei allen drei Kompetenzbereichen eine große Rolle. Ein Training, das auf Beratungskompetenz im internationalen Hochschulkontext abzielt, muss also verschiedene Kompetenzbereiche in den Blick nehmen:

- grundlegende Beratungskompetenzen mit Fokus auf das spezifische Feld,
- interkulturelle Kompetenz,
- kommunikative Kompetenz.

So genügt es nicht, zu fragen, welche Kompetenzen für Beratung generell erforderlich sind, sondern es muss auch genau betrachtet werden, welche Besonderheiten hochschulische Beratung aufweist, und welche Kompetenzen dies erfordert. In einem weiteren Schritt muss überprüft werden, wie eine spezifische interkulturelle Handlungskompetenz in Bezug auf Beratungsinteraktion formuliert werden müsste. Es liegt nahe, dass hier kommunikative Fertigkeiten und eine besondere Sensibilität für sprachliche Aspekte einen wichtigen Bestandteil bilden.

Hinzu kommen die Besonderheiten des Feldes und seiner AkteurInnen und Lebenswelten, hier der Institution Hochschule. Diese sollen im Folgenden dargelegt werden.

Spezifika der Beratung an der Hochschule

Die Institution Hochschule stellt einen ganz besonderen sozialen Raum dar; er ist gleichzeitig Forschungseinrichtung, Ausbildungsinstitution, Lebenswelt, Sozialraum und Großorganisation (Großmaß/Püschel 2010: 19). Das hat zur Folge, dass in Beratungsgesprächen, die in diesem Kontext stattfinden, sich schnell Rollen und Lebensbereiche überschneiden, so dass gerade in hochschulischen Beratungen multiple Themen auftreten können und gegebenenfalls bearbeitet werden sollen. Die Beratenden selbst können sich in vielfältigen Rollen erleben, und im „Hochschuldschungel" (Sachverständigenrat 2017) entsteht oft spontan Beratungsbedarf. So gibt es neben den institutionalisierten Beratungen mit ausgebildeten Beratenden in professionalisierten Settings (z. B. Studienberatung) viele situative Beratungen von Personen, die multiple Rollen innehaben (z. B. Lehrende), und häufig nicht im Bereich Beratung geschult sind (Großmaß/Püschel 2010). Klassische Beratungsbereiche sind somit allgemeine Studienberatung, fachspezifische Beratungen innerhalb einzelner Studiengänge, Prüfungsamtberatung oder Beratungen innerhalb von Sprechstunden der Lehrenden. Die Themenfelder der hochschulischen Beratung sind dabei sehr divers, Großmaß und Püschel (2010) nennen hier insbesondere die drei Felder:
1. universitäre Anforderungen,
2. Erfahrungen mit der Hochschule als Lebenswelt und Konflikte,
3. Entwicklungspotenziale der individuellen Psyche (ebd.: 29).

Gleichermaßen sind auch die Beratungsgegenstände innerhalb des „Hochschuldschungels" sehr vielfältig, so gliedern Großmaß und Püschel ihren Ratgeber in folgende Kapitel auf:

- Studienbedingungen und Studienanforderungen,
- Informationen im Studienverlauf,
- studentischer Alltag und Lebenswelt Universität,
- akademisches Arbeiten,
- Lernen und Planungskompetenz,
- persönliche Krisen.

Charakteristisch für Beratungen an der Hochschule ist, dass sie eine ausdrückliche Zielorientierung aufweisen, nämlich in aller Regel den Studienerfolg (ebd.: 55). Dennoch sind die Beratungsanlässe oft komplex beziehungsweise überlappen sich, und es können für die Beratenden verschiedene Dilemmata entstehen, zum Beispiel wenn ein und dieselbe Person gleichzeitig beraten und benoten soll (Thomann, Pawelleck 2013: 111). Die Ratsuchenden sind Studierende in all ihrer Heterogenität.[1] Da Beratungsgespräche in ihrer Dynamik beeinflusst werden durch Faktoren wie Gender, generationentypische Haltung, Machtverhältnisse, subjektive Theorien, kulturelle Unterschiede, biografische Gebundenheiten und institutionelle Kontexte wird in der Literatur betont, dass Beratung in institutionellen Kontexten eine diversitätssensible Perspektive erfordert (vgl. Hofmann 2015; Großmaß, Püschel 2010; Esser 2010). Zu einer Besonderheit des Feldes Hochschule gehört auch die Anforderung an die Beratenden, strukturelle Defizite nicht als individuelle Probleme der Ratsuchenden zu erklären, beziehungsweise persönliches Versagen nicht als Fehler der Institutionen zu präsentieren (Großmaß, Püschel 2010).

Was sollten Beratende an Hochschulen können?

Sichtet man die Fachliteratur (Handbücher zur hochschulischen Beratung) danach, welche Kompetenzen gute Beratende generell aufweisen sollten, werden sowohl professionelle (also methodische), psychologische (also soziale) und Feld- (also fachliche) Kompetenzen gefordert (Großmaß, Püschel 2010; Thomann, Pawelleck 2013). Zwar sollten professionell Beratende optimalerweise eine Ausbildung in klientenzentrierter Gesprächsführung nach Rogers (1972) oder psychotherapeutischen und pädagogischen Methoden aufweisen (Großmaß, Püschel 2010: 50), aber insbesondere nur gelegentlich Beratende haben solche Ausbildungen in der Regel nicht durchlaufen. Gelingende Beratung an

---

[1] Vgl. das Modell „Diversitätsmerkmale im Kontext der Hochschule", Boomers u. Nitschke (2012) in Anlehnung an Gardenswartz u. Rowe (1994), das die Heterogenität von Studierenden veranschaulicht. URL: https://www.fu-berlin.de/sites/diversi taetundlehre/downloads/diversitaetsmerkmale_im_kontext_der_hochschule.pdf.

Hochschulen kann jedoch auch bei profunder Kenntnis der Besonderheiten des Feldes und einer kompetenten Orientierung am kommunikativen Prozess stattfinden (ebd.). Hiermit ist die Fähigkeit gemeint, die aktuell stattfindende Interaktion und die im Gespräch entstandene Beziehung zu reflektieren und den Beratungsprozess danach auszurichten. Es wird empfohlen, Beratungsstrategien „feldspezifisch und personenzentriert" zu wählen und damit „am sozialen, kognitiven und emotionalen Kontext der Ratsuchenden orientiert" zu sein (ebd.: 54). In diesem Zusammenhang verweisen die beiden Autorinnen auf die folgenden Kompetenzen, die für gelingende Beratung erforderlich sind:
1. Fähigkeit, tragfähiges Beratungskonzept für die jeweilige situative Anforderung zu entwickeln,
2. Fachkompetenz,
3. Fähigkeit eine gute (Arbeits-)Beziehung herzustellen,
4. Empathiefähigkeit,
5. Perspektivwechsel,
6. Selbstreflexion (Vorannahmen, eigene Werte, Bezugssysteme).
Thomann/Pawelleck 2013 betonen in ihrem Ratgeber zusätzlich die Bedeutung der
7. Kenntnis von Gesprächsführungsinstrumenten (89 f.).
Dieser Kompetenzkatalog für hochschulische Beratung im Allgemeinen kann nun als Grundlage für ein Rahmenkonzept für kultursensible Beratung im Hochschulkontext dienen. In einem weiteren Schritt soll er dann mit einem Modell zur interkulturellen Kompetenz abgeglichen werden und entsprechend um weitere Kompetenzziele erweitert werden.

Eine Kurzanalyse der hier gelisteten Kriterien soll zunächst klären, inwiefern diese Teilkompetenzen sich mit Teilkompetenzen aus gängigen interkulturellen Kompetenzmodellen überschneiden (z. B. Bertelsmann-Stiftung, Deardorff 2006; Prechtl, Davidson Lund 2007; Scheitza 2007; Ting-Toomey 1999).

Die oben angeführten Überlegungen haben schon darauf hingedeutet, dass möglicherweise einige Grundkompetenzen für gute Beratung eng verwandt sind mit Grundkompetenzen für gelingende interkulturelle Kommunikation, das heißt, Überschneidungen waren zu erwarten. Dies bestätigt sich hier: „Fähigkeit eine gute Beziehung herzustellen", „Empathiefähigkeit", „Perspektivwechsel" (3–5) wie auch „Selbstreflexion" (6) gehören zum Grundkanon interkultureller Kompetenz[2].

---

[2] So finden sich bei Scheitzas Zusammenstellung gängiger Komponenten interkultureller Kompetenz: „Fähigkeit, Unterstützung gewährende Beziehungen herzustellen und aufrechtzuerhalten", Empathie und „Fähigkeit und Bereitschaft zur Übernahme fremdkultureller Perspektiven und Rollen" (2007: 93); bei Bertelsmann u. Dear-

Für eine Fortbildung zu kultursensibler Beratungskompetenz, für die im Hochschulkontext in der Regel maximal ein bis zwei Tage zur Verfügung stehen, wäre es nicht realistisch, fundiertes Wissen über die „Entwicklung von tragfähigen Beratungskonzepten" (1) zu vermitteln. Optimalerweise würden die Teilnehmenden hier schon ein entsprechendes Grundwissen mitbringen, genauso wie natürlich die entsprechende „Fach- (oder Kontext-)Kompetenz" (2) vorausgesetzt werden muss.[3] Das Kennenlernen und Ausprobieren von „Gesprächsführungsinstrumenten" (7), also die Erweiterung des kommunikativen Handlungsrepertoires, sollte einen zentralen Teil des Trainings ausmachen, damit die Teilnehmenden zusätzlich zur Sensibilisierung neues methodisches und in der Praxis anwendbares Wissen mitnehmen können. Diese Teilkompetenz findet sich in der interkulturellen Literatur eher allgemein bezeichnet als „Kommunikationskompetenz" (Bertelsmann-Stiftung, Deardorff 2006) oder als „communicative awareness" (Precht, Davidson Lund 2007: 476)[4] oder wird in verschiedene Teilkompetenzen aufgefächert (z. B. Scheitza 2007, Ting-Toomey 1999), auf die weiter unten eingegangen wird.

Also lassen sich als gemeinsame Schnittmenge zwischen grundlegenden Beratungskompetenzen und gängigen Modellen interkultureller Kompetenz die Aspekte Beziehungskompetenz, Empathiefähigkeit, Perspektivwechsel, Kommunikative Kompetenz und Selbstreflexion festhalten.

Diese Anforderungen werden weiter unten um weitere Punkte erweitert, auf Basis eines Modells zu interkultureller Kompetenz. Doch zunächst soll die Forschung zu interkultureller Beratung an Hochschulen hinzugezogen werden, um Herausforderungen beziehungsweise Störungspotential zu identifizieren, auf Basis derer weitere Lernziele für ein entsprechendes Training abgeleitet werden können.

---

dorff (2006: 7) Reflexionskompetenz, Empathie; auch bei Prechtl u. Davidson Lund stellt Empathie eine von sechs Kernkompetenzen dar (2007: 477); Ting-Toomey listet unter anderem „Relationship Development, Verbal Empathy" auf (1999: 49).

[3] Wobei „Fachkenntnisse" auch in einigen Modellen interkultureller Kompetenz gelistet sind, vgl. Scheitza 2007: 93. Ziel eines interkulturellen Trainings kann es aber nicht sein, Fachkenntnisse des entsprechenden Handlungskontexts zu vermitteln.

[4] *Communicative awareness* wird definiert als „[having] a good overall understanding of the kinds of communicative difficulties that can arise in an intercultural context and of a wide range of strategies for resolving them" beziehungsweise „[using] my communication strategies to prevent, solve and mediate problems arising from differences in language or other communication conventions" (Prechtl, Davidson Lund, 2007: 476).

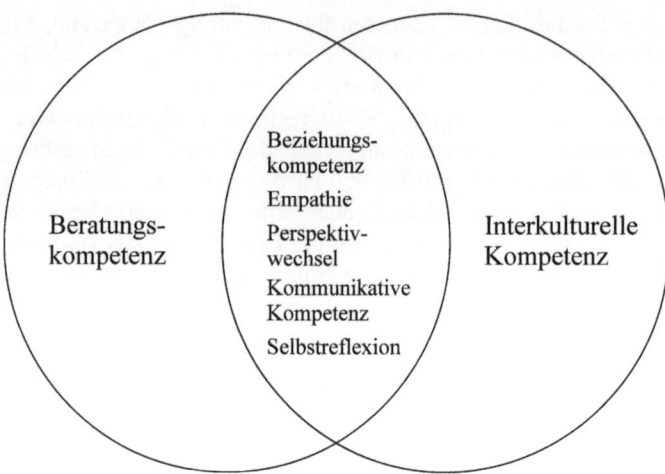

Abb. 1: Überschneidungen zwischen allgemeiner Beratungskompetenz und interkultureller Kompetenz

Herausforderungen interkultureller Beratung an Hochschulen

Generell wird festgestellt, dass internationale AkteurInnen in der Regel höheren Beratungsbedarf haben als Einheimische, was auf die Wichtigkeit von kultursensibler Beratungskompetenz verweist. So haben internationale Studierende oft Orientierungsprobleme im deutschen Hochschulsystem (Großmaß, Püschel 2010; Esser 2010). Als Ursachen werden hierfür sprachliche Probleme genannt (Rost-Roth 2002, Schumann 2012, Hiller 2014); unterschiedliche Wissensbestände und Lehr-Lern-Praktiken (Schumann 2012, Hiller 2014, Berninghausen 2017), sowie die Akkumulation von sozialen, ökonomischen und studienbezogenen Herausforderungen (Heublein 2015). Dieselben Faktoren können auch bei Beratungsgesprächen Hindernisse darstellen oder für Irritation und Missverständnisse sorgen, zum Beispiel Rost-Roth (2002), House (2003) sowie House und Levy-Tödter (2008) zeigten in linguistischen Analysen hochschulischer Beratungsgespräche folgende Störfaktoren auf:
– Divergenzen in kulturspezifischen Wissensbeständen, Normen, Erwartungen;
– unterschiedliche Kommunikationskonventionen und Sprechhandlungen (z. B. Problempräsentation, Anliegensformulierung, Höflichkeitskonventionen);
– soziale Dimensionen (Gruppenidentität und Diskriminierungserfahrung);

Kultursensible Beratungskompetenz im Hochschulkontext

- Sprachkompetenz;
- Stimme und Körpersprache.

Oft gibt es eine Potenzierung der Problempotentiale bei interkultureller institutioneller Kommunikation. Das heißt, Beratende im interkulturellen Kontext sollten sich demnach auf der kognitiven Ebene einerseits der kulturspezifischen Divergenzen bewusst sein, gleichzeitig aber auch sensibel für weitere Diversitätsaspekte sowie Fragen sozialer Ungleichheit sein, und darüber hinaus große Bewusstheit über ihr sprachlich-kommunikatives Verhalten haben. Zusätzlich wäre es wichtig, dass sie über ein Repertoire von kommunikativen Handlungskompetenzen verfügen. Weiter unten werden zwei Kompetenzmodelle vorgestellt, die diesen Anforderungen gerecht werden. Zunächst möchte ich anhand eines authentischen Fallbeispiels die Komplexität der Anforderungen in hochschulischen Beratungssituationen illustrieren. Der folgende Critical Incident, den ich in Trainings einsetze, zeigt einerseits, wie sich die Beratungsanlässe überlappen können, und andererseits, wie zahlreiche Faktoren – wie zum Beispiel Kultur, kommunikative Konventionen, biographische Zugehörigkeiten, Gender – Einfluss auf den Gesprächsverlauf nehmen können:

> Ahmed S., ein ausgebildeter Jurist Mitte 40, ägyptischer Migrationshintergrund, kommt nach einem Auslandsaufenthalt in den USA wieder zurück nach Deutschland. Weil er sich für ein MA-Studium bewerben möchte, sucht er eine Studienberatung auf. Die Beraterin, Rosemarie H., fragt eingangs nach dem Grund der Beratung.
> Ahmed schildert zunächst seine Lebenssituation und familiären Probleme, und berichtet, dass seine deutsche Frau sich von ihm scheiden lassen möchte. Außerdem macht er der Beraterin Komplimente und fragt sie, ob er eine verkürzte Form ihres Namens verwenden (Rose) kann. Diese ist irritiert und lehnt ab. Er entschuldigt sich und erklärt, er habe lange in den USA gelebt, da sei es üblich, dass man sich beim Kurznamen nennt. Doch weiterhin in ihrem Distanzgefühl verletzt, bricht Frau H. schließlich das Gespräch ab und fordert Ahmed aktiv auf, zu gehen. Ahmed bedankt sich und geht (Studentenwerk, Hiller 2016: 38).

Es handelt sich hier um eine klassische Beratungssituation: Der Klient kommt zur Studienberatung, da er ein weiteres Studium in Deutschland aufnehmen möchte. Zunächst erläutert er der Beraterin seine komplizierte private Situation. Somit bringt der Ratsuchende als sein Anliegen nicht nur Fragen zum anvisierten Studiengang vor, sondern trägt auch lebensweltliche Dinge vor. Darüber hinaus verwendet der Ratsuchende kommunikative Strategien, die die Beraterin in ihrem eigenen Rollenverständnis herausfordern. Im Laufe des Gesprächs wird eine interkulturelle Irritation immer sichtbarer. Die Situation lässt sich schließlich für die Beratende nicht mehr auflösen und sie bittet den Ratsuchenden letztendlich, den Raum zu verlassen.

Ausgiebige Diskussionen des Falls und Kommentare von KulturexpertInnen lassen darauf schließen, dass die Beraterin weitaus souveräner mit dem Klienten umgegangen wäre, wenn sie über ein erweitertes Reflexions- und Handlungsrepertoire verfügt hätte (Studentenwerk, Hiller 2016: 38 f.). Wie sich in der Fallbeschreibung am Gesprächsverlauf nachvollziehen lässt, scheitert das Beratungsgespräch vermutlich daran, dass der Ratsuchende aus Sicht der Beraterin kommunikative Grenzen für dieses institutionalisierte Format (Studienberatung) überschreitet, indem er sowohl in seiner Selbstauskunft als auch in der Beziehungsgestaltung mit der Beraterin zu „persönlich" wird (nennt sie bei einer Kurzform ihres Vornamens, macht Komplimente). Hier kommen, wie die aus verschiedenen Perspektiven dargestellten Kommentare zu diesem Fall in der didaktisierten Aufbereitung des Critical Incidents aufzeigen (ebd.), kulturelle Herausforderungen für die Beraterin mit ins Spiel.

Was den Fall jedoch besonders interessant macht, ist, dass eindeutige kulturelle Zuschreibungen bei einem global mobilen Menschen wie Ahmed S. nicht mehr möglich sind, er hat ja nicht nur ägyptische Wurzeln, sondern hat auch lange Jahre in den USA und vermutlich auch in Deutschland gelebt. Er verwendet verschiedene kommunikative Routinen, die für ein Beratungsgespräch, das in einer deutschen Institution stattfindet, nicht angemessen sind. Gleichzeitig wäre aber auch die Verwendung des Kurznamens bei einer unbekannten Person aus ägyptischer Perspektive unhöflich. Ahmed S. entschuldigt sich selbst damit, diese Gewohnheit aus den USA mitgebracht zu haben. Auch bietet der Fall Anlass, über Machtasymmetrien und den Genderaspekt zu reflektieren. In welcher gesellschaftlichen Position beziehungsweise Lebenssituation befindet sich der Ratsuchende, in welcher die Beraterin? Und würde sich Rosemarie H. anders verhalten, wenn der Ratsuchende eine Frau wäre beziehungsweise wie würde es eventuell das Verhalten beeinflussen, wenn der Ratsuchende auf einen männlichen Berater stoßen würde? Hilfreiche theoretische Ansätze, um diese Fragestellungen zu reflektieren bieten zum Beispiel der Kulturreflexivitätsansatz von Nazarkiewicz (2016)[5] und das TOPOI-Modell von Hoffman (2015)[6].

Ting-Toomeys interkulturelles Kompetenzmodell von 1999 revisited

Bekannterweise gibt es eine große Anzahl unterschiedlicher Modelle und Konstrukte für interkulturelle Kompetenz und gleichermaßen viele Debatten und Kritik daran (vgl. z. B. Rathje 2006; Otten, Scheitza, Cnyrim 2007; Dreyer, Hößler 2011; Auernheimer 2013), was die Auswahl für ein geeignetes Bezugsmodell nicht einfach macht. Nun haben die vorigen Abschnitte verdeutlicht, dass Beratungssituationen im Allgemeinen und besonders im interkulturellen Kontext eine hohe Reflexionskompetenz voraussetzen sowie eine hohe Beziehungskompetenz. Im Zuge des allgemeinen Trends von „Achtsamkeit" als wissenschaftlich belegtes Tool für Selbst- und Reflexionskompetenz (z. B. Farb et al. 2014, Tang et al. 2015), aber auch für verbesserte Beziehungs- und Kommunikationskompetenz (Husak 2012) möchte ich Ting-Toomeys „Mindful intercultural communication model" von 1999 aufgreifen, zumal es im deutschsprachigen Raum wenig bekannt zu sein scheint. Da Achtsamkeit die Basis des

---

[5] In diesem Ansatz schlägt Nazarkiewicz vor, interkulturelle Alltagssituationen mehrperspektivisch zu betrachten, und zwar auf Basis verschiedener Metamodelle, die je nach Erkenntnisinteresse angewendet werden können: die der „natürlichen Weltanschauung" (Kulturen, die aufeinandertreffen); die der „systemisch-konstruktivistischen Perspektive" und die der „machtreflexiven Perspektive". Kulturreflexivität impliziert also die Reflexion der eigenen Perspektive und ermöglicht, dass „Bedeutung, Konstruktion und Voraussetzungen (inter-)kultureller Überlegungen und Selbstzuschreibungen auf ihre jeweiligen Prämissen hin betrachtet werden können" (Nazarkiewicz 2016: 23).

[6] Das heuristische TOPOI-Modell zur interkulturellen Gesprächsführung des Niederländers Edwin Hoffman basiert auf einem systemtheoretisch orientierten Ansatz der interkulturellen Kommunikation. Es besteht aus folgenden Dimensionen: 1. *Taal* (niederländisch für „Sprache"): Menschen kommunizieren sowohl verbal als nonverbal. 2. *Ordening* („Sichtweise"): Jede Person hat eine eigene Sicht auf die Wirklichkeit. Was für die einen wahr ist, muss nicht für die anderen wahr sein. 3. *Personen:* Jede Kommunikation hat außer dem Inhaltsaspekt auch einen Beziehungsaspekt. 4. *Organisatie* („Organisation"): Kommunikation findet immer in einem bestimmten organisatorischen Kontext stattfindet, die diese beeinflusst. 5. *Inzet* („Wollen"): Menschen können nicht nicht kommunizieren; jeder Mensch setzt sich ständig für etwas ein. Hoffman betont, wie wichtig es im interkulturellen Gespräch sei, nicht wahrgenommene Verstrickungen und gegenseitig ungeprüfte Zuschreibungen zu reflektieren (Hoffman 2015).

Modells darstellt, wird es damit einerseits plötzlich wieder sehr aktuell, andererseits enthält es viele wichtige Aspekte, die im Hinblick auf interkulturelle Beratungskompetenz recht passgenau scheinen.

Zunächst scheint mir eine kurze Begriffsklärung zum Konzept Achtsamkeit angebracht. Das Konzept stammt aus dem Buddhismus und heißt ursprünglich „Sati" (in der Gelehrtensprache Pali), gemeint ist damit in diesem Kontext eine das menschliche Dasein inklusive eigenem Körper, Gefühlen und Geist betrachtende meditative Grundpraxis (Thích Nhất Hạnh 2002). In den wissenschaftlichen Diskurs eingeführt wurde der englische Begriff für „Sati", also „Mindfulness", durch die Harvard-Professorin Ellen Langer in den 1980er Jahren. Sie nahm in ihren Schriften auch häufig Bezug auf *mindfulness* und *ethnic diversity* sowie Vorurteile (z. B. Langer 1989), und betonte, dass es sich bei *mindfulness* um die Kapazität handle, Unbekanntem mit Offenheit zu begegnen, und die Bereitschaft, neue Kategorien zu schaffen:

> „Mindfulness is not an easy concept to define but can be best understood as the process of drawing novel distinctions. It does not matter whether what is noticed is important or trivial, as long as it is new to the viewer. Actively drawing these distinctions keeps us situated in the present. It also makes us more aware of the context and perspective of our actions than if we rely upon distinctions and categories drawn in the past. Under this latter situation, rules and routines are more likely to govern our behavior, irrespective of the current circumstances, and this can be construed as mindless behavior" (Langer, Moldoveanu 2000: 1–2).

In ihren Definitionen betont sie immer wieder die Wichtigkeit der Selbstreflexion und Bewusstheit des Kontexts.[7] Im interkulturellen Feld wurde das Konzept insbesondere von William Gudykunst (2004) und Stella Ting-Toomey (1999) aufgegriffen.[8] Laut Ting-Toomey bedeutet Achtsamkeit in Interaktion eine hohe Bewusstheit über sich selbst und gleichzeitig eine hohe Aufmerksamkeit für den oder die InteraktionspartnerIn:

> „Mindfulness means attending to one's internal assumptions, cognitions, and emotions, and simultaneously attuning to the other's assumptions, cognitions and emotions. Mindful reflexivity requires us

---

[7] „Mindfulness is a state of conscious awareness in which the individual is implicitly aware of the context and content of information" (Langer 1992: 289).

[8] Eine ausführliche Zitatensammlung findet sich bei Spencer-Oatey 2013.

Kultursensible Beratungskompetenz im Hochschulkontext 359

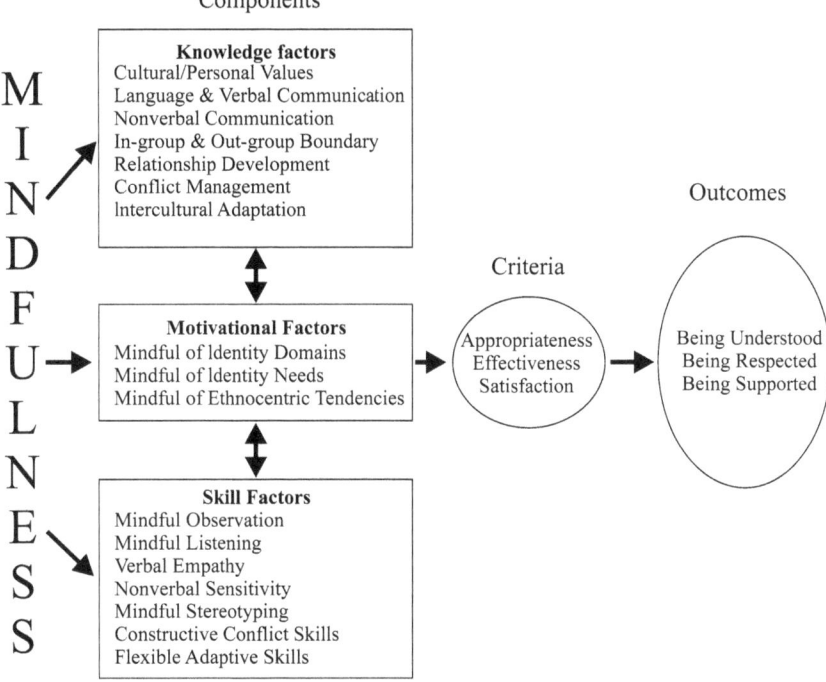

Abb. 2: „A mindful intercultural communication model: Components, criteria, and outcomes" (Ting-Toomey 1999: 49; Abb. aus Spencer-Oatey 2013)

to tune in to our cultural and personal habitual assumptions in viewing an interaction scene" (Ting-Toomey 1999: 267).

Demnach zielt ihr Modell für achtsame interkulturelle Kommunikation auf die im folgenden Modell dargestellten Komponenten, Kriterien und Ziele:

„the importance of integrating the necessary intercultural knowledge, motivations and skills to manage process-based issues satisfactorily and achieve desired interactive goals appropriately and effectively" (ebd. 48).

Die Ziele einer Interaktion können dabei „instrumental goals" (also bei einem Beratungsgespräch zum Beispiel benötigte Informationen zu erhalten) sein, aber auch „self-representation-goals" (z. B. intelligent oder glaubwürdig zu erscheinen, oder „relations-ship goals" (z. B. das Gegenüber für sich zu gewinnen) (Ting-Toomey 1999).

Mit Achtsamkeit als Grundhaltung ist es laut Ting-Toomey darüber hinaus notwendig, über entsprechendes (inter-)kulturelles Wissen zu verfügen *(knowledge factors)*. Einen wichtigen Bestandteil ihres theoretischen Frameworks stellt die „identity negotiation theory" dar, die davon ausgeht, dass Identitätsdynamiken in jeder interkulturellen Interaktion eine wichtige Rolle spielen. Die Bewusstheit darüber bildet die Komponente „motivational factors" ab. Die „skill factors" bestehen aus kommunikativen Kompetenzen sowie Techniken der achtsamen Kommunikation (z. B. „mindful listening" und „verbal empathy" entsprechen in etwa den Techniken „aktives Zuhören und Spiegeln").

Ting-Toomeys Modell deckt meines Erachtens viele der Anforderungen ab, die kultursensible Beratung im Hochschulkontext erfordert. Die „Outcomes" entsprechen dem, was optimalerweise bei Beratungsgesprächen herauskommen sollte: Verständnis („being understood"), ernst genommen werden („being respected") und Unterstützung zu erhalten („being supported").

Das Modell fokussiert auf Beziehungsmanagement und Selbstreflexivität, und verweist auf die Wichtigkeit achtsamer Kommunikation (die wiederum die Fähigkeit verschiedener Gesprächsführungsstrategien beinhaltet).[9] Auch die in der klassischen Beratungsliteratur geforderten Fähigkeiten wie zum Beispiel Bewusstheit über die eigene Position und eigene Vorannahmen, gleichzeitig eine Sensibilität für Identitätsaspekte und Machtasymmetrien sind in diesem Modell berücksichtigt.

Fazit und Ausblick

Auf Basis der vorangegangen Überlegungen und erörterten Konzepte soll nun ein Rahmenkonzept in Form eines Modells vorgestellt werden, das zielgruppen- und handlungsfeldspezifisch für Fortbildungen im Bereich „kultursensible Beratung im Hochschulkontext" anwendbar ist. Das folgende „Modell kultursensibler Beratungskompetenz für den Hochschulkontext" bildet die oben diskutierten Teilkompetenzen ab, die meines Erachtens für diesen Kontext erforderlich sind.

---

[9] Auf Einzelheiten in Bezug auf Kommunikationsmanagement und Verständnissicherung, die in interkulturellen Beratungsgesprächen von besonderer Bedeutung sind, kann in diesem Beitrag nicht näher eingegangen werden. Hierzu bietet das Global People Competency Framework (Spencer-Oatey, Stadler 2009) wertvolle Anregungen.

Kultursensible Beratungskompetenz im Hochschulkontext 361

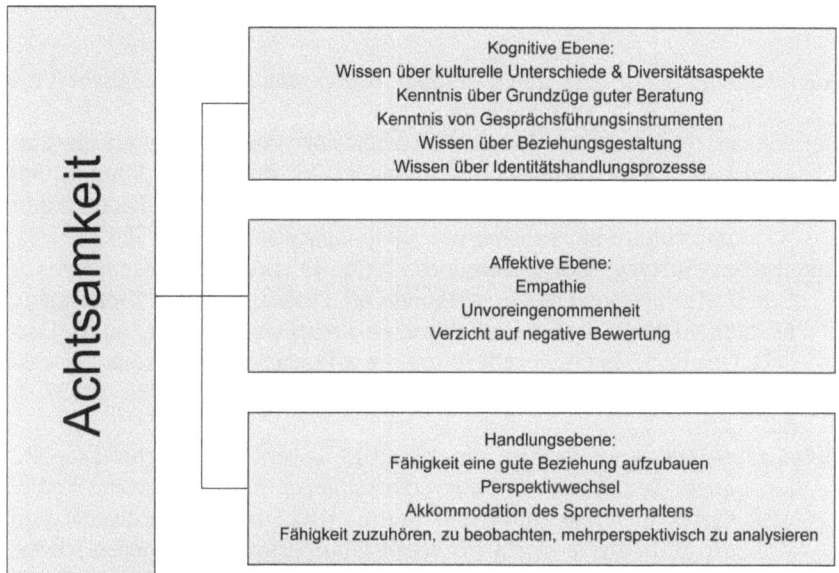

Abb. 3: Modell kultursensibler Beratungskompetenz für den Hochschulkontext

Das Modell greift zentrale Anforderungen auf, die von BeratungsexpertInnen formuliert werden sowie Kompetenzen, die sich aus den empirisch festgestellten Herausforderungen hochschulischer Beratung ableiten lassen. Achtsamkeit bildet eine gute Basis, da sie eine hohe Selbstreflexion und gleichzeitig eine hohe Aufmerksamkeit für das Gegenüber impliziert, beides Kompetenzen, die bei kultursensiblen Beratungsgesprächen besonders wichtig sind. Kommunikative Kompetenz, das heißt ein breites Handlungsrepertoire an kommunikativen Techniken beziehungsweise Gesprächsführungsinstrumenten, zum Beispiel wie sie im Global People Competency Framework (Spencer-Oatey, Stadler 2009) vorgestellt werden, ist ein wichtiger Bestandteil kultursensibler Beratungskompetenz. Allgemeine Zielsetzung von kultursensiblen Beratungsinteraktionen ist in Anlehnung an Beratungshandbücher als auch an Ting-Toomeys interkulturellem Kompetenzmodell (1999), dass sowohl benötigte Informationen vermittelt werden, als auch, dass den KlientInnen Verständnis entgegengebracht wird und sie das Gefühl haben, ernst genommen und unterstützt zu werden.

Literatur

Auernheimer, Georg 2013: Interkulturelle Kompetenz und pädagogische Professionalität. 4. Aufl. Wiesbaden.

Berninghausen, Jutta 2017: Lernkulturen und ihre Auswirkung auf die Studienleistungen internationaler Studierender. In: interculture Journal, Online-Zeitschrift für interkulturelle Studien 16, 29: 27–38. URL: http://www.interculture-journal.com/index.php/icj/article/view/316/386.

Bertelsmann-Stiftung, Darla Deardorff 2006: Interkulturelle Kompetenz – Schlüsselkompetenz des 21. Jahrhunderts? Thesenpapier der Bertelsmann Stiftung auf der Basis der Interkulturellen-Kompetenz-Modelle von Dr. Darla D. Deardorff. Internetquelle: http://www.fundacionbertelsmann.org/cps/rde/xbcr/SID-C1CE2491-EA989854/bst/xcms_bst_dms_30236_30237_2.pdf.

Boomers, Sabibe, Anne-Kathrin Nitschke 2013: Diversität und Lehre-Empfehlungen zur Gestaltung von Lehrveranstaltungen mit heterogenen Studierendengruppen. Freie Universität Berlin. URL: http://www.diversity.uni-freiburg.de/Lehre/fu-berlin-lehrveranstaltungen-mit-heterogenen-studierendengruppen.pdf.

Busch, Dominic 2014: Was, wenn es die Anderen gar nicht interessiert? Überlegungen zu einer Suche nach nicht-westlichen Konzepten von Interkulturalität und kultureller Diversität. In: Alois Moosmüller, Jana Möller-Kiero (Hg.): Interkulturalität und kulturelle Diversität. (Münchner Beiträge zur interkulturellen Kommunikation 26). Münster, 61–82.

Dreyer, Wilfried, Hößler, Ulrich (Hg.) 2011: Perspektiven interkultureller Kompetenz. Göttingen.

Esser, Bernhard 2010: Kultursensitive Beratung und Dialog. Arbeit und Begegnung mit ausländischen Studentinnen und Studenten. Schwalbach/Ts.

Farb, Norman, Anne Anderson, Julie Irving, Zindel Segal 2014: Mindfulness Interventions and Emotion Regulation. In: James J. Gross (ed.): Handbook of Emotion Regulation. 2nd ed. New York, 548–567.

Gardenswartz, Lee, Anita Rowe 2003: Diverse Teams at Work. Burr Ridge.

Großmaß, Ruth, Edith Püschel 2010: Beratung in der Praxis. Konzepte und Fallbeispiele aus der Hochschulberatung. Tübingen.

Gudykunst, William B. 2004: Bridging Differences: Effective Intergroup Communication. 4th edition. London.

Heublein, Ulrich 2015: Von den Schwierigkeiten des Ankommens. Überlegungen zur Studiensituation ausländischer Studierender an den deutschen Hochschulen. In: Die Neue Hochschule 1: 14–17.

Hiller, Gundula Gwenn 2014: Kulturelle und sprachliche Diversität in der Hochschule – Am Beispiel von E-Mail-Kommunikation. In: Alois Moos-

müller, Jana Möller-Kiero (Hg.): Interkulturalität und kulturelle Diversität. (Münchner Beiträge zur interkulturellen Kommunikation 26). Münster, 233–258.
Hoffman, Edwin 2015: Interkulturelle Gesprächsführung. Theorie und Praxis des TOPOI-Modells. Heidelberg.
House, Juliane 2003: Misunderstanding in Intercultural University Encounters, In: Juliane House, Gabriele Kasper, Steven Ross (Hg): Misunderstanding in Social Life. London, 22–56.
House, Juliane 2010: Impoliteness in Germany. In: Intercultural Pragmatics 7, 4.
House, Juliane, Magdalène Lévy-Tödter 2008: Universitäre Kontaktgespräche als interkulturelle Kommunikationssituationen. In: Annelie Knapp, Adelheid Schumann (Hg.): Mehrsprachigkeit und Multikulturalität im Studium. Frankfurt am Main,107–135.
Husak, Gregory 2012: Zen Communication – A Cross Cultural Approach to Mindfulness, Appropriate Response, and Flow in Dyadic Interactions. Cornerstone: A Collection of Scholarly and Creative Works for Minnesota State University, Mankato. (Theses, Dissertations, and Other Capstone Projects. Paper 45). URL: https://cornerstone.lib.mnsu.edu/cgi/viewcontent.cgi?article=1044&context=etds.
Langer, Ellen J. 1989: Mindfulness. Cambridge.
Langer, Ellen J. 1992: Matters of Mind: Mindfulness/Mindlessness in Perspective. In: Consciousness and Cognition 1, 289–305.
Langer, Ellen J., Mihnea Moldoveanu 2000: The Construct of Mindfulness. In: Journal of Social Science 5, 1: 1–9.
Nazarkiewicz, Kirsten 2016: Kulturreflexivität statt Interkulturalität? In: interculture journal. Online-Zeitschrift für interkulturelle Studien 15, 26: 23–32. URL: http://www.interculture-journal.com/index.php/icj/article/view/278/362.
Otten, Matthias, Alexander Scheitza, Andrea Cnyrim (Hg.) 2007: Interkulturelle Kompetenz im Wandel. Band 1: Grundlegungen, Konzepte und Diskurse. Frankfurt am Main, London.
Prechtl, Elisabeth, Anne Davidson Lund 2007: Intercultural Competence and Assessment: Perspectives from the INCA Project. In: Helga Kotthoff, Helen Spencer-Oatey (Hg.): Handbook of Intercultural Communication. Berlin, New York.
Rathje, Stefanie 2006: Interkulturelle Kompetenz – Zustand und Zukunft eines umstrittenen Konzepts. In: Zeitschrift für interkulturellen Fremdsprachenunterricht 11, 3: 21 S. URL: https://tujournals.ulb.tu-darmstadt.de/index.php/zif/article/view/396/384.
Rogers, Carl R. 1972: Die nicht direktive Beratung. München.

Rost-Roth, Martina 2002: Kommunikative Störungen in Beratungsgesprächen. Problempotentiale in inter- und intrakulturellen Gesprächskontexten. URL: http://www.verlag-gespraechsforschung.de/2002/probleme/216-244. pdf.

Sachverständigenrat deutscher Stiftungen für Integration und Migration (Hg.) 2017: Allein durch den Hochschuldschungel. Hürden zum Studienerfolg für internationale Studierende und Studierende mit Migrationshintergrund. Studie des SVR-Forschungsbereichs 2017-2. URL: https://www. stiftung-mercator.de/media/downloads/3_Publikationen/2017/Mai/SVR _FB_Hochschuldschungel.pdf.

Scheitza, Alexander 2007: Interkulturelle Kompetenz: Forschungsansätze, Trends und Implikationen für interkulturelle Trainings. In: Matthias Otten, Alexander Scheitza, Andrea Cnyrim (Hg.): Interkulturelle Kompetenz im Wandel. Band 1: Grundlegungen, Konzepte und Diskurse. Frankfurt am Main, London, 91–117.

Schumann, Adelheid 2012: Interkulturelle Kommunikation in der Hochschule: Zur Integration internationaler Studierender und Förderung Interkultureller Kompetenz. Bielefeld.

Spencer-Oatey, Helen 2013: Mindfulness for Intercultural Interaction. A Compilation of Quotations. GlobalPAD Core Concepts. Available at GlobalPAD Open House. URL: http://go.warwick.ac.uk/globalpadintercultura.

Spencer-Oatey, Helen, Stefanie Stadler 2009: The Global People Competency Framework: Competencies for Effective Intercultural Interaction. (Warwick Occasional Papers in Applied Linguistics). Coventry, U.K.

Studentenwerk, Gundula Gwenn Hiller 2016: Eine Frage der Perspektive. Critical Incidents aus Studentenwerken und Hochschulverwaltung. Deutsches Studentenwerk (Hg.). Berlin 2016. URL: http://www.studentenwerke.de/ de/content/eine-frage-der-perspektive-critical.

Tang, Yi-Yuan, Britta K. Hölzel, Michael I. Posner 2015: The Neuroscience of Mindfulness Meditation. In: Nature Reviews Neuroscience 16, 4. Published online 18 March 2015. DOI: 10.1038/nrn3916.

Thích Nhất Hạnh 2002: Das Wunder der Achtsamkeit. Stuttgart.

Thomann, Geri, Anja Pawelleck 2013: Studierende beraten. Opladen.

Ting-Toomey, Stella 1999: Communicating across Cultures. New York.

Interkulturelle Kompetenz und Fremdsprachenunterricht: von der Konstruktion kultureller Differenz zur Verantwortung in der Migrationsgesellschaft?

Christoph Vatter

Der Fremdsprachenunterricht nimmt sowohl in institutionellen Bildungsdiskursen als auch im Selbstverständnis der Fremdsprachenphilologien und ihrer Didaktik eine zentrale Stellung in der Vermittlung interkultureller Kompetenz im schulischen Kontext ein – spätestens seit ihrer Verankerung in Rahmendokumenten wie dem Gemeinsamen Europäischen Referenzrahmen für Sprachen (GER), den Bildungsstandards und einschlägigen Lehrplänen. Trotz neuerer kritischer Diskurse über interkulturelle Kommunikation und Kompetenz stellt der Fremdsprachenunterricht jedoch gleichzeitig einen privilegierten Ort der Konstruktion kultureller Differenz dar, lebt er doch – gerade auf der Anfängerstufe – von der Faszination gegenüber der fremden Kultur und nutzt Stereotype und Klischees zur Motivation und Attraktivitätssteigerung. Gleichzeitig soll er zu einem offen-dynamischen Verständnis von Kultur und Interkulturalität beitragen, vor allem auch im Kontext von Migration, Inklusion und Integration.

Ausgehend von bildungspolitischen Rahmentexten soll im Folgenden der Stellenwert von interkultureller Kommunikation und Kompetenz sowie ihrer Vermittlung im schulischen Fremdsprachenunterricht näher beleuchtet werden. Exemplarisch stehen dabei fachdidaktische Standardwerke für das Französische und das Spanische im Zentrum, die als zentrale Informationsquellen für (angehende) Lehrerinnen und Lehrer fungieren und auch maßgeblich für Staatsexamina und die praktische Ausbildung von Lehrkräften sind.

Herausforderung interkulturelle Kommunikation und Kompetenz
im Fremdsprachenunterricht

Auf dem Gebiet des Fremdsprachenunterrichts, insbesondere im schulischen Kontext, kristallisieren sich einige der zentralen Herausforderungen des Theorie- und Praxisfelds interkulturelle Kommunikation und Kompetenz in besonders deutlicher Art und Weise heraus. Denn die Motivation der Lernenden und ihre Einstellung zur Zielkultur und -sprache gelten als zentrale Faktoren für das Erlernen einer bestimmten Fremdsprache (Venus 2017); mit der motivierenden Faszination für das Fremde gehen häufig aber auch eine gewisse Lust am Klischee und eine starke Stereotypisierung einher. Gleichzeitig soll das Erlernen einer Fremdsprache zu einem offen-dynamischen Verständnis von Kultur und Interkulturalität (Bolten 2014, 2016) beitragen. Dieses grundlegende Dilemma des Fremdsprachenunterrichts lässt sich mit der Metapher des Aquariums veranschaulichen: Die Lehrenden fungieren als interkulturelle Mittler (Marmetschke 2012; Colin, Umlauf 2013), die – gleichsam als interkulturelle Gatekeeper – den Zugang der Schülerinnen und Schüler zur anderen Kultur und das Bild vom Anderen maßgeblich steuern. Gerade in den ersten Lernjahren entwerfen sie so im Zusammenspiel mit dem Lehrwerk[1] ein zwangsläufig reduziertes Modell der Zielkultur quasi im Kleinformat und richten es nach ihren Vorstellungen möglichst lernernah, motivierend und attraktiv ein – ganz wie ein Aquarium mit bunten Fischen und schönen Pflanzen vorgibt, einen natürlichen Lebensraum abzubilden, obwohl diese Tiere und Pflanzen in der Natur so vielleicht überhaupt nicht koexistieren. Dem gegenüber steht der Anspruch interkultureller Bildung, dazu beizutragen, die diskursive Konstruktion von Kultur und Differenz zu erkennen und zu analysieren.

Der schulische Fremdsprachenunterricht stellt zwar nicht den einzigen, aber sicherlich einen privilegierten Ort für die Beschäftigung mit interkultureller Kommunikation und Kompetenz in einer internationalen Perspektive dar – schließlich erfahren durch ihn alle Schülerinnen und Schüler einen unmittelbaren Kontakt mit einer anderen Kultur, erproben interkulturelle Interaktion und Verständigung und werden so auf den interkulturellen Kontakt und Austausch vorbereitet – zumindest ist dies die am weitesten verbreitete unterschwellige Zielsetzung von Lehrwerken. Für viele junge Menschen bietet dann ein Schüleraustausch Gelegenheit zu ersten intensiven Fremdheitserfahrungen. Forschungen zu Schüleraustauschen (Vatter 2015) haben gezeigt, wie prägend diese für die weitere Entwicklung und den Aufbau späterer interkultureller Kontakte, ja sogar interkultureller Lebenswege sind (Thomas et al. 2007).

Die Schule zählt aber auch zu den zentralen Akteuren auf dem zweiten zentralen Terrain interkultureller Praxis und Forschung, dem Bereich Migration und Integration. Schulen leisten einen entscheidenden Beitrag dazu und werden immer wieder zu „Hotspots" erklärt, an denen sich Risiken der Migrationsgesellschaft kristallisieren, wie auch prominent in den Medien verhandelte Hilferufe und Brandbriefe immer wieder zeigen, zum Beispiel im Fall

---

[1] Die neue Lehrwerkgeneration ist darum bemüht, vom allzu stereotypen Eindruck der weißen Mittelstandsfamilie mit „typischen" Attributen der Zielkultur Abstand zu nehmen und, zum Beispiel durch diversifiziertere Protagonisten und Familienkonstellationen komplexere Einblicke zu ermöglichen – oder sogar explizite Bezüge zum Eigenen herzustellen (s. u.).

der Rütli-Schule in Berlin-Neukölln im Frühjahr 2006 oder der Saarbrücker Bruchwiesenschule im Dezember 2017.
  Im interkulturellen Handlungsfeld Schule manifestiert sich das Thema interkulturelle Kommunikation und Kompetenz also in einem Spannungsfeld zwischen einer übergreifenden Schlüsselqualifikation für die erfolgreiche, nachhaltige Gestaltung des Zusammenlebens in der Migrationsgesellschaft und einer zielgerichteten Aneignung interkultureller Kompetenzen für den internationalen Austausch und die grenzüberschreitende Zusammenarbeit – letzteres vor allem im Fremdsprachenunterricht. Es kann daher grundsätzlich als transversales, ganzheitliches Ziel verstanden werden, das durch extrakurrikulare Aktivitäten oder Austausch- und Begegnungsprogramme, vor allem aber auch in bestimmten Fächern wie dem Fremdsprachenunterricht, in besonderer Art und Weise gefördert werden kann (Briga 2018).
  Im Folgenden sollen zunächst institutionelle und bildungspolitische Rahmenbedingungen der Vermittlung interkultureller Kompetenz im Fremdsprachenunterricht näher beleuchtet werden. In einem zweiten Schritt soll die Entwicklung des Themas interkulturelle Kommunikation im Kontext des Fremdsprachenunterrichts skizziert und untersucht werden, welche Konzepte von interkultureller Kommunikation und Kompetenz im Fremdsprachenunterricht dominant zum Einsatz kommen. Ausgangspunkt für diese Überlegungen bildet die Analyse einschlägiger Fachdidaktiken der Sprachen Französisch und Spanisch, die Lehrerinnen und Lehrern als Leitlinie dienen, auch in der Ausbildung, und sozusagen den *state of the art* des Unterrichtens in einem Fach widerspiegeln.

Rahmenbedingungen und Kontexte der Vermittlung interkultureller Kompetenz im Fremdsprachenunterricht

Einige bildungspolitische Rahmentexte für den Bereich Fremdsprachenunterricht und Schule erweisen sich für das Feld der interkulturellen Kommunikation und Kompetenz in Deutschland als besonders relevant (Tabelle 1).
  Die Empfehlung der Kultusministerkonferenz zum Thema *Interkulturelle Bildung und Erziehung in der Schule* aus dem Jahr 1996 (überarbeitet 2013) zielt zunächst auf interkulturelle Kompetenz als Schlüsselqualifikation für das Gestalten des Zusammenlebens in einer pluralen Gesellschaft ab. Interkulturelle Bildung ist darin als Querschnittsaufgabe konzipiert, die sowohl Minoritäten als auch die Majorität betrifft und zu einem konstruktiven Miteinander beiträgt. Damit verweist dieses Dokument als erster Rahmentext für den schulischen Bereich in Deutschland explizit auf interkulturelle Kommunikation und Kompetenz.

Tabelle 1: Institutionelle Rahmentexte zu interkultureller Bildung sowie Fremdsprachenunterricht im schulischen Kontext (Für das Französische sind darüber hinaus die sogenannten Stuttgarter Thesen zur Rolle der Landeskunde im Französischunterricht (Robert Bosch Stiftung/Deutsch-französisches Institut 1982) besonders relevant, die die interkulturelle Kommunikationsfähigkeit und einen reflektierten Umgang mit Stereotypen als Schwerpunkte propagierten.)

Jahr	Dokument
1996	KMK Empfehlung „Interkulturelle Bildung und Erziehung in der Schule"
2001	GER (Gemeinsamer europäischer Referenzrahmen für Sprachen)
2004	Bildungsstandards für Sek. I
2012	Bildungsstandards für Sek. II
2013	KMK Empfehlung „Interkulturelle Bildung und Erziehung in der Schule" (überarbeitete Fassung von 1996)
2015	Lehrerbildung für eine Schule der Vielfalt. Gemeinsame Empfehlung von Hochschulrektorenkonferenz und Kultusministerkonferenz
2017	Interkulturelle Bildung und Erziehung in der Schule. Berichte der Länder über die Umsetzung des Beschlusses

Einen wichtigen Schritt in der Entwicklung des bildungspolitischen Diskurses über interkulturelle Kommunikation und Kompetenz stellt – spezifisch für das Fremdsprachenlernen – der GER (Gemeinsamer europäischer Referenzrahmen für Sprachen) dar, der 2001 veröffentlicht wurde. Aus den in dieser Empfehlung des Europarats zu Spracherwerb und Sprachkompetenz formulierten Grundprinzipien, wie dem „der Entwicklung einer mehrsprachigen und plurikulturellen Kompetenz" (Europarat 2001: 8), ergibt sich eine deutliche Fokussierung auf ein breites Verständnis vom Umgang mit Diversität „in einem vielsprachigen und plurikulturellen Europa" (ebd.), die darauf abzielt „durch effektivere internationale Kommunikation gegenseitiges Verständnis und Toleranz sowie die Achtung von Identitäten und von kultureller Vielfalt zu fördern" (ebd.: 16). Internationale Begegnung und interkultureller Austausch werden also deutlich in den Dienst der europäischen Integration gestellt; als Zielsetzung interkulturelle Kompetenz dominieren eine Verstehensorientierung und die Etablierung grenzüberschreitender Netzwerke.[2]

---

[2] Diese Tendenz dominiert auch in weiteren internationalen Rahmentexten, wie der 2017 lancierten EU-Initiative European Education Area, dem Konzept der Global Citizenship Education der UNESCO oder auch dem OECD PISA Global Citizenship Framework von 2017 (Briga 2018).

Für den Fremdsprachenunterricht besonders relevant sind die aus diesem Verständnis abgeleiteten Deskriptoren zur Erfassung dieser Kompetenzen, die sich an Byrams Modell der „interkulturellen kommunikativen Kompetenz" (Byram 1997) orientieren. Als „interkulturelle Fertigkeiten" werden so beispielsweise genannt:

„– die Fähigkeit, die Ausgangskultur und die fremde Kultur miteinander in Beziehung zu setzen;
– kulturelle Sensibilität und die Fähigkeit, eine Reihe verschiedener Strategien für den Kontakt mit Angehörigen anderer Kulturen zu identifizieren und zu verwenden;
– die Fähigkeit, als kultureller Mittler zwischen der eigenen und der fremden Kultur zu agieren und wirksam mit interkulturellen Missverständnissen und Konfliktsituationen umzugehen;
– die Fähigkeit, stereotype Beziehungen zu überwinden" (Europarat 2001: 116).

Die Beispiele verdeutlichen, dass zwar sehr zentrale Aspekte interkultureller Kompetenz aufgeführt werden, diese jedoch auch über den Fremdsprachenunterricht hinaus in anderen Bereichen zu verorten sind. Aus Sicht des Fremdsprachenlehrenden stellen sich die Deskriptoren mitunter also als sehr allgemein – und damit auch praxisfern – dar, so dass für eine didaktisch-methodische Umsetzung weitere Präzisierungen notwendig erscheinen.

Für den schulischen Fremdsprachenunterricht in Deutschland besonders relevant sind die Bildungsstandards, die die KMK 2004 für die Sekundarstufe I und 2012 für die gymnasiale Oberstufe veröffentlicht hat und die als Leitlinien für die Ausgestaltung konkreter Lehrpläne gelten. Die Bildungsstandards sind insbesondere als Ausdruck der neuen Kompetenzorientierung zu verstehen, die auch an den Hochschulen im Rahmen des Bologna-Prozesses in den 2000er Jahren umgesetzt wurde.

In den Bildungsstandards von 2012 stellt interkulturelle Kompetenz ein übergeordnetes Bildungsziel des Fremdsprachenunterrichts dar (KMK 2012: 11, Reimann 2014: 53), nicht zuletzt auch in der grafischen Darstellung.[3] Konzeptualisiert als „interkulturelle kommunikative Kompetenz" wird sie im Anschluss an Byram definiert als „ein auf Verstehen und Handeln ausgerichteter Kompetenzbereich, dessen wesentliches Merkmal der Kontext ist, in dem

---

[3] Neben einer „interkulturelle[n] kommunikative[n] Kompetenz" werden die „funktionale kommunikative Kompetenz" sowie „Text- und Medienkompetenz" als übergeordnete Bereiche aufgeführt (KMK 2012: 11).

die Fremdsprache verwendet wird" (Grünewald, Küster 2018: 189). Neben der sich daraus ergebenden Fokussierung auf die Interaktion im (zielkulturellen) Kontext verweist das Modell mit Begriffen wie „Wissen, Einstellungen, Bewusstheit", „Sprachbewusstheit" und „Sprachmittlung" vor allem auf metasprachliche und reflexive Kompetenzen – und geht damit weit über die vier „klassischen" Fertigkeiten (Hörverstehen, Leseverstehen, Sprechen, Schreiben) im Fremdsprachenunterricht hinaus. Die in den Bildungsstandards aufgeführten Deskriptoren für interkulturelle kommunikative Kompetenz spiegeln ebenfalls wider, dass hier versucht wird, die eigene Position mit zu reflektieren und unter fremdkulturellen Bedingungen einen nachhaltigen kommunikativen Austausch und Beziehungen zu initiieren (KMK 2012).

Allerdings bleiben die Erläuterungen zur interkulturellen Kompetenz und ihre Deskriptoren auch hier recht abstrakt und noch recht weit vom schulischen Alltag entfernt (Eberhardt 2013: 443), so dass man versucht hat, die verschiedenen Kompetenzbereiche weiter zu präzisieren, um im Unterricht handhabbare Deskriptoren zu entwickeln, zum Beispiel:

> „Wissen, dass Kultur Einfluss nimmt auf Verhaltensweisen/soziale Praxen/individuelle Werte (persönliche/und die der anderen)" (K-8.7, S. 33)
> „Einige soziale Praxen/Bräuche verschiedener Kulturen kennen" (K-8.7.1)
> „Einige soziale Praxen/Bräuche der Kulturen der näheren Umgebung kennen" (K-8.7.1.1)
> „Einige Merkmale der eigenen Kultur in Bezug auf bestimmte soziale Praxen/Bräuche anderer Kulturen kennen" (K-8.7.1)
> „Wissen, dass kulturspezifische Bräuche/Normen/Werte/persönliche Entscheidungen im Kontext kultureller Diversität einwirken" (K-10.1, S. 34)
> „Wissen, dass kulturelle Praxen/Werte unter dem Einfluss unterschiedlicher Faktoren (Geschichte/Umgebung/Handlungsweise der Mitglieder einer Gemeinschaft/...) entstehen und sich weiterentwickeln" (K11.1, S. 35) (Meißner 2013)

Deutlich wird zum einen das Bestreben, von übergeordneten Lernzielen spezifische Deskriptoren abzuleiten, die beispielsweise für die Konzeption von Unterrichtseinheiten genutzt werden können; zum anderen ist ein differenzierter Umgang mit dem Konzept interkulturelle Kommunikation festzustellen, der sich unter anderem in der Betonung des Wechselverhältnisses zwischen Identität und Alterität, dem Zusammenspiel individueller und kollektiver Faktoren oder auch einem tendenziell dynamischen Verständnis von Kultur widerspiegelt. Einige Vorschläge zeigen aber auch, wie komplex und problematisch eine Konkretisierung der übergeordneten Bildungsziele sein kann, wenn zum Beispiel von „Wissen, dass kulturelle Unterschiede durch Globalisierung eingeebnet werden können" (Meißner 2013: 35) die Rede ist.

Als Reaktion auf diese institutionellen Rahmenbedingungen sowie die sich daraus ergebende Herausforderung, diese im Unterricht umzusetzen, ist die Fremdsprachendidaktik darum bemüht, Diskurse über interkulturelle Kommunikation und Kompetenz aufzugreifen beziehungsweise diese auf ihren Gegenstandsbereich anzuwenden und auch mit eigenen Modellen weiter zu entwickeln. Daraus resultiert insgesamt ein recht differenziertes Verständnis von interkultureller Kommunikation und Kompetenz, das an einschlägige wissenschaftliche Fachdiskurse anschließt und auch zu einer Reihe von Diskussionsbeiträgen und Weiterentwicklungen der interkulturellen Kommunikationsforschung für das Fremdsprachenlernen – hier der Sprachen Französisch und Spanisch – beigetragen hat (Reimann 2014, 2017; Fäcke 2012). Im folgenden Abschnitt sollen nun anhand ausgewählter fachdidaktischer Grundlagenwerke Stellenwert und Rahmung interkultureller Kommunikation und Kompetenz diskutiert werden, auch im Hinblick auf Lehrwerke und Unterrichtspraxis.

Konzepte interkultureller Kompetenz in fachdidaktischen Diskursen zum Fremdsprachenunterricht

Die Beschäftigung mit dem Thema interkulturelle Kommunikation und Kompetenz im Kontext des Fremdsprachenlehrens und -lernens hat natürlich eine schon etwas längere Tradition, die auch in der Fachdiskussion gewürdigt wird. Die meisten Handbücher für Fachdidaktik verorten das Thema in erster Linie in der Tradition der Landeskunde, die meist auf ihre Anfänge seit dem 19. Jahrhundert zurückgeführt wird (Fäcke 2010: 170 ff.; Nieweler 2017; Grünewald, Küster 2018). Die fachgeschichtlichen Darstellungen zeichnen den Weg von dieser „Realienkunde" über die „Kulturkunde" ab den 1920er Jahren nach – bis zum Bruch mit dieser Tradition in Folge des Missbrauchs kulturkundlicher Forschungen als „Wesenskunde" im Nationalsozialismus, der zu einer Fokussierung auf rein sprachliche Strukturen ab der Nachkriegszeit führte. Erst langsam gewann die „Landeskunde" als Rahmen für das Gelingen fremdsprachlicher Kommunikation wieder an Bedeutung, ehe sie ab den 1970er Jahren als sozialwissenschaftlich fundierte politische Landeskunde neu konzipiert wurde. Zusammen mit Impulsen aus der interkulturellen Pädagogik wird vor allem ab den 1990er Jahren daraus das heutige Verständnis von interkultureller Kompetenz als Schlüsselqualifikation abgeleitet. Als zentral für die Fremdsprachenphilologien kann weiterhin die Entwicklung einer „Didaktik des Fremdverstehens" (Bredella, Christ 1995, 2007) ab den späten 1990er Jahren gesehen werden. Eine besondere Rolle kommt dabei literarischen Texten als Angebot zum Perspektivenwechsel und zur Empathie zu (Geiling-Hassnaoui 2017).

Auch neuere Ansätze wie Transkulturalität oder ein diskursives Kulturverständnis und andere kritische Positionen gegenüber kulturalistisch-essentialistischen Ansätzen finden in einigen Werken Erwähnung (z. B. Fäcke 2017), jedoch verbunden mit dem Hinweis, dass dazu noch erheblicher Handlungsbedarf bezüglich der Umsetzung in der Unterrichtspraxis zu bestehen scheint.

Schumann (2007) arbeitet heraus, wie sich in dieser Entwicklung der Landeskundedidaktik auch der Umgang mit Stereotypen veränderte. Wurden diese zunächst vor allem als abzubauendes Hindernis für interkulturelle Verständigung und Annäherung angesehen, auf die entweder mit einer expliziten Thematisierung unter häufig kulturessentialistischem Vorzeichen oder aber mit einer bewussten Vermeidung reagiert wurde, so erfolgte ab den 1970er und 1980er Jahren im Zuge der oben genannten Impulse aus der interkulturellen Pädagogik und der sozialwissenschaftlichen Neuorientierung ein eher reflektiert-analytischer Umgang mit Fremdbildern, der dann in jüngerer Zeit durch kulturwissenschaftliche Erkenntnisse zu Fremdwahrnehmungsprozessen weiter ausdifferenziert wurde.

Der Begriff der interkulturellen Kompetenz dominiert in den einschlägigen Diskursen im Übrigen erst seit etwas mehr als zehn Jahren; vorher wurde vor allem der Begriff „interkulturelles Lernen" verwendet (Nieweler 2017), der auch heute im Kontext des Fremdsprachenunterrichts sehr präsent ist.

Die näher untersuchten Grundlagenwerke zur Fachdidaktik,[4] die als praxisorientierte Lehr- und Nachschlagewerke einen kaum zu unterschätzenden Stellenwert in der Ausbildung von Lehrkräften und als Grundlage für die Unterrichtsgestaltung einnehmen, verorten interkulturelles Lernen und interkulturelle Kompetenz sehr deutlich in dieser grob skizzierten Tradition der Landes- und Kulturkunde. So wird zum Beispiel in der *Fachdidaktik Französisch* (Nieweler 2017) das einschlägige Kapitel „Von der Landeskunde zum Interkulturellen Lernen" benannt und für das Spanische untergliedern Grünewald und Küster (2018) den Teil „Förderung Interkultureller Bildung und Kompetenzen" unter anderem in „historische Aspekte der Landes- und Kulturkunde", „Interkulturelle kommunikative Kompetenz" und „Außerschulische Lernorte" (S. 183–199).

---

[4] Untersucht wurden aktuelle Didaktik-Handbücher für den Französisch- und Spanisch-Unterricht: Nieweler 2017; Grünewald, Küster 2018; Fäcke 2010, 2011; Bär, Franke 2016; Krechel 2015.

Betrachtet man spezifische Modelle interkultureller Kompetenz für den Fremdsprachenunterricht so fallen – neben der klassischen Dreiteilung in eine kognitive, affektive und verhaltensbezogene Dimension – vor allem zwei Beispiele auf, die im fremdsprachendidaktischen Diskurs dominieren. Am weitesten verbreitet ist das darauf aufbauende Konzept der interkulturellen kommunikativen Kompetenz von Michael Byram (1997), das auch im GER und den Bildungsstandards verwendet wird, und als Teilkompetenzbereiche *savoirs* (deklaratives Wissen), *savoir comprendre* (Verstehensfähigkeit), *savoir apprendre*/faire (Lernfähigkeit), *savoir s'engager* (gesellschaftspolitischer Einsatz der Kompetenzen) und *savoir-être* (persönlichkeitsbezogene Kompetenzen) vorschlägt. Im Zentrum steht also die Vorbereitung der Lernenden auf die erfolgreiche interkulturelle Interaktion im Zusammenspiel von deklarativem und prozeduralem Wissen mit individuellen Einstellungen sowie interkultureller Lernbereitschaft, worauf auch die in Byrams Modell berücksichtigten Lernorte – Klassenraum, Feld/interkulturelle Begegnung, unabhängige individuelle Lernsituationen – verweisen.

In der fremdsprachendidaktischen Diskussion spielt weiterhin die Frage nach dem Verhältnis von kulturübergreifenden (oder transkulturellen) und kulturspezifischen (interkulturellen) Kompetenzen eine gewichtige Rolle. Exemplarisch kann dies an dem „integrierten Modell transkultureller Kompetenz" von Reimann (2014, 2017) aufgezeigt werden, das in Auseinandersetzung mit der einschlägigen Forschungsliteratur entwickelt wurde. Reimann unterstreicht – in Anerkennung der oben genannten landeskundlichen Tradition – die grundsätzliche Bedeutung soziokulturellen Orientierungswissens als Basis für interkulturelle Kompetenzentwicklung, die wiederum als Voraussetzung für das „Erreichen einer tatsächlichen transkulturellen kommunikativen Kompetenz im Sinne einer Kompetenz zur Verständigung über Sprach- und Kulturgrenzen hinweg" (2017: 50 f.) gesehen wird; weiterhin bezieht sein Modell fremdsprachlichen Lernfortschritt ein und plädiert – zur Förderung der transkulturellen Verständigung – für eine Öffnung im Sinne einer Mehrsprachigkeits- und Multikulturalitätsdidaktik (Meißner, Fäcke [erschient demnächst]) mit entsprechenden methodisch-didaktischen Konzepten und Aufgabenformaten (vgl. z. B. Leitzke-Ungerer 2014). Die sich aus einem solchen integrierten Modell eröffnenden Perspektiven einer Verbindung der im Fremdsprachenunterricht dominanten internationalen Dimension mit den Anforderungen an Schulen in einem von Diversität und Migration geprägten Umfeld erscheinen durchaus sehr produktiv, jedoch müssen sie sich an den Schulen sicherlich noch weiter etablieren und in ihrer Praxistauglichkeit methodisch-didaktisch bewähren.

Schließlich sei noch die überaus wichtige Debatte darüber erwähnt, welche Aspekte von interkultureller Kompetenz überhaupt im schulischen Kontext anwendbar sind – schließlich sind zahlreiche der in der interkulturellen Kompetenzforschung verwendeten Konzepte aus beruflichen Kontexten heraus entwickelt worden und nicht für jeden Fünftklässler mögen zum Beispiel Zielsetzungen dieser Modelle und Kriterien wie Effizienz angemessen sein. Insgesamt können hier vor allem folgende Problemfelder genannt werden, die es für den Fremdsprachenunterricht in besonderem Maße zu beachten gelte (Fäcke 2012): die Alters- und Kontextangemessenheit (Eberhardt 2013), die Abwägung zwischen Verstehens- und Effizienzperspektive auf interkulturelle Kompetenz sowie die Frage nach ihrer tendenziell präskriptiven oder deskriptiven Vermittlung – das heißt, inwiefern die Übernahme von Einstellungen oder kulturellen Praktiken „trainiert" oder eher nur der angemessene Umgang mit Fremdheit gefördert werden soll.

Interkulturelles Lernen im Fremdsprachenunterricht

Im Hinblick auf die methodisch-didaktische Realisierung interkulturellen Lernens im Fremdsprachenunterricht können hier lediglich grobe Tendenzen wiedergegeben werden, da sich die komplexe Situation mit je nach Bundesland verschiedenen Lehrplänen, einem vielfältigen Angebot an Lehrwerken und Unterrichtsmaterialien sowie unterschiedlichen individuellen Voraussetzungen und Engagement der Lehrkräfte kaum in angemessener Differenziertheit betrachten lässt. Nicht zuletzt stellt sich der Forschungsstand je nach Zielsprache sehr unterschiedlich dar. Nicht näher beleuchtet werden können an dieser Stelle Ansätze aus der Begegnungs- und Austauschdidaktik, die vor allem auch aus der außerschulischen Jugendarbeit viele Impulse zum interkulturellen Lernen aufnehmen konnte.

Prinzipiell kann interkulturelles Lernen im schulischen Kontext in vielfältiger Art und Weise erfolgen (Briga 2018): vom ganzheitlichen Aufbau einer interkulturell offenen, inklusiven Schulkultur, Kurrikulum übergreifenden Ansätzen und der Behandlung kontroverser Themen über extrakurrikulare Aktivitäten, Kooperationen mit externen Partnern oder internationalen Mobilitätsprogrammen bis zur Integration in einzelne Fächer wie Geschichte, Religion/ Ethik, sozialwissenschaftliche Disziplinen oder den Fremdsprachenunterricht, für den im Folgenden einige Tendenzen bezüglich der Lehrwerke, vornehmlich der Sprachen Französisch und Spanisch, herausgearbeitet werden sollen.

Lange Zeit wurde interkulturelles Lernen in Fremdsprachenlehrwerken kaum explizit berücksichtigt. Für Spanischlehrwerke stellt Grünewald (Grünewald, Küster 2018: 190) beispielsweise fest:

"Die Verankerung der Förderung der Interkulturellen kommunikativen Kompetenz in Lehrwerken ist in der Vergangenheit zum Großteil implizit geschehen, d. h. geeignet erscheinende Themen wie ‚Madrid' oder ‚Barcelona' und Situationen wie ‚Hacer compras' wurden dazu verwendet, landeskundliche Informationen über das Land, in dem die zu erlernende Sprache gesprochen wird, zu geben."

Erst in neueren Lehrwerken finden sich Versuche, eine interkulturelle Orientierung explizit aufzugreifen und sich von der dominanten Verankerung in der landeskundlichen Tradition (zumindest punktuell) zu lösen, zum Beispiel durch eine breitere soziale wie kulturelle Diversität des Lehrwerkpersonals und Angebote zur interkulturellen Reflexion, aber auch hier findet sich weiterhin häufig eine Reduktion auf soziokulturelles Orientierungswissen, das kulturvergleichend vermittelt wird (Nieweler 2017: 243).

Einige Verfahren und Übungsaktivitäten zum Training interkultureller Kompetenz, die in den untersuchten Handbüchern exemplarisch vorgestellt werden, werden aus anderen Bildungskontexten übernommen. Für den Spanischunterricht beziehen sich die Autoren (Grünewald, Küster 2018: 192) beispielsweise auf eine Übungstypologie aus einem online verfügbaren Trainingsmaterial für internationale Studierende (Rott et al. 2004), was für einen gewissen Nachholbedarf in der Entwicklung eigener Ansätze und Übungstypologien sprechen mag, vor allem aber auch auf einen unzureichenden Austausch zwischen interkultureller Kommunikationsforschung und Fremdsprachendidaktik verweist.

Die in den Handbüchern genannten Beispiele für interkulturelle Lernaktivitäten greifen auf einige der auch aus interkulturellen Trainings bekannten Ansätze zurück. So werden unter anderem Wahrnehmungsübungen mit Bildern oder auch die Arbeit mit *critical incidents* empfohlen (Grünewald, Küster 2018: 193, Online-Link 18, Online-Link 20). Als spezifische Verfahren des Fremdsprachenunterrichts können Sprachmittlungsübungen (Reimann, Rössler 2013) genannt werden, in denen die Lernenden Phänomene aus dem eigenen kulturellen Kontext in der Fremdsprache vermittelnd erklären sollen. Allerdings verweisen einige Materialien wie eine Speisekarte, die einem Austauschschüler erklärt werden soll (Grünewald, Küster 2018: 195, Online-Link 21), darauf, dass es offensichtlich nicht leicht ist, geeignetes Material zu finden. Denn der Vorschlag entspricht weder in Form noch Inhalt den Lebensrealitäten der Schülerinnen und Schüler, wenn beispielsweise Speisen wie „Bauernfrühstück", „Jägerschnitzel mit Pommes und Salatbeilage" oder „Kaiserschmarrn" erklärt werden sollen, die wahrscheinlich für viele Jugendliche auch auf Deutsch erläuterungsbedürftig sind.

Sucht man nach Ansatzpunkten für Bezüge zwischen der internationalen Perspektive des Fremdsprachenunterrichts und der Diversität oder Heterogenität innerhalb einer Gesellschaft, so kann man zwar in der jüngsten Lehrwerkgeneration deutlich eine Abkehr von der durchschnittlichen weißen Mittelschichtslehrbuchfamilie feststellen (Grünewald et al. 2011), aber systematische Bezüge auf ein heterogenes Klassenzimmer und damit verbundene vielfältige, verschiedene Perspektiven auf die Zielkultur lassen sich bislang kaum ausmachen (Nieweler 2017: 238), obwohl durchaus auf Verflechtungspotenziale zwischen beiden Perspektiven auf interkulturelle Kommunikation verwiesen wird (Grünewald, Küster 2018: 73).

Fazit und Perspektiven

Sowohl die internationale als auch die auf innergesellschaftliche (kulturelle) Diversität ausgerichtete Dimension von interkultureller Kommunikation und Kompetenz sind zentrale Herausforderungen für die schulische Bildung. Der Fremdsprachenunterricht als privilegierter Ort der Thematisierung und Analyse von Fremdheit und Fremdheitserfahrungen birgt das Potenzial, dieser Doppelfunktion gerecht zu werden, gerade in Bezug auf das multikulturelle Klassenzimmer, das multiple Perspektiven auf den Kulturraum der Zielsprache ermöglicht. Die maßgeblichen bildungspolitischen Rahmentexte zeugen ebenso wie die einschlägige fachdidaktische Forschung von einer insgesamt recht differenzierten Auseinandersetzung mit den Themenfeldern Kultur, interkulturelle Kommunikation und interkulturelle Kompetenz. Eine gewisse Diskrepanz besteht allerdings zur Umsetzung im Unterricht und in der Ausbildung künftiger Lehrkräfte. So zeigen Hoffmann und Briga (2018) auf, dass die meisten Bundesländer den Schwerpunkt interkultureller Bildung auf den Sprachunterricht legen, vor allem auf die Sprachförderung von Schülerinnen und Schülern nichtdeutscher Muttersprache, und – trotz eines insgesamt sehr heterogenen Bildes – prinzipiell den Themenbereich interkulturelle Kommunikation und interkulturelle Kompetenz in der Referendarsausbildung berücksichtigen. Während einige Länder wie Nordrhein-Westfalen, Hamburg oder Berlin in vielfältiger Weise in der Lehrerfortbildung darauf eingehen, besteht jedoch noch Handlungsbedarf bezüglich der Implementierung des Themas in die universitären Kurrikula für künftige Lehrerinnen und Lehrer, wo bislang häufig eher implizit darauf verwiesen wird (ebd.).

Diese Tendenz spiegelt sich auch in der Umsetzung im Fremdsprachenunterricht wider, der Potenziale zum interkulturellen Lernen nur in Ansätzen ausgeschöpft, so dass eine „Aquarium-Perspektive" auf die Zielkultur immer noch dominant erscheint. Die Fremdsprachendidaktik hat dieses Problem zwar erkannt und verweist in den theoretischen und fachgeschichtlichen Kapiteln der einschlägigen Handbücher explizit darauf. So gehen Grünewald und Küster (2018: 190) zum Beispiel darauf ein, dass die Vermittlung von Orientierungswissen mit Vereinfachung und Reduktion einhergeht und eine schemahafte Gegenüberstellung von Eigenem und Fremdem komplexen Identitätskonstruktionen nicht gerecht werden kann. Sie treten für einen größeren Stellenwert reflexiver Prozesse im Fremdsprachenunterricht ein, der jedoch wiederum entsprechende sprachliche Mittel voraussetzt ... Prinzipiell besteht jedoch noch Handlungsbedarf für die Umsetzung in der Unterrichtspraxis. Auch die festgestellte Diskrepanz zwischen Konzeptualisierungen von interkultureller Kompetenz in Rahmentexten, die häufig aus anderen Praxiszusammenhängen übernommen werden, und den altersgemäßen Voraussetzungen von Schülerinnen und Schülern zeigt, dass hier weiterer Forschungs- und Entwicklungsbedarf besteht.

Eine engere Vernetzung verschiedener Felder interkultureller Kommunikationsforschung könnte sowohl die theoretische Diskussion als auch die Praxis weiter bereichern. Zum einen könnte eine stärkere Berücksichtigung sprachwissenschaftlicher Ansätze der interkulturellen Kommunikation, wie zum Beispiel aus der interkulturellen Gesprächsforschung, die bislang dominant in der Landeskundetradition verortete fachdidaktische Debatte in produktiver Art und Weise ergänzen.[5] Eine daraus erfolgende engere Verbindung mit Mehrsprachigkeitsansätzen kann wiederum eine integrative Bearbeitung der internationalen Dimension von interkultureller Kommunikation und Herausforderungen einer von Diversität geprägten Gesellschaft befördern. Umgekehrt könnte auch die interkulturelle Kommunikationsforschung im engeren Sinne von einer fremdsprachendidaktischen Expertise[6] profitieren, insbesondere auch im Praxisfeld interkultureller Trainings.

Literatur

Bär, Marcus, Manuela Franke (Hg.) 2016: Fachdidaktik: Spanisch-Didaktik: Praxishandbuch für die Sekundarstufe I und II. Berlin.

---

[5] Nieweler (2017: 65) führt zwar interkulturelle Kommunikation als Bezugsdisziplin angewandter Linguistik an, greift aber diese Perspektive in den Ausführungen zum interkulturellen Lernen nicht weiter auf.

[6] In gewissem Maße wäre dies eine Rückbesinnung, da vor allem in den 1990er Jahren die interkulturelle Kommunikationsforschung viele Impulse vom Fach Deutsch als Fremdsprache aufgenommen hat.

Bennett, Milton J. 1993: Towards Ethnorelativism. A Developmental Model of Intercultural Sensitivity. In: R. Michael Raigie (Hg.): Education for the Intercultural Experience. Yarmouth ME, 21–71.

Bolten, Jürgen 2014: „Diversität" aus der Perspektive eines offenen Kulturbegriffs. In: Alois Moosmüller, Jana Müller-Kiero (Hg.): Interkulturalität und kulturelle Diversität. Münster, 47–60.

Bolten, Jürgen 2016: Interkulturelle Trainings neu denken. In: InterculureJournal 15, 16: 75–92.

Bredella, Lothar, Herbert Christ (Hg.) 1995: Didaktik des Fremdverstehens. Tübingen.

Bredella, Lothar, Herbert Christ (Hg.) 2007: Fremdverstehen und interkulturelle Kompetenz. Tübingen.

Briga, Elisa 2018: A Brief Overview on Intercultural Learning in Curricula of Upper Secondary Schools and the Recognition of Long-Term Individual Pupil Mobility. Brüssel. URL: http://intercultural-learning.eu/wp-content/uploads/2017/01/ICL-in-school-curricula.pdf.

Byram, Michael 1997: Teaching and Assessing Intercultural Communicative Competence. Clevedon.

Colin, Nicole, Joachim Umlauf 2013: Eine Frage des Selbstverständnisses? Akteure im deutsch-französischen champ culturel. Plädoyer für einen erweiterten Mittlerbegriff. In: dies., Corine Defrance, Ulrich Pfeil (Hg.): Lexikon der deutsch-französischen Kulturbeziehungen nach 1945. Tübingen, 69–80.

Eberhardt, Jan-Oliver 2013: Interkulturelle Kompetenzen im Fremdsprachenunterricht. Auf dem Weg zu einem Kompetenzmodell für die Bildungsstandards. Trier.

Europarat (Hg.) 2001: Gemeinsamer Europäischer Referenzrahmen für Sprachen: lernen, lehren, beurteilen. Niveau A1 – A2 – B1 – B2 – C1 – C2. Straßburg, München.

Europarat (Hg.) 2009: Autobiography of Intercultural Encounters. URL: http://www.coe.int/t/dg4/autobiography/default_en.asp.

Fäcke, Christiane 2010: Fachdidaktik Französisch: Eine Einführung. Tübingen.

Fäcke, Christiane 2011: Fachdidaktik Spanisch: Eine Einführung. Tübingen.

Fäcke, Christiane 2012: Evaluation interkultureller Kompetenzen? Überlegungen zur Relevanz aktueller Diskurse für den Französischunterricht. In: Zeitschrift für Romanische Sprachen und ihre Didaktik 6, 1: 9–21.

Fäcke, Christiane 2017: Fachdidaktik Französisch: Eine Einführung. Tübingen.

Geiling-Hassnaoui, Susanne 2017: Le potentiel didactique de l'enseignement de la littérature en cours de langue. L'exemple de la section Abibac en France. Saarbrücken.

Grünewald, Andreas 2012: Förderung interkultureller Kompetenz durch Lernaufgaben. In: FLuL 41, 1: 54–71.

Grünewald, Andreas, Lutz Küster (Hg.) 2018: Fachdidaktik Spanisch: Handbuch für Theorie und Praxis. Stuttgart.

Grünewald, Andreas, Lutz Küster, Marita Lüning 2011: Fokus Kultur/Interkulturalität. In: Franz Joseph Meißner, Ulrich Krämer (Hg.): Spanischunterricht gestalten. Wege zu Mehrsprachigkeit und Mehrkulturalität. Seelze, 49–80.

Hoffmann, Wiebke, Elisa Briga 2018: A Brief Overview on Intercultural Learning in Initial Teacher Education and Continuing Professional Development for Teachers of Upper Secondary Schools. Brüssel. URL: http://intercul tural-learning.eu/wp-content/uploads/2017/01/ICL-in-ITE-and-CPD.pdf.

HRK/KMK 2015: Lehrerbildung für eine Schule der Vielfalt. Gemeinsame Empfehlung von Hochschulrektorenkonferenz und Kultusministerkonferenz. Berlin. URL: https://www.kmk.org/fileadmin/Dateien/veroeffentli chungen_beschluesse/2015/2015_03_12-Schule-der-Vielfalt.pdf.

Hu, Adelheid, Michael Byram (Hg.) 2009: Interkulturelle Kompetenz und fremdsprachliches Lernen. Modelle, Empirie, Evaluation. Intercultural Competence and Foreign Language Learning. Models, Empiricism, Assessment. Tübingen.

KMK 2011: Inklusive Bildung von Kindern und Jugendlichen mit Behinderungen in Schulen (Beschluss der Kultusministerkonferenz vom 20.10.2011). Berlin. URL: https://www.kmk.org/fileadmin/veroeffentli chungen_beschluesse/2011/2011_10_20-Inklusive-Bildung.pdf [inklusive Bildung ausschließlich in Bezug auf Behinderung].

KMK 2013: Interkulturelle Bildung und Erziehung in der Schule, Beschluss der Kultusministerkonferenz vom 25.10.1996 i.d.F. vom 05.12.2013. Berlin. URL: https://www.kmk.org/fileadmin/Dateien/pdf/Themen/Kul tur/1996_10_25-Interkulturelle-Bildung.pdf.

KMK 2017: Interkulturelle Bildung und Erziehung in der Schule. Berichte der Länder über die Umsetzung des Beschlusses (Stand: 11.05.2017). Berlin. URL: https://www.kmk.org/fileadmin/Dateien/pdf/Bildung/AllgBildung/ 2017-05-11-Berichte_Interkulturelle_Bildung.pdf.

Krechel, Hans-Ludwig (Hg.) 2015: Fachdidaktik: Französisch-Didaktik: Praxishandbuch für die Sekundarstufe I und II. Berlin.

Leitzke-Ungerer, Eva 2014: Wege zu früher Mehrsprachigkeit und interkultureller Kompetenz: Mehrsprachige Aufgabenplattformen (MAPs) für den Englisch- und Französischunterricht ab Klasse 5. In: Zeitschrift für Interkulturellen Fremdsprachenunterricht 1: 99–118. URL: https://tujournals.ulb.tu-darmstadt.de/index.php/zif/article/view/15/12.

Marmetschke, Katja 2012: Dossier Mittlerstudien – Einleitung. In: lendemains 146/147: 10–17.

Meißner, Franz-Joseph 2013: Die REPA-Deskriptoren der „weichen Kompetenzen". Eine praktische Handreichung für den kompetenzorientierten Unterricht zur Förderung von Sprachlernkompetenz, interkulturellem Lernen und Mehrsprachigkeit. Gießen. URL: https://geb.uni-giessen.de/geb/volltexte/2013/9372/.

Meißner, Franz-Joseph, Fäcke, Christiane (Hg.) [erscheint demnächst]: Handbuch der Mehrsprachigkeits- und Mehrkulturalitätsdidaktik. Tübingen.

Montiel, Francisco Javier, Christoph Vatter, Elke C. Zapf 2014: Interkulturelle Kompetenz – Spanisch. Erkennen – verstehen – handeln. Stuttgart.

Nieweler, Andreas (Hg.) 2017: Fachdidaktik Französisch. Das Handbuch für Theorie und Praxis. Stuttgart.

Reimann, Daniel 2014: Transkulturelle kommunikative Kompetenz in den romanischen Sprachen. Theorie und Praxis eines neokommunikativen und kulturell bildenden Französisch-, Spanisch-, Italienisch- und Portugiesischunterrichts. Stuttgart.

Reimann, Daniel 2017: Interkulturelle Kompetenz. Tübingen.

Reimann, Daniel, Andrea Rössler (Hg.) 2013: Sprachmittlung im Fremdsprachenunterricht. Tübingen.

Robert Bosch Stiftung, Deutsch-französisches Institut (Hg.) 1982: Fremdsprachenunterricht und internationale Beziehungen: Stuttgarter Thesen zur Rolle der Landeskunde im Französischunterricht. Gerlingen.

Rott, Gerhard, Viola Siemer, Irina Sawgorodjna 2004: Trainingsmanual Interkulturelle Kompetenz. Wuppertal. URL: https://d-nb.info/976539179/34.

Schumann, Adelheid 2007: Stereotypen im Französischunterricht. Kulturwissenschaftliche und fachdidaktische Grundlagen. In: Adelheid Schumann, Lieselotte Steinbrügge (Hg.): Didaktische Transformation und Konstruktion. Zum Verhältnis von Fachwissenschaft und Fremdsprachendidaktik in der Romanistik. Frankfurt, 113–130.

Thomas, Alexander, Celine Chang, Heike Abt 2007: Erlebnisse, die verändern. Langzeitwirkungen der Teilnahme an internationalen Jugendbegegnungen. Göttingen.

Vatter, Christoph 2015: Interkulturelles Lernen im Schüleraustausch. In: französisch heute 4: 18–21.

Vatter, Christoph, Elke C. Zapf 2012: Interkulturelle Kompetenz – Französisch. Erkennen – verstehen – handeln. Stuttgart.

Venus, Theresa 2017: Einstellungen als individuelle Lernvariable. Schülereinstellungen zum Französischen als Schulfremdsprache – Deskription, Korrelationen und Unterschiede. Tübingen.

Autorinnen und Autoren

Jutta Berninghausen, Prof. Dr. phil., ist Professorin für interkulturelles Management und Diversity an der Wirtschaftsfakultät der Hochschule Bremen. Sie leitet das Zentrum für Interkulturelles Management und Diversity (ZIM), welches interkulturelle Trainings, Beratung und Forschung anbietet. Sie studierte Diplompädagogik und promovierte 1989 an der TU Berlin. Neun Jahre Tätigkeit für internationale Organisationen in der Entwicklungszusammenarbeit in Indonesien, Vorstandsmitglied im Hochschulverband für Interkulturelle Studien e. V.

Dominic Busch, Prof. Dr. phil., studierte in Frankfurt (Oder) Kulturwissenschaften. Nach einer Promotion zum Thema interkulturelle Mediation nahm er eine Juniorprofessur für interkulturelle Kommunikation in Frankfurt (Oder) an. Seit 2011 ist er Professor für interkulturelle Kommunikation und Konfliktforschung an der Fakultät für Humanwissenschaften der Universität der Bundeswehr München. Forschungsschwerpunkte: Kulturverständnisse in Forschung und Alltag, interkulturelle Mediation, interkulturelle Nachhaltigkeit, normative Projektionen im Umgang mit Interkulturalität.

Heidrun Friese, Prof. Dr. phil., ist Kultur- und Sozialanthropologin und Professorin für Interkulturelle Kommunikation an der Technischen Universität Chemnitz. Studium in München, Berlin und Amsterdam. Forschungsinteressen: soziale und politische Theorien, postkoloniale Perspektiven, Mobilität und Gastfreundschaft, Grenzen und transnationale Praktiken, digitale Anthropologie.

Andreas Groß, Dipl.-Päd., studierte Erziehungswissenschaften an der Universität Trier. Nach langjähriger Praxis in Feldern der interkulturellen und internationalen Jugend- und Erwachsenenbildung wechselte er 1999 zur Technischen Hochschule Köln (damals: Fachhochschule Köln) und engagierte sich beim Aufbau von F&E-Strukturen zum Themenfeld interkulturelle Kompetenz. Er forscht und lehrt zu den Themenfeldern interkulturelle Kompetenz, Bildung und Diversität.

Ivett Rita Guntersdorfer, Prof. Dr. phil., studierte Interkulturelle Kommunikation, Psychologie und Transnationale Germanistik an der Ludwig-Maximilians-Universität in München, an der Miami University of Oxford und an der University of California in den USA. Sie lehrte und forschte bis 2011 in den USA, von 2012 bis 2016 lehrte sie im „Junior Year in Munich Study Abroad"-Programm an der Ludwig-Maximilians-Universität München. Zurzeit ist sie Vertretungsprofessorin am Institut für Interkulturelle Kommunikation an der Ludwig-Maximilians-Universität in München. Ihre Forschungsschwerpunkte sind: interkulturelle Kompetenz und bürgerschaftliches Engagement, interkulturelle Kompetenzmodelle, interkulturelle Kommunikation im Hochschulbereich und in politischen Institutionen, emotionelle Komponente der interkulturellen Kompetenz, Empathie.

Katharina von Helmolt, Prof. Dr. phil., ist Professorin für Interkulturelle Kommunikation an der Hochschule München. Sie leitet den weiterbildenden Masterstudiengang „Interkulturelle Kommunikation und Kooperation" an der Fakultät für Studium Generale und Interdisziplinäre Studien. Ihre Lehr- und Forschungsschwerpunkte liegen in den Bereichen Gesprächsforschung, Studies of Work, interkulturelles Lernen, Migration und Mobilität.

Jürgen Henze, Prof. i. R. Dr. phil., studierte Chemie, Sozialwissenschaften und Pädagogik an der Ruhr-Universität Bochum und promovierte 1985 mit einer Arbeit zum Hochschulzugang in China. Ab 1978 war er wissenschaftlicher Mitarbeiter an der Arbeitsstelle für vergleichende Bildungsforschung, Ruhr-Universität Bochum, von 1993 bis 2015 Professor für Vergleichende Erziehungswissenschaft an der Humboldt-Universität zu Berlin, seitdem Seniorprofessor mit den Schwerpunkten Bildung und Erziehung in China und interkulturelle Kommunikation.

Gundula Gwenn Hiller, Prof. Dr., lehrt seit 2019 an der Hochschule der Bundesagentur für Arbeit in Mannheim das Fach Beratungswissenschaften mit Schwerpunkt interkulturelle Kompetenz und Migration. Zuvor war sie an verschiedenen Hochschulen im In- und Ausland tätig: Von 2008 bis 2018 leitete sie das Zentrum für interkulturelles Lernen an der Europa Universität Viadrina, 2010 war sie als Gastdozentin an der University of Texas in Austin, 2015–2017 als DAAD-Lektorin an der Université Aix-Marseille. Darüber hinaus bietet sie seit vielen Jahren interkulturelle Trainings im Hochschulkontext an.

Volker Hinnenkamp, Prof. i. R. Dr. phil., studierte und promovierte in Bielefeld in Linguistik, lehrte und habilitierte in Augsburg, von 2002 bis 2018 Professur für Interkulturelle Kommunikation und Leitung des internationalen bilingualen Master-Studiengangs Intercultural Communication and European Studies (ICEUS) an der Hochschule Fulda. Forschungsschwerpunkte im Bereich interaktionale und interkulturelle Soziolinguistik und Mehrsprachigkeit.

Jasmin Mahadevan, Prof. Dr. phil., Studium der Diplom-Kulturwirtschaft mit Fokus Südostasien in Passau, Leiden, London und Singapur. Promotion in

Ethnologie und interkultureller Kommunikation an der Ludwig-Maximilians-Universität München. Von 2007 bis 2009 Vertretungsprofessorin an der Fachhochschule Kiel, seit 2009 Professorin für internationales und interkulturelles Management an der Hochschule Pforzheim. Gastwissenschaftlerin: Stockholm School of Economics und Corvinus Universität Budapest. Forschungsschwerpunkte: kritisches, postkoloniales und zeitgenössisches interkulturelles Management, Organisations-Ethnologie, interkulturelle technische Zusammenarbeit. Regionale Schwerpunkte: Süd- und Südostasien.

Jan-Christoph Marschelke, Dr. iur., Akademischer Rat auf Zeit, seit 2014 Geschäftsführer der Forschungsstelle Kultur- und Kollektivwissenschaft der Universität Regensburg. Nach dem Studium der Rechtswissenschaften und einer rechtsphilosophischen Promotion koordinierte er von 2009 bis 2013 das interfakultäre Projekt „Globale Systeme und interkulturelle Kompetenz" an der Universität Würzburg. Er forscht und lehrt interdisziplinär im Bereich von Sozial- und Kulturtheorien zu Kollektivität, Interkulturalität und Recht.

Irina Mchitarjan, Prof. Dr. phil. habil., promovierte an der Fakultät für Pädagogik der Universität Bielefeld, habilitierte sich an der Universität Greifswald im Fach Erziehungswissenschaft, war Heisenberg-Stipendiatin der Deutschen Forschungsgemeinschaft (DFG), vertrat die Professur für Interkulturelle und Vergleichende Bildungsforschung an der Universität der Bundeswehr Hamburg, wurde 2013 auf Vorschlag der DFG in AcademiaNet (Database of profiles of excellent female researchers) aufgenommen, 2017 Berufung auf die Professur für Erziehungswissenschaft mit dem Schwerpunkt International Vergleichende und Interkulturelle Bildungsforschung an der Universität der Bundeswehr München. Forschungsschwerpunkte: internationale pädagogische Transferprozesse, Migration und ihre Folgen für Bildung und Erziehung, Kulturtransmission bei soziokulturellen Mehr- und Minderheiten.

Alois Moosmüller, Prof. i.R. Dr. phil., seit 1997 Professor für Interkulturelle Kommunikation an der Ludwig-Maximilians-Universität München; Promotion in Ethnologie, Universität München; Habilitation an der Universität Fribourg, Schweiz; 1992 bis 1997 DAAD-Lektor an der Keio-Universität, Tokyo; Forschungsschwerpunkte: Diaspora, internationaler Personaltransfer, Organisationsethnologie.

Miriam Morgan, Dr. phil, promovierte 2015 am Institut für Interkulturelle Kommunikation der Ludwig-Maximilians-Universität München zum Thema Kooperation von pädagogischen Fachkräften und Eltern mit Migrationserfahrung in der frühen Bildung. Seither forscht und lehrt sie an der Ludwig-Maximilians-Universität München zu den Schwerpunktbereichen interkulturelle Kompetenz, Bildung und Erziehung in interkulturellen Kontexten, Flucht und Migration und multikulturelle Gesellschaft.

Kirsten Nazarkiewicz, Prof. Dr., lernte bei einer Fluggesellschaft von 1981 bis 1995 die multikulturelle Arbeitswelt kennen, studierte parallel in Frankfurt und Gießen Soziologie, Psychologie und Volkswirtschaftslehre, promovierte in Gießen über das Thema „Interkulturelles Lernen als Gesprächsarbeit". Sie war lange selbständig, ist Mitgesellschafterin von consilia cct, einem Unternehmen, das interkulturelle Kompetenz fördert und vermittelt. Seit 2017 ist sie Professorin für Interkulturelle Kommunikation an der Hochschule Fulda. Aktuelle Forschungsschwerpunkte: kommunikative interkulturelle Kompetenz, kulturreflexives Sprechen, die interaktive Konstruktion von systemischer Aufstellungsarbeit.

Michael Schönhuth, Prof. Dr. phil., studierte in Marburg, Basel und Freiburg i. Br. Ethnologie. Er lehrte an verschiedenen Universitäten, seit 2009 ist er ordentlicher Professor für Ethnologie an der Universitäten Trier. Er berät Firmen, Ministerien und deren Vorfeldorganisationen in den Feldern Kultur und Entwicklung, Diversity Management, Partizipation, Migration und Organisationsentwicklung. Regionale Schwerpunkte: Ost- und Westafrika, Deutschland.

Stefan Strohschneider, Prof. Dr. phil., studierte Geschichte und Psychologie in München und Bamberg. Er war wissenschaftlicher Mitarbeiter an der Projektgruppe Kognitive Anthropologie der Max-Planck-Gesellschaft und am Institut für Theoretische Psychologie der Universität Bamberg. Seit 2005 Professor für Interkulturelle Kommunikation an der Friedrich-Schiller-Universität Jena. 2013 Gründung der „Forschungsstelle interkulturelle und komplexe Arbeitswelten (FinkA)". Forschungsschwerpunkte sind interkulturelle Teamarbeit, Affiliation und *psychological safety* sowie Entwicklung und Evaluation handlungsorientierter Trainingsformen.

Christoph Vatter, Dr. phil., studierte in Saarbrücken, Québec (Kanada) und Metz (Frankreich) Romanische Kulturwissenschaft und interkulturelle Kommunikation, Französische Philologie und Deutsch als Fremdsprache. Von 2010 bis 2017 war er Juniorprofessor für interkulturelle Kommunikation an der Universität des Saarlandes, seit 2017 vertritt er die Professur für Romanische Landes- und Kulturwissenschaften an der Martin-Luther-Universität Halle-Wittenberg. Forschungsschwerpunkte: interkulturelle Kommunikation und interkulturelles Lernen, interkulturelle Medienanalyse, Frankophonie (subsaharisches Afrika, Nordamerika), deutsch-französische Kulturbeziehungen.